KLAUS VIEWEC

Erlanger Sportrechts

Beiträge zum Sportrecht

Herausgegeben von
Kristian Kühl, Udo Steiner
und Klaus Vieweg

Band 65

Erlanger Sportrechtstagung 2022

Herausgegeben von

Klaus Vieweg

Duncker & Humblot · Berlin

Bibliografische Information der Deutschen Nationalbibliothek

Die Deutsche Nationalbibliothek verzeichnet diese Publikation in
der Deutschen Nationalbibliografie; detaillierte bibliografische Daten
sind im Internet über http://dnb.d-nb.de abrufbar.

ISSN 1435-7925
ISBN 978-3-428-18877-2 (Print)
ISBN 978-3-428-58877-0 (E-Book)

Gedruckt auf alterungsbeständigem (säurefreiem) Papier
entsprechend ISO 9706 ∞

Internet: http://www.duncker-humblot.de

Vorwort

Der vorliegende Band enthält die für die Veröffentlichung überarbeiteten Vorträge, die im Rahmen der Erlanger Sportrechtstagung am 27./28.Mai 2022 im Juridicum der Friedrich-Alexander-Universität Erlangen-Nürnberg gehalten wurden. Die Tagung hatte einen kartellrechtlichen Schwerpunkt, der Anlass dafür ist, zwei ergänzende Beiträge in den Band aufzunehmen.

Erlangen, im Dezember 2022 *Klaus Vieweg*

Inhaltsverzeichnis

Meca-Medina-Test des EuGH – Anwendbarkeit, Beurteilungs- und Ermessensspielräume und die Durchführung des Tests*

Von *Tassilo Mürtz*

---

* Der Beitrag und sämtliche Quellen befinden sich auf dem Stand vom 29.05.2022.

I. Einführung in das Thema

Das *Meca-Medina*-Urteil des EuGH hat für die kartellrechtliche Behandlung des Sportsektors eine neue Ära eingeleitet. Seitdem war nicht nur endgültig klar, dass es keinen sportspezifischen Ausnahmebereich vom Kartellrecht für rein sportliche Regelungen geben kann[1] und Sportakteure zudem schon vorher regelmäßig in den sachlichen und persönlichen Anwendungsbereich des Kartellrechts fielen. Der EuGH ließ nun auch die Möglichkeit einer Rechtfertigung anhand sportbezogener und damit wettbewerbsfremder Erwägungen zu. Damit öffnete er die Möglichkeit – oder nach Ansicht einiger die Büchse der Pandora[2] –, Wettbewerbsbeschränkungen i.S.d. Art. 101 Abs. 1 AEUV nicht nur anhand wettbewerblicher Faktoren nach Art. 101 Abs. 3 AEUV, sondern auch anhand außerwettbewerblicher Faktoren zu rechtferti-

---

[1] Auch wenn sich einige Akteure des Sports sichtlich schwer damit taten, *Infantino*, SpuRt 2007, 12. Zur generellen Anwendbarkeit des Kartellrechts auf den Sport siehe unten II.1.

[2] So vor allem *Fuchs*, ZWeR 2007, 369, 383 ff.; *Zimmer*, in: Immenga/Mestmäcker Bd. 1, Art. 101 Abs. 1 Rn. 164 f.; *Grave/Nyberg*, in: Loewenheim, Art. 101 Abs. 1 AEUV Rn. 288 f.; schädliche Auswirkungen auf die Schlagkraft des Wettbewerbsrecht befürchtete zuletzt auch *Ackermann*, WuW 2022, 122, 127.

gen.[3] Konkret erklärte der EuGH: „Nicht jede Vereinbarung zwischen Unternehmen oder jeder Beschluss einer Unternehmensvereinigung, durch die die Handlungsfreiheit (…) beschränkt wird, fällt zwangsläufig unter das Verbot des Artikels 81 Absatz 1 EG [inzwischen Art. 101 Abs. 1 AEUV]. Bei der Anwendung dieser Vorschrift im Einzelfall sind nämlich der Gesamtzusammenhang (…) und insbesondere seine Zielsetzung zu würdigen. Weiter ist dann zu prüfen, ob die mit dem Beschluss verbundenen wettbewerbsbeschränkenden Wirkungen notwendig mit der Verfolgung der genannten Ziele zusammenhängen und ob sie im Hinblick auf diese Ziele verhältnismäßig sind."[4] (*Meca-Medina*-Test[5]).

Die Heranziehung dieser Art der Rechtfertigung für den Sportsektor und darüber hinaus kann inzwischen als ständige Praxis angesehen werden.[6] Der *Meca-Medina*-Test hat sich also innerhalb der Anwendung des Kartellrechts auf den Sportsektor insbesondere auch auf nationaler Ebene als wahrer ‚Dauerbrenner' entwickelt: Denn nicht nur wird für viele kartellrechtliche Entscheidungen in diesem Sektor auf den *Meca-Medina*-Test zurückgegriffen, er steht zudem auch oftmals im Zentrum der Betrachtung.[7] Folglich ist die breite Diskussion über dieses Thema in der Literatur keine echte Überraschung.[8]

---

[3] EuGH Slg. 2006, I-6991 – *Meca-Medina*, Rn. 25 ff.

[4] EuGH Slg. 2006, I-6991 – *Meca-Medina*, Rn. 42.

[5] Diese Vorgehensweise wird in diesem Beitrag als „*Meca-Medina*-Test" bezeichnet. Eine einheitliche Bezeichnung hat sich noch nicht durchgesetzt. Heermann hatte ursprünglich den Begriff des 3-Stufen-Tests eingeführt (*Heermann*, WuW 2009, 394, 402 f.), was zuletzt beispielsweise auch das OLG Frankfurt übernahm (OLG Frankfurt – 11 U 172/19, GRUR-RR 2022, 186, Rn. 71 ff. – *DFB-Spielervermittlung*). Inzwischen verwendet Heermann aber ebenfalls die Bezeichnung *Meca-Medina*-Test. (*Heermann*, Verbandsautonomie im Sport – Bestimmung der rechtlichen Grenzen unter besonderer Berücksichtigung des europäischen Kartellrechts, 2022, VI. Rn. 176 ff.) Von anderer Seite wurde diese Vorgehensweise zuletzt als *Wouters*-Doktrin bezeichnet (beispielsweise: *Bien/Becker*, ZWeR 2021, 565, 568 ff.); das ist m. E. insoweit unpräzise, als der *Meca-Medina*-Test zwar zweifellos auf dem *Wouters*-Test beruht, aber gleichwohl eine Weiterentwicklung desselben mit einigen Besonderheiten für den Sport darstellt.

[6] Exemplarisch für den Sportbereich: EuGH Slg. 2006, I-6991 – *Meca-Medina*; EuG ECLI:EU:T:2020:610 – *ISU*; EU-Kommission 08.12.2017 – C(2017) 8240 final – *ISU*; EU-Kommission 11.07.2007 – COM(2007) 391 final – *Weißbuch Sport*; EU-Kommission 11.07.2007 – SEC(2007) 935 – *staff working document*; außerhalb des Sports: EuGH Slg. 2002, I-1577 – *Wouters*; EuGH ECLI:EU:C:2013:489 – *CNG*; EuGH ECLI:EU:C:2013:127 – *OTOC*; EuGH ECLI:EU:C:2014:2147 – *API*; EuGH ECLI:EU:C:2017:890 – *CHEZ*.

[7] Neben den Entscheidungen in Fn. 6 exemplarisch: BKartA 25.02.2019 – B2-26/17 – *Olympisches Werbeverbot*; BKartA 30.05.2021 – *Vorläufige Einschätzung zur 50+1-Regel der DFL*; OLG Düsseldorf 15.07.2015 – VI-U (Kart) 13/14, BeckRS 2015, 13307, Rn. 41 ff. – *Handball*; OLG Frankfurt 02.02.2016 – 11 U 70/15 (Kart), WuW 2016, 190, 191 – *DFB-Spielervermittlung*; OLG Nürnberg 26.01.2021 – 3 U

Obwohl die *Meca-Medina*-Kriterien dementsprechend vielfach in Gerichts- und Behördenverfahren zum Einsatz kamen, in der Literatur regelmäßig diskutiert wurden und sich der Test im Grundsatz als treffende und noch dazu von einem höchsten Gericht eingeführte Möglichkeit erweist, die spezifischen Belange des Sports und den Schutz der Wettbewerbsfreiheit in einen Ausgleich zu bringen, bleiben wichtige Details des Tests umstritten, unbetrachtet und unklar.[9] Das wurde jüngst beispielsweise bei der Entscheidung des OLG Frankfurt, in der es um das Spielervermittlerreglement des *DFB* ging, und der diesbezüglichen Diskussion in der Literatur deutlich.[10] Besonders hinsichtlich der genauen dogmatischen Einordnung, der Anwendbarkeit, der Herleitung legitimer Ziele sowie bezüglich weiterer Detailfragen auf den einzelnen Ebenen – wie insbesondere Beurteilungs- und Ermessensspielräumen von Verbänden – verbleiben erhebliche Unsicherheiten.[11] Folglich dient dieser Beitrag dazu, schwerpunktmäßig diese vier Unsicherheitsfelder zu taxieren und gleichzeitig einen kurzen Überblick über die genaue Verwendung des *Meca-Medina*-Tests zu geben.

894/19, GRUR-RS 2021, 34724 – *Deutsche Ringerliga*; OLG Frankfurt 30.11.2021 – 11 U 172/19, GRUR-RR 2022, 186 – *DFB-Spielervermittlung*; Deutscher Bundestag 24.07.2020 – PE6-3000-060/20 –*Gehaltsobergrenzen im Profifußball*.

[8] Siehe für eine recht umfassende Aufstellung relevanter Literatur *Bien/Becker*, ZWeR 2021, 565, 567 Fn. 2; *Mürtz, Meca-Medina*-Test des EuGH – Berücksichtigung sportspezifischer außerwettbewerblicher Faktoren im europäischen Kartellrecht, 2023, Einleitung II.

[9] Insgesamt bezüglich der Berücksichtigung außerwettbewerblicher Belange im EU-Kartellrecht, *Kokott/Dittert*, S. 15 f., in: Monopolkommission, Politischer Einfluss auf Wettbewerbsentscheidungen – Wissenschaftliches Symposium anlässlich des 40-jährigen Bestehens der Monopolkommission, 2015; *Bien/Becker*, ZWeR 2021, 565, 568; *Stopper*, SpuRt 2020, 216, 216.

[10] OLG Frankfurt 30.11.2021 – 11 U 172/19, GRUR-RR 2022, 186 – *DFB-Spielervermittlung*; *Bien/Becker*, ZWeR 2021, 565; *Ackermann*, WuW 2022, 122.

[11] Das ist auch der Grund warum sich der Autor unter Betreuung von Prof. Dr. Peter W. Heermann – einem der ausdauernden Erforscher des *Meca-Medina*-Tests – in seiner Dissertation („*Meca-Medina*-Test des EuGH – Berücksichtigung sportspezifischer außerwettbewerblicher Faktoren im europäischen Kartellrecht") ausschließlich dem Thema des *Meca-Medina*-Tests widmet (siehe *Mürtz* (Fn. 8)); ebenfalls widmet sich Heermann in seinem neuen Werk tiefgründig und fundiert dem *Meca-Medina*-Test und insbesondere auch praktischen Implikationen desselben, *Heermann* (Fn. 5), VI., VII., XIII.

II. Kontext und Systematik des *Meca-Medina*-Tests

1. Anwendbarkeit des europäischen Kartellrechts auf sportliche Regelungen

Grundsätzlich gilt für den Bereich des Sports das Gleiche wie für alle anderen (Wirtschafts-)Sektoren, wonach Art. 101 AEUV Anwendung findet, soweit der sachliche und personelle Anwendungsbereich erfüllt ist; ein genereller oder partieller Ausnahmebereich vom Kartellrecht existiert für den Sport nicht.[12] Gerade im professionellen Sport sind die meisten Akteure Unternehmen i. S. d. Art. 101 Abs. 1 AEUV; die Regelungstätigkeit von Sportverbänden ist regelmäßig als Beschluss einer Unternehmensvereinigung zu qualifizieren.[13]

2. Vorgehensweise nach der Entscheidung des EuGH in der Rechtssache *Meca-Medina* – der *Meca-Medina*-Test

Bewirkt oder bezweckt ein Verbotsadressat eine Wettbewerbsbeschränkung i. S. d. Art. 101 Abs. 1 AEUV, führt das aber nicht automatisch zu einem Verbot der entsprechenden Handlung.

Zum einen ist – neben anerkannten Tatbestandseinschränkungen, wie dem Immanenzgedanken, den notwenigen Nebenabreden usw. – eine Rechtfertigung der Beschränkung anhand *wettbewerblicher* Gesichtspunkte möglich, Art. 101 Abs. 3 AEUV.

Zum anderen hat der EuGH durch sein *Meca-Medina*-Urteil eine weitere tatbestandsimmanente Rechtfertigungsmöglichkeit anhand *außerwettbewerblicher*, sportspezifischer Faktoren eingeführt (*Meca-Medina*-Test[14]): „Not every agreement […] or every decision […] which restricts the freedom of action […] necessarily falls within the prohibition laid down in Article 81(1) EC. For the purposes of application of that provision to a particular case, account must first of all be taken of the overall context in which the decision […] was taken or produces its effects and, more specifically, of its objectives. It has then to be considered whether the consequential effects restrictive of competition are inherent in the pursuit of those objectives […] and

---

12 *Heermann* (Fn. 5), VI. Rn. 75 ff.; *Esposito*, Private Sportordnung und EU-Kartellrecht, 2014, S. 171 f.; *Podszun*, NZKart 2021, 138, 140 f.; *Mürtz* (Fn. 8), B.II.

13 *Scherzinger*, Die Beschränkung von Mehrheitsbeteiligungen an Kapitalgesellschaften im deutschen Ligasport, 2012, S. 171; *Bien/Becker*, ZWeR 2021, 565, 567; *Podszun*, NZKart 2021, 138, 140 f.

14 Siehe schon Fn. 5.

are proportionate to them."[15] Soweit der *Meca-Medina*-Test anwendbar ist (hierzu sogleich III.2.), ist eine Wettbewerbsbeschränkung folglich gerechtfertigt, wenn (auf der 1. Stufe) eine legitime Zielstellung vorliegt, diese kohärent verfolgt wird und die beschränkende Maßnahme dem Ziel inhärent ist (2. Stufe) und die Maßnahme schließlich verhältnismäßig im engeren Sinne, also erforderlich und angemessen ist (3. Stufe).[16] (Dazu ausführlich unter IV.).

3. Systematik der Rechtsprechung des EuGH zum Sport und bezüglich außerwettbewerblicher Rechtfertigungsgründe sowie der Platz von *Meca-Medina* in dieser Rechtsprechung

Zur Einordnung der Vorgehensweise des EuGH in der Rechtssache *Meca-Medina* und zum Verständnis später vorgebrachter Argumente und Einordnungen ist eine kurze Kontextualisierung dieser Rechtsprechung unerlässlich.

a) Rechtsprechung des EuGH im Bereich der Grundfreiheiten mit Bezug zum Sport

Zu Beginn seiner sportbezogenen Judikatur sorgte der EuGH – überspitzt formuliert – dafür, dass der Sport für zwei Jahrzehnte weitgehend unbehelligt vom Gemeinschaftsrecht blieb, indem er einen Quasi-Ausnahmebereich schuf. In der Rechtssache *Walrave* hatten zwei Schrittmacher gegen eine Regelung des *Union Cycliste Internationale* (*UCI*) geklagt, wonach bei sog. ,Steher-'Radrennen die Schrittmacher auf vor den Radfahrern fahrenden Motorrädern der gleichen Nationalität angehören müssen wie die zugeordneten Radrennfahrer. Bei der Beurteilung dieser Regelung anhand der Grundfreiheiten stellte der EuGH zwar die Anwendbarkeit derselben auf den Sport fest, solange dieser Teil des Wirtschaftslebens sei. Aber im zweiten Schritt folgerte er daraus, dass die Grundfreiheiten auf rein sportliche Regelungen nicht anwendbar seien, worunter er auch die eben beschriebene Regelung fasste.[17] Diese Herangehensweise bestätigte der EuGH in seiner *Donà*-Entscheidung.[18] In der Konsequenz dauerte es bis 1995, bis sich der EuGH in seinem *Bosman*-Urteil mit einem Paukenschlag für die Welt des Sports und die Berücksichtigung der sportspezifischen Belange zurückmeldete. In dem Verfahren ging es um Ausländer- und Transferklauseln, in denen der EuGH eine Beeinträchtigung des Art. 45 AEUV (damals Art. 48 EGV) sah.

---

[15] EuGH Slg. 2006, I-6991 – *Meca-Medina*, Rn. 42.
[16] Hierzu im Detail unter IV.; ausführlich dazu in *Mürtz* (Fn. 8), E.IV. und V.
[17] EuGH Slg. 1974, 1405 – *Walrave*, Rn. 4/10.
[18] EuGH Slg. 1976, 1333 – *Donà*, Rn. 11 ff.

Bemerkenswert war, dass der EuGH in dem Urteil zum einen den Quasi-Ausnahmebereich für rein sportliche Belange vom Recht der Grundfreiheiten aufgab.[19] Zum anderen – und für diese Betrachtung wesentlich – wendete er seinen in der *Gebhard*-Entscheidung verfeinerten Rechtfertigungsmaßstab anhand zwingender Gründe des Allgemeininteresses im sportlichen Kontext an. Demnach könne eine Beeinträchtigung der Grundfreiheiten gerechtfertigt werden, wenn die beeinträchtigenden Regeln „einen mit dem Vertrag zu ver-einbarenden berechtigten Zweck verfolgen würden und aus zwingenden Gründen des Allgemeininteresses gerechtfertigt wären. In diesem Fall müßte aber außerdem die Anwendung dieser Regeln geeignet sein, die Verwirk-lichung des verfolgten Zweckes zu gewährleisten, und dürfte nicht über das hinausgehen, was zur Erreichung dieses Zweckes erforderlich ist."[20] (*Bosman*-Test). In dieses Rechtfertigungsschema stellte der EuGH sodann ver-schiedene sportliche legitime Zielstellungen ein und würdigte in diesem Zu-sammenhang die außergewöhnliche soziale Bedeutung des Sports.[21] Dieses grundsätzliche Vorgehen bestätigte er in den folgenden sportbezogenen Ent-scheidungen *Deliège* und *Lehtonen*.[22]

Den nächsten wichtigen Schritt zur Etablierung und weiteren Konkretisie-rung seines Rechtfertigungsmaßstabs für sportliche Belange im Recht der Grundfreiheiten ging der EuGH in der Rechtssache *Bernard*. In diesem Ver-fahren ging es um eine durch Vertragsstrafe bedrohte Regelung, wonach Fußballspieler im Alter zwischen 16 und 22 Jahren nach Abschluss ihrer Ausbildung ihren ersten Profivertrag mit ihrem Ausbildungsverein schließen mussten. Der EuGH erkannte eine grundsätzliche Beeinträchtigung des Art. 45 AEUV durch die Regel an, prüfte aber in der Folge die Rechtferti-gung anhand legitimer Ziele und zwingender Gründe des öffentlichen Inte-resses i.S.v. *Bosman*.[23] Zum ersten Mal griff der EuGH in diesem Zusam-menhang auf den neu eingeführten Art. 165 AEUV zur Konkretisierung der Besonderheiten und sozialen sowie erzieherischen Funktionen des Sports

---

[19] EuGH Slg. 1995, I-4921 – *Bosman*, Rn. 76.

[20] EuGH Slg. 1995, I-4921 – *Bosman*, Rn. 104; bezüglich des Rechtfertigungs-maßstabes verweist der EuGH auf seine Rechtsprechung in EuGH Slg. 1993, I-1663 – *Kraus*, Rn. 32 und EuGH Slg. 1995, I-4165 – *Gebhard*, Rn. 37; zur ausführlichen Würdigung und der Rückführung dieses Rechtfertigungsmaßstabs auf die *Cassis de Dijon*-Rechtsprechung des EuGH siehe mit weiteren Nachweisen *Mürtz* (Fn. 8), C.I.3. und 11. sowie E.II.1.g)aa).

[21] EuGH Slg. 1995, I-4921 – *Bosman*, Rn. 105 ff.

[22] EuGH Slg. 2000, I-2549 – *Deliège*, Rn. 3 ff., 30 ff.; EuGH Slg. 2000, I-2681 – *Lehtonen*, Rn. 32 ff., 56.

[23] EuGH Slg. 2010, I-2177 – *Bernard*, Rn. 3 ff., 39 ff.; zu dieser Wertung auch *Pijetlovic*, EU Sports Law and Breakaway Leagues, 2015, S. 126 m.w.N.; zum Urteil auch *Eichel*, EuR 2010, 685.

zurück.[24] Zuletzt bestätigte er diese Vorgehensweise noch einmal in allen Facetten in seiner *Biffi*-Entscheidung.[25] Auch der EFTA-Gerichtshof schloss sich mit Blick auf die Dienstleistungsfreiheit i.S.d. Art. 36 des EWR-Abkommens vollumfänglich dem Vorgehen des EuGH in den Entscheidungen *Bosman* und *Bernard* an.[26]

b) (Sport-)kartellrechtliche Rechtsprechung des EuGH und deren Zusammenhang mit der *Meca-Medina*-Entscheidung

Im Kartellrecht markierte das *Meca-Medina*-Urteil die erste Entscheidung des EuGH mit Sportbezug. Der daraus entsprungene *Meca-Medina*-Test beruht im Wesentlichen auf der Herangehensweise im *Wouters*-Urteil des EuGH,[27] weswegen dieses und die anschließende Folgerechtsprechung zum Verständnis von *Meca-Medina* genauer unter die Lupe zu nehmen sind.

Nach dem niederländischen Recht bedurfte es für die Gründung einer Sozietät von Rechtsanwälten der Genehmigung der Rechtsanwaltskammer. Diese Genehmigung wurde niederländischen Rechtsanwälten, die eine Sozietät mit Wirtschaftsprüfern gründen wollten, versagt, da die Kammer dadurch die Wahrung der anwaltlichen Unabhängigkeit gefährdet sah.[28] Der EuGH kam im anschließenden Verfahren zunächst zu dem Schluss, dass ein den Wettbewerb beschränkender Beschluss i.S.d. Art. 101 Abs. 1 AEUV vorliege.[29] Allerdings sei nicht jede Beschränkung automatisch vom Kartellverbot umfasst, denn bei „[…] der Anwendung dieser Vorschrift im Einzelfall sind nämlich der Gesamtzusammenhang […] und insbesondere dessen Zielsetzung zu würdigen […] die mit dem Beschluss verbundenen wettbewerbsbeschränkenden Wirkungen [müssen] notwendig mit der Verfolgung der genannten Ziele zusammenhängen."[30] Damit stellte der EuGH die Formel für eine Rechtfertigung einer Beschränkung i.S.d. Art. 101 Abs. 1 AEUV auf,

---

[24] Zur Bedeutung des Art. 165 AEUV *Heermann* (Fn. 5), VIII; sowie *Mürtz* (Fn. 8), A.III.

[25] EuGH ECLI:EU:C:2019:497 – *Biffi*, Rn. 47 ff.

[26] EFTA-GH 16.11.2018 – E-8/17 – *Kristoffersen*, Rn. 17 ff.; *Demeulemeester/Verborgh*, AISLB 2018; Art. 36 EWR Abkommen ist vergleichbar mit Art. 56 AEUV und wird weitestgehend nach den gleichen Kriterien ausgelegt; hierzu auch *Mürtz* (Fn. 8), C.I.10.

[27] Das ergibt sich schon aus der Verweisung in EuGH Slg. 2006, I-6991 – *Meca-Medina*, Rn. 42; EuGH Slg. 2002, I-1577 – *Wouters*, Rn. 97 und ist im Grund kaum bestritten; so auch *Heermann* (Fn. 5), VI. Rn. 143 f.; *Bien/Becker*, ZWeR 2021, 565, 568.

[28] EuGH Slg. 2002, I-1577 – *Wouters*, Rn. 16 ff.

[29] EuGH Slg. 2002, I-1577 – *Wouters*, Rn. 44 ff.

[30] EuGH Slg. 2002, I-1577 – *Wouters*, Rn. 97.

welche er vier Jahre später in den *Meca-Medina*-Test übernahm und dort noch um die Verhältnismäßigkeit (im engeren Sinn) ergänzte.[31] Als legitime Zielstellung zog der EuGH die erforderliche Gewähr von Integrität, Erfahrung und Unabhängigkeit im Zusammenhang mit der Notwendigkeit der Schaffung von Vorschriften über die Organisation und eine geordnete Rechtspflege heran.[32] Zur Begründung der Legitimität dieser Zielstellung berief er sich explizit auf seine Entscheidung *Reisebüro Broede*. Dort leitete der EuGH unter Anwendung des Rechtfertigungsmaßstabs aus *Gebhard* (also aus demselben Maßstab, den der EuGH auch in *Bosman* verwendete) eben diese legitime Zielstellung aus den zwingenden Gründen des Allgemeininteresses her.[33] Damit gehen sowohl der angeführte Rechtfertigungsmaßstab als auch die Herleitung legitimer Zielstellungen in der Rechtssache *Wouters* letztlich auf die Entscheidung in *Gebhard* zurück.[34]

Nach der Übertragung dieses Ansatzes auf den Sportsektor in *Meca-Medina*, verwendete der EuGH den *Wouters*-Test deckungsgleich noch in einigen weiteren kartellrechtlichen Entscheidungen.[35] Allen diesen Entscheidungen gemeinsam war, dass es sich um staatlich mit eigener Regelsetzungsbefugnis ausgestattete Verbände bzw. (im Fall von *API*) unmittelbar um eine gesetzliche Regelung der Regierung handelte. Damit sticht die *Meca-Medina* Entscheidung insoweit heraus, als hier kein staatlich legitimierter regelsetzender Akteur betroffen war.[36] Zuletzt bekräftigte das EuG in der Rechtssache *ISU* die rechtfertigende Wirkung sportlicher Belange im europäischen Kartellrecht anhand des *Meca-Medina*-Tests sowie dessen konkrete Art der

---

31 EuGH Slg. 2006, I-6991 – *Meca-Medina*, Rn. 42; wobei auch der EuGH in der Rechtssache *Wouters* in Rückgriff auf seine *DLG*-Rechtsprechung – auf die sich für das Verhältnismäßigkeitselement im engeren Sinn auch *Meca-Medina* stützte – bereits solche Elemente anprüfte, EuGH Slg. 2002, I-1577 – *Wouters*, Rn. 109; EuGH Slg. 1994, I-5641 – *DLG*, Rn. 35.

32 EuGH Slg. 2002, I-1577 – *Wouters*, Rn. 97, 99 ff.

33 EuGH Slg. 1995, I-4165 – *Gebhard*, Rn. 37; EuGH Slg. 1995, I-4921 – *Bosman*, Rn. 104; EuGH Slg. 1996, I-6511 – *Reisebüro Broede*, Rn. 28; EuGH Slg. 2002, I-1577 – *Wouters*, Rn. 97.

34 Zu den Implikationen dieser Erkenntnis für die dogmatische Einordnung des Tests siehe II.3.c), III.1.

35 EuGH ECLI:EU:C:2013:127 – *OTOC*; EuGH ECLI:EU:C:2013:489 – *CNG*; EuGH ECLI:EU:C:2014:2147 – *API*; EuGH ECLI:EU:C:2017:890 – *CHEZ*; weitere Verweisungen in den Urteilen zur Herkunft der verwendeten legitimen Ziele – über die jeweils vorgenommene Verweisung auf die *Wouters*-Entscheidung hinaus – fehlen; siehe zu den einzelnen Urteilen auch *Mürtz* (Fn. 8), C.II.8.

36 Dieser Unterschied wird zwar im Ergebnis keine Auswirkungen auf die dogmatische Einordnung des *Meca-Medina*-Tests haben (wie ausführlich unter IV. gezeigt wird), wohl aber für die genaue Anwendung des *Meca-Medina*-Tests insbesondere mit Blick auf Beurteilungsspielräume.

Verwendung, wie sie seit dem *Meca-Medina*-Urteil vorwiegend durch die EU-Kommission geprägt worden ist.[37]

c) Gesamtwürdigung und Konvergenz

Sowohl bei den Grundfreiheiten (*Bosman*-Test)[38] wie auch im europäischen Wettbewerbsrecht (*Meca-Medina*-Test) hat sich also ein konsistenter Ansatz zur Berücksichtigung außerwettbewerblicher, sportlicher Gesichtspunkte innerhalb der jeweiligen Beschränkungsprüfung herausgebildet. Gerade für den Bereich des Sports drängt sich dabei sowohl im Hinblick auf das Berücksichtigungsschema selbst als auch auf die Ausfüllung der entsprechenden Merkmale desselben eine große Übereinstimmung zwischen den Grundfreiheiten und dem EU-Kartellrecht auf.[39] Das zeigt auch die Praxis der Kommission und nationaler Kartellämter, die besonders bei legitimen Zielstellungen wechselseitig auf den jeweils anderen Regelungsbereich zurückgreifen.[40] Deswegen spricht viel für eine partielle Konvergenz und einen gemeinsamen Berücksichtigungsrahmen für sportliche Besonderheiten zwischen dem Recht der Grundfreiheiten und dem Wettbewerbsrecht.[41]

Gegen eine solche Konvergenz und Übertragbarkeit kann aber zum einen das *Meca-Medina*-Urteil des EuGH selbst ins Feld geführt werden. Hier habe der EuGH der Konvergenz zwischen Grundfreiheiten und dem europäischen Wettbewerbsrecht eine klare Absage erteilt.[42] Denn dort stellte er klar, dass

---

[37] EuG ECLI:EU:T:2020:610 – *ISU*; siehe bezüglich der Prägung durch die EU-Kommission insb. EU-Kommission 11.07.2007 – COM(2007) 391 final – *Weißbuch Sport*; EU-Kommission 11.07.2007 – SEC(2007) 935 – *staff working document*; Pressemitteilung EU-Kommission 08.12.2017 – IP/17/5184 – *ISU*; das EuG habe die methodisch und inhaltlich korrekte Anwendung des *Meca-Medina*-Tests bestätigt, *Podszun*, NZKart 2021, 138, 143.

[38] Zwar wurde der Maßstab innerhalb des Rechts der Grundfreiheiten bisher gesichert nur auf die Arbeitnehmerfreizügigkeit (Art. 45 AEUV) und die Dienstleistungsfreiheit (Art. 56 AEUV) angewendet. Dieser Bereich wurde durch Biffi aber auch auf das allgemeine Diskriminierungsverbot (Art. 18 i.V.m. 21 AEUV) erweitert. Im Ergebnis kann damit wohl auch von der Anwendbarkeit auf die übrigen Grundfreiheiten ausgegangen werden. *Pijetlovic* (Fn. 23), S. 228 ff.; siehe ausführlicher zu Hintergrund und Herleitung *Mürtz* (Fn. 8), C.I. und III.

[39] Vergleiche hierzu insb. auch *Pijetlovic* (Fn. 23), S. 228 ff.

[40] So auch die Kommission, die als legitime Zielstellungen für das Wettbewerbsrecht bzw. Konstellationen, für die ein Verstoß gegen Art. 101 und 102 AEUV unwahrscheinlich oder wahrscheinlich auf Basis des *Meca-Medina*-Tests sei, auf die Rechtsprechung zu den Grundfreiheiten zurückgreift, EU-Kommission 11.07.2007 – SEC(2007) 935 – *staff working document*, S. 70 ff.

[41] Mit diesem Ergebnis auch *Pijetlovic* (Fn. 23), S. 230 f.

[42] *Esposito* (Fn. 12), S. 176; *Scherzinger* (Fn. 13), S. 135 f., 155 f. und 249; *Heermann*, WRP 2020, 1, 4; *Heermann*, WuW 2009, 394, 400; *Rincon*, JCER 2007, 224, 236.

selbst, wenn der Anwendungsbereich der Grundfreiheiten aufgrund rein sportlichen Interesses nicht eröffnet sei, dies keinen Rückschluss darauf zulasse, ob das Wettbewerbsrecht anwendbar oder seine Voraussetzungen erfüllt seien.[43] Allerdings bezog sich der EuGH bei seiner Aussage vornehmlich auf den Anwendungsbereich und nicht auf den Rechtfertigungsmaßstab. Hierin ist folglich gerade keine generelle Ablehnung der Konvergenz der beiden Regelungskomplexe zu sehen, sondern es wird lediglich darauf hingewiesen – was ohnehin selbstverständlich erscheint –, dass die fehlende Anwendbarkeit des Rechts der Grundfreiheiten nicht *zwangsläufig* auch zur fehlenden Anwendbarkeit von Art. 101, 102 AEUV führe.[44] Gegen eine Konvergenz und parallele Anwendung der Rechtfertigungsmaßstäbe anhand sportlicher Besonderheiten sprechen zum anderen konzeptionelle Divergenzen zwischen dem europäischen Kartellrecht und den Grundfreiheiten, insbesondere was die Adressaten der jeweiligen Regelungsgebiete anbelangt. Während sich das Kartellrecht primär an Unternehmen(-svereinigungen) richtet, sind Adressaten der Grundfreiheiten konzeptionell die Mitgliedstaaten und staatliche Akteure. Allerdings zeigen sich auch hier bereits im kleinen Fundus der sportbezogenen Kasuistik, dass es inzwischen erhebliche Aufweichungen und Überschneidungen gibt. So wendet der EuGH die Grundfreiheiten schon über seine gesamte Rechtsprechung für den Bereich des Sports hinweg über die Konstruktion der Drittwirkung auf Sportverbände (also private Unternehmen) an.[45] Andersherum werden über Art. 106 AEUV und Art. 4 Abs. 3 EUV staatliche Regelungen und Akteure im europäischen Kartellrecht erfasst.[46]

Im Ergebnis ist von einer partiellen Konvergenz hinsichtlich der Rechtfertigungsmechanismen im Recht der Grundfreiheiten (*Bosman*-Test) und dem Wettbewerbsrecht (*Meca-Medina*-Test) auf Basis der Besonderheiten des Sports und seiner sozialen Dimension auszugehen.[47] Zwar ergeben sich so-

---

[43] EuGH Slg. 2006, I-6991 – *Meca-Medina*, Rn. 31 f.

[44] So auch *Weatherill*, Principles and Practice in EU Sports Law, 2017, S. 162 ff.; dass sich der EuGH vornehmlich auf die Eröffnung des Anwendungsbereichs bezieht, wird auch mit Blick in das EuG-Urteil deutlich, auf das sich der EuGH bezieht, EuG Slg. 2004, II-3291 – *Meca-Medina*, Rn. 42; die Bezugnahme auf die zuvor umstrittene Anwendbarkeit bei rein sportlichen Sachverhalten unterstrich er zudem durch die Verweisung auf sportliche Belange in der *Walrave*- und *Donà*-Rechtsprechung, wohingegen er *Bosman* – wo im Gegensatz zu den Entscheidungen in *Walrave* und *Donà* sportliche Beweggründe rechtfertigend im Tatbestand geprüft wurden – bei der Zitierung ausließ, EuGH Slg. 2006, I-6991 – *Meca-Medina*, Rn. 31 (siehe insbesondere auch den Wortlaut: „zwangsläufig").

[45] Siehe oben sowie für einen Überblick über die relevante Rechtsprechung *Mürtz* (Fn. 8), C.I.

[46] Hierfür sei exemplarisch auf EuGH ECLI:EU:C:2014:2147 – *API* verwiesen.

[47] *Pijetlovic*, ISLJ 2017, 86, 98 f.; diese Konvergenz zwischen dem Kartellrecht und den Grundfreiheiten sieht auch *Ackermann*, WuW 2022, 122, 125.

wohl für den Anwendungsbereich als auch für die Rechtfertigungsebene[48] gewisse Divergenzen.[49] Allerdings verfolgen die beiden Gebiete schon grundsätzlich die gleiche Zielsetzung, nämlich Marktintegration und die Schaffung eines einheitlichen Binnenmarkts, Art. 29 AEUV. Das scheinen gleichfalls die Rechtsprechung des EuGH, des EuG sowie die Generalanwälte[50] und die EU-Kommission zu erkennen. So übertrug der EuGH die Überlegungen seines *Wouters*-Tests in ebendieser Rechtsprechung ebenfalls völlig selbstverständlich in die andere Richtung auf die Grundfreiheiten.[51] Diese Linie verfolgten gleichermaßen die EU-Kommission sowie das BKartA.[52] Zudem wendete der EuGH in der *Bosman*-Rechtsprechung Überlegungen aus Allgemeininteressen, auf die sich nach der ursprünglichen Konzeption allenfalls Mitgliedstaaten berufen können, auf Private und damit atypische Adressaten an.[53] Und schließlich schöpft sich die Rechtfertigung von privaten Akteuren im Rahmen des Kartellrechts in *Wouters* – wie oben bereits gezeigt[54] – und damit auch mittelbar in *Meca-Medina* aus Allgemeininteressen.[55] Kombiniere man die *Wouters*- und die *Bosman*-Doktrin, er-

---

[48] Während im Recht der Grundfreiheiten bereits 1979 durch die *Cassis de Dijon*-Rechtsprechung zwingende Gründe des Allgemeininteresses für die Rechtfertigung herangezogen wurden, wurde im Kartellrecht lange Zeit straff an wettbewerblichen Rechtfertigungen i.S.d. Art. 101 Abs. 3 AEUV festgehalten; letztlich hat sich hier erst durch die *Wouters*-Entscheidung des EuGH im Jahr 2002 eine gewisse Angleichung ergeben.

[49] Gegen die Konvergenz insgesamt *Schweitzer*, S. 36f., in: Monopolkommission, Politischer Einfluss auf Wettbewerbsentscheidungen – Wissenschaftliches Symposium anlässlich des 40-jährigen Bestehens der Monopolkommission, 2015.

[50] So gingen die *GA Lenz, Cosmas* und *Alber* in den Fällen *Bosman, Deliège* und *Lehtonen* von einer Übertragung oder zumindest einem Gleichlauf der Rechtfertigungsüberlegungen auf Basis sportlicher Gründe von den Grundfreiheiten auf das Wettbewerbsrecht aus: EuGH Slg. 1995, I-4930 – *Schlussanträge GA Lenz in Bosman*, Rn. 270; EuGH Slg. 2000, I-2553 – *Schlussanträge GA Cosmas in Deliège*, Rn. 70ff. und 112; EuGH Slg. 2000, I-2685 – *Schlussvorträge GA Alber in Lehtonen*, Rn. 104f.; auch *GA Kokott in Murphy* wies auf diese Übertragungsmöglichkeit hin, EuGH Slg. 2010, I-9090 – *Schlussanträge GA Kokotte in Murphy*, Rn. 249f.

[51] EuGH Slg. 2002, I-1577 – *Wouters*, Rn. 122. In diese Richtung kann wohl auch EuGH ECLI:EU:C:2014:2147 – *API*, Rn. 59 und 57 verstanden werden.

[52] Besonders deutlich wird diese Ansicht in EU-Kommission 11.07.2007 – SEC(2007) 935 – *staff working document*, S. 70ff.; EU-Kommission 25.06.2002 – COMP/37 806 – *ENIC*, S. 6ff.; EU-Kommission 08.12.2017 – C(2017) 8240 final – *ISU*, Rn. 219f.; BKartA 25.02.2019 – B2-26/17 – *Olympisches Werbeverbots*, Rn. 91ff.

[53] EuGH Slg. 1995, I-4921 – *Bosman*, Rn. 86.

[54] EuGH Slg. 1995, I-4165 – *Gebhard*, Rn. 37; EuGH Slg. 1995, I-4921 – *Bosman*, Rn. 104; EuGH Slg. 1996, I-6511 – *Reisebüro Broede*, Rn. 28; EuGH Slg. 2002, I-1577 – *Wouters*, Rn. 97.

[55] EuGH Slg. 2006, I-6991 – *Meca-Medina*, Rn. 42f.

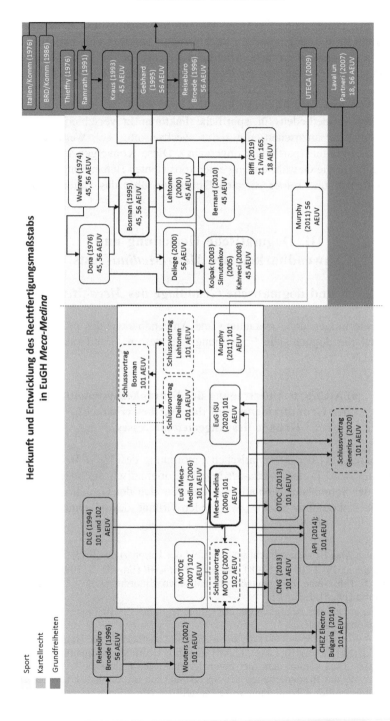

Abb. 1: Dargestellt sind die Zusammenhänge zur Entwicklung eines Berücksichtigungsmaßstabs von sportlichen und außerwettbewerblichen Faktoren sowohl im EU-Kartellrecht als auch im Recht der Grundfreiheiten.

scheine die Handhabung in *Meca-Medina* folgerichtig und konsequent.[56] Somit kann für die beschriebenen Rechtfertigungsansätze eine partielle Konvergenz angenommen werden. Allerdings gilt es, für die unterschiedlichen Regelungskomplexe sensibel zu bleiben und sich aus dem Adressatenkreis oder der Art der Rechtfertigung ergebende Besonderheiten zu berücksichtigen. Der *Bosman-* und *Meca-Medina*-Test sind somit als eng verwandte Berücksichtigungsmethoden für sportliche Faktoren in verschiedenen Regelungskomplexen anzusehen, die dafür wechselseitig auf Wertungen und Maßstäbe zugreifen (partielle Konvergenz). Diese Konvergenzen sind Ausgangspunkt für die Gewährleistung einer konsistenten Behandlung sportlicher Besonderheiten und seiner sozialen Dimension über das Unionsrecht hinweg.[57]

III. Dogmatische Herleitung und Anwendbarkeit des *Meca-Medina*-Tests

1. Herkunft und dogmatische Grundlage des *Meca-Medina*-Tests

Für viele Fragen der Anwendung und Anwendbarkeit des *Meca-Medina*-Tests sind die dogmatische Einordnung und dessen Grundkonzeption entscheidend.[58]

a) Adäquate Übertragung der Schrankensystematik der Grundfreiheiten auf das Wettbewerbsrecht – Gründe des Allgemeininteresses

Wie bereits bei der systematischen Einordnung des *Meca-Medina*-Urteils angedeutet, wird in dem *Meca-Medina*-Test dogmatisch die adäquate Übertragung der Schrankensystematik aus dem Bereich der Grundfreiheiten und damit die Anknüpfung an die zwingenden Gründe des Allgemeininteresses gesehen.[59]

---

56 *Breuer*, Das EU-Kartellrecht im Kraftfeld der Unionsziele, 2013, S. 641.

57 *Pijetlovic*, ISLJ 2017, 86, 98 f.; so auch *Weatherill* (Fn. 44), S. 109; *Scherzinger* (Fn. 13), S. 136; siehe zur genauen dogmatischen Einordnung des *Meca-Medina*-Tests, *Mürtz* (Fn. 8), E.II.1.h).

58 Siehe unten insb. bezüglich der Herleitung legitimer Zielstellungen (IV.2.a)) und der Anwendbarkeit (III.2.).

59 So *Breuer* (Fn. 56), S. 621 ff.; siehe ebenfalls ausführlich zur Herleitung *Mürtz* (Fn. 8), E.II.1.g), V.1.a)bb)(1.)(e.), (2.)(f.) und (g.); Heermann sympathisiert mit diesem Ansatz: „Dies kommt dem hier favorisierten Ansatz recht nahe.", allerdings bezweifelt er, ob die Besonderheiten des Sports auf eine Stufe mit anerkannten zwingenden Gründen des Allgemeininteresses gestellt werden können, *Heermann* (Fn. 5),

Die zwingenden Gründe des Allgemeininteresses i. S. d. EuGH Entscheidung in *Cassis de Dijon*[60] umfassen explizite[61] und implizite Querschnittsklauseln des Unionsrechts,[62] wobei die expliziten nur die Spitze des Eisbergs darstellen, wohingegen sich – bildlich gesprochen – unterhalb der Wasserlinie der größere, jedoch naturgemäß deutlich schwerer zu bestimmende und abzugrenzende Teil der Querschnittsziele befindet, Art. 7 AEUV.[63]

Der Sport verfügt über kein explizites Querschnittsziel im Unionsrecht; auch nicht mit Einführung des Art. 165 AEUV, wie der Vergleich mit echten Querschnittszielen, wie dem Umwelt- und Verbraucherschutz Art. 11 und 12 AEUV, deutlich werden lässt. Vielmehr ist in Art. 165 AEUV ein einfaches Unionsziel zu sehen, welches die Rechtsprechungslinie des EuGH mit Bezug auf den Sport in sich aufgenommen hat.[64] Allerdings können der Sport, seine Besonderheiten und seine soziale Dimension als implizite Querschnittsklausel, welche ebenfalls im Rahmen der zwingenden Gründe des Allgemeininteresses zur Geltung kommen, eingeordnet werden.[65] Wie oben bereits gezeigt, bestätigt diese Einordnung beispielsweise auch die *Bosman*- und *Bernard*-Rechtsprechung, in der der EuGH unter explizitem Abstellen auf die zwingenden Gründe des Allgemeininteresses auf die beträchtliche soziale Bedeutung und die Besonderheiten des Sports hinweist.[66] Folglich gehen gewichtige Facetten des Sports innerhalb der zwingenden Gründe des Allgemeininteresses auf.[67]

VI. Rn. 178, 179; *Ackermann*, WuW 2022, 122, 125: Die Anerkennung dieser Rechtfertigungsgründe rühre unverkennbar aus den vom Gerichtshof anerkannten Allgemeininteressen. Die Heranziehung der Allgemeininteressen für das Wettbewerbsrecht dränge sich geradezu auf.

[60] EuGH Slg. 1979, 649 – *Cassis de Dijon*, Rn. 8 ff.; EuGH Slg. 1995, I-4165 – *Gebhard*, Rn. 37.

[61] Wie den Verbraucherschutz, Art. 12 AEUV oder den Umweltschutz, Art. 11 AEUV; ausführlich hierzu *Breuer* (Fn. 56), S. 96 ff., 320 ff.

[62] Wie die Erhaltung der Medienvielfalt, die Aufrechterhaltung des öffentlichen Telekommunikationsnetzes, der Schutz des Gleichgewichts der sozialen Sicherungssysteme, die Erhaltung und Aufwertung des kulturellen und künstlerischen Erbes, der Schutz von Arbeitnehmern usw., *Breuer* (Fn. 56), S. 308 ff.

[63] *Breuer* (Fn. 56), S. 703 f. und 308 ff.

[64] Kennzeichnend für eine explizite Querschnittsklausel des Unionsrechts ist, dass diese ein unionales Ziel enthält, welches ausdrücklich im Rahmen anderer Tätigkeiten der Union zu berücksichtigen ist; so auch zuletzt *Ackermann*, WuW 2022, 122, 126 f.; zur systematischen Einordnung von Art. 165 AEUV, *Mürtz* (Fn. 8), A.III.

[65] *Breuer* (Fn. 56), S. 704 und 308 f.; *Mürtz* (Fn. 8), E.V.1.a)bb)(2.)(f.)(bb).

[66] EuGH Slg. 1995, I-4921 – *Bosman*, Rn. 104 f.; EuGH Slg. 2010, I-2177 – *Bernard*, Rn. 38 f.; siehe hierzu auch oben II.3.

[67] Mit modifizierender Ansicht zuletzt Heermann, der bezweifelt, ob die Besonderheiten des Sports tatsächlich auf einer Ebene mit anerkannten Gemeinwohlinteressen wie der öffentlichen Gesundheit, dem Verbraucherschutz, dem Schutz kultureller

Nachdem somit klar geworden ist, dass sich der EuGH in seiner sportbezogenen Rechtsprechung im Bereich der Grundfreiheiten zur Rechtfertigung von Eingriffen auf zwingende Gründe des Allgemeininteresses stützt, ist noch zu zeigen, dass dieser Ansatz auch in das Wettbewerbsrecht übertragen werden kann. Gegen die Übertragbarkeit und die Anknüpfung an das Kriterium der zwingenden Gründe des Allgemeininteresses beim *Meca-Medina*-Test spricht, dass diese weder in der nahe verwandten *Wouters*- noch in der *Meca-Medina*-Rechtsprechung selbst ausdrücklich zur Sprache kommen, wohingegen sie bei der Rechtsprechung zu den Grundfreiheiten jeweils explizit erwähnt werden. Vielmehr knüpft der EuGH in seiner *Wouters*- und *Meca-Medina*-Rechtsprechung für die Bestimmung der Zielstellung wörtlich an den Gesamtzusammenhang an.[68] Der Gesamtzusammenhang ist aber keine eigenständige Rechtsfigur und damit ausfüllungsbedürftig. Um diese konstruktive Lücke zu füllen, ist das Konzept der zwingenden Gründe des Allgemeininteresses heranzuziehen. Wesentlich für diese Übertragung spricht die festgestellte partielle Konvergenz zwischen den Grundfreiheiten und dem Wettbewerbsrecht bezogen auf die Rechtfertigung auf Basis außerwettbewerblicher Gründe.[69] Demnach stützt sich die Herleitung legitimer Gründe im Rahmen des *Wouters*-Tests, auf welchem der *Meca-Medina*-Test wesentlich beruht, über eine Verweisungskette explizit auf zwingende Gründe des Allgemeininteresses.[70] In diese Kategorie der zwingenden Gründe des Allgemeininteresses können auch sportliche Besonderheiten, auf die sich *Meca-Medina* für seinen Rechtfertigungsansatz stützt, eingeordnet werden. Das bestätigt implizit auch die EU-Kommission, das EuG im Fall *ISU* und der EuGH in seinem *Meca-Medina*-Urteil selbst, indem für den Rechtfertigungsansatz im Kartellrecht auf überschneidende sportliche Ziele zurückgegriffen wird, die in der sportbezogenen Rechtsprechung zum Bereich der Grundfreiheiten herausgearbeitet wurden.[71] Zudem können auch systematische Hürden

---

Zwecke usw. mithalten können. Vielmehr seien die legitimen Zielstellungen nach *Meca-Medina* ein wesensgleiches Minus zu den zwingenden Gründen des Allgemeininteresses, *Heermann* (Fn. 5), VI. Rn. 179 und 274; *Heermann*, WRP 2020, 1, Rn. 23; ob das „wesensgleiche Minus" aber mit impliziten Querschnittsklauseln gleichgesetzt werden kann oder qualitativ „noch weniger" ist, kann nicht abschließend herausgelesen werden.

[68] EuGH Slg. 2002, I-1577 – *Wouters*, Rn. 97 f.; EuGH Slg. 2006, I-6991 – *Meca-Medina*, Rn. 42 f.

[69] Siehe oben II.3.c); siehe ausführlich *Mürtz* (Fn. 8), E.II.1.g) und h); zur partiellen Konvergenz siehe, C.III.

[70] EuGH Slg. 1995, I-4165 – *Gebhard*, Rn. 37; EuGH Slg. 1996, I-6511 – *Reisebüro Broede*, Rn. 28; EuGH Slg. 2002, I-1577 – *Wouters*, Rn. 97, 122; mit dieser Erkenntnis zuletzt auch *Ackermann*, WuW 2022, 122, 125.

[71] EuGH Slg. 1995, I-4921 – *Bosman*, Rn. 104 f.; EuGH Slg. 2006, I-6991 – *Meca-Medina*, Rn. 43 f.; EuGH Slg. 2010, I-2177 – *Bernard*, Rn. 38 f.; EuG ECLI:EU:

in Form der unterschiedlichen Konzeptionen und Adressatenstellungen zwischen Kartellrecht und dem Recht der Grundfreiheiten, welche der Übertragung entgegenstehen könnten, dadurch relativiert werden, dass in sportbezogenen Regelungskonstellationen regelmäßig beide Regelungssysteme anwendbar sind und es sich somit um denselben Adressaten in beiden Regelungssystemen dreht.[72]

Aus alldem ergibt sich also die Einordnung des *Meca-Medina*-Tests als Spezialfall des *Wouters*-Tests für den Sport, welcher dogmatisch die Schrankensystematik der *Cassis de Dijon-/Gebhard*-Doktrin übernimmt.[73] Technisch ist im *Meca-Medina*-Test eine besondere Form der Verhältnismäßigkeitsprüfung zu sehen.[74] Wie die Besonderheiten des Sports und seine soziale Dimension als implizite Querschnittsklausel, welche gewissermaßen als Abwägungsfaktor gegen die Wettbewerbsfreiheit in dieser besonderen Form der Verhältnismäßigkeitsprüfung ins Feld geführt werden, in Qualität und Umfang genau auszugestalten sind, ist eine Frage der Legitimität der Zielstellung und wird dementsprechend dort behandelt.[75]

T:2020:610 – *ISU*, Rn. 78 ff.; EU-Kommission 18.01.2011 – KOM (2011) 12 endgültig – *Entwicklung der europäischen Dimension des Sports*, S. 12 f.

[72] Siehe beispielsweise die Urteile des EuGH in den Fällen *Bosman, Deliège, Lehtonen, Bernard* usw. wo auf Basis beider Regelungsgebiete die Vorschrift angegriffen wurde, beide anwendbar waren, aber aus verschiedenen Gründen (beispielsweise weil zum Kartellrecht nicht ausreichend vorgetragen war) nur auf Basis der Grundfreiheiten entschieden wurde. Siehe auch Rechtssache *Wouters*, wo der EuGH die Rechtfertigung eines möglichen Verstoßes gegen Grundfreiheiten auch gleich aufgrund der Rechtfertigung auf Basis der zwingenden Gründe des Allgemeininteresses innerhalb der Prüfung eines Wettbewerbsverstoßes mit ablehnt, EuGH Slg. 2002, I-1577 – *Wouters*, Rn. 122.

[73] Siehe zur genauen Herleitung im Einzelnen und m. w. N. *Mürtz* (Fn. 8), E.II.; inhaltlich zum gleichen Ergebnis kommt – das wird auch bei der Herleitung der legitimen Ziele i. S. d. *Meca-Medina*-Tests deutlich – die EU-Kommission, welche die genaue dogmatische Einordnung und Herkunft des Tests offen lässt, bei der Ausfüllung und Konkretisierung des Tests aber auf Ziele und Überlegungen des EuGH in der sportbezogenen Rechtsprechung im Bereich der Grundfreiheiten zurückgreift, EU-Kommission 11.07.2007 – SEC(2007) 935 – *staff working document*, S. 64 ff.; ähnlich *Heermann*, welcher zur Ausfüllung des *Meca-Medina*-Tests an den Besonderheiten des Sports sowie dessen besonderen Merkmale i. S. d. Art. 165 Abs. 1 Satz 2 AEUV angeknüpft, *Heermann* (Fn. 5), VI Rn. 174.

[74] Das ergibt sich letztlich schon aus der Betrachtung des Prüfungsschemas (hierzu im Einzelnen IV.) selbst, wonach zunächst ein legitimes Ziel ausfindig gemacht wird, welches dann weiter konkretisiert, eingegrenzt und auf seinen Zusammenhang mit der Einschränkung und seine Plausibilität überprüft wird (IV.3.) und schließlich gegen die entsprechende Wettbewerbsbeschränkung abgewogen wird (IV.4.); „besondere" Verhältnismäßigkeitsprüfung, weil insb. die 2. Stufe des Tests (IV.3.) sowie weitere Details von dem klassischen Schema der Verhältnismäßigkeitsprüfung (Ziel, Geeignetheit, Erforderlichkeit, Angemessenheit) abweichen.

[75] Siehe unten IV.2.

b) Verbandsautonomie als Abwägungsbelang

Dagegen stellt eine – gerade in letzter Zeit wieder verstärkt vertretene – Ansicht zur Rechtfertigung von Wettbewerbsbeschränkungen auf die Verbandsautonomie in Form der Organisations- und Regelsetzungsautonomie der Sportverbände als Ausfluss der primär- und verfassungsrechtlich geschützten Vereinigungsfreiheit i. S. d. Art. 11 Abs. 1 EMRK, Art. 12 Abs. 1 GrCh, Art. 9 Abs. 1 GG und dort insbesondere auf deren Kernbereich ab. Demnach sei der *Meca-Medina*-Test nichts anderes als die Herstellung praktischer Konkordanz bzw. eine Verhältnismäßigkeitsprüfung zwischen der in Art. 101 Abs. 1 AEUV geschützten Wettbewerbsfreiheit und der verfassungsrechtlich geschützten Vereinigungsfreiheit.[76] Während nach dem Verständnis dieses Beitrags also die Besonderheiten des Sports und seine soziale Dimension als Abwägungsbelang herangezogen werden (a)), greift die hier darzustellende Ansicht auf die Verbandsautonomie als Abwägungskriterium zurück (b)).

Als Argument für diese These werden zunächst zahlreiche Erwähnungen der Verbandsautonomie in *Meca-Medina* selbst sowie in der Rechtsprechung, auf die sich der EuGH für seinen hier untersuchten Ansatz stützt, angeführt, wo der EuGH die Bedeutung der Verbandsautonomie besonders betone. In allen Entscheidungen stelle der EuGH das Konkurrenzverhältnis von Autonomie der Sportverbände und dem Unionsrecht besonders heraus.[77] Des Weiteren werden als Argumente die Bezugnahmen in *Meca-Medina* auf „Regelwerke" und „Regeln rein sportlicher Natur" sowie die sportverbandliche „Reglementierungsfunktion" in der *ISU*-Entscheidung des EuG angeführt. Diese Begriffe wiesen auf charakteristische Regelungstätigkeiten im Rahmen der Verbandsautonomie hin.[78] Zudem füge sich der Rechtfertigungsansatz aus *Meca-Medina* in eine Linie von kartellrechtlicher Rechtsprechung außerhalb des Sports ein, in der eine Verhältnismäßigkeitsprüfung anhand der besonders geschützten Regelungs-/Verbandsautonomie vorgenommen werde.[79]

---

[76] *Bien/Becker*, ZWeR 2021, 565, 572 ff.; *Soldner/Gastell*, SpoPrax 2022, 74, 77; hinsichtlich der Rechtfertigung von Wettbewerbsbeschränkungen auf Basis des Kernbereichs der Verbandsautonomie *Fischer*, SpuRt 2019, 99.

[77] EuGH Slg. 1974, 1405 – *Walrave*, Rn. 16 – 19; EuGH Slg. 1995, I-4921 – *Bosman*, Rn. 79 ff.; EuGH Slg. 2000, I-2549 – *Deliège*, Rn. 47; EuGH ECLI:EU:C: 2019:497 – *Biffi*, Rn. 38, 52; EuGH Slg. 2002, I-1577 – *Wouters*, Rn. 120; *Bien/Becker*, ZWeR 2021, 565, 572 f.

[78] EuGH Slg. 2006, I-6991 – *Meca-Medina*, exemplarisch i. Z. m. mit dem Test: 42, 43, 47, 48, 52; EuG ECLI:EU:T:2020:610 – *ISU*, Rn. 70, 73, 74; *Bien/Becker* ZWeR 2021, 565, 573 f.

[79] EuGH Slg. 2002, I-1577 – *Wouters*; EuGH ECLI:EU:C:2013:489 – *CNG*; EuGH 28.02.2013 – C-1/12 – OTOC; EuGH ECLI:EU:C:2014:2147 – *API*; EuGH ECLI:EU:C:2017:890 – *CHEZ*; *Bien/Becker* ZWeR 2021, 565, 574 f.

Diese Ansicht ist abzulehnen. Der *Meca-Medina*-Test beruht nicht vorrangig auf einer Abwägung der Wettbewerbsfreiheit mit der Verbandsautonomie als Ausfluss der Vereinigungsfreiheit. Dafür finden sich – anders als behauptet – schon keine stichhaltigen Anhaltspunkte in der sportbezogenen Rechtsprechung des EuGH. Zwar spricht dieser – wie von *Bien/Becker* dargestellt – wiederholt die unstreitig vorhandene Verbandsautonomie von Sportverbänden an,[80] allerdings jeweils in gänzlich anderem Zusammenhang. Im Kontext des Rechtfertigungsmaßstabs rekurriert der EuGH in der *Meca-Medina*-Entscheidung nicht – weder in unmittelbarer noch in mittelbarer Weise – auf die Verbandsautonomie.[81] Erst recht gibt die Verwendung des Wortes „Regelung"/„rule(s)" im Zusammenhang mit dem *Meca-Medina*-Test – welches zweifelsohne wiederholt erwähnt wird – keinerlei Hinweis auf die Abwägung der Verbandsautonomie mit der Wettbewerbsfreiheit. Schließlich verfängt auch das Abstellen auf die verwandte Rechtsprechung des EuGH außerhalb des Sports in den Fällen *OTOC*, *CNG*, *API* und *CHEZ* zur Begründung des Stützens der *Wouters*-Doktrin auf die Verbandsautonomie nicht. Denn zwar verfolgt der EuGH in diesen Entscheidungen tatsächlich denselben Rechtfertigungsansatz wie in seinem *Meca-Medina*-Urteil und diese Ansätze sind tatsächlich allesamt (inklusive *Meca-Medina*) auf das Urteil in der Rechtssache *Wouters* zurückzuführen. Allerdings fehlt auch in diesen Entscheidungen eine direkte Bezugnahme auf die Verbandsautonomie als Quelle des Rechtfertigungsansatzes.[82] Entscheidender als die Herkunft der Kompetenz für den Regelerlass (und deren Grenzen) für die Frage der dogmatischen Basis des Rechtfertigungsansatzes ist, auf welche Basis sich

---

[80] Zu Umfang und Grenzen der Sportverbandsautonomie siehe äußerst umfassend *Heermann* (Fn. 5); zudem *Mürtz* (Fn. 8), A.I.3.c).

[81] Im Folgenden kurz zur Entkräftung der von *Bien/Becker* zitierten Entscheidungen (siehe Fn. 78) exemplarisch anhand: EuGH *Bosman*, Rn. 79 ff.: bei den zitierten Stellen geht es wiederum um die Anwendbarkeit der Grundfreiheiten insgesamt auf den Sport (damit letztlich eine Frage der Drittwirkung) und die Widerlegung des fehlgeleiteten Ansatzes eines auf rein sportliche Tätigkeit gestützten Ausnahmebereichs aus EuGH *Walrave*. Nicht geht es dabei um die Fundierung des Rechtfertigungsansatzes nach Bosman (Rn. 104 ff.), wo keine Rede von der Verbandsautonomie ist; EuGH *Wouters*, Rn. 120: hier geht es um die Anwendbarkeit der Grundfreiheiten auch auf private, nicht-staatliche Akteure (wie in diesem Fall die Anwaltskammer) nicht um das Konkurrenzverhältnis von Sport und Verbandsautonomie und schon gar nicht um die Fundierung und Herleitung des *Wouters*-Tests. Gleiches ist für die übrige zitierte Rechtsprechung zu sagen; wo die angesprochenen Anknüpfungspunkte liegen sollen, bleibt schleierhaft.

[82] Woher Bien/Becker diese Verbindung in den genannten Entscheidungen ableiten wollen bleibt undurchsichtig. (Siehe Fn. 79 für die zitierten Stellen.) Nur weil es in allen Konstellationen um Regeln geht, welche von Verbänden im Vertikalverhältnis innerhalb ihrer staatlich verliehenen Regelungskompetenz erlassen wurden, bedeutet das im Umkehrschluss noch nicht, dass der Test nur in solchen Situationen anwendbar ist, zumal sich der EuGH nicht in diese Richtung äußert.

die herangezogenen legitimen Ziele stützen. Dazu wurde für die Entscheidung in *Wouters* bereits gezeigt, dass sich die legitimen Ziele – und damit der Rechtfertigungsansatz als Ganzes – aus (impliziten) Querschnittsklauseln und zwingenden Gründen des Allgemeininteresses speisen; das ist bei *Meca-Medina* und bei der Folgerechtsprechung nicht anders.[83]

Ein weiteres Problem beim Anknüpfen des *Wouters-*/*Meca-Medina*-Test an die Verbandsautonomie sind die potentiell großen Eingriffe in das Kartellrecht auf Basis der individuellen verbandlichen Zielsetzung und die Bestimmung des jeweiligen Kernbereichs der Regelungsautonomie von Vereinen und Verbänden, die in den Schutzbereich der Vereinigungsfreiheit fallen. Würde der Anwendungsbereich und die Schöpfung von legitimen Zielen tatsächlich so weit gezogen werden, müsste man sich möglicherweise tatsächlich Gedanken über den Schlagkraftverlust für das Kartellrecht machen, welcher von Kritikern des *Wouters-*/*Meca-Medina*-Test oftmals heraufbeschworen wird.[84] Denn dann könnte jeder in seiner Regelsetzung autonome Verband gegenüber seinen Mitgliedern das Kartellrecht entsprechend dem letztlich selbst festgelegten Kern seiner Regelungsautonomie einschränken. Dieses Problem erkennen auch Bien/Becker, welche aber zur Entkräftung einen hypothetischen „Tonkünstlerverband e.V." oder eine „Deutsche Rosengesellschaft e.V." anführen und darauf verweisen, dass solche Vereine in der Regel ohnehin nicht in den Anwendungsbereich des Kartellrechts fallen.[85] Das stimmt soweit, erinnert sei aber daran, dass auch Interessenverbände wie der VDA (Verband der Automobilindustrie e.V.), der VCI (Verband der Chemischen Industrie e.V.), der ADAC e.V. usw. in diesen Bereich fallen, die nun alle den Kernbereich ihrer Tätigkeit zur Rechtfertigung von Koordinierungshandlungen i.S.d. Art. 101 Abs. 1 AEUV heranziehen könnten. Auch dieses Beispiel macht deutlich, dass es für die Rechtfertigung i.S.d. *Wouters-*/*Meca-Medina*-Tests nicht auf die Verbandsautonomie ankommen kann, sondern letztlich nur objektiv zu bestimmende kollidierende Querschnittsziele des Unionsrechts die Basis dafür sein können.

Für diese Sichtweise spricht auch das zuletzt von Heermann angeführte Argument, dass die Fundierung und Reichweite der Verbandsautonomie in den einzelnen Mitgliedstaaten sehr unterschiedlich ausgestaltet sind, weswe-

---

[83] Siehe bereits oben II.3.b), c), III.1.a); siehe dazu zudem ausführlich *Mürtz* (Fn. 8), C.II. und III.; siehe zur Herleitung des *Wouters*-Test aus (impliziten) Querschnittsklauseln des Unionsrechts sehr ausführlich und fundiert, *Breuer* (Fn. 56), insb. S. 529 ff., 569 ff.

[84] Kritisch gegenüber der rechtfertigenden Heranziehung außerwettbewerblicher Gründe beispielsweise *Fuchs*, ZWeR 2007, 369, 383 ff.; *Zimmer*, in: Immenga/Mestmäcker Bd. 1, Art. 101 Abs. 1 Rn. 164 f.; *Grave/Nyberg*, in: Loewenheim, Art. 101 Abs. 1 AEUV Rn. 288 f.; ausführlich zu diesem Streit *Mürtz* (Fn. 8), B.III.3.c)ee).

[85] *Bien/Becker*, ZWeR 2021, 565, 575.

gen die Anknüpfung des Tests daran – gerade für den Sport hochproblematisch – zu unterschiedlichen rechtlichen Einordnungen führen würde.[86]

Zuletzt spricht auch die neueste Praxis und Rechtsprechung im Bereich des Sportkartellrechts eindeutig gegen die Fundierung des *Meca-Medina*-Tests auf der Verbandsautonomie und damit auch gegen eine Beschränkung des Anwendungsbereichs des Tests auf den sachlichen und persönlichen Schutzbereich der Vereinigungsfreiheit und für die hier vertretene Herleitung des Tests. Denn sowohl die EU-Kommission wie auch das EuG beurteilen im Fall *ISU* die entsprechenden Wettbewerbsbeschränkungen, die definitiv auf Regelungen außerhalb des Schutzbereichs der Vereinigungsfreiheit erlassen wurden, anhand des *Meca-Medina*-Tests und diese Betrachtung bildet sogar den Schwerpunkt der jeweiligen Prüfung.[87] Der Linie des EuG ist zuletzt auch das OLG Frankfurt gefolgt.[88]

c) Weitere anerkannte Tatbestandsrestriktionen und Rechtfertigungsansätze und ihr Verhältnis zum *Meca-Medina*-Test

Der *Meca-Medina*-Test kann dogmatisch weder an anerkannte Tatbestandsrestriktionen, wie den Markterschließungs- und Arbeitsgemeinschaftsgedanken, das Konzernprivileg (bzw. die „Single-Entity-Doctrine") oder die Immanenztheorie bzw. die notwendigen Nebenabreden (bzw. die „ancillary-restraints"-Konzepte) noch an eine Art „rule of reason" angeknüpft werden. Wesentlicher Grund hierfür ist die Ausrichtung dieser Institute an wettbewerblichen Gesichtspunkten, wohingegen der *Meca-Medina*-Test schwerpunktmäßig auf wettbewerbsfremde Überlegungen des Allgemeininteresses zurückgreift.[89] Aus dem gleichen Grund scheitert auch eine Subsumtion der

---

[86] *Heermann* (Fn. 5), VI. Rn. 174, welcher sich hierfür bezieht auf EU-Kommission 11.07.2007 – SEC(2007) 935 – *staff working document*, S. 57 f.

[87] EuG ECLI:EU:T:2020:610 – *ISU*, Rn. 59 ff., 77 – 114; EU-Kommission 08.12.2017 – C(2017) 8240 final – *ISU*, Rn. 210 – 267; dieser Erkenntnis kann sich auch *Bien/Becker*, ZWeR 2021, 565, 590 ff. nicht erwehren, allerdings wird daraus lediglich die Schlussfolgerung abgeleitet die Ausführungen der Kommission und des EuG zum *Meca-Medina*-Test – welche jeweils den Schwerpunkt der Prüfungen bildete – seien überflüssig, das Urteil bzw. die Kommissionsentscheidung also letztendlich falsch. Eine selbstbewusste These dafür, dass das EuG wiederum – im Zusammenhang mit seinem Rechtfertigungsmaßstab nach *Meca-Medina* in keinem Wort weder unmittelbar noch mittelbar auf die Verbandsautonomie rekurriert.

[88] OLG Frankfurt 30.11.2021 – 11 U 172/19, GRUR-RR 2022, 186, Rn. 67 ff. – *DFB-Spielervermittlung*; damit korrigierte das OLG auch die fehlgeleitete Entscheidung der Vorinstanz, LG Frankfurt/Main 24.10.2019 – 2-03 O 517/18, BeckRS 2019, 40640, Rn. 96 ff. – *DFB-Spielervermittlung*.

[89] Siehe ausführlich zur Darstellung dieser Institute und die Abgrenzung vom *Meca-Medina*-Test *Mürtz* (Fn. 8), B.III.3.c), E.II.1. Dieses Charakteristikum des Stüt-

Meca-Medina-Kriterien unter Art. 101 Abs. 3 AEUV; die Abgrenzung zwischen der Anwendung des *Meca-Medina*-Tests und Art. 101 Abs. 3 AEUV erfolgt folglich danach, ob zur Rechtfertigung schwerpunktmäßig auf sportbezogene (außerwettbewerbliche) oder wettbewerbliche Erwägungen und Ziele zurückgegriffen wird.[90]

2. Anwendbarkeit des *Meca-Medina*-Tests

Der *Meca-Medina*-Test ist mit Blick auf das gleichnamige Urteil in seiner ursprünglichen Form nur innerhalb des Art. 101 Abs. 1 AEUV anwendbar.[91] Anwendungsvoraussetzungen für den *Meca-Medina*-Test sind folglich die Eröffnung des Anwendungsbereichs des Art. 101 Abs. 1 AEUV[92] und, weil der Test als tatbestandsimmanente Rechtfertigung innerhalb des Merkmals der Wettbewerbsbeschränkung eingeordnet wurde, eine wettbewerbsbeschränkende Koordinierungshandlung zwischen Unternehmen oder ein entsprechend beschränkender Beschluss einer Unternehmensvereinigung.

Nun stellt sich die Frage, ob der *Meca-Medina*-Test innerhalb des Tatbestandes des Art. 101 Abs. 1 AEUV unter diesen Voraussetzungen stets zur Anwendung kommt oder ob weitere Hürden für die Anwendbarkeit dieses Rechtfertigungsansatzes eingezogen werden müssen.

a) Anwendbarkeitsrestriktionen durch die Art bzw. den Kontext der beschränkenden Regelung

Gemeinsam mit dem LG Frankfurt vertrat zuletzt Ackermann eine Begrenzung des Anwendungsraumes des *Meca-Medina*-Tests auf „rein sportliche Regelungen."[93] Diese Eingrenzung lasse sich zwar nicht unmittelbar aus der

---

zens auf außerwettbewerbliche Gründe kann auch bei zum *Meca-Medina*-Test verwandten und dogmatisch gleich einzuordnenden Entscheidungen beobachtet werden, siehe EuGH ECLI:EU:C:2013:489 – *CNG*; EuGH 28.02.2013 – C-1/12 – *OTOC*; EuGH ECLI:EU:C:2014:2147 – *API*; EuGH ECLI:EU:C:2017:890 – *CHEZ*.

[90] Dazu *Mürtz* (Fn. 8), E.II.2.a), F.I.1.; mit dem fehlgeschlagenen Versuch der Subsumtion der *Meca-Medina*-Kriterien und sportlicher Ziele unter Art. 101 Abs. 3 AEUV zuletzt LG Frankfurt/Main 24.10.2019 – 2-03 O 517/18, BeckRS 2019, 40640, Rn. 102 ff. – *DFB-Spielervermittlung*.

[91] EuGH Slg. 2006, I-6991 – *Meca-Medina*, Rn. 42 ff.; zur Anwendbarkeit des Tests auf weitere Tatbestände des Wettbewerbsrechts (bspw. Art. 102 AEUV) und darüber hinaus siehe unten V.

[92] Art. 101 AEUV ist umfassend auf den Sport anwendbar, ohne die Existenz von sportspezifischen Ausnahmebereichen, siehe oben Fn. 12.

[93] Das LG stützt sich für diese Überlegungen auf die EuG Entscheidung in der Sache *Piau*, die EU-Kommission sowie das *Meca-Medina*-Urteil selbst, LG Frank-

Meca-Medina-Entscheidung selbst herleiten.[94] Das zeige aber der wertende Vergleich mit anderen EuGH Entscheidungen, in welchen der *Wouters*-Test herangezogen würde: In allen Fällen außer *Meca-Medina* wende der EuGH diesen Rechtfertigungsmaßstab auf Regelungen von mit staatlichen Regelungsbefugnissen ausgestatteten Verbänden an. Diese staatliche Legitimierung fehle Sportverbänden, weshalb dort stattdessen auf deren Verbandsautonomie als Quelle ihrer Regelungslegitimation abgestellt werden müsse, welche nur „rein sportliche Regeln" umfassen würde. Folglich könne der *Meca-Medina*-Test nur zur Rechtfertigung der Wettbewerbsbeschränkung solcher „rein sportlichen Regeln" zum Einsatz kommen.[95]

Zuzugeben ist der Herangehensweise von Ackermann, dass sich der EuGH in den angeführten Entscheidungen tatsächlich durchweg auf denselben Rechtfertigungsansatz (*Wouters*-/*Meca-Medina*-Test) stützt und dass Sportverbände ihre Regelungstätigkeit in der Regel nicht aus einer staatlichen Legitimation, sondern aus ihrer Verbandsautonomie ableiten. Allerdings kann dem daraus abgeleiteten Rückschluss der Beschränkung des *Meca-Medina*-Tests auf „rein sportliche Regeln" nicht gefolgt werden: Genauso wie bei den sonstigen Entscheidungen zum *Wouters*-Test dient das Kartellrecht auch im Fall *Meca-Medina* als *äußere* Grenze für die Regelungstätigkeit der entsprechenden Verbände. Dabei spielt aber die *innere* Reichweite der jeweiligen Autonomie, welche sich aus der Privatautonomie geschützt durch die Vereinigungsfreiheit ergibt, als Anwendungsvoraussetzung weder bei den Entscheidungen außerhalb (*Wouters, CNG* usw.) noch innerhalb des Sports (*Meca-Medina*) eine Rolle. Schon gar nicht legt der EuGH die innere Grenze der Verbandsautonomie in irgendeiner Weise auf „rein sportliche Regeln" fest. Bei dieser Art der Eingrenzung wird zum einen die Komplexität der Bestimmung der Reichweite der Verbandsautonomie sträflich vereinfacht.[96] Zum anderen führt die Frage, was noch von „rein sportlichen Regeln" umfasst wird, zu einer Reihe an Folgeproblemen und schwierigen Abgrenzungsfragen; das scheint auch einer der Gründe gewesen zu sein, weswegen sich

---

furt/Main 24.10.2019 – 2-03 O 517/18, BeckRS 2019, 40640, Rn. 96 ff. – *DFB-Spielervermittlung*; EuG Slg. 2005, II-209 – *Piau*, Rn. 70 ff.; EU-Kommission 11.07.2007 – SEC(2007) 935 – *staff working document*, S. 77 f.; bereits ein Blick in die letzte sportkartellrechtliche Entscheidung der Kommission hätte indes gezeigt, dass diese Einordnung nicht deren Meinung entsprechen kann, denn dort wird der Test auf Regelungen angewendet, die jedenfalls nicht „rein sportlich" sind, EU-Kommission 08.12.2017 – C(2017) 8240 final – *ISU*, Rn. 210 ff.; *Ackermann*, WuW 2022, 122, 125 f.

[94] *Ackermann*, WuW 2022, 122, 125 f.

[95] EuGH ECLI:EU:C:2013:127 – *OTOC*, Rn. 94 f.; EuGH ECLI:EU:C:2013:489 – *CNG*, Rn. 37 ff.; EuGH ECLI:EU:C:2014:2147 – *API*, Rn. 47 ff.; EuGH ECLI:EU:C:2017:890 – *CHEZ*, Rn. 51 ff.; *Ackermann*, WuW 2022, 122, 125 f.

[96] *Mürtz* (Fn. 8), A.I.3.c).

der EuGH von diesem Maßstab für die Anwendbarkeit des Kartellrechts im Sport verabschiedet hat.[97] Begrenzt man den Anwendungsbereich des *Meca-Medina*-Tests auf „rein sportliche Regeln" als vermeintlichen Ausfluss der Verbandsautonomie, droht zudem ein Zirkelschluss: Denn auf der einen Seite wird als Grenze für die Regelungstätigkeit der Sportverbände – richtigerweise – das Kartellrecht herangezogen; auf der anderen Seite wird dann aber versucht, diesen Konflikt wiederum anhand der Reichweite der Regelungsautonomie – als eine der beiden in Bezug gesetzten Größen – zu lösen. Treffender ist es, diesen Ausgleich objektiv über die zwingenden Gründe des Allgemeininteresses zu suchen; auch das zeigt die Rechtsprechung des EuGH.[98]

Die Begrenzung des Anwendungsbereichs auf „rein sportliche Regeln" ist daher abzulehnen. Dementsprechend verwarf auch das OLG diese Herangehensweise des LG und stellte seinerseits für die Anwendbarkeit des *Meca-Medina*-Tests – in Anknüpfung an den EuGH selbst – auf Regeln, die mit der Organisation und dem ordnungsgemäßen Ablauf des Sports bzw. sportlichen Wettkämpfen verbunden sind (organisatorische Sportregeln), ab.[99]

Nach hier vertretener Auffassung ist der Anwendungsbereich des *Meca-Medina*-Tests dagegen auf alle „sportlichen Regeln" auszudehnen, wovon alle Regeln, die mittelbar oder unmittelbar sportlichen Zwecken dienen, erfasst sind.[100] Dieser Anwendungsbereich ergibt sich aus dem Sinn und Zweck des Rechtfertigungsmaßstabs aus den EuGH Entscheidungen in *Wouters/Meca-Medina* sowie dem *Meca-Medina*-Urteil selbst. Wie bereits ausführlich hergeleitet, stützt sich dieser Rechtfertigungsmaßstab auf die zwingenden Gründe des Allgemeininteresses, weswegen die Wertung und Anwendbarkeit vorwiegend daran vorgenommen wird; die vorschnelle Eingrenzung auf Ba-

---

[97] EuGH Slg. 2006, I-6991 – *Meca-Medina*, Rn. 25 ff.; *Weatherill* (Fn. 44), S. 74 f.; *Eichel*, EuR 2010, 685, 689.

[98] Siehe zur Rechtsprechung in Fn. 95.

[99] OLG Frankfurt 30.11.2021 – 11 U 172/19, GRUR-RR 2022, 186, 189, Rn. 74 f. – *DFB-Spielervermittlung*; dabei stützte sich das OLG auf den EuGH selbst, die jüngste Entscheidung des EuG zu diesem Thema sowie die EU-Kommission: EuGH Slg. 2006, I-6991 – *Meca-Medina*, Rn. 45; EuG ECLI:EU:T:2020:610 – *ISU*, Rn. 109; EU-Kommission 11.07.2007 – SEC(2007) 935 – *staff working document*, S. 35 ff., 64 ff. (Laut Kommission also solche Vorschriften, die „[…] determine the conditions for professional athletes, teams or clubs to engage in sporting activity as an economic activity […]."); so auch *Heermann* (Fn. 5), VI. Rn. 172 f.

[100] *Stopper*, SpuRt 2020, 216, 216 f. und 219; zwar ist zweifelhaft ob das – wie Stopper meint – die Meinung der „herrschende Rechtsprechung und Literatur" darstellt, allerdings sprechen die besseren Gründe für diese Einordnung, siehe auch *Mürtz* (Fn. 8), E.III.2.a)dd) und ee); auch die Kommission spricht i.Z.m. *Meca-Medina* wiederholt von „sporting rules", EU-Kommission 11.07.2007 – SEC(2007) 935 – *staff working document*, S. 64 ff.

sis anderer Überlegungen (wie beispielsweise auf Basis der Verbandsautonomie) soll durch einen weiten Anwendungsraum entsprechend der EuGH Rechtsprechung vermieden werden. Überlegungen, die aus anderen Richtungen und auf anderer Grundlage[101] für den Anwendungsbereich herangezogen werden, können dagegen treffender an anderer Stelle des Tests zur Entfaltung kommen (IV.). Die Begrenzung der Anwendung auf „*sportliche* Regeln" dient der Abgrenzung zum *Wouters*-Test insoweit, als beim *Meca-Medina*-Test auf Allgemeininteressen in Form der Besonderheiten des Sports und seiner sozialen Dimension zurückgegriffen wird und dieser (*Meca-Medina*-Test) daher ein Spezialfall des *Wouters*-Tests ist.[102]

Im Ergebnis dürfte sich die Kategorisierung der „organisatorischen Sportvorschriften" und der „sportlichen Regel" im Kontext des Kartellrechts kaum unterscheiden und spätestens auf den folgenden Stufen des Tests zum selben Ergebnis führen.[103]

Von vornherein nicht anwendbar ist der *Meca-Medina*-Test somit nur bei Regelungen mit ausschließlich wirtschaftlicher Zwecksetzung und Regelungsinhalten, welche auch nicht mittelbar sportliche Zwecke verfolgen. Unschädlich für die Anwendbarkeit sind dagegen *auch* wirtschaftliche Zwecksetzungen, solange sie noch einen gewissen, wenn auch nur mittelbaren, Bezug zum Sport haben bzw. diesem dienen. Denn solange eine „sportliche Regel" vorliegt, ist eine Rechtfertigung anhand legitimer Ziele im Bereich des Möglichen und eignet sich die differenzierte Anwendung des *Meca-Medina*-Tests besser zur Aussonderung illegitimer Zielsetzungen oder unverhältnismäßiger Beschränkungen, als eine vorgelagerte Anwendbarkeitsprüfung.[104]

---

[101] Siehe erster Teil III.2.a) sowie b)–d).

[102] Zu weiteren sich unterscheidenden Wertungen im Detail aufgrund von Unterschieden bei der Adressatenstellung und der Stützung der Regelungsaktivität auf die Verbandsautonomie sie IV. sowie im Detail *Mürtz* (Fn. 8), E.IV., V.

[103] Mit dieser Einschätzung auch *Heermann* (Fn. 5), VI. Rn. 174.

[104] So auch *Pijetlovic* (Fn. 23), S. 173 ff.; ohne den Spannungsbogen zu stark verkürzen zu wollen, sei bereits an dieser Stelle erwähnt, dass sogar primär wirtschaftliche Zielstellungen unter bestimmten Voraussetzungen noch auf Basis einer besonders differenzierten Interessenabwägung gerechtfertigt sein können (das dürfte aber ein kaum praxisrelevanter Randbereich sein); OLG Frankfurt 02.02.2016 – 11 U 70/15 (Kart), WuW 2016, 190, 191 – *DFB-Spielervermittlung*; *Heermann*, WRP 2015, 1172, 1174.

b) Anwendbarkeit nur auf bestimmte Vereinbarungskonstellationen

Die Anwendbarkeit des Tests ist unabhängig von den an der Vereinbarung beteiligten Parteien oder der Art der Vereinbarung,[105] solange Art. 101 Abs. 1 AEUV anwendbar ist und seine Tatbestandsmerkmale erfüllt sind. Insbesondere bedarf es nicht zwingend einer regulierenden Tätigkeit[106] oder einer untrennbaren Einheit zwischen Regelsetzern und Betroffenen der Regelung.[107] Solche Anknüpfungspunkte sind reine Beobachtungen und Schlussfolgerungen aus Einzelfällen, die eine tiefere dogmatische Verwurzelung und eine konsistente Anwendung vermissen lassen.[108]

c) Anwendbarkeit auch bei Regelungen außerhalb der durch die Verbandsautonomie verliehenen Regelungskompetenz

Regelmäßig werden auch die Grenzen der Verbandsautonomie als Anwendbarkeitsschranke herangezogen. Demnach sollen beschränkende Regelungen nur anhand des *Meca-Medina*-Tests rechtfertigbar sein, wenn sie auf Basis autonomer Regelsetzung innerhalb des Schutzbereichs der Verbandsautonomie erlassen wurden.[109] Regelungen außerhalb des persönlichen und sachlichen Schutzbereichs der Regelsetzungsautonomie der Sportverbände, also beispielsweise Regelungen, welche mittelbar oder unmittelbar auf nicht-verbandsgebundene Dritte abzielen, sollen nicht auf Basis des *Meca-Medina*-Test gerechtfertigt werden können. Diese Annahme beruht auf der Ansicht der *Meca-Medina*-Test sei letztlich eine Abwägung im Sinne der praktischen Konkordanz zwischen Wettbewerbsfreiheit und Verbandsautonomie. Befinde sich die betrachtete Regelung außerhalb des Schutzbereichs der Vereini-

---

[105] Teils wurde vorgeschlagen den *Wouters*-Test – auf dem der *Meca-Medina*-Test beruht – nur auf Beschlüsse von Unternehmensvereinigungen anzuwenden, *Leupold*, EuZW 2013, 785, 786; *Grave/Nyberg*, in: Loewenheim, Art. 101 Abs. 1 AEUV Rn. 290; das kann aber schon auf Basis späterer Urteile entkräftet werden, EuGH ECLI:EU:C:2017:890 – *CHEZ*, Rn. 39 f.; EuGH ECLI:EU:C:2014:2147 – API, Rn. 28 ff.

[106] Mit diesem Ansatz *Zimmer*, in: Immenga/Mestmäcker Bd. 1, Art. 101 Abs. 1 Rn. 166 in Ableitung aus den Urteilen EuGH Slg. 2002, I-1577 – *Wouters*; EuGH 28.02.2013 – C-1/12 – OTOC; EuGH ECLI:EU:C:2014:2147 – *API*.

[107] Geht auf eine Überlegung der *GA Kokott* in EuGH ECLI:EU:C:2020:28 – *Schlussvorträge GA Kokott in Generics*, Rn. 153 und 140 zurück.

[108] Zu den vorgeschlagenen Anwendungsrestriktionen und deren Entkräftung, *Mürtz* (Fn. 8), E.III.2.b).

[109] *Zimmer*, in: Immenga/Mestmäcker Bd. 1, Art. 101 Abs. 1 Rn. 166 f.; *Bien/Becker*, ZWeR 2021, 565, 580 ff.; aufgrund anderer Überlegungen in diese Richtung auch *Breuer* (Fn. 56), S. 693 ff.; genauso aufgrund anderer Überlegungen auch *Ackermann*, WuW 2022, 122, 125 f., siehe oben III.2.a).

gungsfreiheit, könne diese folglich auch nicht rechtfertigend herangezogen werden.[110]

Diese Anwendbarkeitsrestriktion ist abzulehnen.[111] Das ergibt sich schon daraus, dass der *Meca-Medina*-Test nicht auf der Verbandsautonomie, sondern auf den zwingenden Gründen des Allgemeininteresses in Form der Besonderheiten des Sports und seiner sozialen Dimension beruht.[112] Unter dieser Prämisse ist es für die Anwendbarkeit des Tests letztlich irrelevant, auf welcher Basis die beschränkende Maßnahme erlassen wurde.[113] Folglich kann der Test rechtfertigend auch für (mittelbare und unmittelbare) Beschränkungen gegenüber verbandsunabhängigen Dritten angewendet werden, auch wenn solche Regelungen nicht von der Verbandsautonomie gedeckt und legitimiert sind.[114] Denn sportliche Besonderheiten sind schon mit Blick auf Art. 165 AEUV unabhängig von der Verbandsautonomie zu berücksichtigen.

d) Anwendbarkeit bei hoher Eingriffsintensität

Vielfach werden Stimmen laut, wonach der *Meca-Medina*- bzw. *Wouters*-Test bei besonders schwerwiegenden Beschränkungen wie diskriminierenden Regelungen,[115] „hardcore"-Restriktionen und bezweckten Wettbewerbsbe-

---

[110] *Bien/Becker*, ZWeR 2021, 565, 580 ff.; soweit der Regelungsbereich der Verbandsautonomie auf „rein sportliche Regelungen" beschränkt ist, so auch *Ackermann*, WuW 2022, 122, 125 f.

[111] *Heermann* (Fn. 5), VI. Rn. 174; *Heermann*, ZWeR 2017, 24, 38 sowie 42 f.; so zuletzt auch knapp *Opfermann*, Schiedsvereinbarungen zum CAS – Eine Untersuchung aus der Perspektive des Kartellrechts, 2021, S. 361.

[112] Siehe bereits ausführlich oben II.3.c), III.1.a) – c).

[113] Allerdings spielt es auf den einzelnen Stufen des *Meca-Medina*-Test insbesondere bei der Frage nach Beurteilungs- und Ermessensspielräumen sowie bei der Schwere des Eingriffs eine Rolle, ob die Regelung innerhalb der Verbandsautonomie bzw. innerhalb deren Kernbereich erlassen wurde oder nicht. Siehe unten IV.; für darüberhinausgehende Überlegungen von Ackermann, welcher trotz Übereinstimmung bei der dogmatischen Einordnung dennoch die Anwendbarkeit auf die Verbandsautonomie beschränkt, III.2.a).

[114] Das zeigte zuletzt auch die Entscheidungspraxis der EU-Kommission 08.12.2017 – C(2017) 8240 final – *ISU*, Rn. 210 ff. sowie das EuG ECLI:EU:T: 2020:610 – *ISU*, Rn. 77 ff.; richtigerweise diese Linie übernehmend OLG Frankfurt 30.11.2021 – 11 U 172/19, GRUR-RR 2022, 186, 188 ff. Rn. 67 ff. – *DFB-Spielervermittlung*; a.A. *Bien/Becker*, ZWeR 2021, 565, 590 sowohl das EuG als auch die EU-Kommission würden verkennen, dass die Prüfung der Verhältnismäßigkeit hier überflüssig sei.

[115] Eine Anwendbarkeitsschranke wird aus dem Recht der Grundfreiheiten hergeleitet, wonach eine Rechtfertigung auf Basis sportlicher Überlegungen und Besonderheiten bei diskriminierenden Sachverhalten nicht möglich sei, *Pijetlovic*, ISLJ 2017, S. 6 aus EuGH Slg. 2000, I-2549 – *Deliège*, Rn. 65 f.; da im Wettbewerbsrecht aber

schränkungen nicht anwendbar sein soll.[116] Zur Begründung wird allgemein darauf abgestellt, dass besonders schwere Wettbewerbsbeschränkungen nicht auf Basis von „nur" außerwettbewerblichen Gründen rechtfertigbar sein sollen; zum Teil wird auch eine Übertragung der „per se rule"[117] aus dem US-amerikanischen Antitrust Law angeführt, wonach der *Meca-Medina*-Test bei horizontalen Preisabsprachen, horizontalen Mengenbeschränkungen sowie horizontalen Marktaufteilungen nicht anwendbar sei.[118]

Bei dieser Generalität kommen allerdings besonders für den Bereich des Sports, dem bestimmte Beschränkungen quasi immanent zugrunde liegen, Zweifel auf. So enthält der Sport einige Besonderheiten, wie den assoziativen Wettbewerb, das Bedürfnis der Unsicherheit des Spielausgangs sowie die Notwendigkeit von einheitlichen Regeln für die jeweilige Sportart, welche der Grundkonzeption des Wettbewerbsrechts nicht entsprechen. Würden solche Konstellationen ausgenommen, würde der *Meca-Medina*-Test letztlich seinen Sinn und Zweck verfehlen.[119] Deswegen wird zum Teil vorgeschlagen, die Anwendbarkeit bei sehr intensiven Eingriffen wie „hardcore"-Beschränkungen von einer Vorprüfung abhängig zu machen.[120]

Eine entsprechende Anwendbarkeitsschranke bei besonders schwerwiegenden Eingriffen ist aber insgesamt abzulehnen. Denn zum einen widerspricht dem schon die Rechtsprechung des EuGH, welcher den *Wouters*-Test – auf dem der *Meca-Medina*-Test beruht – wiederholt auch bei „hardcore"-Beschränkungen angewendet hat.[121] Zum anderen sind die Überlegungen, wel-

---

nicht tatbestandlich zwischen diskriminierenden und nur beschränkenden Regelungen unterschieden wird, ist es regelmäßig zielführender die Diskriminierung auf der Ebene der Verhältnismäßigkeit einfließen zu lassen; zu diesem Ergebnis kommt schließlich auch *Pijetlovic*, ISLJ 2017, S. 7; so auch *Breuer* (Fn. 56), S. 667 f.; *Trstenjak/Beysen*, EuR 2012, 265, 276 f.

[116] EuGH 01.07.2008 – C-49/07 – *MOTOE*; EuGH Slg. 2011, I-9083 – *Murphy*, Rn. 105 ff.

[117] *Kirby/Weymouth*, ILJ 1985, 31, 33.

[118] *Breuer* (Fn. 56), S. 675 ff.

[119] Das erkennt auch *Breuer* (Fn. 56), S. 681 f. Interessanterweise macht Breuer fast alle Durchbrechungsüberlegungen an sportlichen Fallgestaltungen fest, obwohl er schwerpunktmäßig den allgemeinen *Wouters*-Test untersucht.

[120] Diese Ausnahme würde greifen, wenn (1) ein sportpolitischer Aspekt mit „besonders hohem Gewicht" (2) „zweifelsfrei und erheblich" durch die entsprechende Maßnahme gefördert werde und (3) „offensichtlich nicht durch Alternativmaßnahmen", die weniger stark in den Wettbewerb eingreifen würden, verfolgt werden könne, *Breuer* (Fn. 56), S. 684 f.

[121] EuGH ECLI:EU:C:2013:489 – *CNG*, Rn. 53 ff. (horizontale Preisabsprache); EuGH ECLI:EU:C:2017:890 – *CHEZ*, Rn. 51 f. (horizontale Preisabsprache); EuGH ECLI:EU:C:2014:2147 – *API*, Rn. 47 f. (zwar durch Gesetz aber trotzdem unter das Kartellrecht fallende Preisabsprache).

che bei einer Vorprüfung getroffen werden, letztlich besser bei der regulären Prüfung des *Meca-Medina*-Tests aufgehoben, bei welcher auf den einzelnen Stufen aufgrund der hohen Eingriffstiefe besonders strikte Anforderungen zu stellen sind. Der *Meca-Medina*-Test ist also unabhängig von der Eingriffsintensität anzuwenden.[122]

e) Fazit – Umfassende Anwendbarkeit auf sportliche Regelungen

Der *Meca-Medina*-Test ist im Ergebnis auf alle wettbewerbsbeschränkenden Regelungen im Kontext des Sports („sportliche Regeln") anwendbar, solange auch Art. 101 Abs. 1 AEUV selbst anwendbar ist und eine Wettbewerbsbeschränkung vorliegt. Eine darüberhinausgehende Anwendbarkeitsschwelle ist aus der Rechtsprechung des EuGH nicht ableitbar. Herangezogen wird also ein weiter Anwendungsbereich für sportbezogene Regeln, welche – aufgrund der weiten Auslegung des EuG und der EU-Kommission – weitestgehend deckungsgleich mit den sportorganisatorischen Regeln sein dürften. Eine starke Eingrenzung und strenge Bewertung ist dann allerdings nach den *Meca-Medina*-Kriterien auf den einzelnen Stufen des Tests vorzunehmen (IV.). Diese Vorgehensweise führt zu sachgemäßen Ergebnissen ohne schematische Lösungen und wird somit dem Ansatz des EuGH in seiner *Wouters*- und *Meca-Medina*-Entscheidung sowie der Folgerechtsprechung gerecht, in der er seinen Rechtfertigungsmaßstab am „Gesamtzusammenhang" der Regelung ausrichtet.[123]

Obwohl es folglich keine Auswirkung auf die Anwendbarkeit hat, wenn beschränkende Regelungen auch wirtschaftliche Ziele verfolgen, diskriminierend sind, besonders schwerwiegende Wettbewerbsbeschränkungen darstellen oder regelnd in Bereiche eingreifen, die nicht mehr von der Verbandsautonomie des Regelnden gedeckt sind, hat es für die Prüfung des Tests im Einzelnen teils erhebliche Auswirkungen. Dementsprechend sind Rechtfertigungen in solchen Fällen nur unter sehr hohen Anforderungen an die rechtfertigenden Gründe möglich und die Rechtfertigungswahrscheinlichkeit in solchen Fällen dementsprechend (sehr) gering.[124] Insgesamt zeichnet sich der *Meca-Medina*-Test – wie nachfolgend dargestellt wird – durch seinen differenzierten aber

---

[122] Mit diesem Ergebnis anhand treffender Abwägungen ebenfalls *Kokott/Dittert* (Fn. 9), S. 18 f.; siehe ausführlich zur Diskussion denkbarer Anwendbarkeitsschranken auf Basis besonders hoher Eingriffsintensität *Mürtz* (Fn. 8), E.V.3.d); zum Einfließen der Eingriffsintensität in den Test siehe sogleich IV.

[123] EuGH Slg. 2002, I-1577 – *Wouters*, Rn. 97; EuGH Slg. 2006, I-6991 – *Meca-Medina*, Rn. 42.

[124] Das zeigen auch die dargestellten Fälle in EuGH *CNG*, *API* und *CHEZ*, wo der EuGH den *Wouters*-Test zwar anwendete, aber jeweils zu dem Ergebnis kam, dass die Einschränkung im Lichte der verfolgten Ziele unverhältnismäßig war (oder schon

gleichzeitig strengen und restriktiven Ansatz aus, wodurch der – von Kritikern befürchtete – zu starke Eingriff in die Wettbewerbsfreiheit vermieden
werden soll.

IV. Konkreter Einsatz des *Meca-Medina*-Tests

Im Folgenden sollen die konkrete Anwendung des *Meca-Medina*-Test und
die jeweils relevanten Überlegungen auf den einzelnen Stufen vorgestellt
werden.

1. Allgemeine Grundsätze zur Anwendung des *Meca-Medina*-Tests

a) Allgemeiner Anwendungsmaßstab und Beweislastverteilung

Aufgrund der Rechtsnatur als ungeschriebener Rechtfertigungstatbestand
und aufgrund des hohen Stellenwerts des effektiven Wettbewerbs ist der
Meca-Medina-Test generell restriktiv und anhand strenger Maßstäbe anzuwenden und auszulegen.[125] Die Beweislast für das Vorliegen liegt beim
Meca-Medina-Test als tatbestandsimmanente Rechtfertigung grundsätzlich[126]
auf Seiten dessen, der sich auf die Rechtfertigung beruft, Art. 2 VO 1/2003
analog.[127]

b) Beurteilungsspielräume und Kontrolldichte

Innerhalb des *Meca-Medina*-Tests sind eine Vielzahl von Wertungs-, Pro-
gnose-, Einordnungs- und Abwägungsentscheidungen zu treffen. Während
die Beweislast festlegt, wer die Last einer Nichterweisbarkeit bestimmter
Tatbestandsmerkmale trägt, geht es beim Beurteilungsspielraum darum, wer
in welchem Ausmaß das Ergebnis solcher Abwägungs- und Wertungsentscheidungen beurteilen, beeinflussen bzw. bestimmen darf. Zwischen dem
Beurteilungsspielraum und der Kontrolldichte der Gerichte und Behörden
besteht ein inverser Zusammenhang: Je größer der Beurteilungsspielraum

---

kein genügendes legitimes Ziel erkennbar war), siehe Rechtsprechung in Fn. 122; mit
diesem Ergebnis auch *Heermann* (Fn. 5), VI. Rn. 142.

[125] *Heermann*, WuW 2017, 312; *Kokott/Dittert* (Fn. 9), S. 18.

[126] Hinsichtlich punktueller Durchbrechungen im Sinne einer sekundären Darlegungslast des Klägers siehe *Mürtz* (Fn. 8), E.V.3.c)ee)(1.) und d)ee)(3.).

[127] Zur genauen Einordnung des *Meca-Medina*-Tests sowie ausführlich zur Beweislast siehe *Mürtz* (Fn. 8), E.II.2.b) und E.IV.2.

auf Seiten des Beschränkers ist, desto kleiner ist die Kontrolldichte und umgekehrt.[128]

Eine Einschätzungsprärogative zugunsten von regelerlassenden Sportverbänden[129] – also die weiteste Form eines Ermessens- und Beurteilungsspielraums in der Art, dass letztlich Tatsachen festgestellt und Prognose- und Wertungsentscheidungen nahezu gerichtsfest getroffen werden können – ist generell abzulehnen.

Für die Begründung einer solchen Einschätzungsprärogative kommen im Wesentlichen zwei Ansätze in Frage, nämlich die Übertragung möglicherweise bestehender Einschätzungsprärogativen der Mitgliedstaaten innerhalb der Grundfreiheiten und aus der Regelsetzungsautonomie der Sportverbände selbst.

Zwar gewährt der EuGH in seiner Rechtsprechung den Mitgliedstaaten bei der Rechtfertigung von Eingriffen in Grundfreiheiten teils sehr weite Spielräume, die mitunter an Einschätzungsprärogativen erinnern.[130] Allerdings wird bei genauerer Betrachtung klar, dass es sich selbst bei dem äußerst weiten Spielraum, der Mitgliedstaaten teilweise eingeräumt wird, nicht um eine Einschätzungsprärogative im Sinne nicht nachkontrollierbarer, gewissermaßen gerichtsfester Bewertungen handelt.[131] Erst recht kann diese folglich nicht auf Sportverbände übertragen werden, die ihre Legitimation zur Regelsetzung aus der Privatautonomie und nicht aus einer einem Gesetzgeber

---

128 Siehe *Mürtz* (Fn. 8), E.IV.3.b) und c); mit der gleichen Beobachtung auch *Heermann* (Fn. 5), VI. Rn. 330 f.

129 Eine solche wurde vielfach von Seiten der Sportverbände gefordert beispielsweise von der UEFA in EU-Kommission 25.06.2002 – COMP/37 806 – *ENIC*, Rn. 21; die EU-Kommission ließ diese Einschätzung der *UEFA* allerdings „links liegen" und prüfte ausführlich die Verhältnismäßigkeit der Maßnahme, Rn. 36 f.; entsprechend empört zeigte sich Infantino, nachdem der EuGH in seiner *Meca-Medina*-Rechtsprechung ebenfalls detailliert die vermeintlich freien Entscheidungsräume der Verbände nachkontrollierte, *Infantino*, SpuRt 2007, 12, 14 f. Solchen Forderungen könnte auch die Erklärung von Nizza Auftrieb gegeben haben, Annex IV zum Vertrag von Nizza 11.12.2000; Besonders weite Spielräume für die Verbände forderte in der Folge ebenfalls *Arnaut*, S. 53 f.; die Unabhängigkeit der Studie wurde aber intensiv in Frage gestellt, bspw. *Orth*, SpuRt 2007, 49, 49 f.; an Einschätzungsprärogativen grenzende Spielräume räumte beispielsweise das Schiedsgericht der DFL ein, in: SpuRt 2011, 259, 263; bereits vor dem Schiedsspruch mit ähnlicher Einschätzung *Summerer*, SpuRt 2008, 234, 240 f.

130 In der Rechtssache *Reisebüro Broede*, worauf der *Meca-Medina*-Test über die Verweisung in der *Wouters*-Entscheidung indirekt aufbaut, schien der EuGH sowohl auf der Ebene der legitimen Zielstellung wie auch bei der Verhältnismäßigkeit dem Mitgliedstaat eine solche zu übertragen, EuGH Slg. 1996, I-6511 – *Reisebüro Broede*, Rn. 31 ff.

131 *Breuer* (Fn. 56), S. 708 f.

ähnlichen Legitimität ableiten.[132] Dieses Bild bestätigt sich insbesondere in der sportbezogenen Rechtsprechung zur unmittelbaren Drittwirkung der Grundfreiheiten, wo der EuGH zwar die Fachkompetenz der Sportverbände anerkennt und gewisse Beurteilungsspielräume andeutet, jedoch gleichzeitig seine Kontrollgewalt über die getroffenen Entscheidungen deutlich macht und jedenfalls keine Einschätzungsprärogativen oder vergleichbar weite Beurteilungsspielräume einräumt.[133] Nichts anderes ergibt sich aus dem *Meca-Medina*-Urteil.[134] Dass eine solche Einschätzungsprärogative auch auf Basis der verfassungsrechtlich geschützten Verbandsautonomie nicht darstellbar ist, zeigt sich schon darin, dass diese nicht schrankenlos gewährt wird, sondern sowohl aus sich selbst heraus als auch von außen klaren Grenzen unterliegt.[135]

Damit ist zwar die Extremposition einer Einschätzungsprärogative abzulehnen; allerdings führt das Fachwissen[136] und die verfassungsrechtlich geschützte Verbandsautonomie der Sportverbände zu gewissen Beurteilungsspielräumen bei Ermessens- und Prognoseentscheidungen in Bezug auf sportliche Fragen.[137] Zwar kann aufgrund der unterschiedlichen Prüfungskriterien und der jeweiligen Bedürfnisse und Merkmale auf den einzelnen Stufen der jeweilige Beurteilungsspielraum immer erst konkret für das einzelne Prüfungsmerkmal bestimmt werden.[138] Generell lässt sich aber aus der Verbandsautonomie und der daran anknüpfenden Wesensgehaltsgarantie bezüglich des Beurteilungsspielraums der regelsetzenden Einheiten bereits Folgendes festhalten: Je enger der Zusammenhang einer Regelung oder Maßnahme mit dem Kernbereich der Verbandsautonomie (Wesensgehaltsgarantie) und somit mit sportlichen Fragestellungen (Sportbezug) ist, desto größer ist auch der Beurteilungsspielraum. Je weiter die zu beurteilende Regelung dagegen vom Kernbereich der Verbandsautonomie entfernt liegt und je größer der

---

[132] Zur Herleitung der Verbandsautonomie aus der Privatautonomie siehe *Mürtz* (Fn. 8), A.I.3.c).

[133] EuGH Slg. 1995, I-4921 – *Bosman*, Rn. 86 ff.; EuGH Slg. 2000, I-2549 – *Deliège*, Rn. 67 f.; EuGH Slg. 2000, I-2681 – *Lehtonen*, Rn. 52 f.; EuGH ECLI:EU:C: 2019:497 – *Biffi*, Rn. 60 f.

[134] Unterschiedliche Maßstäbe und Beurteilungsspielräume werden im Einzelfall noch auf den unterschiedlichen Stufen des Tests herauszuarbeiten sein. Jedenfalls erkennt der EuGH hier keinen mit einer Prärogative vergleichbar weiten Spielraum an, EuGH Slg. 2006, I-6991 – *Meca-Medina*, Rn. 42 ff.; so auch *Breuer* (Fn. 56), S. 714 f.

[135] Siehe ausführlich zu den Grenzen der Verbandsautonomie m. w. N. *Mürtz* (Fn. 8), A.I.3.c)cc); *Weatherill* (Fn. 44), S. 85 f.

[136] EuGH Slg. 2000, I-2549 – *Deliège*, Rn. 67 f.; *Esposito* (Fn. 12), S. 98 f.

[137] *Scherzinger* (Fn. 13), S. 151; a. A. und damit insgesamt gegen Beurteilungsspielräume bei Sportverbänden *Battis/Ingold/Kuhnert*, EuR 2010, 3, 14 ff.

[138] Siehe unten sowie im Detail *Mürtz* (Fn. 8), E.IV.3.b), V.1.a)dd), b)aa)(2.), 2.b) cc), c)dd)(2.), 3.c)ee)(2.), d)ee)(1.).

Zusammenhang mit wirtschaftlichen oder wettbewerblichen Überlegungen ist, umso geringer wird auch der Beurteilungsspielraum der Sportverbände.[139] Dieser grundlegende Zusammenhang zwischen Sportbezug und Beurteilungsspielraum kann auch in der Rechtsprechung und Fallpraxis beobachtet werden.[140]

2. Erste Stufe: Legitime Zielstellungen des *Meca-Medina*-Tests

„Bei der Anwendung dieser Vorschrift im Einzelfall sind nämlich der Gesamtzusammenhang, in dem der fragliche Beschluss zustande gekommen ist oder seine Wirkungen entfaltet, und insbesondere seine Zielsetzung zu würdigen."[141]

Auf der ersten Stufe des – als dreistufig aufgefassten – *Meca-Medina*-Tests, ist folglich primär der Gesamtzusammenhang, in dem die beschränkende Vereinbarung getroffen oder der entsprechende Beschluss gefasst wurde, unter die Lupe zu nehmen. Als wesentliches Element dieses Gesamtzusammenhangs hebt der EuGH die mit der Beschränkung verfolgte legitime Zielstellung hervor.[142] Darauf soll auch hier der Fokus liegen.

a) Legitimität der Zielstellung

Nicht jede konkret für eine Regelung identifizierte Zielstellung aus dem sportlichen Kontext eignet sich zur Rechtfertigung einer Wettbewerbsbeschränkung. Vielmehr muss diese aus der Konzeption des *Meca-Medina*-Test heraus legitim und damit grundsätzlich geeignet sein, Wettbewerbsbeschränkungen zu rechtfertigen.[143]

Was im Grundsatz über den Einzelfall hinaus eine legitime Zielstellung i.S.d. *Meca-Medina-/Wouters*-Test ausmacht, lässt der EuGH weitestgehend offen.

Eine Art Daumenregel führt die EU-Kommission ein, welche sich in ihrem Weißbuch Sport sehr ausführlich mit dem *Meca-Medina*-Test beschäftigt und aus der Kasuistik des EuGH eine Vielzahl denkbarer legitimer Ziele zusam-

---

[139] *Heermann* (Fn. 5), VI. Rn. 330 f.; *Scherzinger* (Fn. 13), S. 151 f.; *Schürnbrand*, ZWeR 2005, 396, 407.

[140] Exempl.: EuGH Slg. 2000, I-2549 – *Deliège*, Rn. 67 f.; so auch EuGH Slg. 2000, I-2685 – *Schlussvorträge GA Alber in Lehtonen*, Rn. 70; EuGH Slg. 2000, I-2681 – *Lehtonen*, Rn. 52; EuGH ECLI:EU:C:2019:497 – *Biffi*, Rn. 60; a.A., wonach bei *Deliège* genau keine Beurteilungsspielräume zugestanden werden, *Scherzinger* (Fn. 13), S. 150.

[141] EuGH Slg. 2006, I-6991 – *Meca-Medina*, Rn. 42.

[142] EuGH Slg. 2006, I-6991 – *Meca-Medina*, Rn. 43 und 45.

[143] EuGH Slg. 2006, I-6991 – *Meca-Medina*, Rn. 45.

menträgt: Demnach stehe ein legitimes Ziel meistens mit der Organisation und dem ordentlichen Ablauf von Sportwettkämpfen in Verbindung.[144] Aus diesem Grundsatz hat Heermann einen Orientierungsleitsatz etabliert, wonach umso wahrscheinlicher eine legitime Zielsetzung vorliegt, je enger der Zusammenhang der Regelung mit der Organisation und ordentlichen Durchführung von Sportwettkämpfen ist. Hingegen sei eine legitime Zielstellung umso unwahrscheinlicher, je mehr mit der Regelung wirtschaftliche Ziele verfolgt würden.[145]

Diesen Annäherungen kann im Grund zugestimmt werden, allerdings lassen sie ein dogmatisches Grundgerüst vermissen, anhand welchem mit größerer Sicherheit das Vorliegen einer legitimen Zielstellung bestimmt werden kann.

Das dogmatische Gerüst und damit auch die Bestimmung legitimer Zielstellungen liegt in der Übertragung der zwingenden Gründe des Allgemeininteresses, in denen die Besonderheiten des Sports und weitere sportbezogene Faktoren als implizite Querschnittsklauseln des Unionsrechts aufgehen.[146] Damit ist noch nach dem genauen Umfang eines sportbezogenen zwingenden Allgemeininteresses zu fragen: Blickt man in die EuGH- und EuG-Rechtsprechung,[147] weitere Dokumente von Unionsorganen[148] sowie der EU-Kommission,[149] fallen zwei Aspekte so regelmäßig ins Auge, dass sich ein Muster ergibt: die Berücksichtigung der Besonderheiten des Sports

---

[144] EU-Kommission 11.07.2007 – SEC(2007) 935 – *staff working document*, S. 68 und 77 („Legitimate objectives of sporting rules will normally relate to the ‚organisation and proper conduct of competitive sport' and may include, e. g., […]"); hieran hielt die EU-Kommission auch noch 10 Jahre später für die Bestimmung legitimer Zielstellungen fest und ergänzte diese Ausführungen lediglich um zwei weitere Beispiele („[…] the integrity and objectivity of competitive sport and ethical values in sport."), EU-Kommission 08.12.2017 – C(2017) 8240 final – *ISU*, Rn. 211.

[145] *Heermann* (Fn. 5), VI. Rn. 182 f.; *Heermann*, ZWeR 2017, 24, 44 f.; *Heermann*, WRP 2015, 1172, 1174.

[146] Siehe zu dieser Herleitung bereits oben III.1.a); zuletzt leitete auch Ackermann legitime Ziele i. R. d. *Wouters-/ Meca-Medina*-Tests aus den Allgemeininteressen her, *Ackermann*, WuW 2022, 122, 125 f.; siehe zudem ausführlich hinsichtlich der Abwägung verschiedener Ansätze zur Bestimmung der Legitimität einer Zielsetzung *Mürtz* (Fn. 8), E.V.1.a)bb).

[147] EuGH Slg. 1995, I-4921 – *Bosman*, Rn. 104; EuGH Slg. 2000, I-2549 – *Deliège*, Rn. 41; EuGH Slg. 2010, I-2177 – *Bernard*, Rn. 39 und 40; EuGH ECLI:EU:C:2019:497 – *Biffi*, Rn. 33 und 49; EuG ECLI:EU:T:2020:610 – *ISU*, Rn. 78 f.; implizit EuGH Slg. 2006, I-6991 – *Meca-Medina*, Rn. 43.

[148] Vertrag von Amsterdam 02.10.1997 – *Declaration on sport*, S. 136; Annex IV zum Vertrag von Nizza 11.12.2000, Rn. 1 ff.

[149] EU-Kommission 10.12.1999 – Kom(1999) 644 final – *Helsinki Report on Sport*, S. 3 ff.; EU-Kommission 18.01.2011 – KOM (2011) 12 endgültig – *Entwicklung der europäischen Dimension des Sports*, S. 12 f.

sowie die soziale (und erzieherische) Funktion des Sports. Beide Elemente tauchen gleichfalls an prominenter Stelle in Art. 165 AEUV auf. Demzufolge könnte Art. 165 Abs. 1 UAbs. 2, Abs. 2 Spiegelstrich 7 AEUV der Anknüpfungspunkt zur genaueren Konturierung und Festlegung des Umfangs der sportlichen zwingenden Allgemeininteressen sein. Dafür spricht viel:[150] Art. 165 AEUV ist ein Unionsziel. Eine wesentliche Funktion von Unionszielen – neben ihrer Leit- und Kompassfunktion – besteht darin, dass sie als Auslegungshilfen in der Rechtsprechung des EuGH herangezogen werden.[151] Das entspricht zudem insgesamt dem regelmäßigen Vorgehen des EuGH bei Anwendung der Konstruktion der zwingenden Gründe des Allgemeininteresses: Sobald eine primärrechtliche Verankerung vorhanden ist, die seinen diesbezüglichen Erwägungen entspricht, greift er ergänzend oder als expliziten Anknüpfungspunkt auf dieses Primärrecht zurück.[152] Deswegen ist es naheliegend und nachvollziehbar, dass der EuGH seit seiner Einführung an Art. 165 AEUV für sportbezogene rechtfertigende Erwägungen anknüpft.

Insoweit stellt Art. 165 AEUV inhaltlich aber keinen Bruch, Neuanfang und keine Veränderung der bisherigen Linie des EuGH dar. Vielmehr gehen in Art. 165 AEUV die Rechtsprechung des EuGH sowie die Erklärungen von Unionsorganen auf und führen zu einer harmonischen Eingliederung der bisherigen Praxis und Behandlung der Besonderheiten und sozialen Dimension des Sports in das Unionsrecht. Dieser Ansatz stimmt auch mit der Einordnung von Art. 165 AEUV als normative eher deskriptive Fixierung der bisherigen Praxis des EuGH im Unionsrecht überein, die in der Literatur vorherrscht.[153] Dazu passen außerdem die Erwähnungen der EU-Kommission nach Einführung des Artikels, die dem Sport darin letztlich die gleichen als legitim zu berücksichtigenden Besonderheiten zuschreibt, wie in Art. 165

---

[150] Auch die *Cassis de Dijon*-Formel wird inhaltlich vorwiegend aus dem Unionsrecht ausgefüllt; allerdings kann die Herleitung legitimer Ziele nicht alleine auf Art. 165 AEUV gestützt werden, weil – wie bereits dargelegt – dieser keine Querschnittsklausel des Unionsrecht darstellt (III.1.a)), sondern „nur" deskriptiv die Rechtsprechung des EuGH zum Sport und seinen legitimen Zielen in sich als Unionsziel aufnimmt. Art. 165 AEUV dient somit der deskriptiven Ausfüllung der Besonderheiten des Sport und seiner Besonderheiten; diese Wahrnehmung ist auch der sportbezogenen EuGH Rechtsprechung zu entnehmen, *Mürtz* (Fn. 8), A.III. und E.V.1.a)bb).

[151] *Scherzinger* (Fn. 13), S. 145; das bestätigt auch die EuGH Rechtsprechung in *Bernard* und *Biffi*. Seit seiner Einführung weist der EuGH in seiner Rechtsprechung auf Art. 165 AEUV hin, sobald es um die Besonderheiten und speziellen Funktionen des Sports geht, EuGH Slg. 2010, I-2177 – *Bernard*, Rn. 39 und 40; EuGH ECLI: EU:C:2019:497 – *Biffi*, Rn. 33 und 49; das zeigte sich zuletzt auch in EuG ECLI: EU:T:2020:610 – *ISU*, Rn. 78 f.

[152] *Breuer* (Fn. 56), S. 308 f. m. w. N.

[153] *Weatherill* (Fn. 44), S. 155 f.; siehe auch *Mürtz* (Fn. 8), A.III.

AEUV erwähnt.[154] Art. 165 AEUV dient folglich als Auslegungshilfe und zur inhaltlichen Fixierung des Umfangs der zwingenden Allgemeininteressen des Sports. Demnach gründet die Legitimität einer Zielsetzung auf dem Konzept der zwingenden Allgemeininteressen i. V. m. Art. 165 AEUV. Damit sind die Legitimität begründenden Leitziele die Besonderheiten des Sports, seine soziale und erzieherische Funktion sowie die anderen in Art. 165 AEUV explizit erwähnten und implizit durch die Rechtsprechung einfließenden Ziele.[155] Diese – insbesondere im Fall der Besonderheiten des Sports und der sozialen und erzieherischen Funktion des Sports – recht abstrakten, legitimen Leitziele sind durch die bisherige Rechtsprechung des EuGH sowie weitere Erklärungen aus dem Unionsumfeld inhaltlich anzureichern, zu konkretisieren und auszulegen. Demzufolge gehen die gesamte Praxis des EuGH und der Unionsorgane zu den Besonderheiten und speziellen Funktionen des Sports in Art. 165 Abs. 1 UAbs. 2, Abs. 2 Spiegelstrich 7 AEUV und damit auch zur genaueren Bestimmung der Legitimität in Form von zwingenden Gründen des Allgemeininteresses auf.

Nicht gestützt werden kann die Legitimität der Zielstellung – entgegen vielfach vertretener Ansicht[156] – auf die Verbandsautonomie oder die Vereinigungsfreiheit nach Art. 12 GrCh, Art. 11 EMRK, denn wie bereits ausführlich gezeigt wurde, beruht der *Meca-Medina*-Test nicht grundlegend auf der praktischen Konkordanz zwischen Wettbewerbsfreiheit und Verbandsautonomie.[157]

b) Konkrete legitime Zielstellungen

Aus dieser Grundkonzeption lassen sich eine Vielzahl an legitimen Zielstellungen herleiten und gegen illegitime Zielstellungen abgrenzen. Die Darstellung einzelner legitimer Zielstellungen würde allerdings den Rahmen dieser Betrachtung sprengen.[158]

---

[154] EU-Kommission 18.01.2011 – KOM (2011) 12 endgültig – *Entwicklung der europäischen Dimension des Sports*, S. 12. („Artikel 165 AEUV […] umfasst all die Merkmale, die die Besonderheit des Sports ausmachen").

[155] Siehe zur genauen Ausformung dieser Leitlinien in explizite sportliche legitime Ziele, E.V.1.a)cc).

[156] Zuletzt *Bien/Becker*, ZWeR 2021, 565, 572 ff.

[157] Siehe oben II.3., III.1.; allerdings entfaltet sich die Verbandsautonomie im Kontext legitimer Zielstellungen in Form eines Beurteilungsspielraums hinsichtlich der Konkretisierung und Auswahl derjenigen Zielstellungen für die jeweilige Sportart, auf die die beschränkende Maßnahme im Einzelfall gestützt werden soll sowie für die Festlegung des Schutzniveaus einer legitim Zielstellung bezogen auf die jeweilige beschränkende Maßnahme, siehe IV.2.c).

[158] Insoweit sei zum Überblick auf die nachfolgende Grafik (Abb. 2) und die Darstellung in *Heermann* (Fn. 5), VI. Rn. 186 ff. sowie *Mürtz* (Fn. 8), E.V.1.a)cc) verwiesen.

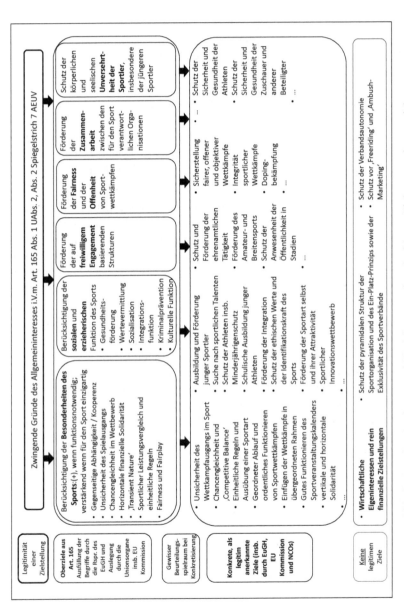

Abb. 2: Aus den Analysen und Herleitungen einer legitimen Zielsetzung lassen sich die dargestellten Rückschlüsse auf legitime Ziele i. S. d. *Meca-Medina*-Tests ziehen.

c) Umfang einer legitimen Zielsetzung – Schutzniveau,
Risikograd und Beurteilungsspielräume

Um den Umfang der jeweils herausgearbeiteten legitimen Zielstellungen im Einzelfall genauer zu umschreiben und für die nachfolgende Verhältnismäßigkeitsprüfung „vorzubereiten" ist ihr Schutzniveau und Risikograd festzulegen.[159] Das Schutzniveau legt fest, in welchem Umfang und wie intensiv der Schutz eines Ziels intendiert und ausgestaltet ist, also welcher Stellenwert ihm gewissermaßen eingeräumt wird und werden darf. Dabei gilt grundsätzlich, dass das Schutzniveau umso intensiver ausgestaltet werden kann, je „wichtiger" die verfolgte Zielstellung ist und andersherum.[160] Der Risikograd drückt abstrakt die im Vorhinein festzulegende Gefährdung für das Schutzgut der legitimen Zielstellung aus, ab dem in jedem Fall eingegriffen werden muss und korrespondiert mit dem Schutzniveau.[161]

Die Bestimmung des Schutzniveaus hat einen wesentlichen Einfluss auf die spätere Verhältnismäßigkeitsprüfung. Denn je höher das Schutzniveau und je gewichtiger und schwerwiegender also das verfolgte Ziel ist, desto wahrscheinlicher wird gleichfalls die Bejahung der Verhältnismäßigkeit, weil somit auch intensivere Eingriffe gerechtfertigt werden können.[162] Gleichzeitig steigen damit aber auch die Anforderungen an die kohärente Zielverfolgung auf der 2. Stufe des Tests.[163]

Aus der Rechtsprechung des EuGH zu den Grundfreiheiten in Drittwirkungsfällen[164] und der verfassungsmäßig geschützten Verbandsautonomie sowie der sportlichen Expertise von Sportverbänden ergibt sich ein grundsätzlich weiter Beurteilungsspielraum für die Festlegung des Schutzniveaus durch den Regelsetzer, welcher umso umfassender wird je enger der Zusammenhang mit dem Kernbereich der Verbandsautonomie und somit mit dem Sportbezug ist; das Gleiche gilt umgekehrt, so dass bei Regelungen außerhalb des Schutzbereichs der Vereinigungsfreiheit ein Beurteilungsspielraum in dieser Hinsicht entfällt. Das gleiche gilt für die Festlegung des jeweiligen Risikogrades.[165]

---

[159] Diese Betrachtung lehnt sich an die Vorgehensweise von Breuer für den *Wouters*-Test an, der insoweit von quantitativer Legitimität (Schutzniveau) spricht, *Breuer* (Fn. 56), S. 702 ff.

[160] *Breuer* (Fn. 56), S. 705 f.

[161] EuG Slg. 2002, II-3305 – *Pfizer Animal Health*, Rn. 151 ff.

[162] Siehe unten IV.4.a) und b).

[163] Siehe sogleich IV.3.a).

[164] EuGH Slg. 1995, I-4921 – *Bosman*, Rn. 86, 106 f.; EuGH Slg. 2000, I-2681 – *Lehtonen*, Rn. 53 ff.; auch in weiteren nicht sportbezogenen Entscheidungen zeigt sich nichts grundlegend anderes, EuGH Slg. 2000, I-4139 – *Angonese*, Rn. 42; EuGH Slg. 2007, I-10779 – *Viking*, Rn. 77; EuGH ECLI:EU:C:2019:497 – *Biffi*, 48 ff.

Kein Beurteilungsspielraum für den Beschränker – also in aller Regel den regelsetzenden Sportverband – ergibt sich dagegen bei der Festlegung der Legitimität einer Zielstellung. Das ergibt sich bereits aus der Herleitung der Legitimität i.S.d. *Meca-Medina*-Tests, bei der die Verbandsautonomie und deren verfassungsmäßiger Schutz keine Rolle spielen.[166] Das macht auch insoweit Sinn als sich die Legitimität einer Zielsetzung aus dem Unionsrecht ergibt und damit objektiv unabhängig vom Einzelfall festgelegt ist, welche Ziele im Grunde geeignet sind, Wettbewerbsbeschränkungen zu rechtfertigen. Wie eben gezeigt können die Sportverbände aber im nächsten Schritt festlegen, auf welche anerkannten legitimen Ziele sie ihre Maßnahmen stützen und welches Schutzniveau sie diesen zumessen.[167]

3. Zweite Stufe: Zusammenhang zwischen dem legitimen Ziel und der beschränkenden Maßnahme – systematische und kohärente Zielverfolgung und Inhärenz

„Weiter ist […] zu prüfen, ob die mit dem Beschluss verbundenen wettbewerbsbeschränkenden Wirkungen notwendig mit der Verfolgung der genannten Ziele zusammenhängen […]."[168]

Abstrahiert man diesen Gedanken, den der EuGH in seinem *Meca-Medina*-Urteil sowie beim nahe verwandten *Wouters*-Test auf der 2. Stufe des Tests vollzieht, ist die dahinterstehende Zielstellung zu kontrollieren, ob eine Verbindung, also ein hinreichender Zusammenhang, zwischen dem auf der 1. Stufe ausführlich definierten Ziel und der beschränkenden Maßnahme besteht. Mit anderen Worten fungiert diese Stufe als eine vorgezogene Plausibilitätsprüfung, um fehlende Zusammenhänge, Widersprüche und Inkonsistenzen im (Regelungs-)Verhalten der Beschränker und der beschränkenden Regelung hinsichtlich der verfolgten Zielstellung aufzudecken.[169] Um das

---

[165] Ausführlich zu dieser Einordnung *Breuer* (Fn. 56), S. 714 f.; *Mürtz* (Fn. 8), E.V.1.b).

[166] Mit dieser Einschätzung auch *Kokott/Dittert* (Fn. 9), S. 18 f.; *Breuer* (Fn. 56), S. 703 f., 96 ff.; *Esposito* (Fn. 12), S. 218 f.; *Scherzinger* (Fn. 13), S. 151.

[167] Das ergibt sich aus der Gesamtschau der Verbandsautonomie und insb. der Art der Ermittlung, welche legitime Zielstellung im Einzelfall verfolgt wird. EU-Kommission 08.12.2017 – C(2017) 8240 final – *ISU*, Rn. 213 f.; *Heermann*, CaS 2013, 263, 270 f.; *Heermann*, WRP 2009, 285, 288.

[168] EuGH Slg. 2006, I-6991 – *Meca-Medina*, Rn. 42; EuGH Slg. 2002, I-1577 – *Wouters*, Rn. 97.

[169] Diese Sichtweise bestätigt sich mit Blick auf die weitere Rechtsprechung des EuG und EuGH: exemplarisch EuGH Slg. 2000, I-2549 – *Deliège*, Rn. 61 ff. und 69; EuG ECLI:EU:T:2020:610 – *ISU*, Rn. 83 ff., 97; Breuer sieht hierin bezogen auf den *Wouters*-Tests eine Art verkürzte Verhältnismäßigkeitsprüfung, *Breuer* (Fn. 56), S. 727 f.; *Mathisen*, CMLR 2010, 1021, 1021 ff. bezeichnet diesen Prüfungsschritt des

Bestehen dieses hinreichenden Zusammenhangs zu überprüfen, wird zum einen (b)) das vom EuGH ausdrücklich eingeführte Inhärenzkriterium herangezogen.[170] Zum anderen (a)) wird dieses durch ein – im Urteil nicht explizit vorkommendes – Kohärenzkriterium ergänzt.

a) Systematische und kohärente Zielverfolgung – Kohärenz

Seinen Ursprung hat das Kriterium der systematischen, konsistenten und kohärenten Zielverfolgung in der Rechtsprechung des EuGH zu den Grundfreiheiten[171] und wurde von ihm auf Basis der partiellen Konvergenz zwischen der Schrankensystematik der Grundfreiheiten und der Rechtfertigungsprüfung für außerwettbewerbliche Belange im Wettbewerbsrecht später auf den *Wouters*-Test übertragen,[172] weswegen die Verwendung i. R. d. *Meca-Medina*-Tests naheliegend erscheint.

Durch die Kohärenz wird vorrangig kontrolliert, inwieweit sich die genannte Zielstellung in die Gesamtheit der Handlungen und Regelungen und somit die abgeleitete Intention des Verbandes kohärent einfügt und schlüssig ist. Abgelehnt wird die Kohärenz insbesondere bei deutlichen inneren Widersprüchen sowie bei nicht nachvollziehbaren Ungleichbehandlungen und Ausnahmen. So kann bereits vor einer tiefergehenden Verhältnismäßigkeitsprüfung festgestellt werden, ob die angegebenen legitimen Zielstellungen im Grunde verfolgt werden oder nur vorgeschoben und unplausibel sind.

Je wichtiger eine legitime Zielstellung und je höher das Schutzniveau sind, umso höher werden auch die Anforderungen an die Kohärenz. Denn wenn ein Sportverband ein hohes Schutzniveau an eine legitime Zielstellung anlegt und damit die Wichtigkeit derselben betont, wäre es unplausibel, wenn er diese nur halbherzig verfolgt und vor allem bei anderen eine höhere Hürde,

---

EuGH als „consistency and coherence" und überprüft dort den Zusammenhang zwischen Maßnahme und Zielstellung. Der Großteil der Literatur zum *Meca-Medina*-Test sieht diesen größeren Zusammenhang dagegen nicht. Vielmehr wird regelmäßig die 2. Stufe mit der Geeignetheit gleichgesetzt. So bspw. *Esposito* (Fn. 12), S. 220 f.

[170] Die „Inhärenz" ergibt sich aus dem in der englischen Originalfassung in diesem Zusammenhang verwendeten „inherent", EuGH Slg. 2006, I-6991 – *Meca-Medina*, Rn. 42.

[171] Exempl.: EuGH Slg. 1986, 1007 – *Conegate*, Rn. 15; EuGH Slg. 2009, I-1721 – *Hartlauer*, Rn. 55 f. und 64; EuGH Slg. 2009, I-7633 – *Liga Portuguesa*, Rn. 61 sowie zuletzt im Bereich des Sports EFTA-GH 16.11.2018 – E-8/17 – *Kristoffersen*, Rn. 118 f.; *Lippert*, EuR 2012, 90, 90 ff.

[172] EuGH ECLI:EU:C:2014:2147 – *API*, Rn. 53; diesen Ansatz griff zuletzt auch auf EU-Kommission 08.12.2017 – C(2017) 8240 final – *ISU*, Rn. 225 ff.; inwieweit in der Folge auch der EuG dieses Kriterium bemüht, kann nicht eindeutig aus seiner Entscheidung herausgelesen werden, EuG ECLI:EU:T:2020:610 – *ISU*, Rn. 90 ff.

als bei sich selbst anlegt. An die kohärente Zielverfolgung wird aufgrund der häufig komplexen Regelungssysteme des Sports und den vielen in Ausgleich zu bringenden Interessen ein großzügiger Überprüfungsmaßstab angelegt, weswegen kleinere Ungereimtheiten, Widersprüchlichkeiten oder Inkonsistenzen im Regelungssystem nicht für eine Verneinung der Kohärenz ausreichen. Vielmehr braucht es offensichtliche und gröbere Verstöße dagegen, wie bei den eben aufgezählten Situationen. Folglich haben die regelnden Verbände einen relativ weiten Spielraum hinsichtlich der Gestaltung ihres Regelungssystems.[173]

b) Zwingender Zusammenhang zwischen Zielstellung und beschränkender Regelung – Inhärenz

Auf der zweiten Ebene geht es dagegen vorrangig um die konkrete beschränkende Maßnahme an sich und inwieweit diese der Zielstellung und dem Zweck der Regelung gewissermaßen naturgegeben – inhärent – innewohnt und ein enger, notwendiger, zwingender Zusammenhang zwischen Zielsetzung und Regelung selbst besteht.[174] Diese Auslegung und Herleitung ergibt sich unmittelbar aus dem *Meca-Medina*-Urteil selbst sowie der Interpretation der Kommission.[175]

Für die Inhärenz gilt ein grundsätzlich strikter Überprüfungsmaßstab bei hoher Kontrolldichte der Gerichte und bei geringen Beurteilungsspielräumen des Beschränkers.[176] Allerdings ist hierfür wiederum eine Differenzierung anhand der Verbandsautonomie vorzunehmen, weswegen der Beurteilungsspielraum umso weiter wird, je mehr die Beurteilung sportliche nicht-wirtschaftliche Fragen und damit den Kernbereich der Tätigkeit der Sportverbände betrifft. Gleiches gilt spiegelverkehrt für die Kontrolldichte der Gerichte. Im Gegensatz zur Kohärenz ist bei der Inhärenz aber insgesamt ein

---

[173] EuGH Slg. 1986, 1007 – *Conegate*, Rn. 15; EuGH Slg. 2008, I-5785 – *Corporación Dermoestética*, Rn. 39 f.; EuGH Slg. 2009, I-1721 – *Hartlauer*, Rn. 52 ff.; hierzu auch *Heermann*, WRP 2020, 1, 5; siehe auch *Mürtz* (Fn. 8), E.V.2.b)cc)(1.).

[174] Im Schrifttum wird die Inhärenz oftmals – wohl auch aufgrund einer ungenauen Übersetzung – mit der Geeignetheit oder der Erforderlichkeit gleichgesetzt, so beispielsweise *Esposito* (Fn. 12), S. 220 f.; klar zwischen den verschiedenen Kriterien unterscheiden dagegen bspw. *Kornbeck*, JKU EWP 2018, S. 65; *Heermann*, WRP 2015, 1172, 1175.

[175] EU-Kommission 11.07.2007 – SEC(2007) 935 – *staff working document*, S. 68; diese enge Interpretation der Inhärenz bestätigte zuletzt das EuG in der Rechtssache *ISU*, indem es einen „direct link" zwischen legitimem Ziel und Wettbewerbsbeschränkung forderte, EuG ECLI:EU:T:2020:610 – *ISU*, Rn. 83 ff., 97.

[176] Dieser strenge Maßstab war zuletzt auch herauszulesen aus EuG ECLI:EU:T:2020:610 – *ISU*, Rn. 83 f.; dagegen mit der Ansicht einer insgesamt geringen Kontrolltiefe, *Pijetlovic* (Fn. 23), S. 278.

eher strenger Kontrollmaßstab anzulegen, welcher nach der eben beschriebenen Differenzierung etwas weiter oder enger ausfallen kann.[177] Anhand dieser strengen Wertung und dem engen geforderten Zusammenhang ist ersichtlich, dass die Geeignetheit, also die Frage, ob die betrachtete Maßnahme das Ziel fördern kann, vollständig im engeren Merkmal der Inhärenz aufgeht.[178]

4. Dritte Stufe: Verhältnismäßigkeit – Erforderlichkeit und Angemessenheit

„[…] und ob sie im Hinblick auf diese Ziele verhältnismäßig sind."[179]

Besteht ein hinreichender Zusammenhang zwischen dem legitimen Ziel und der beschränkenden Maßnahme (3.), ist dieser über die Verhältnismäßigkeitsprüfung hinsichtlich des genauen Verhältnisses dieser Eingangsgrößen zueinander noch tiefgehender zu untersuchen. Das erfolgt auf zwei Ebenen: Zunächst (a)) wird („relativ") die geringstmögliche Eingriffstiefe aller vorgetragenen vergleichbar effektiven Maßnahmen festgelegt und (b)) anschließend („absolut") kontrolliert, ob selbst diese interventionsminimale Maßnahme noch zu schwerwiegend im Angesicht der verfolgten Ziele und der beschränkten Interessen ist.[180]

a) Erforderlichkeit

Die Prüfung der Erforderlichkeit stellt den Kern der Verhältnismäßigkeitsprüfung des EuGH dar.[181] Dieser Stellenwert hat sich auch von der Rechtsprechung der Grundfreiheiten auf das Wettbewerbsrecht sowie den *Meca-Medina*-Test übertragen.[182]

Für die Erforderlichkeit darf die beschränkende Maßnahme nicht über das zur Erreichung des Ziels Notwendige hinausgehen, weswegen sie zu bejahen

---

[177] Hierzu insgesamt ausführlich *Mürtz* (Fn. 8), E.V.2.c)dd)(2.).

[178] *Scherzinger* (Fn. 13), S. 216 f.

[179] EuGH Slg. 2006, I-6991 – *Meca-Medina*, Rn. 42.

[180] Insgesamt zur Herleitung und Ausfüllung der Verhältnismäßigkeitsprüfung im Unionsrecht *Koch*, Der Grundsatz der Verhältnismäßigkeit in der Rechtsprechung des Gerichtshofs der Europäischen Gemeinschaft, 2003, S. 199 ff.; zur genauen Herleitung der Erforderlichkeit und Angemessenheit aus der *Meca-Medina*-Rechtsprechung und verwandten Rechtsprechungen siehe auch *Mürtz* (Fn. 8), E.V.3.a).

[181] *Koch* (Fn. 180), S. 199 ff., 209; *Trstenjak/Beysen*, EuR 2012, 265, 269 f.; siehe im sportlichen Kontext bspw. zuletzt EFTA-GH 16.11.2018 – E-8/17 – *Kristoffersen*, Rn. 121 ff.

[182] Siehe bereits EuGH Slg. 2006, I-6991 –*Meca-Medina*, Rn. 48 ff. sowie EU-Kommission 08.12.2017 – C(2017) 8240 final – *ISU*, Rn. 225 ff.; *Koch* (Fn. 180), S. 209.

ist, wenn es keine mildere, gleich wirksame Alternativmaßnahme gibt, um das legitime Ziel zu erreichen.[183] Daraus ergibt sich denklogisch eine dreistufige Herangehensweise:

(1) Zunächst sind denkbare Alternativmaßnahmen, die genauso gut zur Erreichung der Zielstellung geeignet und gleichzeitig milder erscheinen, aufzutun. Während grundsätzlich die Partei die Beweis- und Darlegungslast trägt, die sich hierauf beruft,[184] also in aller Regel der beschränkend tätige Sportverband, greift in diesem ersten Schritt der Erforderlichkeitsprüfung eine modifizierte Darlegungslast, wonach diese bei der anderen Streitpartei, also derjenigen, die sich auf die Wettbewerbsbeschränkung beruft, liegt. Folglich muss diese Partei geeignete Alternativmaßnahmen darlegen.[185] Diese sollten möglichst umfassend, genau und präzise dargestellt werden, um der modifizierten Darlegungslast gerecht zu werden und um dem Gericht genügend Anhaltspunkte für die Prüfung der Erforderlichkeit anhand dieser Alternativen zu liefern.[186]

(2) Im zweiten Schritt sind die Effektivität und also die Wirksamkeit zur Zielerreichung der beschränkenden und der (Alternativ-)Maßnahmen festzustellen und miteinander zu vergleichen.

(3) Diejenigen Alternativmaßnahmen, die die legitime Zielstellung mindestens genauso gut erreichen, werden in einem dritten Schritt mit der Eingriffsintensität der betrachteten Maßnahmen verglichen, wobei Letztere erforderlich sind, wenn sie weniger oder genauso einschneidend in die Wettbewerbsfreiheit eingreifen wie die ebenso effektiven Alternativen. Die Eingriffsintensität wird vorrangig an der Schwere der Wettbewerbsbeschränkung gemessen. Folglich sind die üblichen Kriterien anzulegen;[187] eine besonders hohe Eingriffsintensität ist damit bei „hardcore"-Restriktionen, Kernbeschränkungen und bezweckten Wettbewerbsbeschränkungen gegeben.[188]

Da sowohl bei der Beurteilung der Effektivität wie auch der Eingriffsintensität der Maßnahmen Prognosen und Einschätzungen getroffen werden

---

[183] EuGH Slg. 2006, I-6991 – *Meca-Medina*, Rn. 47; so zuletzt auch EFTA-GH 16.11.2018 – E-8/17 – *Kristoffersen*, Rn. 122; *Heermann*, WRP 2020, 1, 6.

[184] Siehe oben IV.1.

[185] So zuletzt im Bereich des Sports der EFTA-GH 16.11.2018 – E-8/17 – *Kristoffersen*, Rn. 123; genauso positioniert sich auch der EuGH im Bereich der Grundfreiheiten EuGH Slg. 2009, I-519 – *Kommission/Italien*, Rn. 66; zudem andeutungsweise in EuGH Slg. 2006, I-6991 – *Meca-Medina*, Rn. 54.

[186] Mit diesem praktischen Hinweis *Koch* (Fn. 180), S. 284; die Relevanz dieses Hinweises bestätigte sich bereits in EuGH Slg. 2006, I-6991 – *Meca-Medina*, Rn. 54.

[187] Siehe zur genauen Herleitung und Prüfung der Kriterien und m. w. N. *Mürtz* (Fn. 8), E.V.3.c)cc) und dd).

[188] Siehe hierzu schon oben III.2.d).

müssen, gewinnen Überlegungen zum Prüfungs-, Beurteilungs- und Kontrollmaßstab sowie zur Beweis- und Darlegungslast besonderes Gewicht: Im Grundsatz besteht ein strenger Prüfungsmaßstab, wonach das Gericht die Erforderlichkeit einer ausführlichen und intensiven Kontrolle (Kontrolldichte) anhand objektiver Kriterien unterzieht und den Sportverbänden kaum ein Beurteilungsspielraum verbleibt.[189] Der allem Anschein nach etwas weiter geratene Beurteilungsspielraum, welchen der EuGH in der Rechtssache *Wouters* und der weiteren sportbezogenen Rechtsprechung im Bereich der Grundfreiheiten einräumt,[190] kann nicht auf den *Meca-Medina*-Test übertragen werden. Denn im Unterschied zu *Wouters* prüft der EuGH in der Rechtssache *Meca-Medina* die Erforderlichkeit kleinteilig und anhand objektiv wissenschaftlicher Maßstäbe nach. Zudem besteht dahingehend eine andere Adressatenstellung, als die beschränkende Anwaltskammer in *Wouters* ihre Regelungskompetenz vom niederländischen Staat ableitet und damit ein „staatsnaher" Adressat ist, wohingegen Sportverbände ihre Regelungskompetenz aus der Privatautonomie ableiten.[191] Zudem legt der EuGH in aller Regel auch bei seiner Rechtsprechung zu den zwingenden Gründen des Allgemeininteresses, aus welcher sich die Rechtfertigung sowohl nach *Wouters* wie auch nach *Meca-Medina* maßgeblich herleitet, einen strengen Prüfungsmaßstab gegenüber den Mitgliedstaaten an, weswegen das erst recht für Sportverbände gelten muss.[192]

Nur hinsichtlich der Effektivität der (Alternativ-)Maßnahmen zur Zielerreichung ist aufgrund der verfassungsrechtlich geschützten Verbandsautonomie bezüglich des Beurteilungsspielraums und invers dazu bezüglich der Kontrolldichte zu differenzieren: Je näher die entsprechenden Regelungen oder Maßnahmen an den Kernbereich der Verbandsautonomie heranrücken und je enger also der Sportbezug ist, desto größer wird der Beurteilungsspielraum für Verbände für die Frage, welche Maßnahmen wie wirksam und effektiv zur Umsetzung sportlicher legitimer Ziele beitragen.[193] Für die Intensität des Eingriffs greift diese Differenzierung anhand der Verbandsautonomie allerdings nicht, sondern es bleibt beim eben beschriebenen Grundsatz. Denn bei der Eingriffsintensität geht es nicht darum, inwieweit eine sport-

---

[189] Mit diesem Ergebnis auch *Opfermann* (Fn. 111), S. 319; a. A. Schiedsgericht DFL 25.08.2011, in: SpuRt 2011, 259, 263; *Esposito* (Fn. 12), S. 221 f.; *Summerer*, SpuRt 2008, 234, 241.

[190] EuGH Slg. 2000, I-2549 – *Deliège*, Rn. 67 f.; EuGH Slg. 2000, I-2685 – *Schlussvorträge GA Alber in Lehtonen*, Rn. 70; EuGH Slg. 2002, I-1577 – *Wouters*, Rn. 107, 109, 110.

[191] EuGH Slg. 2006, I-6991 – *Meca-Medina*, Rn. 48 f.; *Kokott/Dittert* (Fn. 9), S. 19; *Heermann*, CaS 2013, 263, 272 f.

[192] *Koch* (Fn. 180), S. 209.

[193] Siehe bezüglich dieser Differenzierung schon oben IV.1.b).

liche Zielsetzung durch eine entsprechende Maßnahme erreicht wird, sondern vielmehr um die Intensität des Eingriffs in den Wettbewerb und die Rechtspositionen der Betroffenen. Diese Frage hat nichts mit sportlichem Erfahrungswissen zu tun und hat letztlich keinen Sportbezug. Das gilt erst recht bei „multipolaren" Entscheidungssituationen, wenn also durch die beschränkende Maßnahme eine Vielzahl von Interessen betroffen sind.[194]

b) Angemessenheit

Konnte keine mildere gleich effektive Alternative zur Zielerreichung als die betrachtete Maßnahme gefunden werden, ist in einem letzten Schritt die Angemessenheit zu untersuchen. Diese ist zu bejahen, wenn die negativen Auswirkungen auf berechtigte Interessen, geschützte Rechtspositionen und die Wettbewerbsfreiheit (Nachteile) gegenüber den positiven Auswirkungen der verfolgten Zielstellung (Vorteile) nicht objektiv übermäßig oder subjektiv für den Betroffenen unzumutbar sind, wenn also kein auffälliges Missverhältnis zwischen Vor- und Nachteilen besteht (negative Übermaßkontrolle).[195] Zunächst sind die Eingangsgrößen für diesen Vergleich zu bestimmen.

(1) Auf Seiten der Nachteile sind demnach insbesondere die Schwere der Wettbewerbsbeschränkung durch die eingesetzten Mittel, die betroffenen Grundrechte und die Härte der an die Regelung geknüpften Sanktion festzulegen. Besonders schwer wiegen demnach „hardcore"-Restriktionen und Kernbeschränkungen, bezweckte Wettbewerbsbeschränkungen, empfindliche Eingriffe in die Grundrechte (wie faktische Berufsverbote) und im sportlichen Kontext intensive und einschneidende Sanktionen (wie längere Wettkampfsperren, Lizenzentzug, Wettkampfausschluss usw.).[196] Verstärkend wirkt es sich zudem aus, wenn die Regelung oder die Sanktion selbst oder die darauf beruhenden Maßnahmen nicht objektiv, transparent und diskriminierungsfrei sind oder einen unangemessen weiten Ermessensspielraum ge-

---

[194] Siehe zu dieser differenzierenden Einordnung zwischen den Merkmalen der Erforderlichkeit *Mürtz* (Fn. 8), E.V.3.c)ee)(2.)(c.) und (d.).

[195] Dieser Prüfungsmaßstab ergibt sich im Grundsatz bereits aus EuGH Slg. 2006, I-6991 – *Meca-Medina*, Rn. 42, 48 und vor allem 55; auch bei den Grundfreiheiten zieht der EuGH für seine Schrankensystematik bei der Angemessenheit den Maßstab der negativen Übermaßkontrolle heran, exemplarisch EuGH Slg. 1984, 283 – *Kommission/Großbritannien*, Rn. 24 ff.; EuGH Slg. 2000, I-10695 – *Eurostock Meat Marketing*, Rn. 74 ff.

[196] Siehe zur Eingriffsintensität bereits oben IV.4.a); siehe zur Bemessung der Eingriffstiefe von Sanktionen EU-Kommission 08.12.2017 – C(2017) 8240 final – *ISU*, Rn. 260 ff., BKartA 25.02.2019 – B2-26/17 – *Olympisches Werbeverbot*, Rn. 122, sowie insgesamt zur Bestimmung der Eingriffstiefe *Mürtz* (Fn. 8), E.V.3.d.bb)(1.)–(3.).

währen, kein Zugang zu einer unabhängigen gerichtlichen Überprüfung anhand des gesamten europäischen Rechts besteht und sich die beschränkende Regelungen wesentlich auch bei Dritten auswirken, gegenüber denen der tätig werdende Verband keine Regelungslegitimation innehat.[197]

(2) Auf Seiten der Vorteile sind insbesondere das Gewicht der verfolgten Ziele und Schutzinteressen wesentliche Einflussfaktoren. Diese sind maßgeblich anhand des Schutzniveaus und anhand des damit korrespondierenden Risikogrades der verfolgten legitimen Ziele, des tatsächlich für das geschützte Gut bestehenden Risikos (Risikobewertung) sowie anhand des sonstigen Schutzes desselben durch verfassungsrechtliche Positionen festzulegen.[198] Besteht tatsächlich ein höheres Risiko für ein geschütztes Gut, so steigt gleichfalls das Gewicht für den Schutz und es können demnach auch einschneidendere Maßnahmen gerechtfertigt sein.[199] Diese Bewertung erfolgt auf Basis objektiver und – soweit möglich – wissenschaftlicher Kriterien.[200] Die Risikobewertung korrespondiert insoweit mit dem Schutzniveau, als dass diese gegenseitig gewissermaßen wie Multiplikatoren wirken: Je höher das Schutzniveau eines risikobehafteten Gutes und je höher das tatsächlich bestehende Risiko für dieses Gut, umso höher am Ende auch der Schutz und das einzubringende Gewicht für die Angemessenheit.[201]

Für diese beiden Eingangsgrößen des Vergleichs (Nachteile und Vorteile) besteht grundsätzlich ein strenger Kontrollmaßstab der Gerichte anhand objektiver Kriterien, weswegen diese im Grundsatz die Wertung über die Gewichtung und Intensität der Maßnahme, der verfolgten Zielsetzung sowie den Vergleich vornehmen. Folglich besteht im Grundsatz kaum ein Beurteilungsspielraum für die Sportverbände. Davon wird für die Bestimmung der Vorteile einer Maßnahme bei Sportbezug differenzierend abgewichen: Je enger die jeweilige Wertung mit sportlichen Fragestellungen und Wissen zusammenhängt, desto größer werden die Beurteilungsspielräume für Sportverbände. Folglich haben die Beschränker (Sportverbände) in der Regel einen weiten Beurteilungsspielraum bei geringer Kontrolldichte bei der Festlegung des Schutzniveaus und des korrespondierenden Risikograes einer legitimen Zielstellung.[202] Hinsichtlich der anderen Faktoren der Gewichtung der Vorteile einer Regelung, wie der Risikobewertung, verbleiben dagegen nur

---

[197] M. w. N. *Mürtz* (Fn. 8), E.V.3.d.bb)(4.).

[198] Siehe bezüglich der Bestimmung von Schutzniveau und Risikograd bereits oben IV.2.c).

[199] Diesen Zusammenhang erkennt auch *Breuer* (Fn. 56), S. 717 f.

[200] EuG Slg. 2002, II-3305 – *Pfizer Animal Health*, Rn. 151 ff.; *Breuer* (Fn. 56), S. 718 f.; *Mürtz* (Fn. 8), E.V.1.b)bb).

[201] Zur Herausarbeitung dieses Zusammenhangs siehe *Mürtz* (Fn. 8), E.V.3.d.cc) (2.).

[202] Siehe dazu schon oben IV.2.c).

gewisse Beurteilungsspielräume bei situativ engem Sportbezug.[203] Bei der Bewertung der Intensität der Eingriffe (Nachteile) greift diese Differenzierung dagegen in der Regel nicht und es bleibt beim eben beschriebenen Grundsatz.[204] Anderes gilt nur bei sportlichen Sanktionen und dem sportlichen Kontext dazu, wo sich gewisse Spielräume bei der Einschätzung wiederum nach der beschriebenen Differenzierung öffnen.[205]

(3) Diese beiden gewichteten Eingangsgrößen sind schließlich wertend miteinander zu vergleichen und abzuwägen. Grundsätzlich liegt Unangemessenheit demnach vor, wenn die beschränkenden Maßnahmen und deren Auswirkungen (Nachteile) zur Zielerreichung objektiv übermäßig oder subjektiv für den Betroffenen unzumutbar sind, also nicht schon, wenn die Nachteile die Vorteile überwiegen; es bedarf eines auffälligen Missverhältnisses (Prüfungsmaßstab des Vergleichs). Bei der Beurteilung von wirtschaftlichen Sanktionen (wie Geldstrafen) gilt dagegen ein strengerer Prüfungsmaßstab im Sinne einer Optimalitätskontrolle. Je stärker Sanktionen aber sportlich geprägt sind, umso großzügiger wird der Prüfungsmaßstab. Bei vorwiegend sportlichen Sanktionen (wie Punktabzug, Auferlegung von Handicaps, kurzzeitige Spielersperren im Mannschaftssport usw.) geht der Prüfungsmaßstab zurück zum Grundsatz einer negativen Übermaßkontrolle. Dieser Vergleich wird rein objektiv anhand einer intensiven Kontrolldichte vorgenommen. Dem Beschränker kommt kein Ermessensspielraum hinsichtlich der abwägenden Wertung zu; das gilt auch bei engem Sportbezug. Denn die sportlichen Wertungen und das Erfahrungswissen sind bereits bei der Gewichtung der Eingangsgrößen eingeflossen. Faktisch verbleibt aber auch bei diesem Punkt aufgrund des im Allgemeinen großzügigen Prüfungsmaßstabs ein gewisser Spielraum.[206]

Die Beweis- und Darlegungslast liegt grundsätzlich bei demjenigen, der sich auf die Rechtfertigung beruft. Es besteht aber eine modifizierte Darlegungslast, denkbare Beschränkungen, die durch die eingesetzten Mittel hervorgerufen werden, und deren groben Umfang darzulegen.[207]

---

203 Siehe zu dieser grundsätzlichen Wertung auf Basis der Verbandsautonomie oben IV.1.b) sowie 4.a).

204 Die Argumentation diesbezüglich ist letztlich die Gleiche wie bereits hinsichtlich der Eingriffstiefe bei der Erforderlichkeit, IV.4.a); siehe insgesamt zur Einordnung und Herleitung der Beurteilungs- und Prüfungsmaßstäbe für die Angemessenheit m. w. N. *Mürtz* (Fn. 8), E.V.3.d)ee)(1.).

205 Denn diese Einschätzung beruht wiederum auf der speziellen Expertise der Sportverbände und ist damit stärker im Kernbereich von deren Verbandsautonomie zu verorten, siehe IV.1.b).

206 Zur Herleitung des Prüfungsmaßstabs siehe m. w. N. *Mürtz* (Fn. 8), E.V.3.d)dd).

207 Insoweit kann auf die Begründung für die modifizierte Darlegungslast bei Darstellung von Alternativmaßnahmen im Rahmen der Erforderlichkeit verwiesen werden, IV.4.a).

V. Übertragbarkeiten und Ausblick

Über die Verwendung in Art. 101 Abs. 1 AEUV hinaus kann der *Meca-Medina*-Test zur rechtfertigenden Berücksichtigung der durch sportliche Regelungen verfolgten wettbewerbsfremden legitimen Ziele auf das gesamte europäische Kartellrecht übertragen werden. Deswegen kommt dieser Test als ungeschriebene immanente Rechtfertigung auch beim Missbrauchstatbestand (Art. 102 AEUV)[208] sowie beim Tätigwerden öffentlicher und besonders berechtigter Unternehmen (Klarstellung in Art. 106 Abs. 1 AEUV), des Staates über solche Unternehmen (Art. 106 Abs. 1 i.V.m. Art. 101 f. AEUV)[209] und des Staates unabhängig von solchen Unternehmen (Art. 4 Abs. 3 EUV i.V.m. Art. 101 f. AEUV) zum Einsatz.[210] Der Test kann dort einzelfall- und tatbestandssensibel weitgehend synchron wie im Rahmen des Art. 101 Abs. 1 AEUV angewendet werden.[211] Gemeinsam mit dem überwiegend parallel verlaufenden *Bosman*-Test[212] kann so die konsistente und differenzierte Berücksichtigung sportlicher Besonderheiten und seiner sozialen Dimension als implizite Querschnittsklausel im Unionsrecht gewährleistet werden.

VI. Zusammenfassung und Fazit

Ziel dieses Beitrags war die übersichtliche Darstellung des *Meca-Medina*-Tests insbesondere hinsichtlich seiner dogmatischen Einordnung, seiner Anwendbarkeit, der Herleitung legitimer Zielstellungen und der Darstellung von Beurteilungs- und Ermessensspielräumen innerhalb des Tests.

---

[208] EU-Kommission 11.07.2007 – SEC(2007) 935 – *staff working document*, S. 65, 67 und insb. 68 f.; BKartA 25.02.2019 – B2-26/17 – *Olympisches Werbeverbot*, Rn. 92, 94, 95 ff.; *Heermann* (Fn. 5), VII. Rn. 67 ff.; *Opfermann* (Fn. 111), S. 323; *Kokott/Dittert* (Fn. 9), S. 15 f.

[209] Die Anwendbarkeit des *Meca-Medina*-Tests ergibt sich bereits aus der Einordnung des Art. 106 Abs. 1 AEUV als modifizierte Rechtsgrundverweisung auf Art. 101, 102 AEUV, in deren Rahmen dann der Test Anwendung findet; nichts anderes ergibt sich aus EuGH 01.07.2008 – C-49/07 – *MOTOE*; siehe auch *Mürtz* (Fn. 8), F.I.2.b), 3.

[210] EuGH ECLI:EU:C:2014:2147 – *API*, Rn. 28, 46 ff.; EuGH Slg. 2006, I-11421 – *Cipolla*, Rn. 46; siehe hierzu auch *Mürtz* (Fn. 8), F.I.4.

[211] Modifikationen ergeben sich aber besonders bei den Beurteilungsspielräumen und invers dazu bei der Kontrolldichte bei manchen Kriterien des Tests, sobald der Staat selbst oder „staatsnahe" Unternehmen wettbewerbsbeschränkend tätig werden (Art. 106 Abs. 1 AEUV sowie Art. 4 Abs. 3 EUV), weil diese auf anderer Legitimationsbasis agieren als Unternehmen i.S.d. Art. 101, 102 AEUV, siehe hierzu m.w.N. *Mürtz* (Fn. 8), F.I.2.c), 3.c), 4.

[212] Siehe oben zur Herangehensweise in EuGH Slg. 1995, I-4921 – *Bosman*, Rn. 104, II.3.a.

Dogmatisch ist der *Meca-Medina*-Test als Spezialfall des *Wouters*-Tests für den Sport einzuordnen, welcher den Rechtsgedanken der Schrankensystematik der *Cassis de Dijon-/Gebhard*-Doktrin übernimmt. Das ergibt sich insbesondere aus der systematischen Fundierung des *Meca-Medina*-Tests und der partiellen Konvergenz zwischen dem Ansatz zur Rechtfertigung von Beschränkungen der Grundfreiheiten (*Bosman*-Test) und von Wettbewerbsbeschränkungen (*Meca-Medina*-Test). Technisch ist im *Meca-Medina*-Test eine besondere Form der Verhältnismäßigkeitsprüfung zu sehen.[213]

Insbesondere kann der *Meca-Medina*-Test dogmatisch nicht auf die praktische Konkordanz zwischen Wettbewerbsfreiheit und Verbandsautonomie gestützt werden. Zum einen fehlt es für diese Annahme bereits an Anknüpfungspunkten in der entsprechenden Rechtsprechung. Diese Ratio der Gerichte macht auch Sinn; denn würde einzig auf die Verbandsautonomie als Grundlage bzw. Abwägungsfaktor abgestellt, läge es letztlich in der Hand der Sportverbände legitime Zielsetzungen – insbesondere in ihrem Kernbereich – selbst festzulegen.[214] Zudem ist die Verbandsautonomie und deren Schutz durch die Vereinigungsfreiheit in den einzelnen Mitgliedstaaten sehr unterschiedlich ausgestaltet und sind der Umfang und die Grenzen der Verbandsautonomie nach wie vor umstritten und im Detail schwer festzulegen.[215] Zum anderen sei in diesem Zusammenhang noch einmal daran erinnert, dass sich die Verbandsautonomie aus der Privatautonomie gründet und durch die Vereinigungsfreiheit geschützt wird.[216] Sehr wohl können somit Verbände Regelungen erlassen, welche sich auch gegenüber verbandsunabhängigen Dritten auswirken oder unmittelbar auf diese gerichtet sind; eine solche Regelsetzung unterfällt nur nicht mehr dem Schutz durch die (interne) Vereinigungsfreiheit. Sobald die Verbände die Regelungen – welche verbandsunabhängige Dritte grundsätzlich nicht zu interessieren brauchen, weil die Regelungen zwar privatautonom erlassen sind, aber deswegen ja noch keine Wirkung entfalten – anfangen aufgrund ihrer Marktmacht und durch Koordinierungshandlungen durchzusetzen, greift das Kartellrecht und es fragt sich, ob sportliche Besonderheiten ausnahmsweise und in engen Grenzen solche Regelungen rechtfertigen können. Das Stützen der Rechtfertigung i.S.d.

---

213 II.3. insb. c) sowie III.1.

214 An dieser Stelle sei auch noch einmal auf die Problematik hingewiesen, die sich stellt wenn sämtliche (Wirtschafts-)Verbände, die in den Bereich des Kartellrechts fallen, sich bei Wettbewerbsbeschränkungen rechtfertigend auf ihre Verbandsziele und den Kernbereich ihres Wirkens berufen könnten.

215 Der Bestimmung des Umfangs und der Grenzen der Verbandsautonomie widmete sich zuletzt Heermann äußerst ausführlich, *Heermann* (Fn. 5).

216 So auch *Ackermann*, WuW 2022, 122, 125 f.; *Heermann*, ZWeR 2017, 24, 36; ausführlich zu Herleitung und Grenzen der (Sport-)Verbandsautonomie m.w.N. *Mürtz* (Fn. 8), A.I.3.c).

Meca-Medina-Tests auf die Verbandsautonomie würde in solchen Situationen zu einem Zirkelschluss führen. Folglich ist es zielführender und treffender, die Verbandsautonomie im Rahmen des *Meca-Medina*-Tests nicht als dessen dogmatische Grundlage und damit insbesondere nicht bei der Festlegung legitimer Zielsetzungen, sondern erst bei der Prüfung von Beurteilungs- und Ermessensspielräumen heranzuziehen.[217]

Der *Meca-Medina*-Test ist auf alle sportlichen Regeln anwendbar, also für alle, die mittelbar oder unmittelbar sportlichen Zwecken dienen. Damit dürfte sich im Ergebnis ein ähnlicher Anwendungsraum ergeben, wie bei der Stützung auf sportorganisatorische Vorschriften als Anwendbarkeitsschwelle für den *Meca-Medina*-Test. Alle weiteren diskutierten Anwendbarkeitseinschränkungen haben sich entweder als nicht zielführend erwiesen oder gehen an anderer Stelle treffender im Test auf.[218]

Auf Basis der dogmatischen Einordnung des Tests erfolgt auf seiner ersten Stufe die Herleitung legitimer Ziele i. S. d. *Meca-Medina*-Tests aus den zwingenden Gründen des Allgemeininteresses in Form der Besonderheiten des Sports und seiner sozialen Dimension, festgelegt durch die Rechtsprechung des EuGH und deskriptiv ausgefüllt durch Art. 165 AEUV. Diese Einordnung ermöglicht die konsistente Behandlung der Belange des Sports über das gesamte Unionsrecht hinweg.[219] Daraus ergibt sich eine Vielzahl an legitimen Zielstellungen, welche grundsätzlich geeignet sind eine Wettbewerbsbeschränkung zu rechtfertigen. Hinsichtlich der Festlegung der Legitimität einer Zielstellung hat der regelsetzende Verband keinerlei Entscheidungsspielraum; diesen hat er aber bei der Auswahl der denkbaren legitimen Zielstellung, welche seiner beschränkenden Regelung zugrunde liegen soll sowie bei der Festlegung des Schutzniveaus der verfolgten Zielstellung.[220]

Auf der zweiten Stufe wird dann zum einen der kohärente Zusammenhang zwischen der Zielstellung und dem sonstigen Regelungsverhalten betrachtet. Zum anderen wird geprüft, inwieweit die Beschränkung gewissermaßen in der Natur der legitimen Zielstellung liegt und also ein enger Zusammenhang zwischen den beiden besteht. Diese Prüfungsstufe dient der Kontrolle der Plausibilität der Zielverfolgung durch die beschränkende Maßnahme.[221]

---

[217] Siehe ausführlich hierzu III.1.b).

[218] III.2.

[219] Eine einheitliche Behandlung dieser Belange konnte auf Basis dieses Ansatzes auch bezüglich der Grundfreiheiten und über Art. 101 Abs. 1 AEUV hinweg auch bei Art. 102, 106, 107 AEUV sowie bei der Anwendung über Art. 4 Abs. 3 EUV gezeigt werden, *Mürtz* (Fn. 8), F.

[220] IV.2.

[221] IV.3.

Liegt dieser grundlegende Zusammenhang vor, ist auf der dritten Stufe die Qualität dieses Zusammenhangs zu untersuchen, ob also eine mildere gleich effektive Maßnahme zur Zielerreichung in Sicht ist (relative Unverhältnismäßigkeit) oder ob der Vergleich der Vor- und Nachteile der Regelung ergibt, dass die Wettbewerbsbeschränkung zu schwerwiegend ist (absolute Unverhältnismäßigkeit).[222]

Die differenzierte Verwendung des *Meca-Medina*-Tests auf die dargestellte Weise führt zu einer strengen Beurteilung von wettbewerbsbeschränkenden Regelungen, wobei die Wahrscheinlichkeit einer Rechtfertigung mit der Schwer des Eingriffs sinkt. Aufgrund der strengen mehrstufigen Prüfung anhand der *Meca-Medina*-Kriterien kann dadurch auch Bedenken einer zu weiten Rechtfertigungsmöglichkeit anhand wettbewerbsfremder Gründe und einem Wirkungsverlust des Kartellrechts begegnet werden.[223] Im Gegenteil ist das Vorgehen in Form des *Meca-Medina*-Tests im Speziellen und des *Wouters*-Tests im Allgemeinen letztlich zwingend und zeugt von dem Ausgleich verschiedener Zielsetzungen sowie der Komplexität und Vielschichtigkeit der Abwägung gegeneinander laufender Interessen. Diese Abwägung hat auch im Wettbewerbsrecht auf Basis von nicht wettbewerblichen Faktoren – wenn auch nur im eng umrissenen Umfang legitimer Zielstellungen und auf Basis eines restriktiven und differenzierten Vorgehens – stattzufinden. Für diese Zielstellung eignet sich der *Meca-Medina*-Test in der vorgestellten Form für den Bereich des Sports hervorragend.

---

[222] IV.4.

[223] In diesem Zusammenhang sei auch auf die in der Vorgehensweise gleichgelagerte und dogmatisch eng verwandte Rechtfertigung anhand zwingender Gründe des Allgemeininteresses verwiesen. Auch hier bestanden vielfach Bedenken, ein solches Vorgehen könnte die Schutzwirkung der Grundfreiheiten aushebeln, wozu es bis heute aufgrund des strengen Prüfungsmaßstabs nicht gekommen ist. Genauso verhält es sich für das Kartellrecht.

Terminabsprachen und -kollisionen im Sport aus kartellrechtlicher Sicht
oder
Was verbindet Gianni Infantino und Adam Smith?*

Von *Peter W. Heermann*

---

* Der Beitrag befindet sich auf dem Stand vom 29.05.2022. An diesem Tag wurden auch sämtliche Internetquellen in den Fußnoten das letzte Mal erfolgreich aufgerufen.

I. Einleitung

Bis zu einer klarstellenden Aussage von Gianni Infantino, Präsident des Weltfußballverbandes (FIFA), anlässlich des 72. FIFA-Kongresses in Doha am 31.03.2022 hatte die Aussicht, dass die FIFA Fußball-Weltmeisterschaft künftig nicht im vierjährigen, sondern im zweijährigen Rhythmus stattfinden könnte, weltweit heftige Diskussionen nicht nur bei den Fans der angeblich schönsten Nebensache der Welt ausgelöst; vielmehr hatte diese Vision auch bei Funktionären anderer internationaler und nationaler Sportfachverbände für Irritationen und Verunsicherung gesorgt.[1] Aber plötzlich erfuhr die staunende Öffentlichkeit: „Ich möchte klarstellen: Die FIFA hat keine WM alle zwei Jahre vorgeschlagen. Wir werden versuchen, eine Diskussion zu führen, um etwas zu finden, das allen am besten passt." Nein, die FIFA habe „nichts vorgeschlagen, die FIFA kam zu der Schlussfolgerung, dass es möglich ist, dass es aber Auswirkungen und Folgen hätte". Nun sei die Phase, „Kompromisse zu schließen".[2]

Anhand dieses Vorgangs sollen nachfolgend Terminabsprachen und Terminkollisionen im Sport, die mit dessen zunehmender Kommerzialisierung immer häufiger zu – glücklicherweise weit überwiegend noch nicht streitigen rechtlichen – Auseinandersetzungen geführt haben, in den Blick genommen werden. Dabei wird die Frage zu vertiefen sein, inwieweit Sportverbänden bei der Terminierung von Sportereignissen rechtliche Grenzen gesetzt sind, wobei insbesondere das Kartellrecht in den Fokus genommen werden soll. Diese Abhandlung knüpft unmittelbar an Erwägungen an, die vom Verfasser jüngst bereits andernorts publiziert worden sind,[3] aufgrund der zwischenzeitlichen Entwicklungen aber bereits wieder aktualisiert und ergänzt werden mussten. Zunächst erfolgt ein Überblick über die faktische Ausgangslage, weil diese von erheblicher Bedeutung für die kartellrechtliche Bewertung ist.[4] Dabei wird zugleich die im Untertitel aufgeworfene Frage beantwortet werden.[5] An eine Einordnung der Ausgangsproblematik in die kartellrecht-

---

[1] S. hierzu *Chr. Becker*, FAZ v. 31.03.2022 („FIFA-Kongress in Qatar – Fußball-WM alle zwei Jahre ist vom Tisch"), https://www.faz.net/aktuell/sport/sportpolitik/fifa-kongress-infantino-zu-russland-und-fussball-wm-in-qatar-17924019.html.

[2] Zitiert nach SZ v. 31.03.2022 („Pläne für Fußball-Weltmeisterschaft – WM alle zwei Jahre: Infantino rudert zurück"), https://www.sueddeutsche.de/sport/fussball-wm-infantino-fifa-1.5558139.

[3] *Heermann*, Verbandsautonomie im Sport – Bestimmung der rechtlichen Grenzen unter besonderer Berücksichtigung des europäischen Kartellrechts, 2022 (als Open Access-Publikation kostenfrei zum Abruf und Download verfügbar unter https://lnkd.in/eaK2fzTm), XIII.) Rn. 327–354.

[4] Dazu II.

[5] Dazu II.3.d).

lichen Grundstrukturen[6] wird sich eine Auseinandersetzung mit einigen kartellrechtlichen Grundfragen anschließen,[7] um sodann mit einem Fazit zu schließen.[8]

II. Ausgangslage am Beispiel des Fußballs

1. Nebeneinander von Sportligen und -turnieren auf drei Ebenen

Infolge der für Sportverbände typischen monopolistischen und pyramidenförmigen Strukturen[9] finden regelmäßig auf mehreren Ebenen der Verbandspyramide Sportveranstaltungen statt, die jeweils von dem für diese Hierarchiestufe zuständigen Sportverband und gegebenenfalls seinen Mitgliedern organisiert und durchgeführt werden. Dies sei aus der deutschen Perspektive anhand des Fußballsports der Männer unter Beschränkung auf die obersten drei Verbandsstufen veranschaulicht:

— Auf der obersten Stufe ist die FIFA als Weltfußballverband angesiedelt. Dieser veranstaltet bis auf Weiteres im vierjährigen Rhythmus die FIFA Fußball-Weltmeisterschaft, nachdem die Teilnehmer in Qualifikationsrunden ermittelt worden sind. Der früher von der FIFA veranstaltete Confed Cup ist nach seiner letzten Austragung im Jahr 2017 durch die jährlich stattfindende FIFA Klub-Weltmeisterschaft ersetzt worden. Beide Veranstaltungen werden im Turnierformat durchgeführt.

— Auf der zweiten Hierarchiestufe sind die Kontinentalverbände angesiedelt, wobei die UEFA für Europa zuständig ist. Diese veranstaltet im Vier-Jahres-Rhythmus die UEFA Fußball-Europameisterschaft in Form eines Turniers, nachdem die teilnehmenden Nationalverbände in Qualifikationsrunden ermittelt worden sind. Daneben organisiert die UEFA zwei bzw. seit der Saison 2021/22 drei europäische Ligawettbewerbe für Fußballclubs: UEFA Champions League, UEFA Europa League und UEFA Europa Conference League.

— Auf der dritten Ebene organisieren der DFB die Länderspiele der Fußballnationalmannschaft (nicht länger „Die Mannschaft"), den DFB-Pokal und die Spiele der 3. Liga sowie die DFL den Betrieb der Bundesliga und der 2. Bundesliga.

---

[6] Dazu III.
[7] Dazu IV.
[8] Dazu V.
[9] Hierzu ausf. *Heermann* (Fn. 3), IV. Rn. 69–94 und XIII. Rn. 62–72, jew. m. w. N.

Eine solche Vielzahl von Fußballturnieren und Fußballligen setzt eine genaue Terminabstimmung voraus, um zunächst möglichst zu gewährleisten, dass Fußballnationalspieler nicht zeitgleich für ihren Arbeitgeber, d.h. den Fußballclub, in einem Pflichtspiel und für den nationalen Verband in einem Länderspiel auflaufen müssen. Diese Terminplanung hat zudem erhebliche ökonomische Auswirkungen, weil sich die beteiligten Verbände innerhalb einer bestimmten Sportart im Interesse der Optimierung der Vermarktungserlöse um eine möglichst weitgehende zeitliche Exklusivität ihrer jeweiligen kommerziellen Veranstaltungen bemühen. So ist insbesondere in nationalen Fußballligen in den letzten Jahren eine Tendenz erkennbar geworden, sogar die Spieltagstermine innerhalb einer Liga mehr (z.B. Premier League, La Liga) oder etwas weniger (z.B. Bundesliga) aufzusplitten und im Extremfall jeder Partie eines Spieltags ein exklusives Zeitfenster zuzuordnen. Schließlich sind einer solchen Terminabstimmung aber auch rechtliche Grenzen gesetzt, die in diesem Beitrag herausgearbeitet und bewertet werden sollen.[10]

2. Wettbewerb zwischen Monopolisten

a) Fußballverbände als Monopolisten – aber auf welchem relevanten Markt?

Die im Eingangsbeispiel genannten Akteure, d.h. FIFA, UEFA, DFB und DFL, erzielen ihre Erlöse, die sie zur Verfolgung ihrer Verbandsziele benötigen, hauptsächlich im Wege der Vermarktung der jeweils von ihnen veranstalteten Fußballturniere, Fußballligen oder Fußball(länder)spiele. Auf den Märkten für die Organisation und Durchführung von sowie für die Zulassung zu solchen Fußballevents haben die genannten Verbände jeweils eine Monopolstellung inne.[11] Denn aus Sicht der Marktgegenseite, d.h. der an einem bestimmten Fußballturnier oder an einer bestimmten Fußballliga teilnehmenden Fußballteams und deren Spieler, sind die verschiedenen Fußballformate nicht substituierbar, sondern sie stehen in einem komplementären Verhältnis zueinander. Ein Fußballnationalspieler möchte beispielsweise nicht an der

---

[10] Zu bislang überwiegend eher allgemein gehaltenen rechtlichen Stellungnahmen s. *Grätz*, Missbrauch der marktbeherrschenden Stellung durch Sportverbände, 2009, S. 337 f.; *Hannamann*, Kartellverbot und Verhaltenskoordinationen im Sport, 2001, S. 384; *Seyb*, Autonomie der Sportverbände – Eine Untersuchung zu wettbewerbsrechtlichen Grenzen der Sportverbandsautonomie insbesondere im Verhältnis gegenüber Dritten, 2020, S. 203; *Agafonova*, ISLJ 2019, 87, 96–98; *Heermann*, WuW 2018, 241, 245 f.; *Heermann*, WuW 2018, 550, 551 f.; *Mournianakis*, WRP 2009, 562, 565; *Pijetlovic*, in Anderson/Parrish/García (Hrsg.), Research Handbook on EU Sports Law and Policy, 2018, S. 326, 336 f.; *Schroeder*, WRP 2006, 1327, 1332; *Verdonk*, ECLR 2017, 80, 86.

[11] Ausf. hierzu *Heermann* (Fn. 3), VII. Rn. 8–11 m.w.N.

Fußball-Weltmeisterschaft *oder* an der Fußball-Europameisterschaft *oder* an den Spielen der Bundesliga *oder* der UEFA Champions League teilnehmen, sondern zugleich möglichst an allen genannten Turnier- und Ligaformaten. Im Konfliktfall, der insbesondere bei afrikanischen Nationalspielern in jedem zweiten Jahr während des zumeist im Januar und/oder Februar und damit während der Spielzeit in den europäischen Ligen ausgetragenen Afrika Cups eintritt, besteht eine verbandsrechtlich abgesicherte Abstellungspflicht der Ligaclubs, d.h. der Kontinentalverband genießt insoweit Vorrang gegenüber nationalen Fußballligen. Auch die Arbeitgeber der betreffenden Fußballnationalspieler wollen etwa in Europa möglichst an den Spielen der jeweiligen nationalen Liga sowie im Fall einer entsprechenden Qualifikation an der UEFA Champions League (hilfsweise der UEFA Europa League oder äußerst hilfsweise an der UEFA Europa Conference League) und an der FIFA Klub-Weltmeisterschaft teilnehmen. Kurzum: Die beteiligten Nationalverbände und Fußballclubs wollen vorrangig aus kommerziellen, aber natürlich auch aus sportlichen Gründen mit ihren besten Spielern auf möglichst vielen Hochzeiten tanzen.

b) Verteilungskämpfe zwischen den drei Ebenen

Die beschriebene Entwicklung führt im Fußball im Verhältnis etwa zwischen der FIFA, der UEFA und den europäischen Fußballligen zu Verteilungskämpfen. Dies wurde in den letzten Jahren deutlich, als insbesondere die internationalen Fußballverbände mit mehr oder weniger Erfolg begannen, die von ihnen veranstalteten Fußballturniere und -ligen (zulasten der nationalen Fußballligen?) durch Erhöhung der Teilnahmerzahlen und damit der Spiele auszuweiten. Dies belegen etwa der bereits beschlossene Plan, die UEFA Champions League ab der Saison 2024/25 um weitere Teilnehmer sowie Spieltage zu erweitern, oder die geplante Ausdehnung der FIFA Klub-Weltmeisterschaft. Zu denken ist auch an die bereits beschlossene Aufstockung der FIFA Fußball Weltmeisterschaft um weitere Teilnehmer.

Und dann hat die FIFA zuletzt noch eine andere Stellschraube entdeckt, an der man gleichfalls drehen könnte. Zum Jahresende 2021 riefen die seinerzeit bekannt gewordenen Gedankenspiele des Weltfußballverbandes, die FIFA Fußball-Weltmeisterschaft künftig im Zwei-Jahres-Rhythmus durchzuführen, heftige Gegenreaktionen des europäischen Fußballverbandes UEFA hervor. Die UEFA hatte zunächst schon am 12.02.2020 eine Grundsatzvereinbarung mit der Südamerikanischen Fußballkonföderation (CONMEBOL) erneuert und darin eine noch engere Zusammenarbeit beschlossen.[12] Am

---

12 *UEFA*, Pressemitteilung v. 12.2.2020 („UEFA und CONMEBOL erneuern Grundsatzvereinbarung und setzen auf engere Zusammenarbeit"), https://de.uefa.com/

15.12.2021 erweiterten UEFA und CONMEBOL sodann die Grundsatzvereinbarung und kündigten für den 01.06.2022 ein in London stattfindendes
Finale zwischen dem Europa- und Südamerikameister an.[13] Zudem wurden
die Weichen gestellt für ein Gegenprojekt der beiden Kontinentalverbände
(etwa durch eine geografische Erweiterung der bislang auf Europa beschränkten Nations League) zu einer im Zwei-Jahres-Rhythmus geplanten FIFA
Fußball-Weltmeisterschaft. Nur zwei Tage später, d. h. am 17.12.2021, prä-
sentierte die UEFA eine „unabhängige" Studie zu einer alle zwei Jahre stattfindenden Weltmeisterschaft.[14] Dort ist die Rede von „negative[n] wirtschaftliche[n] Auswirkungen für den Fußball", „einer steigenden mentalen und
körperlichen Belastung der Spieler", Gefahren für den Frauenfußball, „be-
sorgniserregende[n] Auswirkungen auf viele andere Sportarten, da deren
Hauptwettkämpfe mit beispiellosen Terminkonflikten konfrontiert wären und
deren Platz im Kalender von einem mächtigen Konkurrenten belegt würde",
sowie von einem Sinken der „Einnahmen für die europäischen Nationalverbände in einem Vierjahreszyklus zwischen EUR 2,5 und EUR 3 Mrd." Um-
gehend reagierte die FIFA und publizierte gleichfalls am 17.12.2021 die
Ergebnisse einer globalen Umfrage, wonach die „Mehrheit der Fans für
häufigere Weltmeisterschaften der Männer und Frauen" sei.[15] Schließlich
verkündete die FIFA am 20.12.2021, gemäß zwei – natürlich – „unabhängigen Machbarkeitsstudien würden die 211 FIFA-Mitgliedsverbände finanziell
erheblich profitieren, sollten die Weltmeisterschaften der Frauen und Männer
neu alle zwei Jahre ausgetragen werden."[16] Zudem stellte die FIFA in Aussicht, „dass im ersten Vierjahreszyklus regional gar Mehreinnahmen von

---

insideuefa/about-uefa/news/025a-0f8e75148b99-cd9df09bd7ec-1000--uefa-und-con-
mebol-erneuern-grundsatzvereinbarung-und-setzen-auf/.

[13] *UEFA*, Pressemitteilung v. 15.12.2021 („UEFA und CONMEBOL erneuern und
erweitern Grundsatzvereinbarung"), https://de.uefa.com/insideuefa/mediaservices/me
diareleases/news/0270-13f6fd6bc7e6-831edac7b7a6-1000--uefa-und-conmebol-
erneuern-und-erweitern-grundsatzvereinbarung.

[14] *UEFA*, Pressemitteilung v. 17.12.2021 („Unabhängige Studie zu einer alle zwei
Jahres stattfindenden Weltmeisterschaft zeigt negative wirtschaftliche Auswirkungen
für den Fußball"), https://de.uefa.com/insideuefa/mediaservices/mediareleases/news/
0270-13fa790a954a-7dc1a6062433-1000--unabhangige-studie-zu-einer-alle-zwei-
jahre-stattfindenden-welt/.

[15] *FIFA*, Pressemitteilung v. 17.12.2021 („Globale Umfrage: Mehrheit der Fans für
häufigere Weltmeisterschaften der Männer und Frauen"), https://www.fifa.com/de/
football-development/the-future-of-football/media-releases/future-of-football-fans-
survey-webinar-release.

[16] *FIFA*, Pressemitteilung v. 20.12.2021 („Austragung der FIFA-Weltmeisterschaf-
ten alle zwei Jahre: Machbarkeitsstudien belegen grossen wirtschaftlichen Nutzen"),
https://www.fifa.com/de/football-development/the-future-of-football/media-releases/
austragung-der-fifa-weltmeisterschaften-alle-zwei-jahre-achbarkeitsstudien-belegen-
grossen-wirtschaftlichen-nutzen.

USD 6,6 Milliarden möglich wären, sollten die Konföderationen ihre End-
runden der Männer ebenfalls alle zwei Jahre veranstalten." Einen nächsten
Gegenangriff schloss die UEFA am 26.1.2022 ab. Denn am gleichen Tag
verabschiedete die Parlamentarische Versammlung des Europarats eine Ent-
schließung und warnte darin u. a. vor den potentiell „katastrophalen" Folgen
der aktuellen Überlegungen der FIFA, die Weltmeisterschaft alle zwei Jahre
auszurichten.[17] Schließlich schaltete dann am 03.02.2022 – erwartungsge-
mäß, wenngleich überraschend spät – auch das IOC in den Angriffsmodus,
dessen Olympische Sommerspiele nun erstmals in den gleichen Jahren wie
eine FIFA Fußball-Weltmeisterschaft stattzufinden drohten.[18] Anlässlich der
139. Vollversammlung des IOC in Peking am Tag vor dem Beginn der Olympischen Winterspiele 2022 sagte der Algerier Moustapha Berraf, Vorsitzender
der Vereinigung der Nationalen Olympischen Komitees Afrikas, der Plan der
FIFA „würde den Sport im Allgemeinen und den Fußball im Besonderen
beschädigen und in Gefahr bringen". Andere Sportarten würden in den Hintergrund gedrängt. Eine FIFA Fußball-Weltmeisterschaft im zweijährigen
Rhythmus „würde einen Graben aufreißen zwischen Männer- und Frauen-
sport, es wäre ein Rückschlag für all unsere Bemühungen um Gleichberech-
tigung in allen Sportarten".

Vor diesem Hintergrund wird nun auch verständlich, weshalb Gianni
Infantinos Klarstellung Ende März 2022, die FIFA habe keine WM alle
zwei Jahre vorgeschlagen, einen untauglichen Versuch darstellte, die auf Erlösmaximierung zu Lasten Dritter gerichtete wahre Intention der FIFA zu
verbergen. Zwar hätte die FIFA nach eigener Auskunft die zusätzlichen Einnahmen zu erheblichen Teilen wiederum weltweit an die nationalen Fußballverbände zurückfließen lassen, allerdings nach eigenem Ermessen. So wären
die finanziellen Unterstützungsleistungen oder entsprechende Zusagen zugunsten der vielen kleineren Verbände möglicherweise jeweils deutlich großzügiger als bislang die Zahlungen durch die FIFA und den jeweils zuständigen Kontinentalverband zusammen ausgefallen, während manche der relativ
wenigen großen Nationalverbände eventuell nicht mit vergleichbaren Ein-
nahmesteigerungen hätten rechnen können. Zeitgleich strebte Gianni Infantio
übrigens seinerzeit eine weitere Amtszeit an, wobei die aktuell 211 Mitgliedsverbände der FIFA allesamt jeweils nur über eine Stimme verfügen.
Honi soit qui mal y pense!

---

[17] *UEFA*, Pressemitteilung v. 26.01.2022 („UEFA begrüßt Unterstützung des Europarats für Modell des europäischen Fußballs"), https://de.uefa.com/insideuefa/news
/0271-144ba6720adc-412c32965350-1000--uefa-begrusst-unterstutzung-des-europa
rats-fur-modell-des-europ/.

[18] Hierzu stellvertr. *Simeoni*, FAZ v. 03.02.2022 („IOC kritisiert FIFA-Pläne – Ein
heftiger Angriff auf Infantino"), https://www.faz.net/aktuell/sport/fussball/ioc-session-
greift-fifa-chef-gianni-infantino-fuer-wm-plaene-an-17777164.html.

Zudem dürfte nunmehr auch dem einfältigsten Fußballfan klar sein, wessen Interessen und Motive bei all den gedanklichen Planspielen von Fußballfunktionären im Vordergrund gestanden haben und nach wie vor stehen. Andere Sportarten neben dem Fußball wurden in der geschilderten Meinungsverschiedenheit zwischen der FIFA auf der einen und der UEFA auf der anderen Seite seinerzeit über Monate hinweg seitens der internationalen Fußballverbände konsequent ausgeblendet und man wundert sich, dass sie nicht gleich noch die Forderung nachschoben, zum Zwecke der Erlösmaximierung im Fußballsport und der Steigerung des Zuschauerinteresses aus Vereinfachungsgründen die anderen Sportarten oder zumindest deren internationale Meisterschaften kurzerhand abzuschaffen ... So aber zeichnet sich schon jetzt ab, dass in einigen Jahren auch ohne eine FIFA Fußball-Weltmeisterschaft im zweijährigen Rhythmus insbesondere die internationalen Fußballverbände, die nationalen Fußballverbände und wenige auserwählte Top-Fußballclubs mit immer mehr Langeweile (insbesondere mit noch mehr Vorrundenspielen mit voraussehbarem Spielausgang wegen der erheblichen Leistungsunterschiede) immer mehr Geld verdienen wollen, wofür insbesondere die beteiligten Spieler in gesundheitlicher Hinsicht einen möglicherweise (zu?) hohen Preis zahlen werden[19] (es sei denn, die Kader werden so vergrößert, dass es zu keinen nennenswerten Mehrbelastungen der einzelnen Spieler kommen wird). Wenig überraschend sehen auch die Top-Fußballclubs in diesem Szenario eher ihre wirtschaftlichen Chancen als die Gefahren für die betroffenen Fußballspieler und den Fußballsport insgesamt.

c) Wettbewerb zwischen den Sportverbände auf drei Ebenen – wie geht das?

Diese Entwicklung illustriert letztlich einen allenfalls auf den ersten Blick paradox anmutenden Umstand: Obgleich innerhalb der Verbandspyramide die Akteure an der Spitze (FIFA), auf der nächsten Ebene der Kontinentalverbände und Konföderationen (z. B. UEFA) und auf der dritten Ebene der nationalen Verbände (z. B. DFB und DFL) auf ihrer jeweiligen Hierarchieebene über ein Monopol auf den Märkten für die Organisation und Durchführung von sowie für die Zulassung zu Fußballveranstaltungen verfügen,[20] stehen sie zueinander in einem sich zunehmend verschärfenden Wettbewerbsverhältnis. Wie geht das?

---

[19] *Weatherill*, Principles and Practice in EU Sports Law, 2017, S. 294 : „[...] events are staged with scant regard for the welfare of athletes. The award of the 2022 World Cup to Qatar is the most egregious instance [...]".

[20] *Heermann* (Fn. 3), VII. Rn. 8–11 m.w.N.

Die Antwort ist relativ simpel, wenngleich in der Diskussion zum Sport-kartellrecht mitunter juristische Nebelkerzen geworfen werden, die den Blick auf die eigentlich einfachen kartellrechtlichen Zusammenhänge verschleiern. So wird (inter-)nationalen Sportdachverbänden mit oder ohne Bezugnahme auf das Ein-Verbands-Prinzip[21] in der medialen Berichterstattung, mitunter aber sogar im sportrechtlichen Schrifttum undifferenziert eine Monopolstel-lung zugesprochen.[22] Die Begriffe Sportverband und Monopolverband wer-den in diesem Zusammenhang sodann mehr oder weniger synonym verwen-det.[23] Daraus wird dann mitunter der voreilige und in vielen Konstellationen (kartell-)rechtlich unzutreffende Schluss gezogen, dass ein Sportdachverband auf jedem relevanten Markt, auf dem er eine unternehmerische Tätigkeit entfaltet, gleichsam marktbeherrschend sei.

Stattdessen muss nach den unterschiedlichen relevanten Märkten differen-ziert werden, die sich im Sport grob in vier Kategorien unterteilen lassen:

- Beschaffungsmärkte (z.B. Märkte für Arbeits- und Dienstleistungen von Spielern, für Dienstleistungen von Spielervermittlern, für Sportgeräte und Sportkleidung);
- Sportveranstaltungsmärkte (z.B. Märkte für die Organisation und Durch-führung von Sportveranstaltungen, für die Zulassung von Athleten und/oder Clubs zu einem verbandsseitig organisierten Wettbewerb und für die Zulassung einer verbandsfremden Sportveranstaltung durch Sportverbän-de);
- Absatzmärkte (z.B. Märkte für die mediale Verwertung, für Sponsoring, für Eintrittskarten zu Sportveranstaltungen);
- Märkte für die Beteiligung an Sportclubs.

Wenn man sich an dieser Untergliederung orientiert, stellt man alsbald fest, dass die FIFA, die UEFA (und die anderen Kontinentalverbände) sowie der DFB bzw. die DFL (und die anderen nationalen Verbände und Ligen), ausgehend vom sog. Bedarfsmarktkonzept,[24] zwar auf den unterschiedlichen Sportveranstaltungsmärkten für Welt-, Kontinental- und nationale Meister-schaften jeweils über eine marktbeherrschende Stellung, wenn nicht sogar über eine Monopolstellung für die jeweils von ihnen veranstalteten Fußball-

---

[21] Ausf. hierzu *Heermann* (Fn. 3), IV. Rn. 69–76 m.w.N.

[22] S. aus jüngerer Zeit stellvertr. *Summerer*, in: Fritzweiler/Pfister/Summerer, Pra-xishandbuch Sportrecht, 4. Aufl., 2020, Kap. 3 Rn. 234: „Die Folge [des Ein-Platz-Prinzips] ist eine – international abgesicherte – Monopolstellung der Sportverbände."

[23] S. stellvertr. jüngst *Bliesze*, SpuRt 2022, 23, 25: „[…] ist im Sportsektor auf-grund der mit dem Ein-Platz-Prinzip einhergehenden faktischen Monopolstellung der Sportverbände […]".

[24] Hierzu *Heermann* (Fn. 3), VI. Rn. 91 m.w.N. aus Judikatur und Schrifttum.

events verfügen. Dies gilt indes nicht für den Absatzmarkt, weil dort aus der Perspektive etwa der Erwerber der Medienrechte an den Fußballevents oder der Veranstaltungssponsoren – mithin der potentesten finanziellen Unterstützer des Fußballs – die etwa von FIFA, UEFA und DFB bzw. DFL organisierten und durchgeführten Fußballturniere, -ligen und -spiele in weitem Umfang substituierbar sind. Mit anderen Worten: Auf dem Absatzmarkt stehen die jeweiligen Monopolisten trotz ihrer jeweils marktbeherrschenden Stellung auf den Sportveranstaltungsmärkten in einem intensiven Wettbewerb.

3. Systemimmanente Gefahr von Interessenkonflikten

a) Ausgangslage

Aus kartellrechtlicher Sicht ist nunmehr der Umstand bedeutsam, dass in dem beschriebenen Beispiel FIFA, UEFA, DFB und DFL nicht nur bestimmte Fußballturniere, Fußballligen und Fußballspiele organisieren und durchführen, sondern diese zugleich selbst vermarkten. Spätestens dadurch erhält die Terminierung der genannten Sportevents eine ökonomische Komponente. Denn jeder Verband will verständlicherweise ein möglichst großes Stück vom finanziellen Kuchen abbekommen, der durch die Gegenseite auf dem Absatzmarkt großzügig ausgestattet wird. Dadurch entsteht freilich zwangsläufig die Gefahr systemimmanenter, d. h. durch die hierarchische monopolartige Verbandsstruktur bedingter, Interessenkonflikte zu Lasten der jeweils auf unteren Verbandsebenen angesiedelten Fußballverbände oder -ligen sowie letztlich insbesondere auch der Fußballspieler.

b) (Kartell-)rechtliches Gefahrenpotential

Aus diesem Umstand hat Weatherill – allerdings schon im Jahr 2017 – eine Anfälligkeit der Terminabstimmung im Sport für Erfolg versprechende juristische Attacken abgeleitet (Hervorhebungen durch Verfasser):[25]

> *„There is scope here for future friction and litigation.* The continental championships – in Africa, in Europe, in South America, in Asia – are scattered across the year, which maximizes disruption for clubs forced to release players. There are naturally some reasons of climate for the selected dates, but this is not a total explanation. Part of the story is the desire to avoid competition between continental championships in order to maximize revenues from the sale of broadcasting rights and luring of sponsors. So, as with the player release system, the planning of the match calendar has embedded within it an identifiable commercial dimension, which reveals once again the endemic *problem of a conflict of interest. The current*

---

[25] *Weatherill* (Fn. 19), S. 265.

pattern could readily be adjusted – in particular by aligning as many international tournaments as the weather will allow in the European summer – in order to rebalance *a governance system currently loaded heavily against the clubs. The designation of FIFA of the 2022 World Cup in Qatar as a* winter *event shows where predominant power lies.* The ECA [= European Club Association] allows the clubs a louder voice in governance design than they previously had, but litigation provoked that change and resort to *litigation,* inter alia, *to challenge the design of the calendar, remains a potential strategy.* Most of all, decisions about the calendar by a governing body which favour the competitions from which it stands to gain most are *legally vulnerable.*"

Diese Einschätzung bedarf nicht allein aufgrund der seit dem Jahr 2017 vergangenen Zeitspanne einiger Relativierungen und Ergänzungen, wenn auch dann das Problem der Gefahr von Interessenkonflikten weiterhin bestehen bleibt. Zunächst ist festzuhalten, dass zumindest die FIFA und die Kontinentalverbände ihre jeweiligen Fußballturniere überwiegend in der Zeit des europäischen Sommers durchführen, ohne dass es in der Regel zu zeitlichen Überschneidungen kommt. Dies belegt folgende Übersicht, die sich auf die Jahre 2020 bis 2023 beschränkt:

– FIFA Fußball-Weltmeisterschaft 2022 in Qatar: 21.11.–18.12.2022 (bis auf Weiteres vierjähriger Austragungsrhythmus). Üblicherweise findet dieses Turnier während des europäischen Sommers statt. Viele Fußballexperten können die außergewöhnliche Terminierung des Turniers in Qatar, die übrigens erst nach der Vergabe des Events dorthin erfolgte und Spiele in klimatisierten Stadien erforderlich macht, zumindest aus sportlichen Gründen nicht nachvollziehen. Es soll hier nicht darüber spekuliert werden, wie und warum es zu dieser Vergabe der FIFA Fußball-Weltmeisterschaft 2022 kam. Jeder mag selbst darüber sinnieren, wer und was – natürlich nur im Interesse der großen weltweiten Fußballfamilie – hier den Ausschlag gegeben haben könnte … Die nationalen Fußballligen scheinen insoweit die klaren Verlierer zu sein – allerdings nur auf den ersten Blick. Der zweite Blick erfolgt sogleich am Ende dieses Abschnitts.

– FIFA Klub-Weltmeisterschaft 2020 und 2021: Corona-bedingt 01.–11.02.2021 sowie 03.–12.02.2022 (jährlicher Austragungsrhythmus). Aufgrund der kurzen Turnierdauer und der (bisher) geringen Teilnehmerzahl halten sich die Auswirkungen auf den Spielbetrieb in den nationalen Fußballligen in überschaubaren Grenzen.

– Fußball-Ozeanienmeisterschaft 2020: 06.–20.06.2020 (vierjähriger Austragungsrhythmus). Dieses Turnier wurde Corona-bedingt abgesagt. Im Übrigen wäre es zu keiner zeitlichen Überschneidung mit der UEFA Fußball-Europameisterschaft gekommen.

– UEFA Fußball-Europameisterschaft 2020: 11.06.–11.07.2021 (vierjähriger Austragungsrhythmus). Dieses Turnier musste Corona-bedingt, aber unter

Beibehaltung der ursprünglichen Bezeichnung mit der Jahreszahl „2020"
um ein Jahr verschoben werden, so dass es allein aus diesem Grund zu
einer zeitlichen Überschneidung mit der südamerikanischen Meisterschaft
Copa América 2021 kam.

– Copa América 2021: 13.06.–10.07.2021 (zweijähriger Austragungsrhyth-
  mus).
– CONCACAF Gold Cup 2021: 10.07.–01.08.2021 und 26.6.–16.7.2023
  (zweijähriger Austragungsrhythmus). Die Kontinentalmeisterschaft der
  Länder Nord- und Mittelamerikas schließt sich zeitlich unmittelbar an die
  Kontinentalmeisterschaften in Europa und Südamerika an, was sicherlich
  kein Zufall ist.
– Afrika Cup 2022: 09.01.–06.02.2022 (zweijähriger Austragungsrhythmus).
  Die Kontinentalmeisterschaft Afrikas findet schon seit Langem nicht im
  europäischen Sommer, sondern jeweils zu Jahresbeginn statt. Das sorgt
  insbesondere in den nationalen Fußballligen Europas für Verdruss, weil
  diese sich zeitgleich schon wieder (nach einer Winterpause) oder aber
  immer noch (bei Verzicht auf eine Winterpause) im Spielbetrieb befinden
  und die Ligamitglieder auf die steigende Zahl an Nationalspielern aus
  Afrika verzichten müssen. Klimatische und vermarktungstechnische Gründe dürften für diese terminliche Sonderrolle maßgeblich sein.
– Fußball-Asienmeisterschaft 2023: ursprünglich geplant 16.06.–16.07.2023,
  voraussichtlich verschoben auf Januar 2024 (vierjähriger Austragungsrhythmus).

Ob die nationalen Fußballligen wie die Bundesliga in dem Dreikampf mit
der FIFA und der UEFA auf die Verliererstraße geraten sind, wie Weatherill
noch im Jahr 2017 suggerierte („a governance system currently loaded heavily against the clubs"), mag bezweifelt werden. Denn insoweit hat sich der
Wind inzwischen gedreht. Die Ligamitglieder müssen ihre Nationalspieler
nicht mehr so häufig wie früher abstellen, weil zum einen ein Zeitfenster für
Länderspiele im August entfallen ist und zum anderen in Abstellungsperio-
den nunmehr regelmäßig zwei Länderspiele stattfinden. Das führt zu weniger
und sportlich wie auch kommerziell effizienter genutzten Abstellungsperio-
den. Zudem ist zumindest für die großen nationalen Fußballligen in Europa
die Zahl der teilnahmeberechtigten Fußballclubs an der UEFA Champions
League und der UEFA Europa League im Laufe der Zeit erhöht worden.
Darüber hinaus soll in der UEFA Champions League ab der Saison 2024/25
die Zahl der Gruppenspiele erhöht werden, was für die Teilnehmer zugleich
höhere garantierte Einnahmen während der Gruppenphase bewirkt. Schließlich ist eine weitere europäische Liga für Fußballclubs auch aus den übrigen
nationalen Fußballligen eingeführt worden (UEFA Europa Conference
League ab der Saison 2021/22). Das alles spricht dafür, dass hinsichtlich der

nationalen Fußballverbände und -ligen ein bekannter Ausspruch umformuliert werden muss: Den Letzten beißen *nicht zwangsläufig* die Hunde.

Wie bereits im vorangehenden Abschnitt angedeutet, sind die Fußballnationalspieler, die mit ihren Clubs auch in einem der europäischen Ligawettbewerbe antreten, nicht notwendigerweise beklagenswerte Opfer der Terminverteilung zwischen den Akteuren auf den ersten drei Stufen der Verbandspyramide. Natürlich ist nicht auszuschließen, dass es für einzelne Spieler zu einer höheren physischen Beanspruchung teils auch über die Belastbarkeitsgrenze hinaus kommen kann. Aber erstens steuern gerade die Top-Fußballclubs bereits mit vergrößerten Spielerkadern und Spielerrotationen gegen; und zweitens werden die betroffenen, besonders leistungsfähigen Spieler für die überdurchschnittlichen sportlichen Belastungen auch nach etwaigen Corona-bedingten Gehaltskürzungen noch immer sehr großzügig entlohnt (selbst wenn man eine nur mehrere Jahre umfassende Sportlerkarriere mit überdurchschnittlichen Bezügen zugrunde legt).

Damit zeigen die beschriebenen Entwicklungen auf dem Fußballmarkt, dass die Gefahr der rechtlichen Angreifbarkeit von Terminkalendern deutlich geringer ist, als Weatherill in der eingangs zitierten Passage suggeriert. Denn wenn alle Beteiligten von den Terminabsprachen und den Änderungen der Turnier- oder Ligaformate in einem Maße profitieren, dass sich keiner massiv zurückgesetzt fühlt, wird keiner dieses System rechtlich zu attackieren versuchen.

c) Keine Pflicht zum *unbundling*

All die vorgenannten Umstände können freilich nicht darüber hinwegtäuschen, dass weiterhin latent die Gefahr von Interessenkonflikten und daraus resultierenden Übervorteilungen bei Sportverbänden auf den jeweils übergeordneten Hierarchiestufen besteht, sofern jene vorrangig oder allein aufgrund ihrer eigenen kommerziellen Interessen handeln. Allerdings besteht nach hier vertretener und bereits andernorts ausführlich dargelegter Auffassung[26] – unabhängig vom Grad der tatsächlichen Gefahr von Interessenkonflikten – keine Pflicht der Fußballverbände zum sog. *unbundling*, d. h. zur Trennung von sportbezogenen organisatorischen Aufgaben und Vermarktungsaktivitäten. Stattdessen sind das Kartellrecht im Allgemeinen und die Missbrauchskontrolle gem. Art. 102 AEUV und § 19 GWB im Besonderen geeignet, solchen Missbräuchen wirksam entgegenzuwirken.

---

[26] *Heermann* (Fn. 3), VII. Rn. 54–66 m. w. N.

d) Zwischenfazit

Mag aufgrund der Vielzahl der auf den ersten drei Verbandsebenen zu terminierenden Fußballturniere und -ligen die Gefahr von Interessenkonflikten auch groß zu sein, so haben es die beteiligten Fußballverbände – von wenigen Ausnahmen wie etwa dem Afrika Cup abgesehen – bislang geschafft, Terminüberschneidungen weitgehend zu vermeiden. Mag auch die FIFA zuletzt ihre künftigen Einnahmen durch die Erhöhung der Zahl der Teilnehmer an FIFA Fußball-Weltmeisterschaften, nicht jedoch durch die Umstellung auf einen zweijährigen Rhythmus dieses Turniers deutlich in die Höhe geschraubt haben, so gehen die Beteiligten auf den nachfolgenden Stufen der Verbandspyramide – wie beschrieben – keineswegs leer aus. Das gilt in besonderem Maße für die UEFA sowie zumindest diejenigen Clubs in den nationalen Fußballligen, die sich für europäische Fußballligen qualifizieren.

Damit kann bereits an dieser Stelle festgehalten werden, dass bislang die Selbstregulierung des Wettbewerbs auf dem Absatzmarkt von Fußballveranstaltungen zu einer Verteilung der Produktmenge geführt hat, die von den beteiligten Fußballverbänden, den Medienanbietern und Sponsoren sowie den Fußballinteressierten als Endkunden im Großen und Ganzen akzeptiert wird. Dabei sind es insbesondere zunächst höchst kontrovers diskutierte Maßnahmen wie die kommende Aufstockung der UEFA Champions League um weitere teilnehmende Clubs, das einstweilen verhinderte zweijährige Angebot einer FIFA Fußball-Weltmeisterschaft sowie die bislang rigoros abgeblockte Initiative zur Einführung einer europäischen Super League im Fußball,[27] die die miteinander im Wettbewerb stehenden Fußballverbände und -clubs veranlasst haben und weiterhin veranlassen, nach neuen Wegen und für alle Beteiligten tragbaren Kompromissen zu suchen. So hat Gianni Infantino mit der umgesetzten Vergrößerung des Teilnehmerfeldes für die ab 2026 stattfindenden Fußball-Weltmeisterschaften und Erwägungen zur letztlich (zunächst einmal) abgesagten Umstellung auf deren zweijährigen Durchführungsrhythmus der FIFA Fußball-Weltmeisterschaften das Eingreifen einer „unsichtbaren Hand des Marktes" ausgelöst. Dieser metaphorische Begriff, der auf den schottischen Ökonomen Adam Smith (getauft 1723, gestorben 1790) zurückgeht, umschreibt anschaulich das Phänomen der Selbstregulierung des Wirtschaftslebens. Mag dieses Prinzip, das insbesondere in der politischen Diskussion immer wieder bemüht wird, auch umstritten sein, so hat es doch auf dem Absatzmarkt im Fußballsport bislang weitgehend funktioniert.

---

[27] *Heermann* (Fn. 3), XIII. Rn. 101–131 m. w. N.

4. Rahmenterminkalender

Anknüpfend an frühere Erwägungen,[28] ist davon auszugehen, dass aufgrund der pyramidalen Struktur von Sportorganisationen ein Sportdachverband bereits aus organisatorisch-praktischen Gründen bei der Terminierung seiner Events grundsätzlich Vorrang gegenüber Sportverbänden auf nachgeordneten Hierarchiestufen oder gar gegenüber nicht verbandsgebundenen, kommerziellen Konkurrenzveranstaltern genießt. Wenn es andersherum wäre, würde man das Pferd gleichsam von hinten aufzäumen, was – wie nicht nur Kenner des Reitsports wissen – bislang allenfalls äußerst selten funktioniert haben soll. Innerhalb der Verbandspyramide[29] werden regelmäßig die Zeitfenster etwa für die Fußballturniere, Fußballligen und Fußballspiele von FIFA, UEFA, DFB und DFL durch einen umfassenden Rahmenterminkalender aufeinander abgestimmt. Dadurch werden Terminkonflikte weitgehend erfolgreich vermieden.

5. Ausnahmen von der Einhaltung eines abgestimmten Terminkalenders

Wer sich für den Basketballsport interessiert, mag sich angesichts der vorangehenden Erwägungen zu Rahmenterminkalendern im Sport und deren Einhaltung durch die beteiligten Sportverbände und -clubs verwundert die Augen gerieben haben. Denn für die nordamerikanische Basketballliga der National Basketball Association (NBA) und für die von einer privaten Organisation betriebene Euroleague bestehen offensichtlich Ausnahmen.[30] Wenn der Deutsche Basketball Bund e.V. seine besten Basketballspieler zu Länderspielen einlädt, fliegen die deutschen Akteure in der NBA allenfalls dann über den großen Teich, wenn in der NBA nicht gerade Ligaspiele anstehen. Eine permanente Abstellungspflicht besteht für die Teams der NBA offensichtlich nicht, die großen Basketballstars reisen vielfach nur zu Turnieren wie Welt- und Europameisterschaften oder Olympischen Sommerspielen an,

---

28 *Heermann*, WuW 2018, 550, 551 f. sowie *Heermann* (Fn. 3), XIII. Rn. 339 f.

29 In einzelnen Sportarten wie im Tennissport hat sich nicht die typische Verbandspyramide herausgebildet, sondern verschiedene Organisationen agieren nebeneinander, zwischen denen allenfalls eine vertragliche Verbindung besteht. Dies kann zu erheblichen Friktionen führen; vgl. *Fuller*, BBC.com v. 14.03.2018, http://www.bbc.com/sport/tennis/43409616 zu terminlichen Abstimmungsproblemen zwischen der International Tennis Federation (ITF) und der ATP Tour für einen neuen World Cup of Tennis.

30 Hierzu bereits *Heermann*, WuW 2018, 241, 241 f.; *Heermann*, WuW 2018, 550, 552.

die in der Sommerpause der NBA stattfinden.[31] Damit stellt sich die Frage, weshalb die weltweit vielleicht leistungsstärkste,[32] sicherlich aber populärste Basketballliga der NBA ihren Ligaspielbetrieb während der von der International Basketball Federation (FIBA) angeordneten Länderspielpausen nicht ruhen lässt und/oder die Spieler nicht für Länderspiele oder manchmal gar für internationale FIBA-Turniere freistellt. Die NBA ist nicht Mitglied der FIBA. Indes werden private vertragliche Vereinbarungen zwischen der NBA und der FIBA etwa auch hinsichtlich der Freistellung der NBA-Spieler für Länderspiele ihrer Nationalverbände abgeschlossen.[33] Hintergrund und Rechtfertigung für eine solche Sonderbehandlung der NBA im Verhältnis zur FIBA könnten darin bestehen, dass die nordamerikanische Liga aufgrund ihrer herausragenden Stellung seit vielen Jahren weltweit in besonderem Maße zur Popularität des Basketballsports beiträgt. In ähnlicher Weise wie die NBA agiert auch die Euroleague, bei deren Ligamitgliedern überdurchschnittlich viele Nationalspieler tätig sind. Da sich die Termine der Spiele in der Euroleague zumindest mit denen der Qualifikationsspiele für Basketball-Welt- oder Europameisterschaften überschneiden, müssen Nationalmannschaften dann ohne ihre in der Euroleague zum Einsatz kommenden Basketballspieler auskommen.[34]

Ein vergleichbarer Konflikt trat zumindest vorübergehend im Handballsport im Verhältnis zwischen einer von der European Handball Federation (EHF) veranstalten europäischen Liga und dem Spielbetrieb in der Handball-Bundesliga (HBL) auf. In diesem Fall hatte die EHF die Termine der von ihr durchgeführten EHF Champions League für die teilnehmenden Clubs nicht

---

[31] Vordergründig aufgrund der COVID-19-Verbreitung, nicht zuletzt aber auch aus wirtschaftlichen Erwägungen beschloss die nordamerikanische NHL nach einer Zunahme Corona-bedingt ausgefallener Ligaspiele, entgegen einer anders lautenden tarifvertraglichen Zusage die in der Liga aktiven Eishockeyspieler nicht für die Olympischen Winterspiele 2022 in Peking freizustellen; vgl. *Cotsonika*, NHL-News v. 22.12.2021 („COVID-19-Verbreitung Grund für NHL-Entscheidung auf Olympia-Verzicht"),   https://www.nhl.com/de/news/nhl-entscheidung-nicht-an-olympischen-spielen-teilzunehmen-basiert-auf-covid-19-verbreitung/c-329207810.

[32] Mitunter stufen Experten des Basketballsports, wie etwa der deutsche Basketballtrainer (zweimaliger Trainer des Jahres) und erfahrene Basketballkommentator *St. Koch*, FAZ v. 29.10.2020 („Besser als die NBA – Was die Euroleague dem Star-Spektakel voraushat"), https://www.faz.net/aktuell/sport/mehr-sport/basketball-was-die-euroleague-der-nba-voraushat-17024166.html die Euroleague im Vergleich zur NBA zumindest spielerisch als stärker ein.

[33] Vgl. *O'Leary*, Employment and Labour Relations Law in the Premier League, NBA and International Rugby Union, ASSER International Sports Law Series, 2017, S. 75.

[34] S. hierzu *Horn*, Zeit Online v. 28.04.2021 („Euroleague – Wo eine Superliga längst den Sport verändert hat"), https://www.zeit.de/sport/2021-04/super-league-fussball-basketball-euroleague-fiba-topspieler-em-wm.

zuverlässig vorhersehbar festgelegt.[35] Die EHF hatte die Termine auf verschiedene Wochentage gelegt, ohne sie jedoch vorab genau zu fixieren, was die Planbarkeit für die teilnehmenden Clubs erschwerte. Die HBL führt aufgrund eines TV-Vertrages seit der Saison 2017/18 im deutschen Fernsehen live übertragene Bundesligaspiele nur noch mit zwei festen Spielterminen pro Woche durch. Dadurch kam es für die HBL-Spitzenteams in der Folge oft zu Terminkollisionen oder mitunter sehr kurzen Regenerationspausen. In der Folge drohte die EHF angesichts der Spielplan-Kollisionen, nur noch einen deutschen Starter (statt bislang drei Startern) in der EHF Champions League zuzulassen. In der Saison 2020/21 nahmen dann immerhin noch zwei deutsche Vereine an dem europäischen Wettbewerb teil, ebenso in der Spielzeit 2021/22.

III. Kartellrechtliche Einordnung der Problematik

1. Art. 101 AEUV/§ 1 GWB und/oder Art. 102 AEUV/§ 19 GWB

Unabhängig davon, ob Rahmenterminkalender oder sonstige Terminabstimmungen in den Verbandsstatuten festgelegt werden oder durch sonstige vertragliche Vereinbarungen erfolgen, bietet sich eine rechtliche Prüfung anhand des Kartellverbotstatbestandes gem. Art. 101 Abs. 1 AEUV bzw. § 1 GWB an. Sodann kann an die zugrunde liegenden Beschlüsse in der Mitgliederversammlung oder an die sonstigen vertraglichen Vereinbarungen der beteiligten Sportverbände angeknüpft werden. Zudem kann aber auch der Missbrauchstatbestand gem. Art. 102 AEUV bzw. § 19 GWB angewendet werden, was insbesondere in Betracht kommt, wenn ein Sportverband einseitig Termine festlegt und dadurch seine eigenen Veranstaltungen gegenüber denjenigen auf nachgelagerten Stufen der Verbandspyramide gezielt bevorzugt.

2. Anwendbarkeit des *Meca-Medina*-Tests

Bei der Festlegung von Rahmenterminkalendern sowie vertraglichen Terminabstimmungen oder einseitigen Terminfestlegungen liegt eine untrennbare Verbindung der entsprechenden Regelungen sowie der darauf gestützten

---

[35] S. hierzu *Eberhardt*, manager magazin v. 04.03.2018 („DKB Handball Bundesliga im Clinch mit Europa-Verband EHF"), http://www.manager-magazin.de/unternehmen/artikel/handball-machtkampf-in-der-dkb-handball-bundesliga-a-1188503.html; *Wilkening* Spiegel Online v. 09.03.2018 („Posse um Handball-Terminstreit – Nur Verlierer"), http://www.spiegel.de/sport/sonst/rhein-neckar-loewen-und-der-terminstreit-spielball-statt-handball-a-1197358.html.

Maßnahmen mit der Organisation und dem ordnungsgemäßen Ablauf des sportlichen Wettkampfs vor. Denn auf diese Weise kann ein Sportverband Einfluss ausüben, welche Zeitfenster nachgeordneten Verbänden für die Durchführung ihrer Sportevents noch zur Verfügung stehen. Damit ist in rechtlicher Hinsicht zugleich der Zugang zum *Meca-Medina*-Test eröffnet,[36] sofern von den Terminfestlegungen wettbewerbsbeschränkende Wirkungen oder eine missbräuchliche Ausnutzung einer marktbeherrschenden Stellung ausgehen.[37] Bestätigt wird dieser Umstand dadurch, dass die EU-Kommission im *ISU*-Verfahren eine funktionsfähige Terminabstimmung der Organisation und der ordnungsgemäßen Durchführung des Wettkampfsports[38] letztlich den Besonderheiten des Sports[39] zugeordnet hat.

3. Ermessens- und Beurteilungsspielraum der Sportverbände

Rahmenterminkalender und sonstige Terminabstimmungen richten sich zwar unmittelbar an die daran beteiligten Sportverbände auf den verschiedenen Stufen der Verbandspyramide. Mittelbar sind aber etwa auch die Erwerber der Medienrechte an den Sportveranstaltungen, die Verbandssponsoren und nicht zuletzt etwaige (potentielle) private Konkurrenzveranstalter als verbandsunabhängige Dritte betroffen. Damit ist wegen der unvermeidlichen Außenwirkung der Terminabstimmungen nicht mehr allein der von Art. 9 Abs. 1 GG geschützte „Kernbereich des Vereinsbestandes und der Vereinstätigkeit"[40] betroffen. Daher sind der Sportverbänden zustehende Ermessens- oder Beurteilungsspielraum[41] bei der konkreten Ausgestaltung der Rahmenterminkalender vergleichsweise eng und die gerichtliche Kontrolldichte sehr hoch, sofern – wie regelmäßig – ein enger Zusammenhang zwischen der streitgegenständlichen Verbandsvorschrift oder -maßnahme und der unternehmerischen Tätigkeit des Sportverbandes als Veranstalter eigener Sportwettkämpfe und -ligen besteht.

---

[36] So im Ansatz auch *Esposito*, Private Sportordnung und EU-Kartellrecht – Eine Untersuchung unter besonderer Berücksichtigung der „50+1"-Regel und der „break even"-Rule im Profi-Fußball, 2014, S. 409–418; *Heermann*, CaS 2013, 263, 269–275; *Stopper*, Sp*u*Rt 2013, 2, 6; allg. zum Anwendungsbereich des *Meca-Medina*-Tests *Heermann* (Fn. 3), VI. Rn. 172–174 m.w.N.

[37] Hierzu unten IV.1. und 2.

[38] EU-Komm. 8.12.2017, C(2017) 8240 final, Rn. 243 f. – ISU's Eligibility Rules.

[39] Zu den besonderen Merkmalen des Sports ausf. *Heermann* (Fn. 3), II. Rn. 1–15 und VIII. Rn. 1 ff.

[40] Grundl. BVerfGE 30, 227, 241 = NJW 1971, 1123, 1123 f. – Vereinsname; ebenso in der Folge im Hinblick auf ein Vereinsverbot BVerfGE 80, 244, 253 = NJW 1990, 37, 38 – Vereinsverbot. Ausf. hierzu zuletzt *Heermann* (Fn. 3), III. Rn. 26–32 und XII. Rn. 20–43, jew. m.w.N.

[41] Hierzu ausf. *Heermann* (Fn. 3), VI. Rn. 325–333 m.w.N.

IV. Kartellrechtliche Grundfragen

1. Wettbewerbsbeschränkung

Zunächst stellt sich die grundsätzliche Frage, ob Rahmenterminkalender oder sonstige terminliche Abstimmungen zwischen verschiedenen Sportverbänden überhaupt zu nachweisbaren Wettbewerbsbeschränkungen führen. Wie die vorangehenden Erwägungen gezeigt haben,[42] bieten zumindest die bisherigen terminlichen Vereinbarungen zwischen FIFA, UEFA, DFB und DFL keine Anhaltspunkte, die Rückschlüsse auf eine Wettbewerbsbeschränkung zulasten eines dieser Verbände, der Erwerber der Medienrechte oder der Sponsoren zulassen würden. Vielmehr haben die vermeintlich Schwächsten in dieser Gruppe, d.h. die nationalen Fußballligen, einen erheblichen Teil ihrer Forderungen durchsetzen und hinsichtlich der ihnen zur Verfügung stehenden Zeitfenster den *Status quo* absichern können. Gleichzeitig haben insbesondere FIFA und UEFA den Umfang ihrer vermarktungsfähigen Produkte und damit ihre Erlöse zuletzt ausbauen können oder verfolgen entsprechende Planungen. Indes deuten die von der FIFA und insbesondere der UEFA vorgelegten, jeweils „unabhängigen" Gutachten zu den Auswirkungen der geplanten Einführung einer FIFA Fußball-Weltmeisterschaft im zweijährigen Rhythmus[43] an, dass eine solche durch einen Beschluss der FIFA-Mitglieder verabschiedete Maßnahme durchaus wettbewerbsbeschränkende Wirkungen auf Seiten der Kontinentalverbände und der nationalen Ligen haben könnte.

Ein Sportverband kann über Erlaubnisvorbehalte Regelungen für die Durchführung von und Teilnahme an etwaigen Sportevents privater Sportveranstalter treffen[44] und hierbei auch Auflagen in zeitlicher Hinsicht machen, die ein Zusammenfallen von etablierten Veranstaltungen des genehmigenden Verbandes mit neuen Veranstaltungen eines Dritten verhindern sollen. Solche terminlichen Vorgaben sind verbreitet als kartellrechtlich unbedenklich angesehen worden.[45] Hierbei handelt es sich um Maßnahmen, die im Interesse aller Stakeholder einer bestimmten Sportart liegen sollten. Eine solche terminliche Regelung lässt sich vielfach auch gegenüber rein kommerziellen privaten Sportveranstaltern durchsetzen, die ein Event nicht nach den Regeln

---

[42] II.1.–3.

[43] S. Nachw. in Fn. 14–16.

[44] Zu den kartellrechtlichen Rahmenbedingungen s. zuletzt *Heermann* (Fn. 3), XIII. Rn. 73–100 m.w.N.

[45] *Hannamann* (Fn. 10), S. 384; *Heermann*, WRP 2016, 147, Rn. 16; *Schroeder*, WRP 2006, 1327, 1332; *Verdonk*, ECLR 2017, 80, 86; differenzierend *Grätz* (Fn. 10), S. 337 insb. im Hinblick auf die Ausbildungskosten von Athleten.

und Modalitäten des Sportdachverbandes, aber unter Beteiligung verbandsgebundener Sportler durchführen (z. B. Einladungsturnier mit Beteiligung allein der Weltranglistenbesten oder mit Top-Athleten und Prominenten in einem neuartigen Turnierformat) und dabei auch nicht in das Ligasport- und/oder Ranglistensystem des Dachverbandes eingegliedert werden wollen. Solche Erlaubnisvorbehalte des Sportverbandes gehen gegenüber verbandsunabhängigen Dritten jedoch ins Leere, wenn private kommerzielle Veranstalter eine vom etablierten Sportfachverband rechtlich und tatsächlich völlig unabhängige Liga gründen (z. B. Euroleague Commercial Assets S.A. im Basketball) oder aber Wettkämpfe in einer andersartigen oder gar neuen Sportart anbieten, die sich im Wesen von derjenigen Sportart unterscheidet, für die der Sportfachverband aufgrund des für den Sport typischen Ein-Platz-Prinzips zuständig ist. Falls der etablierte Sportverband seinen Mitgliedern die Teilnahme an solchen verbandsunabhängigen privaten Sportevents strafbewehrt untersagt, stellen sich allerdings komplexe kartellrechtliche Folgeprobleme, die an dieser Stelle nicht vertieft werden können.[46]

2. Missbrauch einer marktbeherrschenden Stellung

Bei der beschriebenen Ausgangslage[47] ist es regelmäßig aus praktischen Gründen eher unwahrscheinlich, dass es zum Missbrauch einer marktbeherrschenden Stellung des Sportverbandes auf den Märkten für die Organisation und Durchführung von sowie für die Zulassung zu Sportevents kommt. Denn ein Missbrauch der Marktmacht müsste nachweislich gerade auf der Festlegung von Terminen für bestimmte Sportveranstaltungen beruhen. Insoweit sind indes die rechtlichen Hürden hoch. Denn letztlich gelingt es Sportverbänden – wie im Fußball FIFA, UEFA, DFB und DFL – bei der Terminabstimmung regelmäßig, ihre eigenen berechtigten wirtschaftlichen Interessen zu wahren, so dass ihr Verhalten vielfach schon deshalb objektiv gerechtfertigt sein dürfte.[48] Letztlich haben die Fußballverbände eine solche einvernehmliche Lösung hinsichtlich der Planungen der FIFA, die FIFA Fußball-Weltmeisterschaft künftig im zweijährigen Rhythmus durchzuführen, erzielt, indem Gianni Infantino einstweilen dem heftigen Gegenwind nachgegeben hat, den seit Dezember 2021 insbesondere die UEFA und die Südamerikanische Fußballkonföderation (CONMEBOL), zuletzt aber auch, wenngleich etwas zurückhaltender das IOC entfacht hatten.

---

[46] S. stattdessen *Heermann* (Fn. 3), XIII. Rn. 73–100 m. w. N.

[47] II.

[48] S. stellvertr. *Fuchs*, in: Immenga/Mestmäcker (Begr.), Körber/Schweitzer/Zimmer (Hrsg.): Wettbewerbsrecht, Band 1, Kommentar zum Europäischen Kartellrecht, 6. Aufl., 2019, Art. 102 AEUV Rn. 154 m. w. N.

Wenn die FIFA – was hier rein hypothetisch unterstellt werden soll – beim 72. FIFA-Kongress in Doha am 31.03.2022 einen zweijährigen Rhythmus für die FIFA-Fußballweltmeisterschaft beschlossen hätte, so wäre dies nicht automatisch als Missbrauch einer marktbeherrschenden Stellung i. S. d. Art. 102 AEUV auf dem Markt für die Organisation und Durchführung von Fußball-Weltmeisterschaften der nationalen Fußballverbände oder der besten Fußballclubs weltweit zu beurteilen gewesen.[49] Wenn die FIFA in der Folge die erzielten Mehreinnahmen in einem angemessenen Umfang zur Verfolgung legitimer Verbandsziele eingesetzt und im Wesentlichen unter seinen Mitgliedsverbänden verteilt hätte und es gegebenenfalls aufgrund größerer Spielerkader zu keiner Mehrbelastung der Spieler gekommen wäre, wäre der Nachweis eines missbräuchlichen Verhaltens zumindest erschwert worden. Wie sich im Fall der Verdoppelung der FIFA Fußball-Weltmeisterschaften letztlich aber die zu erwartenden negativen wirtschaftlichen Effekte etwa für die UEFA, das IOC oder andere terminlich betroffene Sportverbände auf die kartellrechtliche Bewertung ausgewirkt hätten, soll hier nicht abschließend bewertet werden, zumal insoweit aussagekräftige und belastbare Daten weitgehend fehlen. Falls hingegen etwa die von einer Ausdehnung der FIFA Klub-Weltmeisterschaft benachteiligten Kontinentalverbände oder die von einer Ausdehnung der UEFA Champions League benachteiligten nationalen Verbände und Ligen den jeweiligen Terminfestlegungen zuvor – unter Umständen nach weiteren Zugeständnissen der FIFA und UEFA – zugestimmt haben sollten, könnte dies dafür sprechen, dass zumindest auch ihre Interessen angemessen berücksichtigt worden sind.

Könnte in der Terminabstimmung aber vielleicht eine missbräuchliche Ausnutzung von Marktmacht der Fußballverbände im Verhältnis zu den Fußballspielern gesehen werden? In diesem Kontext sehen bislang eher Sportmediziner als Juristen Probleme: Fußballspieler können sich, zumindest wenn sie aufgrund ihrer weit überdurchschnittlichen Fähigkeiten bei einem der Top-Fußballclubs angestellt und damit weisungsgebunden sind, der Teilnahme an den (zu) vielen Spielen kaum entziehen, erzielen indes dadurch vermutlich auch höhere Einnahmen. Zudem ist in diesem Zusammenhang zu berücksichtigen, dass gerade die auch in den europäischen Fußballligen engagierten Spitzenclubs zunehmend ihre Spielerkader ausbauen, so dass es aufgrund Spielerrotationen oftmals nicht zu erheblichen individuellen Mehrbelastungen kommen wird. Das könnte darauf hindeuten, dass auch die Fußballspieler ebenso wie die Endkonsumenten profitieren, die zwischen noch mehr Fußballprodukten auswählen können.

---

[49] Ob die FIFA mit einem solche Vorgehen eventuell gegen bestehende vertragliche Vereinbarungen etwa bezüglich des geltenden Rahmenterminkalenders im Fußball verstoßen hätte, kann hier nicht beurteilt werden.

Es verbleiben also vermutlich nur extrem gelagerte Fälle, in denen ein Missbrauch einer marktbeherrschenden Stellung infolge terminlicher Absprachen überhaupt in Erwägung gezogen werden kann. Hieran könnte man denken, wenn durch die Terminplanung gezielt bestimmte Sportverbände oder private Veranstalter eingeschränkt oder behindert werden sollen und der die Terminplanung vornehmende Sportverband hierbei gleichzeitig allein oder vorrangig wirtschaftliche Eigeninteressen[50] verfolgt.

Zum Abschluss sei darauf hingewiesen, dass Rahmenterminkalender oder sonstige terminliche Vereinbarungen zwischen Sportverbänden auf verschiedenen Hierarchiestufen der Verbandspyramide auch mit weiteren vertraglichen Rechten und Pflichten einhergehen können (z.B. zumindest teilweise Befreiung von einer Abstellungspflicht der Fußballclubs für Freundschaftsspiele der Nationalmannschaft, Festlegung einer Höchstzahl an Länderspielen pro Saison oder an Spielen in einem europäischen Ligawettbewerb oder Bestandsgarantie für private, verbandsunabhängig organisierte Sportwettkämpfe). Bei etwaigen Pflichtverletzungen greift dann allgemeines Vertragsrecht, so dass es sodann eines Rückgriffs auf das Kartellrecht nicht bedarf.

3. Legitime Zielsetzung

Die EU-Kommission hat im *ISU*-Verfahren „the protection of the good functioning of the ISU's calendar" als einen Unterfall der Sicherung eines geordneten Ablaufs sportlicher Wettkämpfe eingestuft,[51] wobei der letztgenannte Aspekt vom EuGH den Besonderheiten des Sports zugerechnet wird.[52] Damit ist davon auszugehen, dass eine gut funktionierende Terminabstimmung im Sport letztlich eine weitere legitime Zielsetzung im Sinne des *Meca-Medina*-Tests[53] ist. Zur Vermeidung von Missverständnissen sei darauf hingewiesen, dass es auf die Frage der Verfolgung legitimer Zielsetzungen und damit der Anwendung des *Meca-Medina*-Tests nur ankommt, wenn zuvor – ausnahmsweise – das Vorliegen der Voraussetzungen einer Wettbewerbsbeschränkung oder eines Marktmachtmissbrauchs angenommen werden konnte, die jeweils in einem kausalen Verhältnis zu der streitgegenständlichen Terminvereinbarung stehen muss.

---

[50] Zu diesem Aspekt *Heermann* (Fn. 3), VI. Rn. 243–254 m.w.N.
[51] EU-Komm. 8.12.2017, C(2017) 8240 final, Rn. 243 f. – ISU's Eligibility Rules.
[52] EuGH Slg. 2000, I-2681, Rn. 53 f. = SpuRt 2000, 151 – Lehtonen.
[53] Allg. hierzu *Heermann* (Fn. 3), VI. Rn. 237–242 m.w.N.

4. Kohärente und stringente Zielverfolgung, Inhärenz und Verhältnismäßigkeit

Wenn man nach dem Überwinden der vorgenannten rechtlichen Hürden[54] überhaupt zur Anwendung des *Meca-Medina*-Tests kommen sollte, müsste für eine Kartellrechtskonformität der Verbandsmaßnahme sodann das legitime Ziel einer gut funktionierenden Terminabstimmung in kohärenter Weise verfolgt werden, die daraus resultierende Wettbewerbsbeschränkung müsste der Terminabstimmung inhärent und letztlich auch noch verhältnismäßig, d. h. geeignet, erforderlich und angemessen sein. Diese weiteren Voraussetzungen des *Meca-Medina*-Tests sollen hier nicht vertieft werden.[55]

V. Fazit

Bislang gelingt es – wie vorangehend am Beispiel des Fußballsports exemplarisch gezeigt werden konnte – Sportfachverbänden auf Welt- und Kontinentalebene zusammen mit den nationalen Mitgliedsverbänden regelmäßig, durch gemeinsame Bemühungen Terminkollisionen der von ihnen veranstalteten Events zu vermeiden sowie sach- und interessengerechte Rahmenterminkalender zu erstellen. Die entsprechenden Vereinbarungen und Beschlüsse innerhalb der Verbandspyramide sind regelmäßig kartellrechtlich unbedenklich, soweit es an einer Wettbewerbsbeschränkung oder dem Missbrauch einer marktbeherrschenden Stellung auf den Märkten für die Organisation und Durchführung von sowie die Zulassung zu den entsprechenden Sportveranstaltungen fehlt. Sollte einmal ein Konflikt auftreten, weil ein Sportverband auf einer höheren Ebene seine Sportevents zulasten der Verbände auf den unteren Hierarchiestufen durch mehr Teilnehmer oder eine Verkürzung der Veranstaltungsintervalle auszuweiten versucht, werden solche Probleme üblicherweise durch den Markt selbst geregelt.

Ausnahmen bestehen, sofern aus regelmäßig historisch bedingten Gründen ein Ligaspielbetrieb von privaten, nicht in die Verbandspyramide eingegliederten Organisationen (wie z. B. im Basketball die nordamerikanische NBA oder die Euroleague) durchgeführt wird. Entweder treffen diese privaten Veranstalter vertragliche Vereinbarungen mit den offiziellen Sportfachverbänden oder die nationalen Ligen und Sportfachverbände passen sich terminlich an. Verbreitet versuchen nationale Verbände und Ligen, durch Erlaubnisvorbehalte o. Ä. für die Durchführung von und Teilnahme an etwaigen Sportevents privater Sportveranstalter die Athleten daran zu hindern, an den

---

[54] IV.1. und 2.
[55] S. stattdessen *Heermann* (Fn. 3), VI. Rn. 269–315 m. w. N.

konkurrierenden, von Privatorganisationen durchgeführten Events teilzuneh-
men. Die damit verbundenen komplexen kartellrechtlichen Probleme sind
nicht Gegenstand dieser Abhandlung.[56]

---

[56] S. stattdessen *Heermann* (Fn. 3), XIII. Rn. 73–100 m. w. N.

Ausgewählte Fragen an der Schnittstelle von Sportförderung und EU-Beihilferecht

Von *Lukas Reiter*

I. Einleitung

Grundlage dieses Beitrags ist der vom Autor im Rahmen der Erlanger Sportrechtstagung 2022 gehaltene Vortrag zum Thema „Das Europäische Beihilferecht im Bereich des Sports". Der gegenständliche Beitrag konzentriert sich auf ausgewählte Fragen an der Schnittstelle von Sportförderung und EU-Beihilferecht, die nach Wahrnehmung des Autors (insb. auch aus der dem Vortrag folgenden Diskussion) besonderes Interesse hervorgerufen haben.[1]

Im Allgemeinen fristet die Schnittstelle Sport und Beihilferecht – und dieser Schluss scheint der Wahrnehmung des Autors zufolge als Art „Konsens" der Tagungsteilnehmer durchaus verallgemeinerbar – in der täglichen Beratungs- aber auch Entscheidungspraxis ein eher „stiefmütterliches Dasein". Die Gründe hiefür mögen unterschiedlich gelagert sein (und sollen an dieser Stelle nicht weiter vertieft werden); der gegenständliche Beitrag zielt aber darauf ab, einerseits einige Besonderheiten in der beihilferechtlichen Entscheidungspraxis zum Sport aufzuzeigen und andererseits Licht in einige (bisher) „dunkle" Bereiche der beihilferechtlichen Analyse im Sportsektor zu bringen. Ganz grundsätzlich lassen sich beihilferechtliche Fragestellungen im Sport in drei unterschiedlichen – wenngleich häufig eng miteinander verwobenen – Bereichen identifizieren und zwar im Bereich der staatlichen Sportsubjektsförderung,[2] im Bereich der staatlichen Sportinfrastrukturfinanzierung[3] und im Bereich der staatlichen Sportveranstaltungsförderung[4].

---

[1] Für eine weitergehende und vertiefte Erörterung zum Thema sei insb. auf die ausführlichen Überlegungen des Autors in *Reiter*, Das Europäische Beihilferecht im Bereich des Sports, 2021, verwiesen.

[2] Verstanden als die Förderung von Sportvereinen, Sportverbänden und Einzelsportlern.

[3] Verstanden als die Finanzierung der Errichtung oder Renovierung von Sportinfrastrukturen und zwar unabhängig davon, um welchen Sportinfrastrukturtyp es sich dabei handelt.

[4] Verstanden als die (zumindest teilweise) Finanzierung von Sport(groß)veranstaltungen durch den Staat.

In einem ersten Schritt wird ein grober Überblick über unterschiedliche, in der bisherigen sportbezogenen Entscheidungspraxis der EU-Organe (Kommission, EuG und EuGH) existente beihilferechtliche Fallkonstellationen gegeben. In einem zweiten Schritt werden im Rahmen der beihilferechtlichen Tatbestandsebene (Art. 107 Abs. 1 AEUV)[5] ausgewählte Fragen zu den Tatbestandsmerkmalen der Unternehmenseigenschaft im Sport, des Vorteils im Sport und der Handelsbeeinträchtigung im Sport behandelt. Schließlich werden in einem dritten und letzten Schritt noch die – bei Vorliegen von Beihilfen i. S. d. Art. 107 Abs. 1 AEUV notwendigen – Vereinbarkeitsmöglichkeiten von sportbezogenen Beihilfen mit dem Binnenmarkt beleuchtet.

II. Der Sport in der bisherigen beihilferechtlichen Praxis

Im Allgemeinen waren sportspezifische Fälle in der beihilferechtlichen Entscheidungspraxis bisher in den Bereichen der Sportsubjektsförderung einerseits und der Sportinfrastrukturfinanzierung andererseits existent.[6] Einen besonderen Schwerpunkt hat die kommissionelle Bewertung von Sportinfrastrukturvorhaben eingenommen, wobei die Kommission hier inzwischen auch eine eigene Freistellungsbestimmung zu Sportinfrastrukturbeihilfen in die sog. Allgemeine Gruppenfreistellungsverordnung („AGVO") aufgenommen hat.[7]

Im Bereich der Sportsubjektsförderung waren etwa folgende Fallkonstellationen Gegenstand beihilferechtlicher Prüfung:

---

[5] Im Allgemeinen lassen sich sechs beihilferechtliche Tatbestandsmerkmale unterscheiden: Staatlichkeitsbedingung, Unternehmenseigenschaft des Empfängers, Vorteil/Begünstigung, Selektivität, Wettbewerbsverfälschung und Handelsbeeinträchtigung.

[6] Mit der staatlichen Sportveranstaltungsfinanzierung haben sich die beihilferechtlichen Entscheidungsorgane bisher grundsätzlich noch nicht auseinandergesetzt, wenngleich sich in einer Entscheidung zumindest ein Hinweis darauf findet (vgl. KOM, SA. 31550, C(2014) 3634 final, *Nürburgring* Rz. 175). Im Schrifttum finden sich zudem Hinweise darauf, dass vor der Ausrichtung einzelner Sportveranstaltungen eine Vorab-Konsultation mit der Kommission stattgefunden habe. Vgl. *Barbist/ Haschke*, Praxisstudie: Sportförderung in Österreich, in: Jaeger/Haslinger (Hrsg.), Jahrbuch Beihilferecht 2015, 531 (543 f.).

[7] Vgl. Art. 55 Verordnung (EU) Nr. 651/2014 der Kommission vom 17. Juni 2014 zur Feststellung der Vereinbarkeit bestimmter Gruppen von Beihilfen mit dem Binnenmarkt in Anwendung der Artikel 107 und 108 des Vertrags über die Arbeitsweise der Europäischen Union.

– steuerliche Sondervorteile zugunsten spanischer Profifußballclubs (u.a. *FC Barcelona*[8] und *Real Madrid*[9]),

– ein „Grundstückstausch" zwischen *Real Madrid* und der Stadt Madrid,[10]

– Förderungen zugunsten Niederländischer Fußballclubs (u.a. *PSV Eindhoven*),[11]

– Förderungen zugunsten der Jugendsportausbildung durch Profisportvereine in Frankreich,[12]

– Sondersteuerregelungen zugunsten des Sportsektors in Ungarn[13] und Tschechien[14],

– Förderungen zugunsten des Fußballmuseums in Dortmund[15] und

– Förderungen zugunsten spanischer Fußballvereine in wirtschaftlichen Schwierigkeiten.[16]

Im Bereich der Sportinfrastrukturfinanzierung waren etwa folgende Verhaltensweisen Gegenstand beihilferechtlicher Prüfungen:

– Förderungen zugunsten der Errichtung einer Kletterhalle des deutschen Alpenvereins in Berlin,[17]

---

[8] Vgl. EuG, T-865/16, *Fútbol Club Barcelona*; EuGH, C-362/19 P, *Fútbol Club Barcelona*.

[9] KOM, SA. 29769, C(2013) 8436 final, *State aid to certain Spanish professional sport clubs*; SA. 29769, C(2016) 4046 final, *State aid to certain Spanish professional sport clubs* und EuG, T-679/16, *Athletic Club*.

[10] KOM, SA. 33754, C(2016) 4080 final, *Real Madrid CF* und EuG, T-791/16, *Real Madrid*.

[11] KOM, SA. 33584, *Alleged municipal aid to the professional Dutch football clubs Vitesse, NEC, Willem II, MVV, PSV and FC Den Bosch* und SA. 41612, C(2016) 4053 final, *MVV Maastricht*; SA. 41613, C(2016) 4093 final, *PSV Eindhoven*; SA. 41614, C(2016) 4089 final, *FC Den Bosch*; SA. 41617, C(2016) 4048 final, *NEC Nijmegen*; SA. 40168, C(2016) 4061 final, *Willem II Tilburg*.

[12] KOM, N 118/00, SG(2001) D/288165, *Subventions publiques aux clubs sportifs Professionnels*.

[13] KOM, SA. 31722, C(2011) 7287 final, *Supporting the Hungarian sport sector via tax benefit scheme*.

[14] KOM, SA. 33575, C(2014) 3602 final, *Czech Republic – Support to non-profit sport facilities*; EuG, T-693/14, *Hamr Sports*.

[15] KOM, N 158/2010, K(2010) 6443, *Fußballmuseum Dortmund*.

[16] KOM, SA. 36387, C(2016) 4060 final, *State Aid to Valencia CF, Hércules CF and Elche CF*; EuG, T-766/16, *Hércules Club de Fútbo*; T-901/16, *Elche Club de Fútbol*; T-732/16, *Valencia Club de Fútbol*.

[17] KOM, SA. 33952, C(2012) 8761 final, *Kletteranlagen des Deutschen Alpenvereins*; EuG, T-162/13, *Magic Mountain Kletterhallen*.

- Förderungen der Errichtung/Renovierung von Sportstadien und Multifunktionsarenen (u. a. Multifunktionsarena Jena,[18] Fußballnationalstadion Slowakei,[19] Stadionrenovierungen aus Anlass der Ausrichtung der Fußball EURO 2016 in Frankreich[20] u. v. a.),

- Förderungen zugunsten von Motorsportrennstrecken (*Nürburgring*[21] und *Sachsenring*[22]),

- Förderungen von Seilbahnen (u. a. in Italien und Österreich),[23]

- Förderungen von Sport- und Freizeitbädern[24] und

- Förderungen zugunsten von Golfclubs[25] und Fitnesszentren[26].

III. Beihilferechtliche Tatbestandsebene (Art. 107 Abs. 1 AEUV)

1. Die Unternehmenseigenschaft im Sport

a) Beurteilungsgrundsätze der Unternehmenseigenschaft

Von einer staatlichen Einheit einem Sportsubjekt gewährte Vorteile sind lediglich dann beihilferechtlich relevant, wenn es sich beim Vorteilsempfänger um ein Unternehmen i. S. d. Art. 107 Abs. 1 AEUV handelt. Im Allgemeinen gilt im EU-Wettbewerbsrecht (d. h. sowohl im Kartell- als auch im Beihilferecht) ein einheitlicher Unternehmensbegriff, wonach jede eine wirtschaftliche Tätigkeit ausübende Einheit ein Unternehmen darstellt.[27] Eine wirtschaftliche Tätigkeit besteht nach ständiger Rechtsprechung im Angebot

---

[18] KOM, SA. 35440, C(2013) 1521 final, *Multifunktionsarena Jena*.

[19] KOM, SA. 46530, C(2017) 3222 final, *National Football Stadium Slovakia*.

[20] KOM, SA. 35501, C(2013) 9103 final, *Financement de la construction et de la rénovation des stades pour l'EURO 2016*.

[21] KOM, SA. 31550, C(2014) 3634 final, *Nürburgring*; EuG, T-353/15, *NeXovation*; T-373/15, *Ja zum Nürburgring e. V.* und T-702/15, T-702/15, *BikeWorld GmbH*; EuGH, C-647/19 P, *Ja zum Nürburgring e. V.*; 2.9.2021, C-665/19 P, *NeXoviation*.

[22] KOM, SA. 37058, C(2014) 3603 final, *Sachsenring*.

[23] Z. B. KOM, N 860/01, C(2002) 613 final, *Skigebiet Mutterer Alm*; (2003/521/EG), K(2002) 1191, *Seilbahn Bozen*; SA. 32737, C(2011) 4318 final, *Parnassos ski resort*.

[24] KOM, N 258/00, SG(2001) D/285046, *Freizeitbad Dorsten*; SA. 33045, C(2014) 5077 final, *Kristall Bäder AG*.

[25] KOM, SA. 38208, C(2015) 2798 final, *UK memberowned golf clubs*.

[26] KOM, SA. 37900, C(2017) 4175 final, *Support to local sports associations*.

[27] Vgl. statt vieler nur EuGH, C-882/19, *Sumal* Rz. 41.

von Gütern oder Dienstleistungen auf einem Markt.[28] Die Rechtsform ist unerheblich,[29] m. a. W. können auch – und dies ist gerade im Sportsektor typischerweise relevant – (gemeinnützige) Vereine Unternehmen darstellen.[30] Im Allgemeinen ist das Bestehen eines Konkurrenzverhältnisses zu einer wirtschaftlichen Tätigkeit bereits ausreichend, um einer Tätigkeit selbst wirtschaftlichen Charakter zu verleihen.[31]

Neben dieser „originär" aus der Ausübung einer wirtschaftlichen Tätigkeit abgeleiteten Unternehmenseigenschaft hat der EuGH in seiner Rsp. noch auf eine weitere Art das Vorliegen von Unternehmenseigenschaft begründet.[32] Danach sind auch jene Tätigkeiten, die mit einer (insb.) nachgelagerten wirtschaftlichen Tätigkeit untrennbar verbunden sind, als wirtschaftliche Tätigkeiten einzuordnen.[33] Dieser Ansatz der Begründung wirtschaftlicher Tätigkeit ist vor allem im Sportinfrastrukturkontext relevant, ihm kommt – wie in weiterer Folge noch gezeigt sein wird – aber auch darüber hinausgehende Bedeutung im Sportkontext zu.

Zentral bei der Beurteilung der Unternehmenseigenschaft ist zudem deren „Funktionalität". Nicht eine rechtliche Organisationsform ist nach EU-Wettbewerbsrecht pauschal ein Unternehmen, vielmehr bedarf es einer funktionalen Betrachtung der konkret ausgeübten Tätigkeiten.[34] M. a. W. kann ein und dieselbe rechtliche Organisationsform (z. B. ein Sportverein) hinsichtlich mancher von ihr ausgeübter Tätigkeiten ein Unternehmen i. S. d. Art. 107 Abs. 1 AEUV darstellen, hinsichtlich anderer von ihr ausgeübter Tätigkeiten hingegen nicht.[35] Im Allgemeinen hat diese funktionale, tätigkeitsbezogene Betrachtungsweise zur Konsequenz, dass jede pauschale Beurteilung der Unternehmenseigenschaft – etwa anhand des (nicht-)wirtschaftlichen Schwerpunkts der ausgeübten Tätigkeiten – nicht mit der Rsp. des EuGH in Einklang zu bringen ist. Auch ist nach der Rsp. für die Annahme einer wirt-

---

[28] Vgl. statt vieler nur EuGH, C-262/18 P u. a., *Kommission/Slowakei* Rz. 29.

[29] Vgl. nur EuGH, C-262/18 P u. a., *Kommission/Slowakei* Rz. 28.

[30] Vgl. nur die Bekanntmachung der Kommission zum Begriff der staatlichen Beihilfe im Sinne des Artikels 107 Absatz 1 des Vertrags über die Arbeitsweise der Europäischen Union (2016/C 262/01) Rz. 8 (im Weiteren in Anlehnung an die gebräuchliche englische Bezeichnung zitiert als „KOM, NoA (2016/C 262/01) Rz."); KOM, SA. 29769, *State aid to certain Spanish professional sport clubs* Rz. 49.

[31] Vgl. EuGH, C-74/16, *Congregación de Escuelas Pías Provincia Betania* Rz. 46.

[32] Siehe hiezu im Detail *Reiter*, Beihilferecht (Fn. 1), S. 130 ff.

[33] Vgl. EuGH, C-288/11 P, *Flughafen Leipzig/Halle GmbH* Rz. 40 ff. und KOM, NoA (2016/C 262/01) Rz. 202.

[34] Vgl. nur EuGH, C-74/16, *Congregación de Escuelas Pías Provincia Betania* Rz. 44.

[35] Vgl. KOM, NoA (2016/C 262/01) Rz. 10.

schaftlichen Tätigkeit nicht erforderlich, dass die in Rede stehende Tätigkeit rentabel ist.[36]

b) Der grundlegende Ansatz der Kommission in ihrer sportbezogenen Entscheidungspraxis

Vor dem Hintergrund der soeben skizzierten Funktionalität des EU-wettbewerbsrechtlichen Unternehmensbegriffs vermag es freilich zu überraschen, dass die Kommission im Sportsektor bei der Beurteilung der Unternehmenseigenschaft häufig eine pauschale Differenzierung zwischen Profisport einerseits und Amateursport andererseits ausreichen lassen möchte.[37] Profisportsubjekte sollen danach pauschal Unternehmen darstellen, Amateursportsubjekte hingegen nicht.[38]

Zwar ist der Kommission darin zuzustimmen, dass Profisportsubjekte in aller Regel (auch) Unternehmen darstellen, weil sie regelmäßig sowohl im sportlichen Wettkampf (auch) um finanzielle Vergütungen konkurrieren als auch an die sportliche Tätigkeit anknüpfende wirtschaftliche Tätigkeiten (z. B. durch Abschluss eines Sponsorenvertrags) ausüben. Im Rahmen des Amateursports bedarf es hingegen einer subtileren Abgrenzung der Unternehmenseigenschaft. Von besonderem Interesse ist hierbei insb. eine mögliche Unternehmenseigenschaft im Bereich des Jugendsports und im Verhältnis (Amateur-)Sportverein zu den einzelnen Sportvereinsmitgliedern, etwa bei vereinsinterner Nutzung einer Sportinfrastruktur (Schwimmbad, Kletterhalle, Turnhalle etc.) oder sonstiger zwischen Sportverein und Vereinsmitglied erbrachter Leistungen.[39]

c) Unternehmenseigenschaft im Jugendsport?

Soweit ersichtlich hat sich die Kommission bisher lediglich in einem Fall ausdrücklich mit der (möglichen) Unternehmenseigenschaft im Bereich des Jugendsports auseinandergesetzt.[40] Gegenstand war dort die staatliche Förde-

---

[36] Vgl. EuGH, C-288/11P, *Flughafen Leipzig/Halle* Rz. 50.

[37] Vgl. nur etwa KOM, SA. 33728, C(2013) 2740 final, *Multiarena Copenhagen* Rz. 47; m.w.N. auch *Reiter*, EU-Beihilferecht, in: König/Mitterecker (Hrsg.), Sportrecht, 2022, S. 1294 (1300).

[38] Vgl. z.B. KOM, SA. 43983, C(2016) 5105 final, *BLSV-Sportcamp Nordbayern* Rz. 24.

[39] Vgl. zu diesen beiden Fragen im Detail auch schon *Reiter*, Beihilferecht (Fn. 1), S. 143 ff.

[40] KOM, N 118/00, SG(2001) D/288165, *Subventions publiques aux clubs sportifs Professionnels.*

rung der Jugendsportausbildung durch französische Profisportvereine. Konkret hat die Kommission hier die Unternehmenseigenschaft verneint, wobei der Fall im Einzelnen so gelagert war, dass die Jugendsportausbildung durch die Profisportvereine als Teil der allgemeinen (schulischen) Sportausbildung ausgestaltet war.[41]

Diese Entscheidung bildet die argumentative Grundlage für die auch im Schrifttum verbreitete Auffassung, wonach Jugendsport pauschal keine wirtschaftliche Tätigkeit darstelle.[42] Allerdings wird dabei verkannt, dass der von der Kommission entschiedene Fall durch die Einbettung der Jugendsportausbildung als Teil der staatlichen Schulausbildung – und damit als Teil des allgemeinen Bildungswesens – ganz spezifisch gelagert war, weshalb ein pauschaler Rückschluss aus dieser Entscheidung auf den (nicht-)wirtschaftlichen Charakter des Jugendsports nicht angezeigt ist.[43]

Bei subtilerer Betrachtung des Jugendsportbereichs zeigt sich vielmehr, dass – unter besonderen Voraussetzungen – auch einzelne Bereiche des Jugendsports als wirtschaftliche Tätigkeiten einzuordnen sind. Dies gilt insbesondere dann und soweit die Jugendsportausbildung Lizenzierungsvoraussetzung für die Profisportausübung (z.B. für die Teilnahme an einer Sportveranstaltung durch das Profisportteam) ist. Ein solches Mindestmaß an Jugendsport-Teams ist in Lizenzregularien häufig vorgesehen.[44] Da im lizenzrechtlich vorgesehenen Mindestausmaß die Jugendsportausbildung untrennbar mit der (wirtschaftlichen) Profisportausübung verbunden ist, teilt diese – nach den dargestellten Grundsätzen zur derivativen Unternehmenseigenschaft – auch das wirtschaftliche Schicksal der Profisportausübung.[45] Staatliche Förderungen zugunsten des Jugendsportbereichs (im lizenzrechtlich für die wirtschaftliche Profisportausübung vorgesehenen Ausmaß) stellen demnach – vorausgesetzt, auch die übrigen beihilferechtlichen Tatbestandsmerkmale liegen vor – rechtfertigungsbedürftige Beihilfen i.S.d. Art. 107 Abs. 1 AEUV dar.

Hingewiesen sei zudem darauf, dass sich eine wirtschaftliche Prägung der Jugendsportausbildung auch aus der (regelmäßig vorgesehenen) Verpflichtung zur Zahlung von Ausbildungsentschädigungen im Jugendsport ergibt.

---

[41] Vgl. KOM, N 118/00, SG(2001) D/288165, *Subventions publiques aux clubs sportifs Professionnels* Rz. 7, 11.

[42] Vgl. etwa *Otter/Glavanovits*, Sportfinanzierung im Visier der EU-Beihilfenkontrolle, CaS 2013, 277 (278); *Hirsbrunner/Schnitzler*, Fairness und Wettbewerbsrecht – Anmerkungen zum Financial Fairplay im Profifußball, EuZW 2014, 567 (570).

[43] Vgl. im Detail zur beihilferechtlichen Analyse dieser Entscheidung *Reiter*, Beihilferecht (Fn. 1), S. 153 ff.

[44] Vgl. etwa Art. 18 UEFA-Reglement zur Klublizenzierung und zum Financial Fair Play 2018.

[45] *Reiter*, EU-Beihilferecht, in: König/Mitterecker (Hrsg.), Sportrecht, 2022, S. 1294 (1302).

Zu beachten gilt es hier insb., dass der EuGH in der Rs. *Bernard* – freilich im Kontext der Arbeitnehmerfreizügigkeit – die Verpflichtung zur Zahlung einer Ausbildungsentschädigung für zulässig befunden hat und zwar u. a. mit der Begründung, dass diese einen Anreiz zur Jugendsportausbildung darstelle und die Kosten der Ausbildung mit dem Gewinn während der Ausbildungszeit nicht vollständig gedeckt würden.[46] (Auch) In der bei Vereinswechsel zu entrichtenden Ausbildungsentschädigung drückt sich demnach – durch den EuGH in seiner Rsp. anerkannt – der wirtschaftlicher Charakter der Jugendsportausbildung aus.[47]

d) Das Verhältnis zwischen Verein zu Vereinsmitglied: wirtschaftliche Tätigkeit(en)?

Fraglich ist schließlich, inwieweit im Verhältnis zwischen Verein zu Vereinsmitglied eine wirtschaftliche Tätigkeit vorliegen kann, insbesondere wenn ein Vereinsmitglied das Angebot des Vereins in Anspruch nimmt (z. B. Teilnahme an Trainingskursen, Nutzung einer Vereins-Sportinfrastruktur etc.). Die Kommission hat sich in ihrer Entscheidungspraxis mit dieser Frage bisher nicht ausdrücklich befasst. In ihrer Entscheidung zur Errichtung der Kletterhalle des Deutschen Alpenvereins in Berlin hat sie – hinsichtlich der Nutzung der Kletterhalle – eine wirtschaftliche Tätigkeit aber lediglich soweit angenommen, als die Kletterhalle über die Vereinsmitglieder hinaus auch von anderen (vereinsexternen) Nutzern entgeltlich in Anspruch genommen wird.[48] Nur in diesem Ausmaß – d. h. der entgeltlichen Zurverfügungstellung der Kletterhalle an vereinsexterne Drittnutzer – wurde eine wirtschaftliche Tätigkeit bejaht.[49] Im Umkehrschluss ergibt sich daraus, dass die Kommission den Verein hinsichtlich der sohin verstandenen „vereinsinternen" Zurverfügungstellung der Sportinfrastruktur nicht als Unternehmen einordnet.

Wenngleich diese Auffassung unter sportpolitischen Gesichtspunkten (der Förderung der Vereinsstruktur, dessen besondere Bedeutung auch in Art. 165 Abs. 1 U.Abs. 2 AEUV zum Ausdruck kommt) durchaus verständlich sein

---

[46] Vgl. EuGH, C-325/08, *Bernard* Rz. 41 ff.

[47] Vgl. dazu auch schon *Reiter*, Beihilferecht (Fn. 1), S. 151 f.

[48] Vgl. etwa KOM, SA. 33952, C(2012) 8761 final, *Kletteranlagen des Deutschen Alpenvereins* Rz. 47; so auch KOM, SA. 43983, C(2016) 5105 final, *BLSV-Sportcamp Nordbayern* Rz. 24 f.

[49] Vgl. etwa KOM, SA. 33952, C(2012) 8761 final, *Kletteranlagen des Deutschen Alpenvereins* Rz. 47. Eine (Sport-)Infrastruktur wird nach ständiger Entscheidungspraxis dann wirtschaftlich betrieben, wenn sie Nutzern gegen Entgelt zur Verfügung gestellt wird. Vgl. nur KOM, SA. 33575, C(2014) 3602 final, *Czech Republic – Support to non-profit sport facilities* Rz. 43.

mag, begegnet sie (jedenfalls in gewissen Sonderkonstellationen) wettbewerbsrechtlichen Bedenken. Vorangestellt sei, dass der hier vertretenen Auffassung zufolge aus dem bloßen Umstand der durch die Vereinsmitglieder (in
der Regel) zu zahlenden Mitgliedsbeiträge noch keine wirtschaftliche Tätigkeit des Vereins abgeleitet werden kann. Solchen (allgemeinen) Mitgliedsbei-
trägen fehlt es vielmehr an der für die Annahme wirtschaftlicher Tätigkeiten
typischen Verknüpfung zwischen einer (spezifischen) Leistung und dem dafür bezahlten Entgelt als synallagmatische Gegenleistung.[50]

Einer subtileren Betrachtung der „vereinsinternen Sphäre" bedarf es allerdings gerade in jenen Fällen, in denen das vereinsinterne Angebot – also z. B.
die Zurverfügungstellung der Nutzungsmöglichkeit einer Kletterhalle oder
anderen Sportinfrastruktur an die Vereinsmitglieder – in Konkurrenz zum
Angebot der Nutzungsmöglichkeit derselben Sportinfrastruktur eines kommerziellen Betreibers tritt.[51] Um beim Beispiel der Kletterhalle zu bleiben,
wäre dies etwa dann der Fall, wenn im räumlichen Naheverhältnis zu einer
Kletterhalle, die im Eigentum eines Vereins steht und ausschließlich durch
Vereinsmitglieder genutzt wird, eine weitere Kletterhalle besteht, die kommerziell betrieben wird, d. h. den (potentiellen) Kunden die Möglichkeit der
Nutzung gegen Entgelt angeboten wird.

In dieser Konstellation kann kein Zweifel daran bestehen, dass die beiden
Kletterhallen in einem Wettbewerbsverhältnis um (potentielle) Kunden stehen, schließlich ist jedes Vereinsmitglied auch potentieller Kunde der kommerziell betriebenen Kletterhalle.[52] Würde – mit anderen Worten – die vereinsinterne Kletterhalle „wegfallen", wäre davon auszugehen, dass (jedenfalls) ein Teil der Vereinsmitglieder die Kletterhalle des kommerziellen Betreibers nutzen würden. Der EuGH lässt in seiner Rsp. das Bestehen eines
(solchen) Wettbewerbsverhältnisses zu einer wirtschaftlichen Tätigkeit ausreichen, um auch der in Rede stehenden Tätigkeit wirtschaftliche Prägung
zuzuerkennen.[53] Dieser Ansatz ist unter wettbewerbsdynamischen Gesichtspunkten auch zutreffend. Die Frage, wann von einem entsprechenden Wett-

---

[50] Mitgliedsbeiträge hingegen stellen regelmäßig lediglich Ausdruck der mit der
Vereinsmitgliedschaft einhergehenden Pflichten des Vereinsmitglieds gegenüber dem
Verein dar. Vgl. schon *Reiter*, Beihilferecht (Fn. 1), S. 143 f.

[51] Vgl. auch *Reiter*, EU-Beihilfenrecht, in: König/Mitterecker (Hrsg.), Sportrecht,
2022, S. 1294 (1303).

[52] In der Nutzung der vereinsinternen Kletterhalle manifestiert sich hier bereits ein
konkretisiertes Interesse, eine Sportinfrastruktur entsprechenden Typs (auch kommerziell) in Anspruch zu nehmen.

[53] Vgl. nur EuGH, C-74/16, *Congregación de Escuelas Pías Provincia Betania*
Rz. 46 und *Reiter*, Beihilferecht (Fn. 1), S. 144 ff.; *Vedder*, Vereinbarkeit der staat-
lichen Förderung des Breitensports mit dem EU-Beihilfenrecht, Anmerkung zu EuG
T-162/13, SpuRt 2016, 202 (206).

bewerbsverhältnis zwischen zwei Sportinfrastrukturen auszugehen ist, hat grundsätzlich unter Berücksichtigung der sachlich und geografisch relevanten Märkte zu erfolgen.[54]

Ebenso als wirtschaftlich sind solche Tätigkeiten eines Sportvereins einzuordnen, die zwar (auch) gegenüber Vereinsmitgliedern angeboten werden, für die die Vereinsmitglieder aber ein – wenn auch mitunter reduziertes – Entgelt zahlen müssen.[55] Diese Konstellationen klingen letztlich auch bereits in der Entscheidung der Kommission zur Kletterhalle des Deutschen Alpenvereins an, wenn die Kommission eine wirtschaftliche Tätigkeit des DAV insoweit bejaht, als dieser auch (entgeltlich) Berghütten bewirtet.[56]

2. Vorteile und Begünstigungen im Sport

a) Beurteilungsgrundsätze des Vorliegens eines Vorteils bzw. einer Begünstigung

Mittels des Kriteriums des Vorteils bzw. der Begünstigung werden jene staatlichen Leistungen aus dem Anwendungsbereich des Beihilferechts ausgeschieden, die marktkonform sind.[57] Steht einer staatlichen Leistung – z.B. einer Förderung – eine marktkonforme Gegenleistung eines Sportsubjekts gegenüber, wird kein Vorteil gewährt und es liegt keine Beihilfe vor. Die Beurteilung der Marktkonformität einer Leistung hat anhand des Kriteriums des marktwirtschaftlich handelnden Wirtschaftsteilnehmers („Market Economy Operator Principle"; „MEOP") bzw. – je nachdem, welche konkrete Markttransaktion in Rede steht – nach den unterschiedlichen Ausprägungen desselben[58] zu erfolgen.[59]

Aufgrund der Orientierung der Marktkonformitätsprüfung am Maßstab eines privaten Wirtschaftsbeteiligten ist auch klar, dass typischerweise durch den Staat im Rahmen der Sportförderung verfolgte Gemeinwohlziele nicht vorteilsausschließend auf beihilferechtlicher Tatbestandsebene in Anschlag

---

[54] Hingewiesen sei an dieser Stelle aber freilich darauf, dass die beihilferechtlichen Anforderungen an eine Marktabgrenzung (insb. im Kontext der Beurteilung des Vorliegens einer Wettbewerbsverfälschung) nicht mit den detaillierten kartellrechtlichen Maßstäben vergleichbar sind.

[55] Vgl. *Reiter*, Beihilferecht (Fn. 1), S. 144.

[56] Vgl. KOM, SA. 33952, C(2012) 8761 final, *Kletteranlagen des Deutschen Alpenvereins* Rz. 49.

[57] St. Rsp. z.B. EuGH, C-362/19 P, *Fútbol Club Barcelona* Rz. 58.

[58] Staatliche Zuschüsse werden etwa nach dem „Market Investor Test" geprüft, die Rolle des Staates als Gläubiger im Rahmen des „Private Creditor Tests".

[59] Vgl. nur KOM, NoA (2016/C 262/01) Rz. 74.

gebracht werden können.[60] Nichts anderes gilt bei der Ausrichtung von Sportgroßveranstaltungen, wo durch politische Interessensträger häufig allgemeine volkswirtschaftliche Standortvorteile begründend herangezogen werden.[61] Auch diese sind bei der Beurteilung des Vorliegens eines Vorteils nicht berücksichtigbar.

b) Die Vorteilsprüfung der Kommission im Sportkontext

Es wurde bereits darauf hingewiesen, dass der Staat in unterschiedlichster Form (potentiell) begünstigend im Sport tätig werden kann. In der bisherigen Entscheidungspraxis wurden unter anderem die folgenden Markttransaktionen durch die Kommission einer näheren Prüfung unterzogen:[62]

– Zuschüsse zur Errichtung/Renovierung von Sportinfrastruktur[63]

– der Erwerb von Sportinfrastruktur durch eine staatliche Einheit[64]

– die Veräußerung einer Sportinfrastruktur (bzw. des Grundstücks) durch eine staatliche Einheit[65]

– die Zurverfügungstellung von im staatlichen Eigentum stehender Sportinfrastruktur[66]

– der Abschluss einer Vergleichsvereinbarung einer staatlichen Einheit mit einem Sportverein[67]

– die Gewährung von Bürgschaften an einen Sportverein (in finanziellen Schwierigkeiten)[68]

---

[60] Im Allgemeinen sind die verfolgten politischen Ziele im Rahmen der Vorteilsbewertung unbeachtlich. Zur ständigen Rechtsprechung vgl. nur etwa EuGH, C-362/19 P, *Fútbol Club Barcelona* Rz. 61; C-524/14 P, *Hansestadt Lübeck* Rz. 48.

[61] Vgl. zu den volkswirtschaftlichen Vorteilen etwa EuGH, C-278/92, *Spanien/ Kommission* Rz. 20 und m.w.N. *Reiter*, Beihilferecht (Fn. 1), S. 173 f.; krit. zur mangelnden Berücksichtigung *Traupel*, Football and State Aid: Really the Greatest Pastime in the World?, EStAL 2014, 414 (420 f.).

[62] Hingewiesen sei darauf, dass aber auch im Sport im Allgemeinen die breite Palette an möglichen Vorteilen in Betracht kommt, die auch in sonstigen Wirtschaftssektoren im Rahmen der beihilferechtlichen Prüfung releviert werden.

[63] Vgl. statt vieler nur KOM, SA. 47683, C(2017) 5280 final, *Tampere Arena*; SA. 46530, C(2017) 3222 final, *National Football Stadium Slovakia*.

[64] Vgl. KOM, SA. 41614, C(2016) 4089 final, *FC Den Bosch*.

[65] Vgl. z.B. KOM, SA. 40168, C(2016) 4061 final, *Willem II Tilburg*.

[66] Vgl. zum sale-and-lease-back KOM, SA. 41613, C(2016) 4093 final, *PSV Eindhoven*.

[67] Vgl. KOM, SA. 33754, C(2016) 4080 final, *Real Madrid CF*; EuG, T-791/16, *Real Madrid*.

- Steuerregelungen zugunsten einzelner Sportvereine[69]
- sportspezifische Investitionsanreizregelungen[70]
- Forderungsverzicht bzw. -erlass gegenüber einem Sportsubjekt[71]
- Zuschüsse zur Errichtung eines Fußballmuseums[72] und
- Zuschüsse zugunsten von Sportvereinen[73].

Bemerkenswert (gerade in Anbetracht der staatlichen Finanzierungsdimension) ist freilich, dass Vorteile im Kontext von Sport(groß)veranstaltungen bisher durch die Kommission keiner Prüfung unterzogen wurden.

c) Vorteile im Sportinfrastrukturkontext

Nach der Rechtsprechung des EuGH kommt einer staatlichen Markttransaktion aufgrund vorheriger Durchführung eines ordnungsgemäßen (d. h. offenen, nichtdiskriminierenden) Vergabeverfahrens grundsätzlich die Vermutung der Marktkonformität zu.[74] Vor dem Hintergrund dessen vermag zu überraschen, dass die Kommission im Sportinfrastrukturkontext bei der Beurteilung der Marktkonformität des Betreiberentgelts die Durchführung eines Ausschreibungsverfahrens zur Ermittlung des besten Betreibers nicht ausreichen lässt, um einen Vorteil auszuschließen.[75] Vielmehr erkennt sie dem Ausschreibungsverfahren hier nur vorteilsminimierende Wirkung zu.[76]

---

[68] Vgl. KOM, SA. 36387, C(2016) 4060 final, *State Aid to Valencia CF, Hércules CF and Elche CF*; EuG, T-766/16, *Hércules Club de Fútbol*; EuG, T-901/16, *Elche Club de Fútbol*; EuG, T-732/16, *Valencia Club de Fútbol*. EuGH, C-211/20 P, *Kommission/Valencia Club de Fútbol* [Verfahren zum Zeitpunkt der Drucklegung noch anhängig].

[69] KOM, SA. 29769, C(2016) 4046 final, *State aid to certain Spanish professional sport clubs*; EuG, T-679/16, *Athletic Club*; EuG, T-865/16, *Fútbol Club Barcelona*; EuGH, C-362/19 P, *Fútbol Club Barcelona*.

[70] Z.B. KOM, SA. 31722, C(2011) 7287 final, *Supporting the Hungarian sport sector via tax benefit scheme*.

[71] Z.B. KOM, SA. 41612, C(2016) 4053 final, *MVV Maastricht*; KOM, SA. 41614, C(2016) 4089 final, *FC Den Bosch*.

[72] KOM, N 158/2010, K(2010) 6443, *Fußballmuseum Dortmund*.

[73] Z.B. KOM, N 118/00, SG(2001) D/288165, *Subventions publiques aux clubs sportifs rofessionnels*.

[74] Vgl. KOM, NoA (2016/C 262/01) Rz. 89; EuGH, C-647/19 P, *Ja zum Nürburgring e.V.* Rz. 123; C-665/19 P, *NeXoviation* Rz. 73.

[75] Vgl. nur KOM, SA. 35135, C(2013) 1517 final, *Multifunktionsarena Erfurt* Rz. 10.

[76] Vgl. z.B. KOM, SA. 37373, C(2013) 9344 final, *Ice arena Thialf* Rz. 48.

Auch wenn dieser Ansatz im Schrifttum immer wieder kritisiert wird,[77] ist er in jenen Fällen nicht zu beanstanden, in denen unter Zugrundelegung des (wenn auch im Rahmen eines Ausschreibungsverfahrens ermittelten) Betreiberentgelts selbst bei langfristiger Investitionsperspektive eine Deckung der Investitionskosten sowie ein angemessener Gewinn nicht zu erwarten ist.[78] Ein marktwirtschaftlich handelnder (hypothetischer) Privatinvestor würde eine solche Investition schlicht nicht tätigen.[79]

Der Ansatz der Kommission, der Durchführung eines ordnungsgemäßen Ausschreibungsverfahrens hier lediglich vorteilsminimierende, nicht aber vorteilsausschließende Wirkung zuzuerkennen, kommt zudem in ihrer Vereinbarkeitspraxis im Sportinfrastrukturkontext und – daraus abgeleitet – auch in Art. 55 Abs. 6 AGVO zum Ausdruck.[80] Die Durchführung eines ordnungsgemäßen Ausschreibungsverfahrens (auch) hinsichtlich des Betriebs einer Sportinfrastruktur ist ausweislich Art. 55 Abs. 6 AGVO Voraussetzung für die Freistellung der Sportinfrastrukturbeihilfe vom Beihilfeverbot. Dogmatisch ist dies Ausfluss des Vereinbarkeitskriteriums der Angemessenheit der Beihilfe, das danach fragt, ob die Beihilfe auf das für die Zielerreichung erforderliche Minimum beschränkt ist.[81]

Hingewiesen sei schließlich darauf, dass auch die sonst grundsätzlich anerkannte Methode zum Nachweis der Marktkonformität, das Benchmarking, sowohl auf Betreiber- als auch auf Nutzerebene der Sportinfrastruktur abzulehnen ist.[82] Zu beachten ist nämlich, dass in Kontinentaleuropa ein Großteil der bestehenden Sportinfrastrukturen beihilfeinfiziert ist, weshalb ein Benchmarking hier nur vermeintlich zu einem marktkonformen Ergebnis führen würde.

---

[77] Vgl. etwa *Nicolaides*, A critical analysis of the application of state aid rules to sport, MJECL 2015, 209 (216); *Traupel*, Football and State Aid: Really the Greatest Pastime in the World?, EStAL 2014, 414 (421).

[78] Vgl. *Reiter*, Beihilferecht (Fn. 1), S. 178 ff.; *Reiter*, Motorsport und Beihilfenrecht, in: Jaeger/Haslinger (Hrsg.), Jahrbuch Beihilferecht, 2021, S. 429 (439 f.).

[79] *Reiter*, Motorsport und Beihilfenrecht, in: Jaeger/Haslinger (Hrsg.), Jahrbuch Beihilferecht, 2021, S. 429 (440).

[80] Vgl. z. B. KOM, SA. 37373, C(2013) 9344 final, *Ice arena Thialf* Rz. 60 und m. w. N. *Reiter*, Beihilferecht (Fn. 1), S. 379 f., 389; *Reiter*, Motorsport und Beihilfenrecht, in: Jaeger/Haslinger (Hrsg.), Jahrbuch Beihilferecht, 2021, S. 429 (439).

[81] Vgl. im Detail *Reiter*, Beihilferecht (Fn. 1), S. 368 f.

[82] Zutreffend für die Nutzerebene schon *Werner*, Gelbe Karten durch die EU-Kommission: Der Profi-Fußball im Visier des EU-Beihilfenrechts, SpuRt 2013, S. 181 (185) und m. w. N. *Reiter*, Beihilferecht (Fn. 1), S. 186 f.

3. Handelsbeeinträchtigung im Sport

a) Beurteilungsgrundsätze des Vorliegens einer Handelsbeeinträchtigung

Die Aufgriffsschwelle der Annahme einer Handelsbeeinträchtigung im Sport ist (ähnlich jener im Bereich der Wettbewerbsverfälschung) nieder. Der tatsächliche Nachweis einer Handelsbeeinträchtigung ist nach ständiger Rechtsprechung nicht erforderlich, vielmehr ist bereits die Drohung bzw. Eignung ausreichend.[83] Dementsprechend hat das Tatbestandsmerkmal – über den Sportkontext hinaus – auch lange keine besondere Aufmerksamkeit in der beihilferechtlichen Prüfpraxis erfahren. Bereits die Stärkung der Stellung eines Unternehmens gegenüber Wettbewerbern im innergemeinschaftlichen Handel durch die Beihilfe ist für die Annahme des Tatbestandsmerkmals ausreichend.[84] Im Allgemeinen schafft das Tatbestandsmerkmal den für die Anwendbarkeit des Beihilferechts notwendigen Binnenmarktbezug.

b) Die Handelsbeeinträchtigung in der sportbezogenen Entscheidungspraxis

Auch in der sportbezogenen Entscheidungspraxis hat das Tatbestandsmerkmal lange Zeit keine besondere Rolle gespielt. Bei der Förderung von (Profi-)Sportsubjekten ist eine Handelsbeeinträchtigung häufig alleine schon deshalb zu bejahen, weil diese regelmäßig in binnenmarktrelevanten Wettbewerbsverhältnissen (auch schon unmittelbar im sportlichen Wettkampf) stehen.[85] Nichts anderes gilt für Sportstadien, die (potentiell) tauglicher Austragungsort von (internationalen) Sportveranstaltungen, aber auch von sonstigen Veranstaltungen sind.[86]

Allerdings hat die Kommission in ihrer jüngeren Entscheidungspraxis eine subtilere Bewertung des Tatbestandsmerkmals angedeutet und Beihilfen in Ermangelung einer (mehr als marginalen) Handelsbeeinträchtigung zum Teil ausgeschlossen. Einige der den Ausgangspunkt dieser Entscheidungspraxis bildenden Fälle sind auch im Sportkontext ergangen, wobei auf diese in wei-

---

[83] Vgl. z. B. EuGH, C-518/13, *Eventech Ltd* Rz. 65.

[84] Vgl. z. B. EuGH, C-494/06 P, *Kommission/Italien* Rz. 52.

[85] Vgl. nur etwa KOM, SA. 33754, C(2016) 4080 final, *Real Madrid CF* Rz. 85 und m. w. N. *Reiter*, EU-Beihilfenrecht, in: König/Mitterecker (Hrsg.), 2022, Sportrecht, S. 1294 (1319).

[86] Vgl. nur etwa KOM, SA. 46530, C(2017) 3222 final, *National Football Stadium Slovakia* Rz. 41; SA. 36105, C(2013) 5839 final, *Fußballstadion Chemnitz* Rz. 15.

terer Folge der Beurteilungsfokus gelegt wird.[87] Bereits an dieser Stelle sei aber darauf hingewiesen, dass die Entscheidungspraxis der Kommission zum Tatbestandsmerkmal der Handelsbeeinträchtigung im Sport (teilweise) vorbehaltlich der bestreitbaren Annahme der Kommission zu lesen ist, wonach die vereinsinterne Nutzung einer Sportinfrastruktur keine wirtschaftliche Tätigkeit darstelle.[88] Es wurde bereits darauf hingewiesen, dass dieser Ansatz in Anbetracht der Rechtsprechung des EuGH zum wettbewerbsrechtlichen Unternehmensbegriff mit Vorbehalten behaftet ist.

Die Entscheidungen der Kommission sind unter anderem zu folgenden Sportinfrastrukturen ergangen: zu Skigebieten,[89] Golf-Clubs,[90] einem „Sportcamp"[91] sowie zu Fitnesszentren gemeinnütziger Sportvereine[92].

c) Der Ansatz der Kommission zur Prüfung der Handelsbeeinträchtigung lokaler Sportinfrastrukturen

Die Kommission prüft das Vorliegen einer (drohenden) Handelsbeeinträchtigung im Sport unter zwei Gesichtspunkten: Einerseits prüft sie aus der „Nachfrageperspektive" der (potentiellen) Kunden einer Sportinfrastruktur, ob die Sportinfrastruktur in der Lage ist, Nutzer aus anderen Mitgliedstaaten anzuziehen.[93] Andererseits prüft sie – sofern aus der „Nachfrageperspektive" keine Handelsbeeinträchtigung droht – ob hinsichtlich der sog „Investitionsperspektive" (potentiell) markteintrittswilliger Unternehmen aus anderen Mitgliedstaaten, der einer Infrastruktur gewährte Vorteil markteintritts- oder investitionshemmend wirkt.[94] Sofern beide Aspekte zu verneinen sind, d. h. weder aus Nachfrage- noch aus Investitionsperspektive eine Handelsbeeinträchtigung droht, verneint sie das Vorliegen einer Beihilfe.[95]

---

[87] Vgl. überblicksmäßig und m. w. N. *Reiter*, EU-Beihilfenrecht, in: König/Mitterecker (Hrsg.), 2022, Sportrecht 1294 (1321 ff.).

[88] Vgl. dazu bereits oben III.1.d) und zur Kritik im Detail auch *Reiter*, Beihilferecht (Fn. 1), S. 335 f.

[89] Vgl. z. B. KOM, SA. 32737, C(2011) 4318 final, *Parnassos ski resort* Rz. 18 ff.

[90] KOM, SA. 38208, C(2015) 2798 final, *UK member-owned golf clubs* Rz. 20 ff.

[91] KOM, SA. 43983, C(2016) 5105 final, *BLSV-Sportcamp Nordbayern* Rz. 26 ff.

[92] KOM, SA. 37900, C(2017) 4175 final, *Support to local sports associations* Rz. 23 ff.

[93] Vgl. KOM, SA. 43983, C(2016) 5105 final, *BLSV-Sportcamp Nordbayern* Rz. 28.

[94] Vgl. KOM, SA. 43983, C(2016) 5105 final, *BLSV-Sportcamp Nordbayern* Rz. 28; SA. 33952, C(2012) 8761 final, *Kletteranlagen Deutscher Alpenverein* Rz. 56 f.; *Reiter*, EU-Beihilfenrecht, in: König/Mitterecker (Hrsg.), 2022, Sportrecht S. 1294 (1321).

[95] Vgl. nur KOM, SA. 43983, C(2016) 5105 final, *BLSV-Sportcamp Nordbayern* Rz. 31 ff.

Der Ansatz, dem Tatbestandsmerkmal der Handelsbeeinträchtigung – entgegen der in der bisherigen Entscheidungspraxis im Wesentlichen pauschalen Bejahung – größere Bedeutung zuzumessen und eine subtilere Prüfung vorzunehmen, ist sowohl aus dogmatischer, als auch aus praktischer Sicht zu begrüßen. In weiterer Folge wird gezeigt, welche Kriterien die Kommission im Rahmen ihrer Bewertung zur Nachfrageperspektive bzw. zur Investitionsperspektive veranschlagt.

d) Handelsbeeinträchtigung unter dem Blickwinkel der „Nachfrageperspektive" bzw. der „Investitionsperspektive"

Im Rahmen der Beurteilung der Nachfrageperspektive prüft die Kommission, ob die Infrastruktur in der Lage ist, Nutzer aus anderen Mitgliedstaaten anzuziehen.[96] Allerdings ist der hier vertretenen Auffassung zufolge – insb. vor dem wettbewerbsrechtlichen Hintergrund des Beihilferechts und der notwendigen Verknüpfung zum Tatbestandsmerkmal der Wettbewerbsverfälschung – über die bloße Möglichkeit der Nutzung durch ausländische Nutzer hinaus noch zu fordern, dass sich den Nutzern (in- oder ausländische) Infrastrukturalternativen bieten.[97] Der bloße Umstand, dass es zu einer Nutzung durch einen Nutzer aus einem anderen Mitgliedstaat kommt, lässt in diesem Sinne noch keinen Schluss auf eine Beeinträchtigung des zwischenstaatlichen Handels zu.[98] Erst wenn die (teilweise) beihilfefinanzierte Sportinfrastruktur in einem entsprechenden Wettbewerbsverhältnis zu einer anderen Sportinfrastruktur steht, vermag eine Beeinträchtigung des Handels damit einhergehen.[99] Die Beurteilung hat hier anhand des (potentiellen) Nutzerkreises und des Einzugsgebiets der Sportinfrastruktur zu erfolgen.[100] Zwischen Anbietern von (Sport-)Veranstaltungsinfrastrukturen besteht nach der einschlägigen Entscheidungspraxis internationaler Wettbewerb.[101]

---

[96] Vgl. KOM, SA. 43983, C(2016) 5105 final, *BLSV-Sportcamp Nordbayern* Rz. 28.

[97] Vgl. im Detail schon *Reiter*, Beihilferecht (Fn. 1), S. 338 f.; *Reiter*, EU-Beihilfenrecht, in: König/Mitterecker (Hrsg.), Sportrecht, 2022, S. 1294 (1322).

[98] Insofern zu pauschal etwa KOM, SA. 37963, C(2015) 2799 final, *Alleged State aid to Glenmore Lodge* Rz. 14.

[99] Zutreffend etwa SA. 32615, C(2011) 4650 final, *Ammodernamento degli impianti di risalita a funke della Regione Marche* Rz. 13.

[100] Vgl. m.w.N. *Reiter*, EU-Beihilfenrecht, in: König/Mitterecker (Hrsg.), Sportrecht, 2022, S. 1294 (1321 ff.).

[101] Vgl. z.B. EuG, T-90/09, *Mojo Concerts* Rz. 44 f.; KOM, SA. 35440, C(2013) 1521 final, *Multifunktionsarena Jena* Rz. 11 und m.w.N. *Reiter*, EU-Beihilfenrecht, in: König/Mitterecker (Hrsg.), Sportrecht, 2022, S. 1294 (1322 f.).

Die Beurteilung anhand der Investitionsperspektive legt den Blick nicht auf die (potentiellen) Sportinfrastrukturnutzer, sondern vielmehr darauf, ob der Vorteil zugunsten der Sportinfrastruktur markteintritts- oder investitionshemmend wirkt.[102] Indiz dafür kann insb. sein, ob es im entsprechenden Mitgliedstaaten oder in vergleichbaren Gebieten bereits entsprechende Markteintritte oder private Investitionen gegeben hat.[103]

e) Bewertungsgrundsätze der Kommission in ihrer jüngeren Entscheidungspraxis

Bei der Beurteilung, ob eine Handelsbeeinträchtigung konkret vorliegt oder mehr als marginal ist, misst die Kommission in ihrer jüngeren Entscheidungspraxis dem Umfang der wirtschaftlichen Tätigkeit besondere Bedeutung zu.[104] Bei lediglich geringem Umfang der wirtschaftlichen Tätigkeit, der Ausrichtung der Sportinfrastruktur auf einen lokalen Markt sowie einer lediglich beschränkten kommerziellen Nutzung spricht die Kommission einem staatlichen Vorteil die Eignung ab, den zwischenstaatlichen Handel zu beeinträchtigen. Dass die Sportinfrastruktur keine oder kaum ausländische Kunden anzuziehen vermag, kann sich nach der Entscheidungspraxis zudem etwa aus der Art der in der Sportinfrastruktur angebotenen wirtschaftlichen Tätigkeit ergeben.[105] Im Seilbahnkontext stellt die Kommission insb. auf die Anzahl an Liften und Pisten sowie auf die Beherbergungskapazitäten ab.[106]

IV. Beihilferechtliche Vereinbarkeitsebene

1. Allgemeines

Liegen Beihilfen i.S.d. Art. 107 Abs. 1 AEUV im Sport vor, bedarf es einer weitergehenden Prüfung der (möglichen) Vereinbarkeit der Beihilfe mit dem Binnenmarkt. Hier kommen grundsätzlich unterschiedliche Alternativen

---

[102] Vgl. z.B. KOM, SA. 43983, C(2016) 5105 final, *BLSV-Sportcamp Nordbayern* Rz. 26 ff.; m.w.N. *Reiter*, EU-Beihilfenrecht, in: König/Mitterecker (Hrsg.), Sportrecht, 2022, S. 1294 (1323).

[103] Vgl. KOM, SA. 33952, C(2012) 8761 final, *Kletteranlagen Deutscher Alpenverein* Rz. 57.

[104] Vgl. KOM, SA. 43983, C(2016) 5105 final, *BLSV-Sportcamp Nordbayern* Rz. 31; SA. 38208, C(2015) 2798 final, *UK member-owned golf clubs* Rz. 25 ff.

[105] Vgl. KOM, SA. 37963, C(2015) 2799 final, *Alleged State aid to Glenmore Lodge* Rz. 16 ff.

[106] Vgl. z.B. KOM, N 731/2007, C(2008) 699 final, *Seilbahnen Venetien* Rz. 11 und NoA (2016/C 262/01) Rz. 197; m.w.N. *Reiter*, EU-Beihilfenrecht, in: König/Mitterecker (Hrsg.), Sportrecht, 2022, S. 1294 (1322).

in Frage. In einem ersten Schritt empfiehlt sich die Prüfung, ob eine Freistellung nach der Gruppenfreistellungsverordnung möglich ist. Diese hätte den Vorteil, dass es keiner Anmeldung der Beihilfe bei der Kommission nach Art. 108 Abs. 3 AEUV bedarf und die Beihilfe bei Erfüllung der Freistellungsvoraussetzungen gewährt werden kann, ohne eine Prüfung durch die Kommission abwarten zu müssen.

Kommt keine Freistellung der Beihilfe nach der AGVO in Frage, bedarf es einer Anmeldung dieser bei der Kommission nach Art. 108 Abs. 3 AEUV, wobei die Kommission (auch) im Sportsektor ihre Vereinbarkeitsprüfung weit überwiegend nach Art. 107 Abs. 3 lit. c AEUV vornimmt.[107] Solange die Kommission in einem solchen Fall die Beihilfe nicht für mit dem Binnenmarkt vereinbar erklärt und genehmigt hat, besteht ein Durchführungsverbot und die Beihilfe darf nicht gewährt werden.

Hingewiesen sei zudem noch darauf, dass – auch wenn dies dogmatisch nicht der Vereinbarkeits-, sondern vielmehr der Tatbestandsebene zuzuordnen ist – auch die sog. *De-minimis*-Ausnahme vorliegen kann bzw. zu prüfen ist.[108] Entsprechend der sog. *De-minimis*-Ausnahme wird vermutet, dass Beihilfen in Höhe von nicht mehr als EUR 200.000 über eine dreijährige Durchrechnungsperiode keine Beihilfen i.S.d. Art. 107 Abs. 1 AEUV darstellen (Art. 3 *De-minimis*-VO).

In weiterer Folge wird einerseits auf die sportinfrastrukturbezogene Freistellungsbestimmung des Art. 55 AGVO – und insbesondere auf deren Freistellungsvoraussetzungen – eingegangen, andererseits werden wesentliche Vereinbarkeitsgrundsätze aus der sportbezogenen Entscheidungspraxis der Kommission dargestellt.[109]

2. Freistellung für Sportinfrastrukturbeihilfen nach der AGVO

Damit die Gewährung einer Beihilfe von einer Anmeldung bei der Kommission freigestellt ist, müssen sowohl die allgemeinen (Art. 4 ff. AGVO) als auch die besonderen (Art. 55 AGVO) Freistellungsvoraussetzungen erfüllt

---

[107] Vgl. nur KOM 9.11.2011, SA. 31722, C(2011) 7287 final, *Supporting the Hungarian sport sector via tax benefit scheme* Rz. 101; SA. 35135, C(2013) 1517 final, *Multifunktionsarena Erfurt* Rz. 23 und m.w.N. *Reiter*, Beihilferecht (Fn. 1), S. 358.

[108] Vgl. die Verordnung (EU) 1407/2013 der Kommission vom 18. Dezember 2013 über die Anwendung der Artikel 107 und 108 des Vertrags über die Arbeitsweise der Europäischen Union auf De-minimis-Beihilfen) bereits das Vorliegen einer Beihilfe i.S.d. Art. 107 Abs. 1 AEUV ausgeschlossen wird („*De-minimis*-VO").

[109] Vgl. hierzu überblicksmäßig und m.w.N. auch schon *Reiter*, EU-Beihilfenrecht, in: König/Mitterecker (Hrsg.), Sportrecht, 2022, S. 1294 (1324 ff.).

werden.[110] Freistellungsfähig sind bei Sportinfrastrukturen Investitionsbeihilfen bis zu einem Höchstbetrag von EUR 30 Mio. oder Gesamtkosten von EUR 100 Mio. pro Vorhaben und Betriebsbeihilfen bis maximal EUR 2 Mio. pro Infrastruktur und Jahr (Art. 4 Abs.1 lit. bb AGVO), wobei Betriebsbeihilfen nie höher sein dürfen als der tatsächliche Betriebsverlust. Grundsätzlich bestehen auch (wenngleich eingeschränkte) Kumulierungsmöglichkeiten mit anderen Freistellungsbestimmungen der AGVO, sollten solche (andere Freistellungsbestimmungen) in einem konkreten Fall ebenso in Betracht kommen.[111]

Hingewiesen sei auch darauf, dass die AGVO – obgleich eine eigene Freistellungsbestimmung für Sportinfrastrukturen vorgesehen ist – keine Definition von Sportinfrastruktur kennt.[112] Anhand der Entscheidungspraxis der Kommission zu Sportinfrastrukturbeihilfen sprechen aber gute Gründe dafür, den Begriff der Sportinfrastruktur in einem weiten Sinn zu verstehen und darunter einerseits Sportinfrastrukturen im eigentlichen Sinn (z.B. einen Tennisplatz, eine Schwimmhalle etc.) und andererseits auch zwingend für den Betrieb der Sportinfrastruktur notwendige Komplementärinfrastruktur (z.B. Umkleidekabinen oder Parkplätze im für den Betrieb erforderlichen Ausmaß) darunter zu qualifizieren.[113]

Die besonderen Freistellungsbestimmungen finden sich in Art. 55 AGVO.[114] Danach darf die Sportinfrastruktur nicht lediglich durch einen einzigen Profisportnutzer genutzt werden, sondern müssen auf die Nutzung durch andere Profi- oder Amateursportnutzer jährlich mindestens 20% der verfügbaren Nutzungszeiten entfallen (Art. 55 Abs. 2 AGVO). Die Sportinfrastruktur muss mehreren Nutzern zu transparenten und diskriminierungsfreien Bedingungen offenstehen, wobei Unternehmen, die mindestens 30% der Investitionskosten getragen haben, einen bevorzugten Zugang zu günstigeren Bedingungen erhalten können (Art. 55 Abs. 4 AGVO).

Die Erteilung von Konzessionen oder Aufträge für den Bau, die Modernisierung und/oder den Betrieb einer Sportinfrastruktur durch Dritte muss zu offenen, transparenten und diskriminierungsfreien Bedingungen unter Einhaltung der geltenden Vergabevorschriften erfolgen (Art. 55 Abs. 6 AGVO). Diese Freistellungsvoraussetzung verdient aus unterschiedlichen Gründen

---

[110] Art. 3 AGVO.

[111] Vgl. zu den Kumulierungsmöglichkeiten Art. 8 AGVO.

[112] Allerdings findet sich in Art. 2 Z. 143 eine Definition von Profisport.

[113] Vgl. m.w.N. *Reiter*, EU-Beihilfenrecht, in: König/Mitterecker (Hrsg.), Sportrecht, 2022, S. 1294 (1324).

[114] Vgl. zu einer Analyse dieser im Detail und insb. deren Ableitung aus der kommissionellen Entscheidungspraxis zu Sportinfrastrukturen *Reiter*, Beihilferecht (Fn. 1), S. 379 f.; 382 ff.

besondere Aufmerksamkeit. Auf eine Besonderheit, nämlich den mangelnden Ausschluss des Vorliegens eines Vorteils bei Durchführung eines ordnungsgemäßen Ausschreibungsverfahrens des Sportinfrastrukturbetriebs, wurde im Zusammenhang mit dem Tatbestandsmerkmal des Vorteils bereits hingewiesen.[115] Darüber hinaus ergibt sich aus Art. 55 Abs. 6 AGVO bei (teilweise) staatlicher Finanzierung eines konkreten Sportinfrastrukturprojekts regelmäßig eine (beihilferechtliche) Pflicht zur Durchführung von Vergabeverfahren auch in Bereichen, in denen dies aus rein vergaberechtlichen Gründen (jedenfalls in Österreich) nicht zwingend erforderlich ist.[116]

Art. 55 Abs. 7–12 AGVO enthalten schließlich noch spezifische Regeln dafür, nach welchen Modalitäten Investitions- und Betriebsbeihilfen zugunsten von Sportinfrastrukturen gewährt werden dürfen, z.B. welche Kosten konkret im Zusammenhang mit Investitionsbeihilfen bzw. Betriebsbeihilfen beihilfefähig sind.[117]

Die Kriterien des Art. 55 AGVO nehmen ihren Ursprung allesamt in der Entscheidungspraxis der Kommission im Sportinfrastrukturbereich. Insofern ist den Kriterien auch – wenn eine Freistellung einer Sportinfrastrukturbeihilfe z.B. aufgrund der Überschreitung der Beihilfehöchstintensitäten nicht in Betracht kommt – bei einer Anmeldung der Kommission nach Art. 108 Abs. 3 AEUV besondere Bedeutung zuzumessen.

3. Die Vereinbarkeitspraxis der Kommission nach Art. 107 Abs. 3 lit. c AEUV im Sport

a) Allgemeines Beurteilungsgrundsätze

Die Kommission prüft die Vereinbarkeit von Beihilfen im Sport weit überwiegend am Maßstab des Art 107 Abs. 3 lit. c AEUV, wo ihr nach ständiger Rechtsprechung weites Beurteilungsermessen zukommt.[118] Die Vereinbar-

---

[115] Vgl. bereits oben unter III.2.c).

[116] Vgl. zur entsprechenden Schnittstelle zum Vergaberecht (anhand des österreichischen Rechtsbestands) *Reiter*, EU-Beihilfenrecht, in: König/Mitterecker (Hrsg.), Sportrecht, 2022, S. 1294 (1325 f.); *Reiter-Werzin*, Vergaberecht und Sport, in: König/ Mitterecker (Hrsg.), Sportrecht 1332 (1349).

[117] Bei Investitionsbeihilfen für Sportinfrastrukturen und multifunktionale Freizeitinfrastrukturen sind die Kosten der Investitionen in materielle und immaterielle Vermögenswerte beihilfefähig (Art. 55 Abs. 8 AGVO). Bei Betriebsbeihilfen für Sportinfrastrukturen sind die Betriebskosten wie z.B. Personal-, Material-, Energie-, Wartungs-, Miet- und Verwaltungskosten, nicht aber die Abschreibungs- und Finanzierungskosten, wenn sie Gegenstand einer Investitionsbeihilfe waren, beihilfefähig.

[118] St.Rsp.; z.B. EuGH, C-431/14 P, *Griechenland/Kommission* Rz. 68.

keitsprüfung vollzieht sich dabei in einer dreistufigen Prüfung, mit den folgenden (z. T. weiter ausdifferenzierten) Prüfungsschritten:[119]

– Dient die Beihilfe einem Ziel von gemeinsamem Interesse?

– Ist die Beihilfe zielführend ausgestaltet, d. h. ist sie insb. geeignet und erforderlich?

– Führt die Beihilfe zu (un-)verhältnismäßigen Wettbewerbsverzerrungen und Handelsbeeinträchtigungen?

Die kommissionelle Vereinbarkeitspraxis im Sport kann in weiterer Folge nicht in allen Verästelungen wiedergegeben werden.[120] Die folgenden Ausführungen konzentrieren sich vielmehr auf die allgemeinen Grundsätze und – anknüpfend an die zum Teil geäußerte Kritik im Rahmen der Tatbestandsebene – auf besonders hervorzuhebende Aspekte, die aus Sicht des Autors zukünftig einer abweichenden Beurteilung zugänglich sein könnten. Hingewiesen, wenngleich nicht näher eingegangen, sei auch auf die Entscheidungspraxis der Kommission zu Beihilfen an Sportsubjekte in wirtschaftlichen Schwierigkeiten nach den Rettungs- & Umstrukturierungs-Leitlinien.[121] Schließlich ist freilich auch der Sportsektor im Zuge der Covid-19-Pandemie in den Genuss (insb.) sektoraler Förderungen gekommen.[122]

b) Wann dienen sportbezogene Beihilfen einem Ziel von gemeinsamem Interesse?

Nach der Entscheidungspraxis der Kommission dienen sportbezogene Beihilfen regelmäßig einem Ziel von gemeinsamem Interesse.[123] Die Kommis-

---

[119] Vgl. z. B. KOM 9.11.2011, SA. 31722, C(2011) 7287 final, *Supporting the Hungarian sport sector via tax benefit scheme* Rz. 85 ff. und m. w. N. *Reiter*, Beihilferecht (Fn. 1), S. 359.

[120] Vgl. zu einer ausführlichen Analyse m. w. N. *Reiter*, Beihilferecht (Fn. 1), S. 357 ff.

[121] KOM, Leitlinien für staatliche Beihilfen zur Rettung und Umstrukturierung nichtfinanzieller Unternehmen in Schwierigkeiten, ABl. C 2014/249,1. Vgl. hierzu z. B. aus der sportbezogenen Entscheidungspraxis (wenngleich zu den inzwischen veralteten Leitlinien, ABl. C 2012/296, 3) KOM, SA. 41614, C(2016) 4089 final, *FC Den Bosch* Rz. 67 ff.; SA. 41612, C(2016) 4053 final, *MVV Maastricht* Rz. 48 ff.; SA. 36387, C(2016) 4060 final, *State Aid to Valencia CF, Hércules CF and Elche CF* Rz. 104 ff. und im Detail m. w. N. *Reiter*, Beihilferecht (Fn. 1), S. 392 ff.

[122] Vgl. nur etwa KOM, SA. 62466, C(2021) 3195 final, *COVID-19: Aid for professional sport clubs*; SA. 62727, C(2021) 3212 final, *COVID-19: Amendments of scheme SA.60212 (2020/N) – Aid for professional sport clubs.*

[123] Vgl. z. B. KOM, SA. 37058, C(2014) 3603 final, *Sachsenring* Rz. 43 ff.; SA. 43575, C(2016) 4970 final, *Daugavas stadions* Rz. 25; SA. 31722, C(2011) 7287

sion begründet dies (auch) unter Berufung auf Art. 165 AEUV.[124] Zudem muss die beihilfefinanzierte Tätigkeit insofern eine Allgemeinwirkung entfalten, als sie einen breitenwirksamen Beitrag zur Erreichung der besonderen (gesundheitlichen, pädagogischen, integrativen) Funktionen des Sports leistet.[125] Bei Sportinfrastrukturbeihilfen ist das dann der Fall, wenn die Sportinfrastruktur zumindest teilweise auch der Allgemeinheit (zu transparenten und nicht-diskriminierenden Bedingungen) offensteht.[126]

Entsprechend der sohin geforderten Allgemeinwirkung hat die Kommission spezifisch lediglich einzelnen Profisportsubjekten zugutekommende Beihilfen nicht als einem Ziel von gemeinsamem Interesse dienend eingeordnet.[127] In diesen Fällen nimmt die Vereinbarkeitsprüfung bereits an dieser Stelle ihr Ende.

c) Wann ist die Beihilfe zielführend ausgestaltet?

Der Prüfungsschritt der zielführenden Ausgestaltung teilt sich wiederum in drei weitere Prüfungsschritte. Zum Ersten muss die Beihilfe geeignet sein, dem definierten Ziel von gemeinsamem Interesse zu dienen.[128] Zum Zweiten muss die Beihilfe einen Anreizeffekt aufweisen, d.h. sie muss zu einer Verhaltensänderung beim Beihilfeempfänger in der durch die Beihilfe gewünschten Weise führen.[129] Zum Dritten muss die Beihilfe angemessen sein, was

---

final, *Supporting the Hungarian sport sector via tax benefit scheme* Rz. 86 ff. und ausführlich dazu m.w.N. *Reiter*, Beihilferecht (Fn. 1), S. 360 ff.

[124] Vgl. z.B. KOM, SA. 37373, C(2013) 9344 final, *Ice arena Thialf* Rz. 56; SA. 33575, C(2014) 3602 final, *Czech Republic – Support to non-profit sport facilities* Rz. 70.

[125] Vgl. z.B. KOM, SA. 37109, C(2013) 7889 final, *Football stadiums in Flanders* Rz. 32 ff.; SA. 31722, C(2011) 7287 final, *Supporting the Hungarian sport sector via tax benefit scheme* Rz. 87 und m.w.N. *Reiter*, Beihilferecht (Fn. 1), S. 361 f.

[126] Vgl. z.B. KOM, SA. 33618, C(2013) 2362 final, *Arena Uppsala* Rz. 48 f.; SA. 44439, C(2016) 4625 final, *Sporting Arena Cork* Rz. 44 f. und m.w.N. *Reiter*, Beihilferecht (Fn. 1), S. 363.

[127] Vgl. etwa KOM, SA. 29769, C(2016) 4046 final, *State aid to certain Spanish professional sport clubs* (Rz. 88 f.); *Kornbeck*, State Aid and Access to Sport – Lessons for VAT Law?, EStAL 2019, 138 (145 f.); *Kornbeck*, Freistellungsfähige Rechtspersonen? Zugang zu Sportanlagen als Kanon EU-beihilferechtlicher Zulässigkeit? (Teil 2), BRZ 2020, 3 (5).

[128] Im Sportinfrastrukturkontext bejaht die Kommission dies dann, wenn ein Bedarf an entsprechenden Sportinfrastrukturkapazitäten besteht und die Sportinfrastruktur infolge der breiten Öffentlichkeit zur tatsächlichen Nutzung offensteht. Vgl. im Detail und m.w.N. zur kommissionellen Entscheidungspraxis *Reiter*, Beihilferecht (Fn. 1), S. 365 f.

[129] Vgl. statt vieler nur etwa KOM, SA. 46530, C(2017) 3222 final, *National Football Stadium Slovakia* (Rz. 50 ff.).

wiederum der Fall ist, wenn sie auf das notwendige Minimum beschränkt ist.[130] Als auf das Minimum beschränkt gilt eine Beihilfe im Sportinfrastrukturkontext dann, wenn ein Vergabeverfahren hinsichtlich der Infrastrukturerrichtung und des Infrastrukturbetriebs durchgeführt wurde.[131]

d) Wann führt die Beihilfe zu einer (un-)verhältnismäßigen Wettbewerbsverzerrung und Handelsbeeinträchtigung?

Der letzte Prüfungsschritt der Vereinbarkeitsprüfung zielt auf die Beurteilung der beihilferechtlichen „Gesamtbilanz" ab, d.h. die positiven, mit der Beihilfe einhergehenden Effekte (zur Erreichung des Ziels von gemeinsamem Interesse) müssen die negativen, wettbewerbsverzerrenden und handelsbeeinträchtigenden Effekte überwiegen.[132] Bei dieser Beurteilung ist die Kommission (im Sportsektor) überaus großzügig und hat (soweit ersichtlich) in keinem Fall – so dieser Prüfungsschritt erreicht wurde – eine unverhältnismäßige Wettbewerbsverzerrung oder Handelsbeeinträchtigung angenommen. Hingewiesen sei auch darauf, dass die Kommission im Sport auch die wettbewerbsrechtlich besonders schädlichen und beihilferechtlich grundsätzlich verpönten Betriebsbeihilfen für mit dem Binnenmarkt vereinbar erachtet.[133]

Besondere Erwähnung verdient auch hier die (in diesem Punkt aber freilich durch das EuG gebilligte)[134] Entscheidungspraxis der Kommission, in welcher sie dem überwiegend vereinsinternen Betrieb einer Sportinfrastruktur pauschal beschränkte wettbewerbsverfälschende Wirkung zuerkennt.[135] Entsprechend der schon zur Tatbestandsebene geäußerten Kritik verkennt die Kommission dabei aber freilich, dass gerade in der Konstellation der Existenz kommerzieller Betreiber der Sportinfrastruktur im selben Einzugsgebiet, die Beihilfe erhebliche wettbewerbsverfälschende Wirkungen zu entfalten

---

[130] Konkret bedeutet dies, dass die Beihilfe auf die Finanzierungslücke beschränkt sein muss. Vgl. z.B. KOM, SA. 33618, C(2013) 2362 final, *Arena Uppsala* Rz. 54 und m.w.N. *Reiter*, Beihilferecht (Fn. 1), S. 368.

[131] Vgl. z.B. KOM, SA. 43575, C(2016) 4970 final, *Daugavas stadions* Rz. 36; SA. 37373, C(2013) 9344 final, *Ice arena Thialf* Rz. 60 und zu den Besonderheiten auch bereits auf beihilferechtlicher Tatbestandseben oben unter III.2.c).

[132] Vgl. *Reiter*, Beihilferecht (Fn. 1), S. 369.

[133] Vgl. KOM, SA. 37058, C(2014) 3603 final, *Sachsenring* Rz. 60 ff.; *Reiter*, Beihilferecht (Fn. 1), S. 371 f. Dies spiegelt sich freilich auch in der AGVO wider, in welcher auch Betriebsbeihilfen zugunsten von Sportinfrastrukturen freistellungsfähig sind (vgl. Art. 55 Abs. 7 lit. b AGVO).

[134] Vgl. EuG, T-693/14, *Hamr Sports* Rz. 86.

[135] Vgl. etwa KOM, SA. 33952, C(2012) 8761 final, *Kletteranlagen des Deutschen Alpenvereins* Rz. 90, 92; dazu auch schon *Reiter*, EU-Beihilfenrecht, in: König/Mitterecker (Hrsg.), Sportrecht, 2022, S. 1294 (1330).

vermag, weil damit letztlich Vereinsmitglieder (als potentielle Kunden der kommerziellen Infrastruktur) vermittels der Beihilfe an die Vereinsinfrastruktur gebunden (bzw. von der Inanspruchnahme kommerzieller Infrastruktur abgeschottet) werden.[136]

Zu betonen ist auch insb., dass der Sportausübung in der Vereinsform – vermögen dafür auch gute sportpolitische Gründe sprechen – im Rahmen der wettbewerbsrechtlichen Analyse nicht pauschal Vorzug gegenüber der Ausübung in kommerziell betriebenen Sportinfrastrukturen zuzuerkennen ist.[137] Eine „Bevorzugung" der Sportausübung in der Vereinsform ist aber etwa dann möglich und angezeigt, wenn die Sportausübung in der Vereinsform in Anbetracht der mit der Beihilfe verfolgten Ziele von gemeinsamem Interesse sich als besser oder vorteilhaft darstellt.[138] Dies setzt freilich eine Beurteilung im Einzelfall voraus und lässt sich nicht pauschal zugunsten der Sportausübung in der Vereinsform beantworten.

V. Fazit

Im Sportsektor stellen sich aus EU-beihilferechtlicher Sicht diverse Fragen sowohl im Rahmen der unterschiedlichen beihilferechtlichen Tatbestandsmerkmale als auch auf beihilferechtlicher Vereinbarkeitsebene. Nachdem viele Sportsubjekte als Unternehmen i. S. d. Art. 107 Abs. 1 AEUV einzuordnen sind (und zwar keineswegs beschränkt nur auf den Profisportbereich), bedürfen staatliche Sportförderungsaktivitäten – egal ob es sich dabei im Einzelnen um Sportsubjektsförderung, Sportinfrastrukturförderung oder Sportveranstaltungsfinanzierung (im Profi- oder Amateursport) handelt – einer näheren Prüfung anhand des EU-beihilferechtlichen Kontrollmaßstabs. Die Entscheidungspraxis zu den sportspezifischen Konstellationen, in denen sich beihilferechtliche Fragestellungen ergeben können, ist unterschiedlich ausgeprägt. Während im Bereich der Sportinfrastrukturfinanzierung reichhaltige Entscheidungspraxis existiert, die auch zur Aufnahme einer eigenen Freistellungsbestimmung in der AGVO durch die Kommission geführt hat, sind die Entscheidungen zu Sportsubjektsförderungen (insb. unter Berücksichtigung der Gesamtdimension staatlicher Sportförderung in Europa) eher vereinzelt geblieben. Jüngst hat sich der EuGH aber erstmals in einer Entscheidung mit der Sportsubjektsförderung befasst. In der Entscheidungspraxis gänzlich unbeachtet war bisher der Bereich der Sportveranstaltungs-

---

[136] Vgl. zur Kritik im Detail bereits *Reiter*, Beihilferecht (Fn. 1), S. 374 ff.

[137] Vgl. auch bereits *Kornbeck*, State Aid and Access to Sport – Lessons for VAT Law?, EStAL 2019, 138 (149) und *Reiter*, Beihilferecht (Fn. 1), S. 376 f.

[138] Vgl. etwa EuG, T-162/13, *Magic Mountain Kletterhallen* Rz. 92 zu den pädagogischen und sozialen Vorteilen der Sportförderung gemeinnütziger Vereine.

finanzierung, was in Anbetracht der staatlichen Finanzierungsdimension insbesondere von Sportgroßveranstaltungen durchaus zu überraschen vermag. Dieser Beitrag behandelt ausgewählte Fragen zu den beihilferechtlichen Tatbestandsmerkmalen der Unternehmenseigenschaft, des Vorteils und der Handelsbeeinträchtigung im Sportsektor. Zudem wurde gezeigt, welche Vereinbarkeitsmöglichkeiten tatbestandlicher Beihilfen im Sport (insbesondere) existieren und nach welchen Maßstäben die diesbezüglich Prüfung – anhand der einschlägigen Entscheidungspraxis – zu erfolgen hat.

Berücksichtigung der „besonderen Merkmale des Sports" bei der Implementierung des britischen EU-Austritt („Brexit")?

Von *Jacob Kornbeck**

I. Einführung

1. Fragestellung

Die Frage, inwiefern die in Art. 165 AEUV erwähnten „besonderen Merkmale des Sports" bei der Implementierung des britischen EU-Austritts („Brexit") bislang zum Tragen gekommen sind, impliziert eine Auseinandersetzung mit der sogenannten „Spezifizität" des Sports und der grundsätzlichen Möglichkeit einer spezifischen, in Abgrenzung etwa zu einer orthodoxen Rechtsanwendung.[1] Konkret soll nach Anzeichen einer generischen bzw.

---

* Im vorliegenden Beitrag kommt ausschließlich die eigene Meinung des Verfassers und keine amtlichen Positionen der Europäischen Kommission zum Ausdruck.

[1] Siehe unten, I.2.

sportspezifischen Brexit-Umsetzung vor dem Hintergrund eines zunächst nur generischen Rechtsrahmens[2] gesucht werden. Anhand des vorhandenen – bislang nicht sonderlich umfassenden – Schrifttums (Beiträge zu einem Sammelband[3] sowie vereinzelter Fachaufsätze und Medienberichte) sollen Fallgruppen von Normen (einzelne EU-Regulierungsbereiche) und Normadressaten (sog. Stakeholders) herausgearbeitet werden[4], um auf dieser Grundlage festzustellen, ob der Brexit bislang sportspezifisch umgesetzt wurde.[5] Diese Frage ist einerseits aus einleuchtenden Gründen für die Praxis von Interesse, andererseits aus politischen Gründen, wo in der Vergangenheit gerade in der britischen Tabloid-Presse europäische Einmischung in sportliche Belange regelmäßig abgelehnt wurde.[6]

Eine solche Untersuchung ist auch von weiterem, integrationswissenschaftlichem Interesse: Was bleibt aus 47 Jahren (01.01.1973–31.01.2020) EU-Mitgliedschaft? Wenn die Nachhaltigkeit bzw. Substituierbarkeit der EU-Normen auf einem für die britische Volkswirtschaft so wichtigen Gebiet[7] identifiziert werden kann, so lassen sich dadurch auch Mutmaßungen über Brexit-Wirkungen auf weitere wirtschaftliche, gesellschaftliche und rechtliche Bereiche anstellen.

2. Orthodoxe versus spezifische Rechtsanwendung

Zahlreiche unbeabsichtigte Folgen des Austritts sind bekannt, wie Medienberichte von britischen Fernfahrern zeigen, deren belegte Brote durch niederländische Zöllner – vielleicht rechtlich zutreffend,[8] wenn möglicherweise gar

---

[2] Siehe unten, I.3.

[3] *Kornbeck*, Sport and Brexit: Regulatory Challenges and Legacies, London, Routledge, 2022.

[4] Siehe unten, II.1.–4.

[5] Siehe unten, III.1.–3.

[6] Siehe z.B. *Gardiner*, N. (2012) Chariots of Brussels? The EU is dreaming of Olympics glory. The Telegraph, 23.7.2012, http://blogs.telegraph.co.uk/news/nilegardiner/100171784/chariots-of-brussels-the-eu-is-dreaming-of-olympics-glory/ (nicht mehr abrufbarer historischer Link; Ausdruck vom Verfasser aufgehoben).

[7] Siehe z.B. das Eurostat-Portal https://ec.europa.eu/eurostat/de/web/sport/data (Zugriff 1.8.2022).

[8] Rechtsgrundlage ist die Delegierte Verordnung der Kommission vom 10. Oktober 2019 zur Ergänzung der Verordnung (EU) 2017/625 des Europäischen Parlaments und des Rates hinsichtlich bestimmter Kategorien von Tieren und Waren, die von amtlichen Kontrollen an Grenzkontrollstellen ausgenommen sind, hinsichtlich besonderer Kontrollen des persönlichen Gepäcks von Fahrgästen bzw. Passagieren und von für natürliche Personen bestimmten Kleinsendungen von Waren, die nicht in Verkehr gebracht werden sollen, sowie zur Änderung der Verordnung (EU) Nr. 142/2011 der

etwas emsig – eingezogen wurden, so dass die Fernfahrer an europäischen Raststätten teure Brote selber kaufen mussten. Um dem „mögliche[n] Risiko der Einschleppung von Krankheitserregern oder Krankheiten in die Union durch die Einfuhr von Erzeugnissen tierischen Ursprungs"[9] entgegenzutreten, stand es der örtlichen Zollbehörde zweifellos zu, nach ihrem Ermessen erforderliche Maßnahmen zu ergreifen, zumal britische LKWs nach dem britischen Austritt nunmehr aus einem Drittland kamen und bei der Einschätzung des mit den mitgeführten Erzeugnissen tierischen Ursprungs verbundenen Risikos deutlich vorsichtiger vorzugehen war als zuvor; als das Vereinigte Königreich noch EU-Mitglied war, hätte es bekanntlich gar keine Kontrolle gegeben. Diese orthodoxe behördliche Rechtsanwendung war vielleicht nicht zwingend notwendig, zumal die einschlägige Rechtsgrundlage durchaus Ausnahmen zulässt,[10] dafür aber auch nicht unrechtmäßig, da über solche Ausnahmen nach behördlichem Ermessen zu entscheiden ist. Die maßgebliche Regelung ist übrigens gar nicht als Vergeltung gegen den ausgetretenen ehemaligen Mitgliedstaat ins Leben gerufen, sondern Bestandteil eines Pakets von Maßnahmen, die ab 2001/2002 als Reaktion aus die damals grassierende Maul- und Klauenseuche (MKS) beschlossen wurde.[11] Allerdings konnte nach dem Brexit keine Marge gewährleistet werden, sodass britische belegte Brote genauso kontrolliert (und ggf. eingezogen) werden mussten wie solche aus anderen nichteuropäischen Erdteilen auch. Wenn „dort" im Falle der unglücklichen Fernfahrer an einer niederländischen Grenzübergangsstelle derart orthodox und gnadenlos verfahren werden konnte, wie sieht es dann „hier" – beim Sport – aus? Ist es nachweislich zu einer sportfreund-

---

Kommission (Text von Bedeutung für den EWR). C/2019/7006. ABl. L 321, 12.12.2019, S. 45–63.

[9] Ebda., Erwägungsgrund 8.

[10] Nach Art. 6 Abs. 1 ebda. steht es den örtlichen Zollbehörden tatsächlich zu, „Erzeugnisse tierischen Ursprungs und zusammengesetzte Erzeugnisse" – z.B. belegte Brote mit Wurst oder Käse – von amtlichen Kontrollen an Grenzkontrollstellen zu befreien, sofern sie „zum Verbrauch durch das Personal und die Fahrgäste bzw. Passagiere an Bord von international eingesetzten Verkehrsmitteln bestimmt sind" und „nicht auf dem Gebiet der Union entladen werden". Nach Art. 7 sind Ausnahmen für „Erzeugnisse tierischen Ursprungs, zusammengesetzte Erzeugnisse, Folgeprodukte tierischer Nebenprodukte, Pflanzen, Pflanzenerzeugnisse und andere Gegenstände, die im persönlichen Gepäck von Fahrgästen bzw. Passagieren für den eigenen Bedarf oder die eigene Verwendung mitgeführt werden" ebenfalls zulässig, dafür aber nicht zwingend vorgeschrieben. Den niederländischen Zollbeamten wäre vielleicht auch nicht zumutbar gewesen, sicherzustellen, dass die inkriminierenden Brote tatsächlich im LKW-Führerstand verzehrt würden, anstatt an europäischen Raststätten entladen zu werden.

[11] Informationsseite der Kommission: About personal imports (undatiert), https://food.ec.europa.eu/animals/animal-products-movements/personal-imports_en (Zugriff 1.8.2022).

lichen Umsetzung der Brexit-Vorgaben gekommen? Dieser Frage soll unten-stehend anhand ausgewählter Regulierungsbereiche nachgegangen werden.

3. Rechtsrahmen

Im Unionsrecht wird der Austritt des Vereinigten Königreiches durch das sogenannte Austrittsabkommen[12] (englisch: „Withdrawal Agreement"[13]) (WA) geregelt, in dem jedoch nur übergeordnete rechtliche und institutio-nelle Fragen geklärt werden. Handelspolitische Fachfragen werden im Uni-onsrecht in einem „Handels- und Kooperationsabkommen"[14] (englisch: „Trade and Cooperation Agreement"[15]) (TCA) normiert, das sich mit der Ein- und Ausfuhr von Waren, kaum aber mit Dienstleistungen[16] befasst. Die entsprechenden nationalen Gesetze sind auf britischer Seite das EU With-drawal Act (EUWA 2018)[17], im deutschen nationalen Recht das BrexÜG[18]. In keinem dieser Texte kommt es jedoch zu einer Klarstellung sportspezifi-scher Fragen.

Obwohl vieles derzeit unbekannt ist,[19] steht eines doch fest: der Brexit-Stichtag (1.1.2021), der das Ende der sogenannten Übergangszeit markiert. Die Eindeutigkeit dieser Regelung betonte ein französisches Verwaltungs-gericht in einem Rechtsstreit eines Skilehrers, dessen britisches Diplom die

---

[12] Abkommen über den Austritt des Vereinigten Königreichs Großbritannien und Nordirland aus der Europäischen Union und der Europäischen Atomgemeinschaft. Abl. C 384I, 12.11.2019, S. 1–177.

[13] Agreement on the withdrawal of the United Kingdom of Great Britain and Nort-hern Ireland from the European Union and the European Atomic Energy Community. OJ C 384I, 12.11.2019, p. 1–177.

[14] Abkommen über Handel und Zusammenarbeit zwischen der Europäischen Union und der Europäischen Atomgemeinschaft einerseits und dem Vereinigten Kö-nigreich Großbritannien und Nordirland andererseits. Abl. L 149, 30.4.2021, S. 10–2539.

[15] Trade and cooperation agreement between the European Union and the Euro-pean Atomic Energy Community, of the one part, and the United Kingdom of Great Britain and Northern Ireland, of the other part. OJ L 149, 30.4.2021, p. 10–2539.

[16] „There is little in the TCA for services", urteilt KPMG (Brexit: Impact on Ser-vices. 26 January 2021, https://home.kpmg/ie/en/home/insights/2021/01/brexit-deal-agreed-impact-on-services.html#:~:text=Brexit%3A%20Impact%20on%20Services %2026%20January%202021%20There,establish%20themselves%20in%20the%20 EU%20to%20continue%20operating (Zugriff 1.8.2022).

[17] European Union (Withdrawal) Act 2018, UK Public General Acts 2018, c. 16.

[18] Gesetz für den Übergangszeitraum nach dem Austritt des Vereinigten König-reichs Großbritannien und Nordirland aus der Europäischen Union (Brexit-Über-gangsgesetz – BrexitÜG), 27. März 2019 (BGBl. I S. 402).

[19] Siehe unten, II.

Präfektur nach dem Stichtag im Rahmen seines Antrags auf Ausstellung der nach französischer Gesetzeslage[20] erforderlichen Erlaubnis nicht mehr zu berücksichtigen hatte.[21]

Legislative Autonomie zurückzunehmen wurde für Theresa May als Premierministerin ein besonderes Anliegen (vermutlich weil sie z.Z. des Referendums die „Remain"-Option empfohlen hatte und nunmehr ihre Brexit-Loyalität unter Beweis stellen wollte?). Gebetsmühlenartig wiederholte sie in verschiedenen Zusammenhängen ihr Mantra „taking back control of our borders, laws and money", so z.B. im Plenum des Unterhauses am 15.11.2018.[22] War es kurz nach dem Referendum (23.6.2016) noch angebracht gewesen, zu vermuten, dass beide Verhandlungspartner sich aus pragmatischen Gründen auf eine Lösung mit britischer Mitgliedschaft in Zollunion und Binnenmarkt einigen würden (von Brexiters als „Brexit In Name Only" abgelehnt), so war nun die britische Verhandlungssituation recht früh rigide festgelegt worden, weshalb es für (angeblich demütigende) Anpassungen an EU-Normen („regulatory alignment") ebenso wenig Marge wie für „norwegische", „kanadische" oder „EWR"-Lösungen gab. Da das Ende der Personenfreizügigkeit („control of our borders") fast sofort als unveräußerlich galt, gab es von Seiten der sogenannten „Neuen Mitgliedstaaten" in Mittel- und Osteuropa dafür keine Unterstützung, obwohl diese bislang in Großbritannien lange einen Verbündeten gesehen hatten. Erschwerend kam hinzu, dass die britische Seite die Grundsätze des Binnenmarktes sowie der autonomen Rechtsordnung der Union, die ausdrücklich über das Maß des Völkerrechts hinausgeht, um auch Personen als Rechtssubjekte anzuerken-

---

[20] Art. L. 212-7, L.121-1, R. 212-88 Sportgesetzbuch (Code du sport).

[21] Siehe TA Grenoble, N° 1906820, 11 mars 2022, Übers. Spurt 2022, S. 186, Rn. 7: „Wie sich im Laufe der Verhandlung gezeigt hat, ergibt sich aus dem Abkommen über den Austritt des Vereinigten Königreichs Großbritannien und Nordirland aus der Europäischen Union Nr. 2019/C 384 I/01 vom 17. Oktober 2019, dass britische Staatsangehörige bis zum Stichtag des 31. Dezember 2020, d.h. bis zum Ende der Übergangszeit, den EU-Bürgern gleichgestellt sind. Mit Wirkung vom 1. Januar 2021 kann sich W. als britischer Staatsangehöriger mit Wohnsitz in England deshalb nicht mehr auf die zuvor genannten Bestimmungen berufen, um die auf EU-Staatsangehörige anwendbare Niederlassungsfreiheit geltend zu machen, um auf dem französischen Hoheitsgebiet eine unter Artikel L. 121-1 genannten Tätigkeiten auszuüben."

[22] Theresa May, House of Commons, EU Exit Negotiations, Vol. 649, 15.11.2018, 10.30 am, https://hansard.parliament.uk/Commons/2018-11-15/debates/8595BA5C-B515-4BD3-A9FE-38345E6AE2B4/EUExitNegotiations (Zugriff 1.8.2022): „Mr Speaker, what we agreed yesterday was not the final deal. It is a draft treaty that means we will leave the EU in a smooth and orderly way on 29 March 2019 and which sets the framework for a future relationship that delivers in our national interest. It takes back control of our borders, laws and money."

nen,[23] grundsätzlich ablehnte (sich der Jurisdiktion des EuGH zu unterwerfen galt ihr sehr früh als mit jeglichem Souveränitätsdenken unvereinbar). Vor diesem Hintergrund mussten die Union und ihre Mitgliedstaaten die Integrität des Binnenmarktes schützen, wo britische Verhandler sonst eine „Flexibilität" einforderten, welche ggf. eine Verzettelung der EU-Rechtsordnung bewirkt hätte.

Schließlich wird der dynamische Charakter des britischen Rechtsrahmens maßgeblich vom Begriff des „beibehaltenen Rechts" („retained law") bestimmt, d. h. von einer erheblichen Zahl – zumindest bislang – beibehaltener Gesetze europäischen Ursprungs, die bislang erhalten wurden, was entscheidend zu jenem „level playing field" (der sportliche Ursprung dieses Brexit-Begriffs sei hier hervorgehoben) beigetragen hat, welches die Unterzeichnung des WA bzw. TCA erst ermöglicht hat. Nach den Maßgaben des EUWA 2018[24] wird das „retained law" i. d. R. angewandt, sofern die entsprechenden Vorschriften bis zum Stichtag 1.1.2021 (Ende der Übergangszeit) erlassen wurden; danach erlassene EU-Gesetzgebung besitzt in Großbritannien keine Rechtskraft mehr.[25] Das Oberste Gericht („Supreme Court") kann davon jederzeit, das Appellgericht („High Court of Justiciary") in begründeten Ausnahmefällen abweichen.[26] Dass populistisch motivierte Änderungen dieser Gesetzgebung jederzeit möglich sind, wie eine aktuell (Sommer 2022) im Unterhaus debattierte Gesetzesvorlage („Northern Ireland Protocol Bill")[27] zur einseitigen Änderung (d. h. ggf. auf britische Initiative ohne Einwilligung der EU) von für das Nordirland-Protokoll[28] erheblichen Vorschriften verdeutlicht. Sämtliche nachstehend zusammengefasste Regelungen können grundsätzlich geändert oder zurückgezogen werden, zumal das britische Parlament fortan dazu befähigt ist. Einseitige Maßnahmen können die mit der EU er-

---

23 Vgl. EuGH, 5.2.1963. NV Algemene Transport- en Expeditie Onderneming van Gend & Loos gegen Niederländische Finanzverwaltung. Ersuchen um Vorabentscheidung: Tariefcommissie – Niederlande. Rs. 26–62. Slg. 1963 00003. ECLI:EU:C:1963:1, S. 25: „Aus alledem ist zu schließen, daß die Gemeinschaft eine neue Rechtsordnung des Völkerrechts darstellt, zu deren Gunsten die Staaten, wenn auch in begrenztem Rahmen, ihre Souveränitätsrechte eingeschränkt haben, eine Rechtsordnung, deren Rechtssubjekte nicht nur die Mitgliedstaaten, sondern auch die Einzelnen sind."

24 European Union (Withdrawal) Act, UK Public General Acts 2018, c. 16.

25 Sec. 6 (1) EUWA 2018: „A court or tribunal – (a) is not bound by any principles laid down, or any decisions made, on or after exit day by the European Court, and (b) cannot refer any matter to the European Court on or after exit day."

26 Sec. 6 (4)–(5) EUWA 2018.

27 Northern Ireland Protocol Bill (HL Bill 52). To make provision about the effect in domestic law of the Protocol on Ireland/Northern Ireland in the EU withdrawal agreement, about other domestic law in subject areas dealt with by the Protocol and for connected purposes.

28 Protokoll zu Irland/Nordirland, Austrittsabkommen (Fn. 12), S. 85–94.

reichten Kompromisse jedoch gefährden, weshalb die Europäische Kommission am 22.7.2022 wegen des besagten britischen Initiative vier Vertragsverletzungsverfahren einleitete.[29] Auch Akteure des Sports müssen sich vor Augen halten, dass die Rechtslage eher labil als stabil ist.

II. Berücksichtigung der „besonderen Merkmale des Sports"?

1. Freizügigkeit (Arbeitnehmer*innen); gegenseitige Anerkennung der Qualifikationen

Dieser Bereich der EU-Regulierung, den Van den Bogaert[30] untersucht hat, präsentiert die mit Abstand eindeutigsten Brexit-Effekte, zumal das EG/EU-Freizügigkeitsrecht die Funktionsweise des Profisports allgemein und des Profifußballs speziell (insbesondere der Herren) unmittelbar und tiefgreifend beeinflusst hat. Seit das Unionsrecht und dessen Garantien (Vertragsbestimmungen, Rechtsprechung) nicht mehr anwendbar sind, können Athlet*innen bzw. Fußballspieler*innen nicht mehr frei aus der EU bzw. dem EWR rekrutiert werden. Schlagartig zeigen sich nun die etablierten Effekte der britischen EG/EU-Mitgliedschaft, einschließlich der Anwendung des Freizügigkeitsrechts auf den Sport. Die entsprechenden Regelungen und Grundsätze waren 1973 bereits Teil des anwendbaren Rechts („acquis communautaire"), sollten sich über die kommenden Jahrzehnte jedoch vermehrt mit dem Sport überschneiden.[31] Dass der Brexit gerade auf die Personenfreizügigkeit Auswirkungen entfalten sollte, war kein Zufall, sondern widerspiegelte eine bewusste Betonung des Ziels, Zuwanderung zu begrenzen. Darüber hinaus muss bedacht werden, dass der verbindliche Charakter der Binnenmarktgesetzgebung in Großbritannien nicht immer in allen Kreisen gut angekommen war. Margaret Thatcher wollte zwar den Binnenmarkt, doch ohne verbindliche Gesetzgebung. Dabei hat sie sich geirrt, als sie Lord Cockfield[32] in die damalige EG-Kommission entsandt hat; denn mit Kommissionspräsident

---

[29] Pressemitteilung: Protokoll zu Irland/Nordirland Kommission leitet vier neue Vertragsverletzungsverfahren gegen das Vereinigte Königreich ein. 22.7.2022. IP/22/4663.

[30] *Van den Bogaert*, The end of free movement after Brexit: What does this mean for the English game? in: Kornbeck, Sport and Brexit (Fn. 3), S. 43–56.

[31] Ebda., S. 45.

[32] Francis Arthur Cockfield, Baron Cockfield, PC (1916–2007), ausgewiesener Geschäftsmann, pro-europäischer Tory-Politiker, britischer Schatzkanzler und Handelsminister, Mitglied der Kommission Delors I und dort als Vizepräsident für Binnenmarkt, Steuern und Zollunion (1985–89) federführend für das Weißbuch „Vollendung des Binnenmarkts", KOM(85) 350. 14.6.1985, aufgrund dessen der Europäi-

Jacques Delors bildete er ein tatkräftiges Duo, welches gerade die von Thatcher befürchtete Variante verwirklichen sollte.[33] Seit dem Vertrag von Maastricht (1991 unterzeichnet, 1993 in Kraft getreten) isolierte sich das Vereinigte Königreich zunehmend durch seine zahlreichen „opt-outs"; während alle anderen Mitgliedstaaten an einer zunehmenden, auch (währungs-) politischen, Integration interessiert waren, vernahmen britische Führung, Medien und Öffentlichkeit (zu Unrecht) die EG/EU zunehmend als eine Freihandelszone[34], die sie nie gewesen war; einerseits wegen der konzeptionellen Unterschiede zwischen Freihandelszonen (ohne gemeinsamen Außenzolltarif) und Zollunionen[35] (die mehr supranationale Regulierung benötigen und i. d. R. nur unter vergleichbaren Volkswirtschaften anzutreffen sind[36]) andererseits.

Hatte der EuGH in „Walrave"[37] vorerst zu Grunde gelegt, dass nur die ökonomischen Aspekte des Sports zum Anwendungsbereich des Vertrags zählten, was die Vermutung nährte, dass Amateursport nicht darunter fiel, so änderte sich diese Sichtweise allmählich. Erstens konnte Sport als ein sozialer Vorteil für Arbeitnehmer und Selbständige aus anderen EG/EU-Ländern nach Art. 7 Abs. 2 VO 492/2011[38] gelten, und zweitens wurde im Urteil „TopFit und Biffi"[39] der Begriff der Unionsbürgerschaft gemäß Art. 18, 21

---

sche Rat von Mailand (28.–29.6.1985) die siebenjährige Vorbereitung des Binnenmarktes (1985–92) beschlossen hat.

[33] *Kornbeck*, Introduction: Sport, Brexit and the regulatory role of the European Union, in: Kornbeck, Sport and Brexit (Fn. 3), S. 3–22, vgl. S. 14–15.

[34] Ebda., S. 16–17.

[35] Zur Theorie der Zollunion siehe z. B. *Narjes*, Zoll- und Wirtschaftsunionen als Rechtsformen der auswärtigen Wirtschaftspolitik, Diss. Hamburg 1952 (DNB Frankfurt, U 52.3759). *Riezman*, A theory of customs union: The three country-two good case. Review of World Economics, J. 115 (1979), S. 701–715. *Facchini/Silva/Willmann*, The customs union issue: Why do we observe so few of them? Journal of International Economics, J. 90 (2013), H. 1, S. 136–147. – Karl-Heinz Narjes (1924–2015) diente der EG-Kommission als Kabinettschef des Präsidenten Walter Hallstein (1963–68) sowie später als Vizepräsident der Kommission (1981–88) und hatte in den frühen 1990er Jahren an der Universität Trier einen Lehrauftrag inne, wo der Verfasser zu seinen Hörern zählte.

[36] *Facchini/Silva/Willmann*, The customs union issue (Fn. 35), S. 145.

[37] EuGH, 12.12.1974. B.N.O. Walrave, L.J.N. Koch gegen Association Union cycliste internationale, Koninklijke Nederlandse Wielren Unie und Federación Española Ciclismo. Ersuchen um Vorabentscheidung: Arrondissementsrechtbank Utrecht – Niederlande. Rs. 36–74. Slg. 1974 01405. ECLI:EU:C:1974:140.

[38] Verordnung (EU) Nr. 492/2011 des Europäischen Parlaments und des Rates vom 5. April 2011 über die Freizügigkeit der Arbeitnehmer innerhalb der Union. Text von Bedeutung für den EWR. ABl. L 141 vom 27.5.2011, S. 1–12.

[39] EuGH, 13.6.2019. TopFit e. V. und Daniele Biffi gegen Deutscher Leichtathletikverband e. V. Vorabentscheidungsersuchen des Amtsgerichts Darmstadt. Rs. C-22/18. ECLI:EU:C:2019:497.

AEUV ausdrücklich auf Amateursportler angewandt. Aus einer kombinierten Lesung mit Art. 165 AEUV, dem sogenannten Sportartikel, ergab sich, dass wegen der integrationsfördernden Funktion des Sports keine Diskriminierung erfolgen durfte.[40] Was über Jahrzehnte in mühseliger Kasuistik erarbeitet worden war, von 1974 („Walrave") bis 2019 („TopFit und Biffi"), endete endgültig am 1.1.2021 (Ende der Übergangszeit) mit dem Brexit-Stichtag. Wie jüngst von einem französischen Verwaltungsgericht in einer Sache um die Anerkennung ausländischer Skilehrerdiplome bestätigt,[41] findet der Stichtag ebenfalls in der EU spiegelbildliche Anwendung, was die herausragende Bedeutung des Freizügigkeitsrechts für den Sport nur weiter bekräftigt.[42] Dieser Umschwung beinhaltet den Kontinuitätsbruch eines Geschäftsmodells, das bislang darauf basierte, aus einem großen europäischen Talentenpool schöpfen zu können, ganz analog zu den Ende 2021 bekannt gewordenen leeren britischen Supermarktregalen: Nicht die Waren fehlten, sondern die Fernfahrer*innen, die bislang aus der EU (i.d.R. aus Osteuropa) rekrutiert worden waren.[43]

EU-Bürger*innen, die vor dem 31.12.2020 bereits britischen Wohnsitz hatten, können ihren Aufenthalt nach den Vorgaben des „EU Settlement Scheme"[44] absichern, indem sie entweder „settled status" oder „pre-settled status" beantragen, je nachdem wie lange sie im Lande gelebt haben. „Settled status" setzt i.d.R. 5 Jahre Aufenthalt voraus, so dass der seit August 2015 bei Manchester United beschäftigte belgische Spieler Kevin De Bruyne sich um seinen „settled status" kaum Sorgen machen müsste.[45] Auf Neuankömmlinge jedoch findet ein „australisch" genanntes Punktesystem für Aufenthalts- und Arbeitsgenehmigungen Anwendung, das die Begünstigung inländischer Arbeitskräfte vermuten lässt, mit der Folge, dass der Fußball dadurch wieder „englischer" werden könnte.[46] Ein seltenes Beispiel für eine sportspezifische Umsetzung der allgemeinen, aus dem Brexit abgeleiteten Vorschriften – in der Tat das bislang einzige vorgefundene Beispiel – bildet der Governing

---

[40] *Van den Bogaert*, The end of free movement (Fn. 30), S. 46.

[41] Siehe TA Grenoble, 11.3.2022 (Fn. 21), S. 186.

[42] *Van den Bogaert*, The end of free movement (Fn. 30), S. 44: „Inevitably, the end of free movement is going to have a big impact on sports, especially in the UK, but also in the EU. Sport is often viewed as a paradigm of freedom of movement."

[43] Anscheinend weil britische Arbeitsbedingungen besonders schlecht sein sollen; *Otte*, „Getting into Europe is a relief every time": an HGV driver reflects on UK crisis. The Guardian, 27.9.2021, https://www.theguardian.com/business/2021/sep/27/getting-into-europe-a-relief-hgv-driver-on-uk-crisis (Zugriff 1.8.2022).

[44] Siehe Apply to the EU Settlement Scheme (settled and pre-settled status), https://www.gov.uk/settled-status-eu-citizens-families (Zugriff 1.8.2022).

[45] *Van den Bogaert*, The end of free movement (Fn. 30), S. 51.

[46] Ebda., S. 56.

Body Endorsement (GBE) genannte, von der English Football Association
(FA), der Premier League und der English Football League (EFL) vorge-
schlagene und anschließend vom Innenministerium (Home Office) im Dezember 2020 bestätigte Rahmen, der bei Anwerbungen aus dem Ausland
(einschließlich EU und EWR) ab dem 31.12.2021 gilt.[47] Die enge Bindung
an konkrete politische Vorgaben zur Verminderung der Nettozuwanderung ist
unverkennbar, und das GBE bildet ein eindeutiges Beispiel jener „Brexit
dividend", die darin besteht, legislative Autonomie zurückzugewinnen. Im
genauen Gegensatz dazu wird in der EU selber die Überwachung nationaler
Melderegelungen weiterhin verschärft, um (potentiell oder reell) jobsu-
chende, jüngst angekommene EU-Ausländer auf gar keinen Fall anders zu
behandeln als eigene Staatsbürger bzw. bereits fest angemeldete EU-Ausländer. So drohte die Kommission im Juni 2022 Belgien ein Vertragsverletzungsverfahren an, weil es eine Meldung beim Einwohnermeldeamt sowie
eine Eintragung beim Job Center verlangte,[48] was anhand des verbreiteten
Zugangs zu Sozialleistungen (auch ohne vorherige Einzahlungen, z.B. bei
frischen Hochschulabsolventen ohne Joberfahrung) durchaus konsistent und
von einem Public-Policy-Ziel gerechtfertigt erscheinen könnte.

Grundsätzlich können Premier-League- und EFL-Clubs nicht mehr frei
Spieler aus dem Ausland („overseas") verpflichten. EU-Bürger, die in der
Premier League oder der EFL spielen möchten, haben ein GBE vorzuweisen,
genauso wie Spieler aus dem Rest der Welt, um im Vereinigten Königreich
arbeiten zu dürfen. Das GBE sieht ein kompliziertes Punktesystem vor, um
erfahrene Spieler sowie junge Hoffnungsträger anhand dreier Gruppen von
Kriterien zu bewerten: Internationale Auftritte (gleich ob Junior oder Senior),
Ansehen des verkaufenden Clubs (Liga, Position, EM-Aufstieg) sowie in-
und ausländische Auftritte des Clubs. Ehe ein Club einen Spieler einstellen
kann, ist von der Football Association (FA) ein GBE einzuholen. Anträge
können zu jedem Zeitpunkt in der Saison gestellt werden, und GBEs werden
für höchstens 3 Jahre bzw. für die Dauer des betreffenden Vertrags vergeben
(je nachdem welcher der beiden kürzer ist).[49] GBEs können verlängert werden, wobei Spieler nach Ablauf ihres GBE für den jeweiligen Club jedoch
nicht mehr spielberechtigt sind. Hat ein Spieler in den letzten zwei Jahren
genügend internationale Auftritte vorzuweisen, stellt die FA das GBE ohne
weiteres aus. Anderenfalls ist mit einem GBE zu rechnen, wenn in den anderen Kriterien mindestens 15 Punkte erzielt werden. Wird ein Spieler mit

---

[47] Ebda., S. 52.

[48] EU Commission: Belgium too strict on work permits for jobseekers. Brussels
Times, 15.6.2022, https://www.brusselstimes.com/256066/eu-commission-belgium-
too-strict-on-work-permits-for-jobseekers (Zugriff 1.8.2022).

[49] *Van den Bogaert*, The end of free movement (Fn. 30), S. 52.

10–14 Punkten bewertet, so kann ein Ausnahmeausschuss („Exceptions Panel") gleichwohl die Ausstellung eines GBE empfehlen, wenn außergewöhnliche Umstände nachweislich den Spieler davon abgehalten haben, die verlangten 15 Punkte zu erzielen. Für Spitzenspieler (sei es aus der EU oder aus dem Rest der Welt) werden diese Vorgaben keine ernstzunehmende Hürde darstellen,[50] was kaum überrascht, wurde doch das System von der Premier League und den EFL-Clubs geschaffen, um ihnen selbst nach dem Brexit einen möglichst reibungslosen Zugang zu EU-Spitzenspielern zu ermöglichen.

Das kulturelle, ökonomische und politische Kapital des englischen Profifußballs scheint beim GBE zwar voll zum Tragen gekommen zu sein, so dass keiner der Akteure die aktuelle Marktposition aufs Spiel setzen möchte.[51] Auf den niederen Stufen jedoch ist es weitaus schwieriger, genug Punkte zu sammeln. Gestandene Fußballnationen wie Griechenland (Europameister 2004) oder Bulgarien (WM-Semifinale 1994) sind im FIFA World Ranking 51 bzw. 71 Plätze abgerutscht. Spieler, die in den letzten zwei Jahren sämtliche Spiele ihrer Nationalmannschaft mitgespielt haben, erreichen jedoch lediglich 2 GBE-Punkte.[52] Ferner gelten seit dem Brexit keine Ausnahmen[53] mehr vom FIFA-Transferreglement (FIFA Regulations on the Status and Transfer of Players), dessen Art. 18–19 die Verpflichtung minderjähriger Spieler aus dem Ausland untersagt. Aus Gründen des Jugendschutzes sind solche Transfers grundsätzlich nicht erlaubt; nur eine zwischen der EU und der FIFA vereinbarte Regelung hatte bislang eine Ausnahme dargestellt. Auch gelten die UEFA-Bestimmungen zu einheimisch ausgebildeten Spielern („home-grown players") (HGP) fortan uneingeschränkt; bei einer Mannschaft von 25 müssen mindestens 8 HGPs vorhanden sein.[54] Als HGPs gelten Spieler, die in den letzten 3 Jahren vor dem vollendeten 21. Lebensjahr für eine englische Mannschaft gespielt haben, wobei die Regel sich nur auf die Ausbildung, nicht aber auf die Staatsangehörigkeit des Spielers bezieht.

---

[50] Ebda., S. 53: „If the likes of Manchester United or Liverpool want to sign Mbappé from France or Haaland from Norway, and they can convince these players to cross the Channel, the new rules will not stand in the way of a transfer."

[51] Ebda., S. 53: „The Premier League has global appeal, to both players and fans. Premier League matches are broadcast all over the world. This represents enormous financial value. Evidently, the FA, the clubs and the UK government were not going to let Brexit jeopardise this leading position on the football ladder."

[52] Ebda., S. 53.

[53] Nach der im Jahr 2001 von der EU, FIFA, UEFA und FIFPRO verhandelten Ausnahmeregelung urteilte der belgische Arbeitsrechtlicher Roger Blanpain (1932–2016), Bosman sei hiermit „tot und begraben"; *Blanpain*, Le statut du sportif en droit international, droit européen, droit belge fédéral et communautaire. Brüssel, Larcier, 2004, S. 69: „Bosman mort et enterré".

[54] *Van den Bogaert*, The end of free movement (Fn. 30), S. 54.

Vor dem Brexit konnten englische Clubs Spitzenspieler wie den Spanier
Cesc Fabregas oder den Franzosen Paul Pogba als HGP anerkannt bekommen. Falls die HGP-Regel i. V. m. dem Verbot gegen internationale Transfers
den Druck erhöhen wird, um gleich zum 18. Geburtstag internationale Spieler unter Vertrag zu bekommen, so werden dadurch gleichzeitig die Clubs
dazu angehalten, ihre Nachwuchsförderung zu verstärken, was ausdrücklich
eines der Ziele des neuen Systems war.[55] Der Sport jedoch braucht nicht nur
Stars, sondern auch Servicemitarbeiter*innen, die weniger qualifiziert sind
und geringer entlohnt werden,[56] wovon sich das House of Lords im Rahmen
einer am 7.2.[57] bzw. 21.2.2018[58] gehaltenen öffentlichen Expertenanhörung
ein Bild machen konnte. Die Fähigkeit, internationale Wettbewerbe auszurichten, hängt auch davon ab, solches Personal anwerben zu können, welches jedoch beim „australischen" Punktesystem[59] kaum zum Zuge kommen
kann.

Die Schwere und das Ausmaß der Herausforderungen gerade auf diesem
Teilgebiet werden dadurch unterstrichen, dass hierzu auf deutscher Seite
ausnahmsweise ein Fachaufsatz von Klaus/Müller vorliegt,[60] der eine spiegelbildliche Darstellung beinhaltet; welchen Anforderungen müssen britische
Spieler*innen genügen, um in Deutschland spielen zu können? „Das Han-
dels- und Kooperationsabkommen enthält zum Teil Vereinbarungen mit auf-
enthaltsrechtlichen Bezügen, die jedoch für Profisportler keine Bedeutung
haben",[61] urteilen Klaus/Müller lapidar und stellen ferner fest, dass „britische
Staatsangehörige, die keine Bestandsrechte aus dem Austrittsabkommen besitzen", sich „mit der Trias des deutschen Ausländerbeschäftigungsrechts

---

[55] Ebda., S. 55.

[56] *Kornbeck*, Brexit, sport et permis de travail: entre vedettes et main d'œuvre
faiblement qualifiée. Lettre de l'Officiel Juridique du Sport, H. 148 (2020), S. 6–8.

[57] House of Lords Select Committee on the European Union Home Affairs Sub-
Committee: Uncorrected oral evidence: Brexit: movement of people in the fields of
sport and culture. Wednesday 7 February 2018. http://data.parliament.uk/written
evidence/committeeevidence.svc/evidencedocument/eu-home-affairs-subcommittee/
brexit-movement-of-people-in-the-fields-of-sport-and-culture/oral/78391.html   (Zugriff 1.8.2022).

[58] House of Lords Select Committee on the European Union Home Affairs Sub-
Committee: Uncorrected oral evidence: Brexit: movement of people in the fields of
sport and culture. Wednesday 21 February 2018. http://data.parliament.uk/written
evidence/committeeevidence.svc/evidencedocument/eu-home-affairs-subcommittee/
brexit-movement-of-people-in-the-fields-of-sport-and-culture/oral/79014.html   (Zugriff 1.8.2022).

[59] Siehe oben, II.1.

[60] *Klaus/Müller*, Ausländerbeschäftigungsrecht: der Brexit und seine Wirkungen
auf den Sport. SpuRt (2021), 129–134.

[61] Ebda., S. 132.

konfrontiert" sehen würden"[62]: AufenthG[63], BeschV[64], AufenthV[65]. Auch hier also ganz klassisch und ohne jegliche Sonderbehandlung; von Spezifität kann also keine Rede sein, obgleich auch in Deutschland der Fußballsport ökonomisch überaus wichtig ist.

2. Kartell- und Beihilfenrecht

Eine dezidierte Untersuchung der Auswirkungen des Brexits auf den Sport im Bereich des Kartellrechts ist nicht bekannt, wohingegen eine Untersuchung nach dem Gesichtspunkt des Beihilfenrechts von Cattaneo[66] vorliegt. Darin dürfte eine wichtige Forschungsaufgabe liegen. Denn zum einen ist die Relevanz von EU-Wettbewerbspolitik und EU-Kartellrecht für den Sport unumstritten, was sich auch gerade in den im Jahr 2022 vor dem EuGH anhängigen Rechtsstreitigkeiten offenbart. Diese betreffen Genehmigungsklauseln für Athleten, die sich an den Wettbewerben alternativer Veranstalter beteiligen möchten,[67] bzw. für die Initiatoren einer abhängigen Liga,[68] sowie die HGP-Regelung der UEFA[69] (welche eine Mindestzahl lokal ausgebildeter Spieler vorschreibt)[70]. Zum anderen zeigt eine generische Untersuchung zu Wettbewerbsrecht und Brexit[71], dass in diesem Bereich besonders viel Konfliktpotential steckt. Obwohl die britische Seite hier bislang – anders als z. B. bei der irischen Landgrenze (vgl. Protokoll zu Nordirland[72]) – bislang nicht von den europäischen Normen abgewichen ist, muss hier wohl die Versuchung, sich der EU gegenüber komparative Standortvorteile zu verschaffen,

---

[62] Ebda., S. 132.

[63] Gesetz über den Aufenthalt, die Erwerbstätigkeit und die Integration von Ausländern im Bundesgebiet (Aufenthaltsgesetz – AufenthG) neugefasst durch B. v. 25.02.2008 BGBl. I S. 162; zuletzt geändert durch Artikel 4a G. v. 23.05.2022 BGBl. I S. 760.

[64] Verordnung über die Beschäftigung von Ausländerinnen und Ausländern (Beschäftigungsverordnung – BeschV) Artikel 1 V. v. 06.06.2013 BGBl. I S. 1499 (Nr. 28); zuletzt geändert durch Artikel 1 V. v. 31.05.2021 BGBl. I S. 1253.

[65] Aufenthaltsverordnung (AufenthV) Artikel 1 V. v. 25.11.2004 BGBl. I S. 2945; zuletzt geändert durch Artikel 4 V. v. 20.08.2021 BGBl. I S. 3682.

[66] *Cattaneo*, Brexit, sport and EU State aid law, in: Kornbeck, Sport and Brexit (Fn. 3), S. 57–72.

[67] EuGH, International Skating Union/ Kommission, Rs. C-124/21 P, anhängig (mündliche Verhandlung 11.7.2022).

[68] EuGH, European Superleague Company, Rs. C-333/21, anhängig (mündliche Verhandlung 11.–12.7.2022).

[69] Siehe oben, II.1.

[70] Royal Antwerp Football Club, Rs. C-680/21, anhängig.

[71] *Rodgers/Stephan*, Brexit and Competition Law, London, Routledge, 2021.

[72] Protokoll zu Irland/Nordirland, Austrittsabkommen (Fn. 12), S. 85–94.

besonders ausgeprägt sein.[73] Obschon beihilferechtliche Normen bisher unverändert geblieben sind – auch im Sportbereich, wo die öffentliche Förderung von der Öffentlichkeit zugänglichen Anlagen grundsätzlich zugelassen, Finanzspritzen für überschuldete Proficlubs hingegen meist abgelehnt werden[74] –, sei einem zunehmend interventionistischen, dirigistischen und somit auch protektionistischen Klima Rechnung zu tragen, in dem Fusionen für Kartellbehörden zu den heikelsten Sachen überhaupt zählen könnten.[75] Der/die zuständige Minister*in müsste bei hochprofilierten Fusionen einschließlich freundlicher Übernahmen durch ausländische Direktinvestitionen damit rechnen, massivem Druck und hohen Erwartungen ausgesetzt zu werden, um nach Section 28(3) Enterprise Act 2002[76] irgendwelche „public interest grounds" zu finden, damit der Deal zugelassen werden könne.[77] Auch die Sportindustrie i. w. S. – einschließlich der dem Kernbereich Sport vor- und nachgelagerten Branchen und Betriebe – kann sich solchen Entwicklungen wahrscheinlich kaum entziehen.

3. Arbeitsrecht, Antidiskriminierung

Die arbeitsrechtlichen Auswirkungen des Brexit wurden von O'Leary untersucht,[78] die zunächst bemüht ist, die begrenzte Reichweite der EU-Normierung vor dem Hintergrund des begrenzten Mandats der Union nach Art. 153 AEUV zu betonen.[79] Dennoch habe die Union eine wichtige Rolle zur Erhöhung des Schutzes von Gesundheit und Sicherheit der Arbeitnehmer*innen, zur Verbesserung der Arbeitsbedingungen, des sozialen Dialogs sowie der sozialen Sicherheit gespielt. Indem die britische Regierung und das britische Parlament jetzt vorbehaltlich des nach dem TCA nötigen „level playing field" Freiheit besitzen, neue Standards festzulegen, bestünde durch-

---

[73] *Rodgers/Stephan*, Brexit and Competition Law (Fn. 71), S. 41: „the CMA's new freedom to prioritise competition issues and markets that it considers to be of particular importance to UK consumers" (CMA = Competition and Markets Authority).

[74] *Cattaneo*, Brexit, sport and EU State aid law (Fn. 66). Vgl. *Kornbeck*: Freistellungsfähige Rechtspersonen? Zugang zu Sportanlagen als Kanon EU-beihilferechtlicher Zulässigkeit. Zeitschrift für Beihilfenrecht (BRZ), J. 11 (2019), H. 4, S. 155–160; ebda., J. 12 (2020), H. 1, S. 3–9, 156; *ders.*, Spanische Fußballclubs und die „besonderen Merkmale" des Sports: Steuervorteile, Immobilientausch und Bürgschaften als indirekte Beilhilfe. BRZ, J. 12 (2020), H. 3, S. 131–139; ebda., H. 4, S. 187–194.

[75] *Rodgers/Stephan*, Brexit and Competition Law (Fn. 71), S. 70–72.

[76] Enterprise Act 2002, UK Public General Acts 2002, c. 40.

[77] Ebda., S. 76: „as it appears to create the possibility of mergers being blocked on national security grounds without any advice having been taken from the CMA".

[78] *O'Leary*, Sport, employment law and Brexit, in: Kornbeck, Sport and Brexit (Fn. 3), S. 73–86.

[79] Ebda., S. 74.

aus eine Versuchung, diese zu verringern.[80] Für Athleten*innen ganz entscheidend sei die Frage der Anerkennung als Arbeitnehmer*innen; dort bestehe (noch) Übereinstimmung zwischen der UK- und der EU-Doktrin, was aber nicht auf Dauer der Fall sein müsse,[81] während ein gegenwärtig gewerkschaftsfeindliches Klima das ohnehin (verglichen mit der EU) fragile Recht auf gewerkschaftliche Organisation zukünftig noch weiter zersetzt werden könnte. Während die britische Regierung bereits die erklärte Absicht habe, die Legaldefinition von Arbeitnehmer*in zu revidieren, seien keine sportspezifischen Bestimmungen bekannt.[82] Von weitaus größerer Bedeutung könnte die mögliche Abschaffung des Human Rights Act 1998 (HRA)[83] sein,[84] was aber wiederum nur im Zuge einer horizontalen Anwendung und somit ohne sportspezifische Ausrichtung die entsprechende Wirkung entfalten würde.

Die Implikationen des Brexits auf den Schutz von Athleten*innen gegen Diskriminierung aufgrund Geschlecht/Gender wurde von Patel[85] vorgestellt. Die Autorin kommt zu dem Ergebnis, dass der Brexit das Risiko einer Schwächung des bestehenden Schutzes mit sich bringe, da das Vertragsrecht, das abgeleitete Recht, die Grundrechtscharta und schließlich die Rechtsprechung der EU allesamt den einschlägigen Normen eine „konstitutionelle" Qualität verliehen hätten, welche jetzt verloren zu gehen drohe. Nach dem Brexit sei mit „significant regulatory gaps in the protection of athletes' gender rights" zu rechnen; ein Trend, dem eigentlich nur eine kollektive Bewegung wirksam entgegentreten könnte.[86] Von irgendwelchen sportspezifischen Regelungen ist in dem Beitrag keine Rede. Die Bedeutung des sozialen Dialogs wird von Palmer[87], einem ehemaligen Basketball-Profi mit jahrelanger Erfahrung aus dem EU-weiten sozialen Dialog im Sport, betont, doch auch hier werden keine sportspezifischen Maßnahmen gemeldet, sei es um die Wirkungen des Brexits entweder zu verstärken oder abzumildern.

Interessanterweise bewirkt der Brexit selber auch schon neue Diskriminierungen, wie von Van den Bogaert beobachtet, da das o.g. Governing Body Endorsement (GBE) bei Fußballspielerinnen ganz anders zum Tragen kommt als bei ihren männlichen Kollegen. Ganz analog zum allseits bekannten Pay

---

[80] Ebda., S. 76.

[81] Ebda., S. 84.

[82] Ebda., S. 85.

[83] Human Rights Act 1998, UK Public General Acts 1998, c. 42.

[84] *O'Leary*, Sport, employment law and Brexit (Fn. 78), S. 86.

[85] *Patel*, Athletes' sex and gender rights, in: Kornbeck, Sport and Brexit (Fn. 3), S. 87–101.

[86] Ebda., S. 99.

[87] *Palmer*, Brexit and social dialogue in sport, in: Kornbeck, Sport and Brexit (Fn. 3), S. 105–118.

Gap und der noch vielerorts vorhandenen Glasdecke bei Beförderungen müssen Spielerinnen hier höheren Anforderungen genügen als Spieler. Was diese Diskriminierung objektiv begründen könnte, ist derzeit nicht bekannt. Spielerinnen müssen 24 GBE-Punkte sammeln (männliche Spieler dagegen nur 15).[88]

4. Auswirkungen auf unterschiedliche Stakeholders

Wie bereits ausgeführt,[89] scheint die Lage des Profifußballs besonders gut dokumentiert zu sein. Eine teilweise empirische, rechtlich-ökonomische Studie von Perry/Steenson[90] stellte der English Football League (EFL) zwar neue Hürden bei der Anwerbung talentierter Spieler aus Europa, aber auch neue Chancen im Bereich des Medienrechts im Rahmen eines stärkeren Schutzes der Rechte der EFL in Aussicht. Dabei unterscheidet sich der Fußball dadurch vom Cricket, dass er nach Weatherill[91] durchaus vom Zugang zum riesigen europäischen Talentenpool profitiert hat, was beim Cricket hingegen gar nicht zutrifft, zumal dessen Talente fast nur aus Commonwealth-

---

[88] *Van den Bogaert*, The end of free movement (Fn. 30), S. 55: „Last, but certainly not least, it must be observed that these new entry requirements only apply to the men's game, and even more specifically to clubs in the Premier League or the English Football League. Clubs in other leagues within the men's football pyramid are not permitted to contract overseas players, thus including EU nationals, unless these players have obtained a visa outside the GBE system which permits them to play football in the UK, and the player's employment by the club complies with the terms and conditions of their visa and the relevant Immigration Rules. Separate, albeit similar arrangements have also been made for the women's game and for managers. Without going into too much detail, the women need to earn more points (24) to obtain a GBE. The ‚Auto Pass‘ threshold for international appearances is also set at a higher level, in that a player must have played 70 % of international matches for her national team that must be ranked furthermore in the FIFA top 20, before she will automatically qualify for a GBE. There is also a greater emphasis on playing in the top-level competitions, both domestically and internationally. Currently, the Netherlands are the reigning European Champion and vice World Champion. The Dutch league, however, is not considered to be a top-tier competition. It will be difficult for a non-international from the Netherlands, or any other country outside the world's top eight leagues, to obtain a GBE. Also, there are no criteria for U21 players. Arguably, these differences can be explained by the fact that the women's game is still in a phase of (rapid) development, but still, one cannot but fail to notice them."

[89] Siehe oben, II.1.

[90] *Perry/Steenson*, A Post-Brexit Impact: A Case Study on the English Premier League. Harvard Journal of Sports & Entertainment Law, J. 10 (2019), H. 1, S. 1–54.

[91] *Weatherill*, Nationality-based restrictions in football after Brexit, in: Kornbeck, Sport and Brexit (Fn. 3), S. 119–130.

Ländern anzuwerben seien, so Parrish[92]. Sportspezifische Lösungsansätze werden außer beim o.g. GBE völlig vermisst.

Freilich können Brexit-induzierte Herausforderungen weit über den Abbruch lukrativer Wertschöpfungsketten hinausgehen, insbesondere wenn neue Verwaltungshürden auftreten. So z.B. im Pferdesport, wo Landtransporte lebender Tiere über die irisch-nordirische Grenze erheblich verkompliziert worden sind, wie von Donnellan gemeldet,[93] zumal ein gar nicht zum Unionsrecht gehöriges völkerrechtliches Abkommen zwischen Irland, dem Vereinigten Königreich und Frankreich („Tripartite Agreement")[94] (TPA) am 31.12.2021 außer Kraft gesetzt wurde. Damit findet die RL 2009/156/EC[95] uneingeschränkt Anwendung, so dass für jeden Transport ein sogenanntes DOCOM („a commercial document generated by an Approved TPA Body") und eine vorherige Anmeldung durch eine „Trade Control and Expert System" (TRACES) genannte Datenbank Pflicht sind.[96] Genauso wie im Falle der durch holländische Zöllner beschlagnahmten britischen Sandwiches[97] kommt auch hier eine an sich undifferenzierte horizontale Anwendung sportfremder Vorschriften zum Tragen, zumal die RL 2009/156/EC auf Seuchenverhütung bei Tiertransporten vornehmlich zum Schlachten abzielt, wohingegen bei den hier relevanten Transporten ausschließlich lebende, fast zwangsläufig überdurchschnittlich gesunde Equiden transportiert werden, gleich ob zu Wettbewerben oder zur Zucht, und um fast immer anschließend wieder nach Hause gefahren zu werden. In diesem Falle sind die Sportverbände insbesondere über die 2017 eingerichtete Arbeitsgemeinschaft „Thoroughbred Industries Brexit Steering Group" (TIBSG) tatsächlich in den Prozess eingebunden gewesen,[98] ohne jedoch dass dafür eine Sonderbehandlung oder gar Erleichterung erkennbar wäre.

---

[92] *Parrish*, You're out! Brexit and cricket, in: Kornbeck, Sport and Brexit (Fn. 3), S. 131–142.

[93] *Donnellan*, The tripartite agreement on the transfer of racehorses between the United Kingdom, the Republic of Ireland and France, in: Kornbeck, Sport and Brexit (Fn. 3), S. 145–162.

[94] Das zwischenzeitlich außer Kraft gesetzte Abkommen konnte trotz wiederholter Versuche online nicht gefunden werden, wird von Donnellan jedoch wiederholt zitiert.

[95] Richtlinie 2009/156/EG des Rates vom 30. November 2009 zur Festlegung der tierseuchenrechtlichen Vorschriften für das Verbringen von Equiden und für ihre Einfuhr aus Drittländern. Text von Bedeutung für den EWR. ABl. L 192 vom 23.7.2010, S. 1–24.

[96] *Donnellan*, The tripartite agreement (Fn. 93), S. 156.

[97] Siehe oben, I.2.

[98] *Donnellan*, The tripartite agreement (Fn. 93), S. 152.

Neben Athleten/Spielern und Sporttieren werden Spielervermittler vermutlich zu den am ehesten betroffenen Stakeholders zählen, zumal ja ihre Tätigkeit in besonderem Masse bislang von der europäischen Personenfreizügigkeit profitiert haben. Zu ihren Aufgaben gehört es fortan auch, sich entweder
mit den akribisch gestalteten Regelungen zur Antragstellung im Hinblick auf
Visum, Aufenthalt und Arbeitserlaubnis auszukennen, bzw. gegen Bezahlung
die entsprechende Arbeit an weiteren Vermittler (Zollagenturen usw.) in Auf-
trag zu geben. Die Rolle professioneller Vermittler mit rechtlichen und ver-
waltungstechnischen Kompetenzen muss vom Brexit fast exponentiell beflü-
gelt worden sein, so wie in anderen Branchen auch, wo mittelständische
Unternehmen die Zollformalitäten kaum mehr selbst bewältigen können, was
z. B. bei kleineren Weinimporteuren[99] verhängnisvoll werden kann, wohingegen größere Betriebe besser aufgestellt sein und über eigene konzerninterne
Dienste verfügen können. Auf empirische Daten muss hier verzichtet werden,
sodass nur Vermutungen angestellt werden können. Interessanterweise können auch die Spielervermittler selber in Mitleidenschaft gezogen werden, da
ihre Einkünfte mehrwertsteuerpflichtig sind und das TCA zur Anwendung
der EU-Vorschriften keine Klarstellung herbeiführt.[100]

Eine weitere, vom Profisport weitgehend unbeachtete Stakeholder-Gruppe
ist die des Breitensports, welche – wie von Jarvis[101] mitgeteilt – den Zugang
nicht nur zu EU-Fördermitteln (insbesondere aus dem Sportkapitel im Pro-
gramm „Erasmus+"), sondern auch zu EU-Netzwerken verloren habe. Vergleichbar ist die dem Autor von britischen Sportwissenschaftler*innen, die
anonym bleiben wollen, geschilderte Situation.[102] Deren Institute und De-
partments seien derart hart vom Brexit betroffen, u. a. wegen des Wegfalls
von Fördermitteln und Netzwerken aber auch wegen des Verschwindens von
Studierenden aus der EU, was zur Folge gehabt habe, dass manche ihre Stellen verloren und andere erheblichen Stress erlebt hätten.[103]

Wie der Vergleich Fußball/Cricket gezeigt hat,[104] erweisen sich die Vor-
und Nachteile des Brexits je nach Lage und Interessen einzelner Stakeholders

---

[99] *Robinson*, Brexit's effect on the UK wine scene, 9.3.2021, https://www.
jancisrobinson.com/articles/brexits-effect-uk-wine-scene (Zugriff 1.8.2022).

[100] *Onesti*, VAT chargeability of football intermediaries' commissions in EU Law,
in the light of the EU–UK Trade and Cooperation Agreement. International Sports
Law Journal, online 07.07.22, https://doi.org/10.1007/s40318-022-00216-3 (Zugriff
1.8.2022).

[101] *Jarvie*, Scottish sport, Brexit and cultural relations, in: Kornbeck, Sport and
Brexit (Fn. 3), S. 163–175.

[102] *Kornbeck*, Conclusion: Sport Regulation between Brussels Effect and Brexit
Dividend, in: Kornbeck, Sport and Brexit (Fn. 3), S. 224–248.

[103] Ebda., S. 236–240.

[104] Siehe oben, II.4., EuGH, Rs. C-333/21, anhängig.

als unterschiedlich. In diesem Sinne melden Mustafi/Bayle[105], dass Schweizer Fußballvereine sich z. T. bessere Chancen auf dem Transfermarkt erhoffen, wenn britische Clubs nicht mehr bevorzugt aus der EU rekrutieren; des einen Freud, des anderen Leid, und vice-versa. In diesem Zusammenhang stellt sich die Frage, ob die EU ihre auf anderen Regulierungsgebieten (z. B. Datenschutz, Kartellrecht, Chemikalienrecht) so erfolgreichen Normenexport i. S. d. von Bradford[106] empirisch-rechtlich nachgewiesenen „Brüsseler Effektes" auch im Bereich des Sports entfalten könnte. Garcia/Meier[107] sind da skeptisch, da das Mandat der Union nach Art. 165 AEUV zu begrenzt und die Politikpräferenzen der Mitgliedstaaten zu unterschiedlich seien,[108] während Boyes[109] sich optimistischer gibt. Boyes hat schon früher der EU eine herausragende Rolle bei der Herausbildung transnationaler öffentlich-rechtlicher Normen des Sportrechts zuschrieben[110] und geht davon aus, dass die EU auch fortan Wirkungen entfalten werde, welchen sich das Vereinigte Königreich auf Dauer nicht werde entziehen können.[111] Ähnlich äußert sich Jean-Louis Dupont[112] mit der Vermutung, dass etwa bei einer ggf. den alternativen Veranstaltern in der Rs. „European Superleague"[113] entgegenkommende Entscheidung des EuGH bald von britischer Seite de facto befolgt würde: „Brexit or not Brexit"[114]. Unter diesen Gesichtspunkten ist das Thema „Brexit & Sport" sicher geeignet, verschiedene Theorien der Integration kritisch zu überprüfen,[115] und/oder die Relevanz der regulierenden Funktion der EU rechtlich ebenso wie tatsächlich zu würdigen.[116]

---

[105] *Mustafi/Bayle*, Regulating the labour market for professional footballers, in: Kornbeck, Sport and Brexit (Fn. 3), S. 176–195.

[106] *Bradford*, The Brussels Effect: How the European Union Rules the World. Oxford, Oxford University Press, 2020.

[107] *Garcia/Meier*, Brexit and global sport power Europe, in: Kornbeck, Sport and Brexit (Fn. 3), S. 196–210.

[108] Ebda., S. 198–199.

[109] *Boyes*, European Union law and the regulation of sport in the United Kingdom after Brexit, in: Kornbeck, Sport and Brexit (Fn. 3), S. 213–223.

[110] *Boyes*, Sports Law: Its History and Growth and the Development of Key Sources. Legal Information Management, J. 12 (2012), H. 2, S. 86–91.

[111] *Boyes*, European Union law and the regulation of sport (Fn. 109), S. 223.

[112] *Dupont*, Preface in: Kornbeck, Sport and Brexit (Fn. 3), S. xv.

[113] Siehe oben, II.2., EuGH, Rs. C-333/21, anhängig.

[114] *Dupont*, Preface (Fn. 112), S. xv.

[115] *Brand/Geeraert/Niemann*, European (dis-)integration theories, Brexit and sport: A double disconnect and tentative remedies, in: Kornbeck, Sport and Brexit (Fn. 3), S. 23–40.

[116] *Kornbeck*, Introduction: Sport, Brexit and the regulatory role of the European Union, in: Kornbeck, Sport and Brexit (Fn. 3), S. 3–22.

III. Fazit

1. Befunde

Wie der vorliegende Beitrag gezeigt hat, erweist es sich derzeit als schwierig, die Auswirkungen des Brexits exakt zu bestimmen, sei es allgemein politisch und rechtlich, oder aber speziell im Hinblick auf den Sport. Soweit ersichtlich beinhaltet der Brexit-Rechtsrahmen selber keine sportspezifischen Bestimmungen[117], so dass auf der Ebene der einzelnen Regulierungsbereiche, ggf. im Rahmen der Nebengesetzgebung bzw. in Policies und Soft Law nach möglichen Erleichterungen zu suchen wäre. Ein solches Unterfangen geht jedoch über die Grenzen dieses Beitrages weit hinaus und würde ein eigenständiges Forschungsprojekt mit gewissen Ressourcen erfordern. Vorliegend wurde aus dem Bereich des Profifußballs im Rahmen des GBE[118] ein Beispiel eines von den Verbänden selber entwickelten und von Behördenseiten validierten Systems zur Abfederung von für den Sport negativen Folgen des Brexits im Rahmen des Rechts von Personenfreizügigkeit, Aufenthalt und Arbeit nachgewiesen, welches jedoch auf ein stark beschränktes Segment einer einzelnen Sportart beschränkt bleibt, dort sogar erstaunliche Diskriminierungen aufgrund Geschlecht/Gender bewirkt[119] und ferner für die Rekrutierung weiterer (z. T. für die Organisation von Sportgroßveranstaltungen erheblicher) Personalgruppen gar keine Erleichterung bewirkt.[120] Zu einem Zeitpunkt, wo binäre Methodologien in fast allen gesellschaftlichen Bereichen mit Vehemenz in Abrede gestellt werden, ist dies ein erstaunlicher Befund. Selbst wenn vor Augen gehalten wird, dass der Sport als besonders konservativer Gesellschaftsbereich generell an einem ansonsten im Westen kaum noch mainstreamfähigen Binarismus festhält und systematisch athletisch tätige Menschen schematisch Männer- und Frauenkategorien zuordnen, vermag es doch zu verwundern, dass ganz neue Regelungen geschaffen werden, die auf derart eklatante Weise unnötige neue Diskriminierungen herbeiführen. Dass die politisch Verantwortlichen den Sport nicht zur Rechenschaft ziehen, ist kaum nachvollziehbar. Dass eine neue Verfahrensordnung, die zudem keine direkten Bezüge zum objektiven sportlichen Geschehen hat, derart binär gestaltet wurde und damit einer mittlerweile vielleicht etwas antiquierten Unterscheidung von „Spielregeln" in Abgrenzung zu „Rechtsregeln"[121] aufgreift, kann nur verwundern. Im Falle des Pferdesports konnte

---

117 Siehe oben, I.2.
118 Siehe oben, II.1.; vgl. *Van den Bogaert*, The end of free movement (Fn. 30).
119 Siehe oben, II.3.; vgl. *Van den Bogaert*, The end of free movement (Fn. 30).
120 Siehe oben, II.1.; vgl. *Van den Bogaert*, The end of free movement (Fn. 30).
121 *Kummer/Brönnimann*, Spielregel und Rechtsregel. Bern, Stämpfli Verlag, 1973.

ebenfalls eine Beteiligung der Verbände an der Erarbeitung von Lösungen nachgewiesen werden, dafür aber keine zwangsläufige tatsächliche Erleichterung.[122]

Bei allen anderen hier untersuchten Regulierungsbereichen konnten jedoch keine sportspezifischen Lösungen identifiziert werden. Dies ist wohl geeignet, den besonderen Charakter des (Profi-)Fußballs für europäische Gesellschaften, Volkswirtschaften und Politik zu bekräftigen ebenso wie die bisherige Bedeutung des europäischen Freizügigkeitsrechts für die Gestaltung nationaler Sportgeschäftsmodelle – auch und nicht zuletzt im Vereinigten Königreich – zu bestätigen.[123]

Wie Van den Bogaert zusammenfasst, stelle der Brexit in der Geschichte der EG/EU eine Entwicklung ganz ohne Vorfall dar, der vermutlich alle gesellschaftlichen Bereiche grundlegend verändern werde, einschließlich des Sports. Gelte die in Großbritannien beendete Personenfreizügigkeit als eine der größten Errungenschaften der Integration, so hätten EU-Bürger fortan keinen Anspruch mehr darauf, ausgerechnet in der Heimat des Fußballs zu spielen. Zur Vermeidung bzw. Umgehung daraus sich ergebender potentiell vernichtender Auswirkungen auf die Wettbewerbsfähigkeit und Attraktivität der „vielleicht besten Fußballliga weltweit", der Premier League, sei für Spieler aus dem Ausland („overseas players") durch die FA ein neues Anerkennungssystem erdacht worden, welches sich als überaus detailliert und komplex erwiesen habe und zwingend einen Mehraufwand an Verwaltung und Kosten („additional paperwork and administrative costs") bewirkte. Das System scheint gerade darauf angelegt zu sein, weniger Spieler aus dem Ausland zuzulassen, was für Spitzenspieler sich wahrscheinlich als unproblematisch erweisen werde, kleineren Clubs hingegen aber der Chance beraubte, auf unentdeckte europäische Rohdiamanten zurück zu greifen. Dies wiederum könnte die inländische Nachwuchsarbeit stärken (Not macht ja bekanntlich erfinderisch), was auch den Absichten der Urheber des neuen System zu entsprechen scheine.[124]

---

[122] Siehe oben, II.4.; vgl. *Donnellan*, The tripartite agreement (Fn. 93).

[123] Siehe oben, II.3.–4.; vgl. *Klaus/Müller*, Ausländerbeschäftigungsrecht (Fn. 60); *Cattaneo*, Brexit, sport and EU State aid law (Fn. 66); *O'Leary*, Sport, employment law and Brexit (Fn. 78); *Patel*, Athlets' sex and gender rights (Fn. 85); *Palmer*, Brexit and social dialogue (Fn. 87); *Onesti*, VAT chargeability (Fn. 100); *Jarvie*, Scottish sport (Fn. 101).

[124] *Van den Bogaert*, The end of free movement (Fn. 30), S. 56: „And most importantly, they accommodate fewer people. The best players and the most promising young talents from the EU will still be able to play in the Premier League. That is the main objective of the new rules. For the other players, it will become harder, or even impossible, to play in the UK. This may be a pity, for themselves, just as well as for the (especially smaller) UK clubs who now perhaps lose the opportunity to sign the

2. „Project fear" oder bloß „common sense"?

Während der Kampagne vor dem Referendum wurden Warnungen vor möglichen negativen Auswirkungen eines Austritts regelmäßig als Ausdruck einer Kampagne der Einschüchterung („project fear") abgewiesen.[125] Ähnliches hat der Verfasser auch selber erlebt, ob von britischer oder europäischer Seite; erstens indem er schon Jahre vor dem Referendum ein solches als möglich erachtet hat, und zweitens indem er nach Bekanntwerden des Ergebnisses eine radikale, ggf. auch wirtschaftlich schädliche Entwicklung als plausibel dargestellt hat. In der aktuellen Lage (Sommer 2022) ist durchaus mit weiteren Schieflagen und Gefährdungen zu rechnen, z.B. auch wegen der Kandidatur verschiedener Mitglieder um die Nachfolge von Boris Johnson nach dessen Rücktrittsankündigung am 7.7.2022. Dass ein Austrittsreferendum möglich war, hätte bereits ab dem Jahr 2010 allen bewusst sein müssen, als eine konservativ-liberale Koalition gebildet wurde und Premier David Cameron zur Beschwichtigung der euroskeptischen Elemente seiner eigenen Partei einen Volksentscheid in Aussicht gestellt hatte (welchen er irrtümlich angenommen hatte, ebenso gewinnen zu können wie jene von 2011 über das Wahlsystem und jene von 2014 zur schottischen Unabhängigkeit). Nach Bekanntwerden des Ergebnisses vom 23.6.2016 haben viele Zeitgenossen doch die Bereitschaft breiter Teile zu einem ggf. auch tumultuösen Brexit unterschätzt, wofür es verschiedene Gründe gibt wie z.B. das Wirken einer European Research Group (ERG) genannten Pressionsgruppe innerhalb der Tory-Partei, welche maßgeblich zu den drei demütigenden Niederlagen der damaligen Premierministerin Theresa May (15.1.2019, 12.3.2019, 29.3.2019) in Abstimmungen über damals mit der EU erreichte Kompromisse beigetragen zu haben scheint. Auf jeden Fall wird der aktuelle Brexit-Stand mit zur Gewissheit grenzender Wahrscheinlichkeit nicht von Dauer sein, was sich zuletzt in der einseitigen Verabschiedung eines Gesetzes zum Nordirland-Protokoll[126], worauf die EU sich gezwungen sehen könnte, mit Gegenmaßnahmen zu reagieren, veranschaulicht. Ebenso hat die Regierung in ihrer vom Prinzen Charles in Vertretung der Königin zur Eröffnung des Parlaments am 10.5.2022 verlesenen Thronrede eine „Brexit Freedoms

---

still undiscovered diamond from anywhere in Europe. But it does not necessarily have to be a bad thing for the English game. Where opportunities go, new opportunities come. In fact, the game could in a way become ‚more English' again, as clubs will increase their focus on recruiting the best home-grown talents. And this is also one of the main objectives of the new rules. Interesting times lie ahead …".

[125] Vgl. *Gordon*, I admit it: the man who coined Project Fear label. The Herald, Retrieved 15 March 2017, https://www.heraldscotland.com/news/13194407.admit-man-coined-project-fear-label/ (Zugriff 1.8.2022).

[126] Northern Ireland Protocol Bill (HL Bill 52) (Fn. 27).

Bill" genannte Gesetzesvorlage in Aussicht gestellt,[127] um Teile des „retained law"[128] leichter abschaffen zu können als zuvor.[129] Hatte das „retained law" bislang einen Teil der Verhandlungsgrundlage ausgemacht, um das TCA erst zu ermöglichen, weil erst durch die Beibehaltung europäischer bzw. europäisch inspirierter Gesetze das nötige „level playing field" sichergestellt war, so ist die Ankündigung neuer Rücknahmen ein Zeichen dafür, dass die britische Seite vor neuen Konfrontationen nicht zurückscheut. Zuletzt (Sommer 2020) bekannten sich die Außenministerin Liz Truss und der am 5.7.2002 zurückgetretene ehemalige Schatzkanzler Rishi Sunak als Kandidaten für die Johnson-Nachfolge beide zu derartigen Schritten im großen Rahmen.[130] Zuletzt war eine Entscheidung des Straßburger Europäischen Gerichts für Menschenrechte (EGMR) zur britischen sogenannten Ruanda-Politik („Rwanda Asylum Plan"[131]) (bei der Asylsuchende gleich nach Ruanda auszufliegen waren, um diese dort in Lagern zu unterbringen, während ihre Anträge von den britischen Behörden geprüft würden) in weiten Teilen der britischen Medien und Politik in emotionaler Weise auf Ablehnung gestoßen, ohne der Bevölkerung klar zu vermitteln, dass das EGMR ein Gericht des Europarats (nicht jener EU, aus der man ja gerade ausgetreten war) ist. Um sich auch von jenen „euro-judges" nichts mehr gefallen lassen zu müssen, machten sich daher verschiedene Tories dafür stark, aus der Europäischen Menschenrechtskonvention auszutreten[132]). Dazu meinte Truss, bis Ende 2023 sämt-

---

[127] Queen's Speech 2022. Her Majesty's most gracious speech to both Houses of Parliament. From: Prime Minister's Office, 10 Downing Street and HRH The Prince of Wales, Prince Charles, 10.5.2022, https://www.gov.uk/government/speeches/queens-speech-2022 (Zugriff 1.8.2022).

[128] Siehe oben, I.3.

[129] Ebda.: „A bill will enable law inherited from the European Union to be more easily amended [Brexit Freedoms Bill]."

[130] N.S.K. v the United Kingdom (application no. 28774/22, formerly K.N. v. the United Kingdom); Press Release ECHR 197 (2022) 14.06.2022: The European Court grants urgent interim measure in case concerning asylum-seeker's imminent removal from the UK to Rwanda.

[131] Memorandum of Understanding between the government of the United Kingdom of Great Britain and Northern Ireland and the government of the Republic of Rwanda for the provision of an asylum partnership arrangement, 14.4.2022, https://www.gov.uk/government/publications/memorandum-of-understanding-mou-between-the-uk-and-rwanda/memorandum-of-understanding-between-the-government-of-the-united-kingdom-of-great-britain-and-northern-ireland-and-the-government-of-the-republic-of-r (Zugriff 1.8.2022).

[132] So z.B. Nick Timothy, ehemaliger Kabinettschef (Chief of Staff) von Theresa May (2016–17): Timothy, The next PM must be ready to pull Britain out of the ECHR. Both leadership candidates promise to be tough on immigration, but have they got what it takes? The Telegraph, 24.7.2022, https://www.telegraph.co.uk/politics/2022/07/24/next-pm-must-ready-pull-britain-echr/.

liche noch bestehende EU-Gesetze abschaffen zu können,[133] wo selbst der radikal euroskeptische „Minister for Brexit Opportunities" Jacob Rees erst zum 20. Brexit-Jahrestag, am 23.6.2026, insgesamt 2.600 Gesetze hatte abschaffen wollen.[134] Mehrere Kabinettskollegen sowie hohe Beamte und Vertreter der Beamtengewerkschaften hatten davor gewarnt, diese ehrgeizigen Ziele ausgerechnet dann erreichen zu wollen, wenn gleichzeitig 20% der Zentralverwaltung (Civil Service) (90.000 Stellen) einzusparen seien.[135] Der etwas vorsichtigere Sunak hingegen wollte lediglich ein neu einzurichtendes Ministerium („Brexit Delivery Department") damit beauftragen, ca. 2.400 Gesetze kritisch zu evaluieren.[136]

Zwar gab es im Herbst 2022 wieder neue Entwicklungen, welche die Hoffnung auf eine weniger konfrontative Politik gegenüber der EU wieder in (vielleicht) greifbare Nähe brachte. War Liz Truss am 6.9.2022 zwei Tage vor dem Tod der Königin Elizabeth II. von der Monarchin zur Premierministerin ernannt worden, so hatte Truss sich zunächst für eine Verschärfung der o.g. Politik zur massenhaften Abschaffung originär europäischer Gesetze und sonstiger Vorschriften bekannt. Als Truss am 25.10.2022 nach nur 44 Tagen im Amt ihren Hut nahm – ein historischer Rekord, seit Sir Robert Walpole am 3.4.1721 als erster dieses Amt antrat – entschied sich Rees-Mogg ebenfalls zum sofortigen Rücktritt. Gerade weil der etwas konziliantere Sunak einige Minister aus dem alten Kabinett behielt, erschien es nicht ganz abwegig, den freiwilligen Verzicht Rees-Moggs als Zeichen dafür auszulegen, dass er unter Sunak nicht erwartete, Tausende von Vorschriften über Nacht abschaffen und diese weitgehend durch Ministerialerlasse (bzw. durch nichts) ersetzen zu lassen. Jedoch galt die britische Politik weiterhin als unbeständig bis wackelig, nicht zuletzt was das angespannte Verhältnis zur EU betraf.

3. Implikationen für den Sport

Der Beitrag hat erstens gezeigt, dass eigentlich nur aus dem Bereich des Profifußballs sportspezifische Lösungen bekannt sind,[137] um für den Sport

---

[133] *Walker*, Truss vows to scrap remaining EU laws by end of 2023 risking ‚bonfire of rights'. The Guardian, 22.7.2022, https://www.theguardian.com/politics/2022/jul/22/bonfire-of-rights-truss-vows-to-scrap-remaining-eu-laws-by-end-2023.

[134] *Allegretti*, Jacob Rees-Mogg plan to axe EU laws sparks cabinet row. The Guardian, 14.6.2022, https://www.theguardian.com/politics/2022/jun/14/jacob-rees-mogg-plan-to-axe-eu-laws-sparks-cabinet-row.

[135] Vgl. *Walker*, Truss vows to scrap remaining EU laws (Fn. 133).

[136] *Sunak*, We got Brexit done – now we must capitalise on the freedoms it gave us. The Telegraph, 16.7.2022, https://www.telegraph.co.uk/politics/2022/07/16/got-brexit-done-now-must-capitalise-freedoms-gave-us/.

[137] Siehe oben, II.1., *Van den Bogaert*, The end of free movement (Fn. 30).

unangenehme Folge des Brexits abzuwenden bzw. abzufedern. Darüber hinaus ist ein Fall aus dem Pferdesport bekannt, in dem die Verbände ebenfalls an der Entwicklung von Lösungen beteiligt wurden,[138] ohne jedoch dass daraus entstandene Erleichterungen erkennbar wären. Sollte es nun zu weiterer Zerwürfnissen kommen, so erscheint es fraglich, dass andere Sportarten über mehr Verhandlungsmacht verfügen sollten als bislang der König Fußball.

Zweitens hat der Beitrag auf das ständige Risiko neuer Rücknahmen von Vorschriften des „retained law" hingewiesen. Selbst wenn mehrere der hier zitierten Autoren sich zum aktuellen Stand des beibehaltenen EU-Rechts teilweise recht optimistisch geäußert haben, ist eine weitere Erosion durchaus möglich und würde ggf. in Teilen der britischen Gesellschaft sicherlich als Symbolpolitik und Ausdruck nationaler legislativer Autonomie begrüßt werden. Auch der Sport muss sich dessen bewusst sein, dass die britische Rechtslage eher labil denn stabil ist.

---

[138] Siehe oben, II.4., *Donnellan*, The tripartite agreement (Fn. 93).

Nationaler Anti-Doping Code –
Eine faktenbasierte Evaluierung der Entwicklungen

Von *Caroline Bechtel*

I. Einleitung

Die Integrität des Sports ist dessen zentraler Wert. Der unbeeinflusste, offene Ausgang von Sportwettkämpfen bildet das Fundament für die Glaubhaftigkeit des Sports und damit die Grundlage für seinen Schutz sowie Förderung durch Staat und Gesellschaft.

Doping gefährdet die Integrität des sportlichen Wettbewerbs. Vor diesem Hintergrund haben sich sowohl der Sport als auch der Staat der Bekämpfung von Doping verschrieben. Die Bewahrung und der Schutz der Integrität des Sports sowie speziell die Bekämpfung von Doping liegen in gemeinsamer Verantwortung staatlicher und sportverbandlicher Akteure.

Dabei ist der Nationale Anti-Doping Code (NADC) das wichtigste sportartübergreifende Anti-Doping-Regelwerk für den deutschen Sport. Er basiert auf dem World Anti-Doping Code (WADC) der World Anti-Doping Agency (WADA) und setzt die wesentlichen Bestimmungen des WADC auf nationa-

ler Ebene um. Sowohl der WADC als auch der NADC werden regelmäßig
überarbeitet und aktualisiert. Die jüngsten Fassungen des WADC und des
NADC sind jeweils zum 01.01.2021 in Kraft getreten.[1]

Als zentrales Regelwerk zur Dopingbekämpfung für die privaten Sportverbände hat der NADC zugleich maßgebende Bedeutung für den Erfolg der
staatlichen Dopingbekämpfung. So hängt beispielsweise die Einleitung strafrechtlicher Ermittlungsverfahren wegen Selbstdopings im Regelfall vom
Vorliegen einer positiven Probe ab. Deren Feststellung erfolgt aber nicht auf
Grundlage staatlichen Rechts, sondern nach Maßgabe des NADC. Deshalb
besteht ein großes rechtspraktisches und wissenschaftliches Interesse daran,
die Steuerungskraft des NADC mit Blick auf seine normativen Zwecksetzungen zu messen.[2]

II. Das Projekt: Ziele und Methoden

Vor diesem Hintergrund wurde untersucht, ob und inwieweit der Code
wirksam ist und welche Perspektiven es für die Anti-Doping Arbeit in
Deutschland gibt. Im Ergebnis konnte der wissenschaftliche Nachweis von
Entwicklungen im Verständnis und Verhalten von Athlet*innen durch verbesserte Maßnahmen der Information, Prävention und Kontrolle erbracht werden.[3] Darüber hinaus wurden die Grundlagen eines Indexes als Bewertungs-
maßstab für die Steuerungskraft von sportverbandlichen Regelwerken (sog.
„Kölner Index") erarbeitet. Der Index dient vor allem der Darstellung von
Kenntnissen der Athlet*innen von sportverbandlichen Regelwerken. Insbesondere kann dadurch der Lernerfolg von angebotenen Schulungsmaßnah-

---

[1] Zu den jüngsten Änderungen des WADC siehe *Mortsiefer*, Revision des Welt
Anti-Doping Code (WADC2021) – Ein Überblick, Sp*u*Rt 2020, S. 10ff.

[2] Mit dieser Aufgabe beauftragte die NADA das Institut für Sportrecht an der
Deutschen Sporthochschule Köln im Rahmen einer ersten Evaluierung vom 01. Januar 2015 bis zum 31. Dezember 2017. Im Mittelpunkt dieser Evaluierung stand die
Frage, ob die regelgebundenen Athlet*innen die Bestimmungen des NADC verstehen
und sich danach verhalten. Das wissenschaftliche Nachfolgeprojekt, das Gegenstand
dieses Beitrags ist, knüpft an die erste Evaluierung des NADC an. In beiden Untersuchungen ging es dabei um den NADC in seiner Fassung aus dem Jahre 2015. Der
NADC 2021 ist erst nach Beendigung des Projektzeitraums (01.01.2019 bis
31.12.2020) in Kraft getreten. Vor dem Hintergrund, dass wesentliche Bestimmungen
unverändert geblieben sind, haben die gewonnenen Erkenntnisse aber auch mit Blick
auf die aktuelle Version des NADC Relevanz.

[3] Die Ergebnisse der beiden Untersuchungen sind im Verlag des Instituts für Sportrecht erschienen: *Bechtel/Nolte* (Hrsg.), Nationaler Anti-Doping Code – Eine faktenbasierte Evaluierung der Entwicklungen, Kölner Studien zum Sportrecht, Band 15,
Köln 2021; *Nolte* (Hrsg.), Nationaler Anti-Doping Code – Eine faktenbasierte Evaluierung in Deutschland, Kölner Studien zum Sportrecht, Band 12, Köln 2018.

men ermittelt werden. Ob die Maßnahmen im Ergebnis auch dazu führen, dass die Ziele des jeweiligen sportverbandlichen Regelwerks, hier also die Abkehr von Doping durch die einzelnen Sportler*innen, erreicht werden, lässt sich durch den erstrebten Index hingegen nicht angemessen darstellen.

Zugrunde gelegt wurde eine spezifische Kombination von sport- und rechtswissenschaftlichen Evaluierungsmethoden. Dabei bildet die Athlet*innenbefragung den Kern der sportrechtlichen Evaluierung. Deren Ziel bestand darin, die Steuerungswirkung des Nationalen Anti-Doping Codes auf Grundlage von Selbstauskünften regelgebundener Personen zu ermitteln. Zu diesem Zweck wurden die Regelungen des Nationalen Anti-Doping Codes in den Blick genommen und die Athlet*innen nach ihrem Regelverständnis, ihrer Einschätzung von dem Verhalten Anderer sowie ihrem eigenen Verhalten befragt. Relevant waren dabei insbesondere Fragen zu Dopingverstößen und Verbotstatbeständen, Pflichten und Rechte von Athlet*innen im Zusammenhang mit der Feststellung und Sanktionierung von Dopingverstößen, Dopingkontrollen und Meldepflichten sowie Fragen zu Sanktionen und der Durchführung von Disziplinar- und Schiedsverfahren. Schließlich erfolgte die statistische Erfassung und Auswertung der Jahresberichte der NADA im Hinblick auf die Anzahl von Dopingkontrollen und Disziplinarverfahren.

Kernstück der Untersuchung bildete eine Athlet*innenbefragung. Diese beruhte auf den Zielen des NADC gemäß der Präambel des WADC (*Fairness und Chancengleichheit, Schutz der Gesundheit der Athleten, Beitrag zur weltweiten Harmonisierung und Koordination der Dopingbekämpfung*). An diesen Zielen muss sich die Wirkkraft des NADC und die Arbeit der NADA messen lassen. Diese Ziele, die nunmehr auch in der Präambel des NADC 2021 explizit enthalten sind, bilden somit den Maßstab für das Verständnis und Verhalten der Athlet*innen sowie mögliche Änderungen. Um eine möglichst hohe Verbreitung an zahlreiche Adressaten sicherzustellen, wurde die Athlet*innenbefragung als online-Umfrage durchgeführt. Dies vereinfacht darüber hinaus das Datenmanagement und die Auswertung der Antworten. Zudem kann die Beantwortung des Fragebogens durch die Athlet*innen auf diese Weise jederzeit und überall erfolgen. Die Teilnahme war freiwillig und anonym, so dass etwaige Interviewer-Effekte sowie das Problem der sozialen Erwünschtheit entfallen. Dies rechtfertigt die Annahme, dass die Selbstauskünfte der Athlet*innen wahrheitsgemäß sind.

Die Versendung des Fragebogens erfolgte über die Sportfachverbände. Insgesamt wurden die 61 Dachverbände, die Mitglieder des Deutschen Olympischen Sportbundes (DOSB) sind, kontaktiert und gebeten, den Online-Fragebogen an ihre jeweiligen Kaderathlet*innen weiterzuleiten. Eine Teilnahme erfolgte durch 746 Kaderathlet*innen aus 46 Sportfachverbänden, einschließlich des Deutschen Behindertensportverbandes (DBS) und des

Deutschen Gehörlosensportverbandes (DGSV), von denen 43 bereits an der ersten Untersuchung beteiligt waren. Der Fragebogen bestand aus sechs Teilen (Persönliche Daten, Kenntnisse der Regeln, Dopingverhalten Anderer und eigenes Dopingverhalten, Dopingkontrollen und Prävention sowie die Möglichkeit für offene Rückmeldungen) mit insgesamt 63 bis 80 Fragen. Die spezifische Frage- und Antworttechnik ermöglichte ihrerseits eine hohe Vergleichbarkeit der Ergebnisse zur vorangegangenen Evaluierung sowie eine differenzierte Auswertung. Durch die Vorgabe der richtigen Antworten mit Blick auf die Regelkenntnis der Athlet*innen entfaltet der Fragebogen zudem einen didaktischen Mehrwert. Im Vergleich zum ersten Fragebogen orientiert sich der aktuelle Fragenkatalog verstärkt am Wortlaut des Nationalen Anti-Doping Codes als zentralem Untersuchungsgegenstand. Insgesamt wurde darauf geachtet, eine ausgewogene Balance zwischen der präzisen Abfrage von Informationen einerseits und einfachem Verständnis in der Laiensphäre andererseits zu erzielen.

III. Athlet*innenbefragung: Ergebnisse im Einzelnen

Mit einer Rücklaufquote von 10% (746 von 7.451 Kaderathlet*innen) war die Umfrage repräsentativ und ermöglichte eine aussagekräftige Aus- und Bewertung der Ergebnisse.

1. Gesamtstichprobe

Von den insgesamt 746 Personen waren 348 Teilnehmer*innen männlich und 398 weiblich. Somit waren 100% der Athlet*innen einem der beiden Geschlechter zuzuordnen. Dies erscheint im Hinblick darauf, dass auch die Antwortoption „Divers" zur Auswahl stand, zumindest erwähnenswert. Vor dem Hintergrund, dass im Sport aber – bis auf wenige Ausnahmen, in denen beispielsweise gemischte Wettbewerbe stattfinden – ausschließlich die binäre Unterscheidung in Männer- und Frauenwettbewerbe existiert, ist eine Geschlechterzuordnung zu Mann oder Frau somit Grundvoraussetzung für die Ausübung der jeweiligen Sportart und erklärt das gefundene Ergebnis.

Es gaben 44 Athlet*innen an, dem Registered Testing Pool (RTP) anzugehören. 213 Athlet*innen befanden sich im Nationalen Testpool (NTP), 376 im Allgemeinen Testpool (ATP) und zwei im Team Testpool (TTP). Insgesamt 635 Athlet*innen waren somit einem der vier Testpools zuzuordnen. Die verbleibenden 111 Teilnehmer*innen wurden der Gruppe NNB (nicht näher bestimmt) zugerechnet.

Bemerkenswert war die hohe Beteiligung von Athlet*innen des Deutschen Behindertensportverbandes (DBS). Mit insgesamt 36 Teilnehmer*innen stellte der DBS einen Anteil von 4,8 % aller Athlet*innen an der Gesamtstichprobe. Mithilfe von zusätzlichen Antwortoptionen, die Athlet*innen des DBS in der vorliegenden Untersuchung als Filterfragen angeboten wurden, konnten diese nunmehr auch die von ihnen unter dem Dach des DBS betriebene Sportart angeben. So konnte ermittelt werden, dass der DBS mit (mindestens) elf Sportarten an der Befragung vertreten war. Vor dem Hintergrund, dass vier der 36 teilnehmenden Athlet*innen ihre Sportart nicht präzisierten, war es jedoch nicht ausgeschlossen, dass Athlet*innen aus weiteren Sportarten beteiligt waren. Zur Wahrung der Anonymität der teilnehmenden Athlet*innen wurde allerdings keine Aussage zur exakten Häufigkeit der ausgewählten Sportarten getätigt.

Gleichfalls beachtenswert ist die im Vergleich zur letzten Untersuchung deutlich gestiegene Teilnahme des Deutschen Gehörlosensportverband (DGSV). Dieser war mit 16 teilnehmenden Athlet*innen und (mindestens) acht Sportarten vertreten. Eine Präzisierung der jeweils ausgeübten Sportart war auch für Athlet*innen des DGSV im Rahmen einer zusätzlichen Filterfrage vorgesehen und wurde von nur einer Person nicht vorgenommen. Auch hinsichtlich des DGSV wird keine exakte Häufigkeitsverteilung angegeben, um Rückschlüsse auf Teilnehmer*innen auszuschließen. In der vorangegangenen Untersuchung war der DGSV mit sieben Athlet*innen an der Umfrage beteiligt.

2. Kenntnisse des Codes

Im Rahmen der inhaltlichen Auswertung des zweiten Teils des Fragebogens galt es, Aussagen zum Grad des Kenntnisstandes der Athlet*innen über die Vorgaben und Bestimmungen des Nationalen Anti-Doping Codes zu treffen. Zu diesem Zweck wurde ein „Score" gebildet. Dies geschah durch die Umrechnung bzw. Umkodierung der möglichen Antwortoptionen in diesem Teil des Fragebogens: So wurden für die verschiedenen Antwortoptionen Punkte vergeben. Insgesamt konnte somit jede Frage mit maximal drei Punkten bewertet werden. Auf Grundlage dieses Scores erfolgte zum einen die Einzelauswertung der Fragen sowie die Errechnung des Mittelwertes je Frage. Dabei gibt der Mittelwert an, wie gut der durchschnittliche Kenntnisstand aller Athlet*innen bei jeder einzelnen Frage ist. Je höher der Mittelwert einer Frage desto besser sind die Kenntnisse der Athlet*innen in Bezug auf diese konkrete Frage.

Der Gesamtscore der Athlet*innen wurde auf Basis der Mittelwerte errechnet und dient als Gradmesser für den Kenntnisstand der einzelnen Athlet*innen. Hier werden also alle Einzelpunkte, die ein*e Athlet*in pro Frage erzielt, zusammengerechnet. Bei 22 berücksichtigungsfähigen Fragen konnten somit maximal 66 Punkte erreicht werden. Je höher der Score eines*r Teilnehmenden, desto besser sind ihre*seine Kenntnisse über die Inhalte des NADC.

Während es also beim Mittelwert um die Kenntnisse der Athlet*innen
hinsichtlich einzelner Fragen geht, stehen beim Gesamtscore die Kenntnisse
der einzelnen Athlet*innen im Fokus. Der durchschnittliche Gesamtscore aller Athlet*innen lag bei 46,8 von insgesamt 66 Punkten und damit bei 70,9%.
Gegenüber der vergangenen Untersuchung aus dem Jahre 2017 ist dieser
somit zwar um 3,2% gesunken. Dies bedeutet jedoch nicht notwendigerweise, dass der Kenntnisstand objektiv schlechter ist als drei Jahre zuvor.
Vielmehr könnte dies mitunter darauf zurückzuführen sein, dass der Fragenkatalog von damals 22 auf nunmehr 29 Fragen erweitert wurde. Dafür spricht
insbesondere die Tatsache, dass der Score der Teilnehmer*innen gerade bei
einigen der neu hinzugefügten Fragen relativ niedrig ist. Dies vermag den
leicht rückläufigen, durchschnittlichen Gesamtscore zu erklären. Der Kenntnisstand der Athlet*innen über die Inhalte des Codes ist somit insgesamt als
gut zu bewerten.

Im Einzelnen konnte festgestellt werden, dass die Athlet*innen sich am
besten im Bereich der Dopingkontrolle und des Ergebnismanagements auskennen. Vor dem Hintergrund, dass Dopingkontrollen wesentlich häufiger
stattfinden als beispielsweise Disziplinarverfahren, erscheint das gefundene
Ergebnis wenig überraschend. Athlet*innen sind in ihrem Alltag als Spitzen-
und Kadersportler*innen sehr oft mit Trainings- und Wettkampfkontrollen
konfrontiert, was erklärt, dass sie sich intensiv damit auseinandersetzen müssen und automatisch Kenntnisse in diesem Bereich erwerben und vertiefen.
Da sie jederzeit mit Kontrollen rechnen müssen, die für sie mit nachteiligen
Folgen verbunden sein können, setzen sie sich naturgemäß auch mehr mit
dem Thema der verbotenen Substanzen und verbotenen Methoden sowie den
Verstößen auseinander, so dass auch in diesem Bereich der Kenntnisstand
noch relativ hoch ist. Im Gegensatz hierzu sind Athlet*innen mit den Bestimmungen zu konkreten Sanktionen und Konsequenzen, die bei einem Verstoß
gegen Anti-Doping-Bestimmungen drohen, sowie der Durchführung von
Disziplinarverfahren weniger vertraut.

Im Vergleich der Dachverbände schneidet der DBS am besten ab, dicht
gefolgt vom DGSV. Erst an dritter Stelle befinden sich die Verbände, die
unter dem Dach des DOSB organisiert sind. Es ist zu vermuten, dass diese
Athlet*innen aufgrund der höheren persönlichen und gesundheitlichen Betroffenheit eine noch intensivere Auseinandersetzung mit Anti-Doping-Fragen
pflegen. Darüber hinaus erscheint es denkbar, dass es sowohl dem DBS als
auch dem DGSV – vermutlich auch aufgrund der kleineren Anzahl regelgebundener Athlet*innen – besser gelingt, das notwendige Wissen über den
NADC gezielter und intensiver zu vermitteln.

Schließlich konnte ermittelt werden, dass diejenigen Athlet*innen, die bereits an der Vorläuferstudie teilnahmen, bei der Befragung einen (noch) höheren Gesamtscore erzielten. Dies untermauert die Annahme, dass durch die Befragung selbst ein didaktischer Mehrwert erzielt wird und zukünftig auch dazu dienen kann, das Wissen der Athlet*innen über die Bestimmungen des NADC zu wiederholen und zu vertiefen.

3. Dopingverhalten Anderer

Gegenstand des dritten Teils des Fragebogens war die persönliche Einschätzung der Athlet*innen über das Dopingverhalten deren Konkurrenz. Dabei wurden zum einen die konkurrierenden Athlet*innen in drei Kategorien unterschieden: (i) Internationale Konkurrent*innen, (ii) Nationale Konkurrent*innen und (iii) Mitglieder der eigenen Trainingsgruppe/des eigenen Vereins. Zum anderen ließ sich auch der zu ermittelnde Inhalt in drei Kernaussagen einteilen: So sollten die teilnehmenden Athlet*innen mitteilen, ob sie der Ansicht sind, (i) dass ihre Konkurrenz gegen Anti-Doping-Bestimmungen verstößt, (ii) dass sie oder ihr Team bereits schlechter platziert worden sind, weil die Konkurrenz gegen Anti-Doping-Bestimmungen verstoßen hat und (iii) dass die Konkurrenz verbotenen Umgang mit gesperrten Trainer*innen oder Betreuer*innen hat.

Dabei konnte mit Blick auf alle drei Kernaussagen festgestellt werden, dass das Misstrauen in die Regelkonformität konkurrierender Athlet*innen mit zunehmender Distanz von ihrem persönlichen Umfeld sowie von ihrem Kontroll- und Machtbereich zunimmt. Dies erscheint insofern erklärbar, als dass sich die Athlet*innen innerhalb einer Trainingsgruppe oder eines Vereins meist persönlich kennen und ein Vertrauensverhältnis besteht. Das gemeinsame Training oder häufiges Zusammentreffen im Verein ermöglicht darüber hinaus eine gegenseitige Beobachtung und Kontrolle und erhöht naturgemäß die Hemmschwelle zur Einnahme von Dopingmitteln oder Anwendung von Dopingmethoden. Das hohe Vertrauen deutscher Athlet*innen in die Regeltreue ihrer Trainings- oder Vereinskollegen sowie allgemein in deren nationale Konkurrenz spricht aber auch für die hohe Qualität der Anti-Doping-Arbeit der NADA. Denn die NADA gewährleistet ein einheitliches, an objektiven Kriterien ausgerichtetes Kontroll- und Sanktionssystem. Dieses gilt für alle deutschen Spitzenathlet*innen gleichermaßen und wird von ihnen als fair, effizient und vertrauenswürdig wahrgenommen. Umgekehrt können deutsche Athlet*innen sich nicht sicher sein, dass international die gleichen Maßstäbe bei der Doping-Bekämpfung Anwendung finden, weshalb auch ihr Vertrauen gegenüber der internationalen Konkurrenz schwindet.

Im Vergleich zur Vorläuferstudie ist das Misstrauen gegenüber der internationalen Konkurrenz allerdings etwas gesunken und das Misstrauen gegenüber der Konkurrenz auf nationaler Ebene leicht gestiegen: Während die Athlet*innen zum Zeitpunkt der Vorläuferstudie allem Anschein nach unter dem Eindruck des Dopingskandals um die Olympischen Spiele in Rio 2016 standen, waren die Athlet*innen bei der vorliegenden Untersuchung offenbar stärker von der auch in Deutschland einsetzenden, öffentlichkeitswirksamen Aufarbeitung des Themas Doping in Westdeutschland geprägt.

4. Eigenes Dopingverhalten

Der vierte Teil des Fragebogens widmete sich dem eigenen Dopingverhalten der Befragten. Die Fragen zielten insbesondere darauf ab, Aussagen über die Einnahme von sowie den Umgang mit Nahrungsergänzungsmitteln und verbotenen Substanzen und Methoden (Dopingmittel) durch die Athlet*innen selbst zu treffen. Maßgeblich war auch hier die persönliche Einschätzung der Befragten. Die Athlet*innen wurden gebeten, die Fragen intuitiv und wahrheitsgemäß zu beantworten.

Als Ergebnis wurde festgehalten, dass die Athlet*innen insgesamt einen gewissenhaften und verantwortungsvollen Umgang mit Nahrungsergänzungs- und Dopingmitteln aufweisen. Insbesondere achten nahezu alle befragten Athlet*innen selbst darauf, keine verbotenen Substanzen einzunehmen. Dies zeugt von einem äußerst hohen Verantwortungs- und Pflichtbewusstsein der Athlet*innen. Es bestätigt und konkretisiert sowohl die im Rahmen der Kenntnisabfrage gefunden Ergebnisse als auch die Erkenntnisse aus der Vorläuferstudie. Danach besitzen Kaderathlet*innen nicht nur gute Kenntnisse über die Anti-Doping-Bestimmungen, sondern verhalten sich auch danach.

In beiden Umfragen bewegten sich die Selbstauskünfte auf einem äußerst hohen positiven Niveau und decken sich jeweils mit der Auswertung der Dopingkontrollen. Anhaltspunkte dafür, dass die Selbstauskünfte nicht der Realität entsprechen, fehlen. Es ist zwar nicht auszuschließen, dass einige der Befragten nicht wahrheitsgemäß antworteten. Allerdings gewährleistet die internetbasierte Ansprache mittels Online-Umfrage das höchste Maß an Anonymität. Auf diese Weise müssen die teilnehmenden Athlet*innen keine Angst vor missbilligenden Reaktionen oder gar Strafverfolgung haben. Die Athlet*innen konnten somit gefahrlos Dopingverstöße „zugeben", ohne deshalb disziplinarische oder strafrechtliche Konsequenzen befürchten zu müssen. Dies erhöht die Wahrscheinlichkeit wahrheitsgemäßer Antworten durch die befragten Athlet*innen und rechtfertigt die Annahme, dass die gegebenen Antworten überwiegend der Wirklichkeit entsprechen. Demzufolge können zwei Dinge festgehalten werden: (1) Zum einen verfestigt sich die Feststellung, dass Athlet*innen nicht nur eine gute Kenntnis über die Inhalte der Anti-Doping-Regelungen aufweisen, sondern auch ihr Handeln danach ausrichten. (2) Zum anderen spricht die Kongruenz der Selbstauskünfte mit den statistisch erfassten Daten dafür, dass Anhaltspunkte für eine große Dunkelziffer unentdeckter Doper*innen fehlen. Dies wird zudem durch die Kontinuität der Ergebnisse in beiden Untersuchungen untermauert.

5. Dopingkontrollen und Prävention

Der fünfte Teil des Athletenfragebogens befasste sich mit Inhalten zu Dopingprävention und Kontrolle. Die Athlet*innen wurden dabei zu ihrer persönlichen Einschätzung hinsichtlich der Verantwortungsteilung zwischen Personen aus ihrem sportlichen, persönlichen oder medizinischen Umfeld bzw. Organisationen im Bereich der Dopingprävention sowie ihrer persönlichen Erfahrung mit und bei Dopingkontrollen befragt.

a) Dopingkontrollen

Die Auskunft der Athlet*innen hat ergeben, dass bei den meisten Befragten (ca. 60% bzgl. Urinproben, ca. 80% bzgl. Blutproben) in den Jahren 2018 und 2019 keine einzige Dopingkontrolle durchgeführt wurde. Denjenigen, die allerdings einer Dopingkontrolle unterzogen wurden, wurden dabei häufiger Urinproben als Blutproben entnommen. Auch war die Kontrollhäufigkeit im Training höher als im Wettkampf. Dies deckt sich mit den Angaben der NADA in ihren jeweiligen Jahresberichten für die Jahre 2018 und 2019. Auch konnte festgestellt werden, dass die durchgeführten Kontrollen nicht gleichmäßig auf die Athlet*innen verteilt waren, sondern einige Athlet*innen sehr häufig, andere hingegen eher selten kontrolliert wurden. Dies ist in erster Linie auf das intelligente Kontrollsystem der NADA zurückzuführen, das sich insbesondere nach der Dopingprävalenz einer Sportart und dem Leistungsniveau der Athlet*innen richtet. Die Athlet*innen wurden ferner gebeten anzugeben, wie viele Dopingkontrollen bzw. wie häufig sie Meldepflichten jeweils in den Jahren 2018 und 2019 versäumt hatten. Aus den Ergebnissen geht hervor, dass etwa 95% der Athlet*innen weder eine Dopingkontrolle noch eine Meldepflicht versäumt hatte. Dieses gute Ergebnis spricht wiederum für ein sehr hohes Verantwortungs- und Pflichtbewusstsein der Athlet*innen und deckt sich ebenfalls mit den statistischen Informationen über versäumte Kontrollen und/oder Meldepflichtverstöße. Insgesamt verfestigt sich somit der Eindruck einer hohen Regeltreue deutscher Testpool-Athlet*innen.

b) Prävention

Im Bereich Prävention ging es in erster Linie um deren Kenntnisse und Nutzungsgewohnheiten über das Präventionsprogramm „GEMEINSAM GEGEN DOPING" (GGD) sowie das Hinweisgeber-Tool „Sprich's an". In diesem Zusammenhang konnte festgestellt werden, dass der Bekanntheitsgrad der Schulungsmaßnahmen der NADA sowie ihrer Präventionsprogramme zugenommen hat. So zeigt die Auswertung, dass jedenfalls 66,2 % der Athlet*innen die Website *www.gemeinsam-gegen-doping.de* kennen. An zweiter Stelle folgten die *Broschüren*, die je nach Zielgruppe für Athlet*innen, Eltern, Trainer*innen und Anti-Doping-Beauftragte aufbereitet sind (45,8 %). Die *GGD E-Learning*-Plattform ist als drittplatzierte Maßnahme 30,1 % den Befragten bekannt. Besonders erfreulich ist, dass der Anteil an Athlet*innen, die gar keine Schulungsmaßnahmen aus dem GGD-Programm kennen, im Vergleich zur vorangegangenen Studie sehr deutlich zurückgegangen ist. Zwar belief sich der Anteil der Athlet*innen, denen *keine* Maßnahmen bekannt waren, auch in der aktuellen Umfrage immer noch auf 20,4 %. Bei der Vorläuferuntersuchung waren es mit 31,1 % aber noch nahezu ein Drittel aller Athlet*innen, die keine der GGD-Präventionsmaßnahmen kannten. Diese Entwicklung ist begrüßenswert und spricht dafür, dass die NADA nicht nur inhaltlich gute Präventionsarbeit leistet, sondern zunehmend auch kommunikative und strategische Maßnahmen entwickelt hat, um gezielt Kader- und Spitzenathlet*innen zu erreichen und über Dopingfragen aufzuklären und zu informieren.

Dabei erscheint eine Feststellung im Hinblick auf die Wirksamkeit der Maßnahmen besonders bemerkenswert: Die Teilnehmer*innen, die mindestens eine der Maßnahmen kannten, erreichten einen signifikant höheren durchschnittlichen Mittelwert pro Frage als Teilnehmer*innen, die keine der Maßnahmen kannten. Dies zeigt, dass die Kenntnis der Maßnahmen des Präventionsprogramms GGD signifikant mit einer höheren Kenntnis des NADC einhergeht. Diese Erkenntnis bildet auch die Grundlage für die Entwicklung eines Index, der die Wirksamkeit der Maßnahmen widerspiegelt (Kölner Index).

6. Offene Rückmeldung, Zielerreichung NADA und NADC

Der abschließende sechste Teil diente dazu, dass die Athlet*innen bewerten sollten, ob die NADA und der NADC ihre bzw. seine Ziele erreichten. Darüber hinaus gab er den Athlet*innen die Möglichkeit der offenen Rückmeldung zur Anti-Doping-Arbeit der NADA sowie der Verbände, zum NADC und zum Fragebogen.

Die Ziele des NADC sind in seiner Version aus dem Jahre 2021 im Regelwerk selbst enthalten. Unter der Geltung des für die Umfrage maßgeblichen NADC 2015 wurden diese der Präambel des WADC entnommen und waren in den Antworten vorgegeben: *Fairness und Chancengleichheit* (*im Sinne der Teilnahme an einem dopingfreien Sport in Deutschland*), *Schutz der Gesundheit der Athleten* (*vor den negativen Auswirkungen von Dopingmitteln*) sowie *Beitrag zur weltweiten Harmonisierung und Koordination der Dopingbekämpfung*. Demnach sahen 78,1 % der Athlet*innen das Ziel „Fairness und Chancengleichheit" als erfüllt an. Mit einer Quote von 71,8 % belegte das Ziel „Schutz der Gesundheit der Athlet*innen" den zweiten Rang. Das dritte Ziel der weltweiten Harmonisierung und Koordination der Dopingbekämpfung nahm hingegen mit nur 55,2 % den dritten Rang ein. Damit werden die bereits der vorangegangenen Untersuchung festgestellten Ergebnisse zur Erreichung der Ziele durch NADA bzw. NADC bestätigt. Bereits damals waren die Athlet*innen der Ansicht, dass das Ziel Fairness und Chancengleichheit am besten durch NADA bzw. NADC erfüllt worden sei. Auch die Reihenfolge der zweit- und drittplatzierten Ziele Schutz der Gesundheit der Athlet*innen und Beitrag zur weltweiten Harmonisierung der Dopingbekämpfung blieb unverändert.

Insgesamt ist die Zustimmung zur Zielerreichung der einzelnen Ziele im Vergleich zu früher sogar leicht angestiegen. Der größte Anstieg ist dabei beim Ziel „Beitrag zur weltweiten Harmonisierung der Dopingbekämpfung" zu verzeichnen, was mit den bisherigen Ergebnissen korreliert: Wie bereits im dritten Teil des Fragebogens festgestellt, ist die Skepsis gegenüber der internationalen Konkurrenz gegenüber der Vorläuferuntersuchung etwas gesunken. Dies drückt sich positiv in der Gesamtbewertung durch die gestiegene Zustimmung zur Zielerreichung der weltweiten Harmonisierung der Dopingbekämpfung aus.

IV. Statistische Informationen

Parallel zur Befragung der Athlet*innen erfolgte die statistische Auswertung auf Grundlage der Jahresberichte der NADA für die Jahre 2018 und 2019. Um die Entwicklungen seit 2015 darstellen zu können, wurden ergänzend auch die NADA-Jahresberichte der Jahre 2015 bis 2017 herangezogen.

So konnte zunächst festgestellt werden, dass sich die Anzahl möglicher Verstöße und auffälliger Dopingproben seit 2015 auf einem stabilen Niveau bewegt, wobei diese in 2018 auf das absolut niedrigste Niveau seit Geltung des NADC 2015 gesunken und in 2019 unter dem niedrigsten Wert aus der vorausgegangenen Untersuchung geblieben sind. Gleichzeitig ist die Anzahl an durchgeführten Dopingkontrollen und entnommenen Proben gestiegen –

sowohl in quantitativer als auch in qualitativer Hinsicht. So ist neben der zahlenmäßigen Zunahme von Kontrollen und Proben auch eine Steigerung der Probenahmen im Verhältnis zu den durchgeführten Kontrollen zu beobachten. Darüber hinaus verbesserte sich das Verhältnis der entnommenen Proben zugunsten der Blutproben. Dies zeigt, dass die zurückgehende Anzahl an Verstößen und auffälliger Dopingproben auf die beständige Verbesserung der Kontrolltätigkeit der NADA zurückzuführen ist. Zugleich wird damit die These entkräftet, dass die geringe Anzahl festgestellter Dopingverstöße den (vermeintlichen) Misserfolg sportverbandlicher Dopingbekämpfung in Deutschland belegt. Insgesamt lassen diese Entwicklungen und Erkenntnisse den Schluss zu, dass der NADC auch mit Blick auf dessen Anwendung im Bereich des Dopingkotrollsystems eine hohe Wirkkraft besitzt.

V. Zusammenfassung

Die dargestellten Ergebnisse zeigen, dass deutsche Athlet*innen gute Kenntnisse über die Inhalte des NADC 2015 besitzen. Dies spricht für eine kontinuierliche, erfolgreiche und effektive Präventionsarbeit im Anti-Doping-Bereich. Die Kenntnisse sind darüber hinaus die zwingende Voraussetzung für das regelkonforme Verhalten der Athlet*innen. Die statistischen Informationen decken sich mit der Annahme, dass sich deutsche Athlet*innen weitgehend regelkonform verhalten, während deren Vertrauen in die Regeltreue der internationalen Konkurrenz schwächer ausgeprägt ist. Eine bedeutende Dunkelziffer von dopenden Kaderathlet*innen in Deutschland konnte demgegenüber nicht belegt werden.

Zum 01.01.2021 ist jeweils die aktuelle Fassung des WADC und des NADC in Kraft getreten. Die festgestellten Kenntnisse deutscher Athlet*innen über die bisher geltenden und nach wie vor relevanten Anti-Doping-Bestimmungen sowie die beständige Fortentwicklung und Verbesserung der geleisteten Anti-Doping-Arbeit in Deutschland rechtfertigen die zuversichtliche Annahme, dass die Ziele der weltweiten Dopingbekämpfung auch in Zukunft wirksam in Deutschland erreicht werden.

Die Rechtsstellung der Elite-Schiedsrichter des Fußballs in Deutschland*

Von *Gerrit Breetholt*

---

* Dieser Beitrag beruht auf der gleichnamigen, 2022 veröffentlichten Dissertation des Verfassers. Aus Gründen der besseren Lesbarkeit wird in diesem Beitrag das generische Maskulinum verwendet. Weibliche und anderweitige Geschlechteridentitäten werden dabei ausdrücklich miteingeschlossen, soweit es für die Aussage erforderlich ist.

I. Einführung

Die Fußballspiele in Deutschland werden wöchentlich von gut 50.000 Schiedsrichtern geleitet.[1] 64 von ihnen sind Schiedsrichter der bundesweiten Fußballigen (Bundesliga, 2. Bundesliga und 3. Liga), des DFB-Pokals sowie FIFA-Schiedsrichter (sog. Elite-Schiedsrichter).[2] Auf sie beschränkt sich dieser Beitrag. Die etablierten Schiedsrichter sind zum Teil 15 Jahre und länger für den DFB tätig,[3] erhalten mittlerweile eine einsatzunabhängige Vergütung und werden nach den Vorgaben des DFB auf die Spiele verteilt. Trotz dieser langjährigen intensiven Verpflichtung werden sie als freie Mitarbeiter des DFB beschäftigt und sind nicht davor geschützt, am Ende einer Saison von der DFB-Schiedsrichterliste gestrichen zu werden. Ist dies mit geltendem Recht vereinbar? Und sollten sie doch in einem Arbeitsverhältnis zum DFB stehen, können die Verträge zwischen DFB und Elite-Schiedsrichtern dann wie bei Bundesligaspielern wegen der Eigenart ihrer Arbeitsleistung befristet werden? Oder ist der DFB dann bis zum Renteneintritt an die Schiedsrichter gebunden? Diesen und weiteren Fragen soll dieser Beitrag insbesondere unter Berücksichtigung der jüngsten BAG-Rechtsprechung nachgehen.

II. Rechtsbeziehungen der Elite-Schiedsrichter zum DFB

Die Schiedsrichter sollen bereits über eine verpflichtende Vereinsmitgliedschaft an das Verbandsrecht des DFB gebunden werden. Da dies indes mit einigen Schwierigkeiten verbunden ist,[4] müssen sich die Elite-Schiedsrichter über die sog. Schiedsrichtervereinbarung[5] noch einmal rechtsgeschäftlich dem gesamten Verbandsrecht des DFB unterwerfen. Neben dieser Unterwerfung enthält die Schiedsrichtervereinbarung schon in der Präambel eine Klarstellung darüber, dass beide Parteien in der konkreten Entscheidung darüber frei bleiben wollen, ob und welche Spiele der Schiedsrichter tatsächlich

---

[1] DFB Schiedsrichter-Einsatzstatistik Saison 2021/22, https://www.dfb.de/filead min/_dfbdam/277075-Schiri_Sta_2122.pdf (zuletzt abgerufen am 22.02.2023).

[2] Schiedsrichter der Bundesligen, https://www.dfb.de/sportl-strukturen/schiedsrich ter/dfb-schiedsrichter/schiedsrichter-der-bundesligen/; Schiedsrichter der 3. Liga, https://www.dfb.de/sportl-strukturen/schiedsrichter/dfb-schiedsrichter/schiedsrichter-der-3-liga/ (alle zuletzt abgerufen am 22.02.2023).

[3] Felix Brych und Manuel Gräfe bis zu seinem Ausscheiden seit 2004; Deniz Aytekin seit 2008, vgl. www.transfermarkt.de (zuletzt abgerufen am 22.02.2023).

[4] Näher hierzu *Breetholt*, Rechtsstellung der Elite-Schiedsrichter des Fußballs in Deutschland, S. 41 ff.

[5] Die Schiedsrichtervereinbarung 2020/21 findet sich bei *Breetholt*, (Fn. 4), im Anhang.

zur Leitung übernimmt. In Ziff. 1.1 wird bekräftigt, dass sich die Vertragsparteien ebenfalls darüber einig sind, dass zwischen ihnen durch die Vereinbarung kein Arbeitsverhältnis begründet werden soll und kann, da ein solches maßgeblich von der Einbindung des Schiedsrichters in eine fremde Arbeitsorganisation und einer bestehenden Weisungsabhängigkeit bestimmt sei. Dem Schiedsrichter soll die volle Entscheidungsfreiheit bei der Verwertung seiner Arbeitskraft belassen werden. Aus diesem Grund könne er nur auf selbstständiger Basis für den DFB tätig sein und dies entspreche auch dem übereinstimmenden Willen beider Vertragsparteien. Der Schiedsrichter sei daher zur Übernahme von Spielleitungen nicht verpflichtet und umgekehrt bestehe auch kein Anspruch des Schiedsrichters auf die Ansetzung von Spielleitungen.

Das Spielleitungshonorar umfasst ausweislich Ziff. 2.1 neben der tatsächlichen Spielleitung auch die Vor- und Nachbereitungszeiten sowie den zeitlichen Aufwand der An- und Abreise. Abgedeckt ist zusätzlich auch die Teilnahme an Lehrgängen und Besprechungen sowie die Teilnahme an sportmedizinischen Untersuchungen. Reisekosten werden gemäß Ziff. 2.2 entweder direkt vom DFB übernommen oder erstattet.

Das einsatzunabhängige Honorar wird nach Ziff. 3.2 jeweils im August und Februar vorab für die darauffolgende Halbserie zur Abtretung der Persönlichkeitsrechte des Schiedsrichters entrichtet. Eigene Tätigkeiten des Schiedsrichters im Zusammenhang mit seiner Tätigkeit als DFB-Schiedsrichter, insbesondere werblicher oder gewerblicher Art, bedürfen gemäß Ziff. 3.4 der Zustimmung des DFB.

Ausweislich Ziff. 5 wird die Vereinbarung jeweils befristet auf eine Saison geschlossen. Es bestehe kein Anspruch des Schiedsrichters auf den Abschluss der Schiedsrichtervereinbarung für die darauffolgende Saison.

III. Voraussetzungen einer Arbeitnehmerstellung

Um den Forschungsstand bezüglich einer möglichen Arbeitnehmerstellung von Schiedsrichtern analysieren zu können, ist die Kenntnis über die Voraussetzungen einer Arbeitnehmerstellung unerlässlich, sodass zumindest kurze Ausführungen hierzu vorangestellt werden.

Arbeitnehmer ist gemäß § 611a BGB, wer durch einen Arbeitsvertrag im Dienste eines anderen zur Leistung weisungsgebundener, fremdbestimmter Arbeit in persönlicher Abhängigkeit verpflichtet ist. Das Weisungsrecht kann dabei in Anlehnung an § 106 GewO sowohl Inhalt und Durchführung als auch Zeit und Ort der Tätigkeit betreffen (§ 611a Abs. 1 S. 2 BGB). Weisungsgebunden ist, wer nicht im Wesentlichen frei seine Tätigkeit gestalten und seine Arbeitszeit bestimmen kann. Gemäß § 611a Abs. 1 S. 4 BGB hängt der Grad der persönlichen Abhängigkeit dabei auch von der Eigenart der jeweiligen Tätigkeit ab. Der § 611a Abs. 1 S. 5 BGB weist darauf hin, dass es für die Bestimmung der Arbeitnehmerstellung immer auf eine Gesamtbetrachtung aller Umstände ankomme und in § 611a Abs. 1 S. 6 BGB wird klargestellt, dass die Bezeichnung des Vertrags nicht entscheidend ist, sofern aus der tatsächlichen Durchführung des Vertragsverhältnisses hervorgeht, dass es sich um ein Arbeitsverhältnis handelt.

Im Zentrum der Abgrenzungsproblematik steht der Begriff der persönlichen Abhängigkeit.[6] Eine wirtschaftliche Abhängigkeit des Arbeitnehmers vom Arbeitgeber wird dabei gerade nicht vorausgesetzt.[7] Insbesondere soll in Fortsetzung der ständigen Rechtsprechung des BAG[8] der Grad der persönlichen Abhängigkeit von besonderem Belang sein. Die persönliche Abhängigkeit ist selbst als Oberbegriff indes inhaltsleer und bedarf daher der Konkretisierung durch die Bestimmung der Weisungsgebundenheit und der Fremdbestimmtheit einer Tätigkeit.[9]

1. Weisungsgebundenheit

Im Rahmen der Weisungsgebundenheit ist gemäß § 611a Abs. 1 S. 2 BGB zwischen fachlicher Weisungsgebundenheit (Inhalt und Durchführung) und Weisungsgebundenheit nach Ort und Zeit (Statusweisungen) zu unterscheiden.

Die fachliche Weisungsgebundenheit bezeichnet das Recht des Arbeitgebers, die im Arbeitsvertrag meist noch notwendig abstrakte Leistungsbestimmung im Einzelnen konkretisieren zu können.[10] Die Rechtsprechung des

---

[6] BAG v. 21.01.2019 – 9 AZB 23/18, AP Nr. 75 zu § 5 ArbGG 1979; BAG v. 27.06.2017 – 9 AZR 851/16, AP Nr. 193 zu § 611 Lehrer, Dozenten; für Fortgeltung als maßgebliches Kriterium auch *Preis*, in: ErfK-ArbR, 23. Aufl. 2023, § 611a BGB Rn. 10; *Baumgärtner*, in: BeckOK-BGB, 64. Ed. 2022, § 611a Rn. 15; *Vogelsang*, in: Schaub Hdb-ArbR, 19. Aufl. 2021, § 8 Rn. 21 ff.

[7] *Fischinger*, in: Fischinger/Reiter Arbeitsrecht des Profisports, 1. Aufl. 2021, § 3 Rn. 10; *Preis*, in: ErfK-ArbR, 23. Aufl. 2023, § 611a BGB Rn. 49; *Vogelsang*, in: Schaub Hdb-ArbR, 19. Aufl. 2021, § 8 Rn. 21.

[8] BAG v. 17.04.2013 – 10 AZR 272/12, AP Nr. 125 zu § 611 Abhängigkeit; BAG v. 15.02.2012 – 10 AZR 301/10, AP Nr. 123 zu § 611 Abhängigkeit; BAG v. 19.11.1997 – 5 AZR 21/97, AP Nr. 133 zu § 611 Abhängigkeit; BAG v. 20.07.1994 – 5 AZR 627/93, AP Nr. 73 zu § 611 Abhängigkeit.

[9] *Preis*, in: ErfK-ArbR, 23. Aufl. 2023, § 611a BGB Rn. 33; *ders.*, NZA 2018, 817 (819).

[10] *Temming*, in: MHdb-ArbR, 5. Aufl. 2021, § 18 Rn. 26; *Joussen*, in: BeckOK-ArbR, 66. Ed. 2022, § 611a BGB Rn. 19; *Günther/Böglmüller*, NZA 2017, 546 (547).

BAG zur Arbeitnehmerstellung beispielsweise eines Chefarztes[11] und generell bezüglich der Erbringung von Diensten höherer Art definiert, dass die fachliche Weisungsgebundenheit bei derartigen Diensten höherer Art stark gelockert sein kann, da bei diesen Tätigkeiten ein hohes Maß an Gestaltungsfreiheit, Eigeninitiative und fachlicher Selbstständigkeit unerlässlich ist.[12] Die fachliche Weisungserteilung ist daher als charakteristisches Merkmal eines Arbeitnehmers ungeeignet.[13] Sie kann indes ein starkes Indiz für die Arbeitnehmerstellung des Weisungsempfängers darstellen.[14]

Eine örtliche Weisungsgebundenheit liegt vor, wenn der Beschäftigte den Ort seiner Leistungserbringung nicht selbst wählen kann, sondern dieser vom Arbeitgeber vorgegeben wird. Dabei ist nicht entscheidend, ob der Arbeitnehmer seine Dienste immer an einem Ort bzw. in einem Betrieb zu erbringen hat. Vielmehr ist allein maßgeblich, ob die Einsatzorte im Wesentlichen vom Arbeitgeber vorgegeben werden.[15] Eine solche Vorgabe durch den Arbeitgeber spricht nachdrücklich für die Arbeitnehmerstellung.[16]

Zeitlich weisungsgebunden ist der Dienstleistende, wenn Dauer und zeitliche Lage der jeweiligen Arbeitseinheiten durch das Arbeitsverhältnis oder durch den Dienstberechtigten bestimmt werden können.[17] Diesem Merkmal wird oft die größte Bedeutung beigemessen.[18] Ausreichend ist, wenn ständige Dienstbereitschaft erwartet wird,[19] eine Einteilung in Dienst- oder

---

[11] Vgl. nur BAG v. 24.10.1963 – 2 AZR 396/62, AP Nr. 26 zu § 611 Ärzte, Gehaltsansprüche; BAG v. 10.11.1955 – 2 AZR 591/54, AP Nr. 2 zu § 611 BGB Beschäftigungspflicht.

[12] BAG v. 20.07.1994 – 5 AZR 627/93, AP Nr. 73 zu § 611 Abhängigkeit; BAG v. 16.02.1994 – 5 AZR 402/93, AP Nr. 15 zu § 611 Rundfunk; *Vogelsang*, in: Schaub Hdb-ArbR, 19. Aufl. 2021, § 8 Rn. 23.

[13] So auch *Preis*, in: ErfK-ArbR, 23. Aufl. 2023, § 611a BGB Rn. 40, 71; *Richardi*, NZA 2018, 974 (975).

[14] BAG v. 09.03.1977 – 5 AZR 110/76, AP Nr. 21 zu § 611 Abhängigkeit; *Preis*, in: ErfK-ArbR, 23. Aufl 2023, § 611a BGB Rn. 40; *Temming*, in: MHdb-ArbR, 5. Aufl. 2021, § 18 Rn. 25.

[15] BAG v. 06.05.1998 – 5 AZR 247/97, AP Nr. 102 zu § 611 Abhängigkeit; *Fischinger*, in: Arbeitsrecht, 2. Aufl. 2021, § 2 Rn. 30.

[16] BAG v. 17.04.2013 – 10 AZR 272/12, AP Nr. 125 zu § 611 Abhängigkeit; BAG v. 13.01.1983 – 5 AZR 149/82, AP Nr. 42 zu § 611 Abhängigkeit; *Preis*, in: ErfK-ArbR, 23. Aufl. 2023, § 611a BGB Rn. 39.

[17] *Preis*, in: ErfK-ArbR, 23. Aufl. 2023, § 611a BGB Rn. 35.

[18] *Preis*, in: ErfK-ArbR, 23. Aufl. 2023, § 611a BGB Rn. 35 ff.; *Maties*, in: BeckOGK-BGB, Stand: 01.01.2023, § 611a Rn. 110; *Schwarze*, RdA 2020, 38 (42).

[19] BAG v. 20.05.2009 – 5 AZR 31/08, AP Nr. 16 zu § 611 Arbeitnehmerähnlichkeit; BAG v. 07.05.1980 – 5 AZR 293/78, AP Nr. 35 zu § 611 Abhängigkeit.

Schichtplänen erfolgt[20] oder wenn der Mitarbeiter in nicht unerheblichem Umfang auch ohne vorherige Vereinbarung zur Leistung von Diensten herangezogen werden kann.[21]

2. Fremdbestimmtheit

Neben der Weisungsgebundenheit hat auch das Kriterium der Fremdbestimmtheit inzwischen durch die Einführung des § 611a BGB seinen Weg in das Gesetz gefunden. Trotz seiner Nähe zur Weisungsgebundenheit kommt ihm gerade durch die häufig schwächer ausgeprägte Weisungsgebundenheit in der modernen Arbeitswelt eigenständige Bedeutung zu.[22] Ausdruck der Fremdbestimmung kann die Eingliederung in eine fremde Arbeitsorganisation,[23] aber auch bereits die alleinige Angewiesenheit auf die Organisation des potentiellen Arbeitgebers sein.[24] Weitere Kriterien einer fremdbestimmten Tätigkeit sind Anweisungen hinsichtlich der Leistungserbringung in einer bestimmten Abteilung und in Zusammenarbeit mit bestimmten Mitarbeitern[25] oder die Pflicht, sich unter eine laufende Arbeitskontrolle zu stellen,[26] wobei es sich indes auch hierbei nicht um konstituierende Indizien handelt.[27]

3. Gesamtabwägung und Kasuistik

Es besteht folglich kein Kriterium, das geradezu typisch für die Definition „Arbeitnehmer" ist und statusbegründend vorliegen muss. Genauso wenig

---

[20] BAG v. 17.04.2013 – 10 AZR 272/12, AP Nr. 125 zu § 611 Abhängigkeit; BAG v. 16.02.1994 – 5 AZR 402/93, AP Nr. 15 zu § 611 Rundfunk.

[21] BAG v. 15.02.2012 – 10 AZR 301/10, AP Nr. 123 zu § 611 Abhängigkeit; BAG v. 30.11.1994 – 5 AZR 704/93, AP Nr. 74 zu § 611 Abhängigkeit; BAG v. 16.03.1994 – 5 AZR 447/92, AP Nr. 68 zu § 611 Abhängigkeit.

[22] Zuletzt etwa BAG v. 01.12.2020 – 9 AZR 102/20, NZA 2021, 552 Rn. 31; *Preis*, in: ErfK-ArbR, 23. Aufl. 2023, § 611a BGB Rn. 42 f.; *Martina*, NZA 2021, 616 (620); *Waltermann*, NZA 2021, 297 (299); *Bayreuther*, RdA 2020, 241 (246).

[23] Für Preis lebt es als Erscheinungsform der Fremdbestimmung fort, s. *Preis*, in: ErfK-ArbR, 23. Aufl. 2023, § 611a BGB Rn. 42 f.; nach Wank sind die Merkmale identisch, s. *Wank*, AuR 2017, 140 (143).

[24] BAG v. 12.09.1996 – 5 AZR 104/95, AP Nr. 122 zu § 611 Lehrer, Dozenten; BAG v. 30.11.1994 – 5 AZR 704/93, AP Nr. 74 zu § 611 Abhängigkeit.

[25] BAG v. 30.11.1994 – 5 AZR 704/93, AP Nr. 74 zu § 611 Abhängigkeit; BAG v. 16.03.1994 – 5 AZR 447/92, AP Nr. 68 zu § 611 Abhängigkeit; *Preis*, in: ErfK-ArbR, 23. Aufl. 2023, § 611a BGB Rn. 42.

[26] *Preis*, in: ErfK-ArbR, 23. Aufl. 2023, § 611a BGB Rn. 35; *Spinner*, in: MüKo-BGB, 9. Aufl. 2023, § 611a Rn. 96.

[27] BAG v. 14.06.2016 – 9 AZR 305/15, AP Nr. 129 zu § 611 Abhängigkeit Rn. 27; BAG v. 21.07.2015 – 9 AZR 484/14, NZA-RR 2016, 344 Rn. 25.

kann bei Fehlen eines Merkmals die persönliche Abhängigkeit ausgeschlossen werden. Vielmehr versucht der Gesetzgeber durch die Einfügung des § 611a Abs. 1 S. 5 BGB und ihm vorangehend das BAG deutlich zu machen, dass es stets auf eine Gesamtbetrachtung aller Umstände ankommt.[28] Folgerichtig handelt es sich daher um einen typologischen Begriff, der inhaltlich nicht konkret definiert wird,[29] sondern durch verschiedene Indizien auszufüllen ist.[30]

Das BAG definiert die Arbeitnehmereigenschaft daher nicht mittels abstrakter Kriterien, sondern geht typologisch vor; inzwischen hat sich auf diesem Weg eine Rechtsprechung zur Einordnung einer Vielzahl von Berufsbildern und Vertragssystemen etabliert.

Die Schiedsrichtervereinbarung wird oft als Rahmenvereinbarung qualifiziert. Eine Rahmenvereinbarung ist ein Vertrag zwischen einem Dienstgeber und einem Dienstnehmer, welcher nur die Bedingungen der erst noch abzuschließenden (Arbeits-)Verträge wiedergibt, selbst aber noch keine Verpflichtung zur Arbeitsleistung begründet. Ein solcher Vertrag ist nach bisheriger BAG-Rechtsprechung wegen der fehlenden Leistungsverpflichtung kein Arbeitsvertrag.[31] Die Abgrenzung zum Arbeitsvertrag wird danach vorgenommen, ob die praktische Durchführung des geschlossenen Vertrags dem Dienstnehmer das Recht zubilligt, tatsächlich frei über die Annahme darauf bezugnehmender Einzelverträge zu entscheiden oder ob dem Dienstgeber vielmehr faktisch eine Weisungsbefugnis im Sinne des § 106 S. 1 GewO zustehen soll, die zu erbringende Leistung einseitig und für den Dienstnehmer verbindlich festzulegen.[32]

Aufschlussreich für Elite-Schiedsrichter ist auch der Vergleich mit sog. Crowdworkern. Beim Crowdworking werden über eine Plattform Auftrags-

---

[28] So auch schon BAG v. 16.03.1972 – 5 AZR 460/71, AP Nr. 10 zu § 611 Lehrer, Dozenten; BAG v. 29.08.2012 – 10 AZR 499/11, AP Nr. 124 zu § 611 Abhängigkeit; *Fischinger*, in: Arbeitsrecht, 2. Aufl. 2021, § 2 Rn. 31.

[29] Zweifel am Bestimmtheitsgebot wurden vom BVerfG zurückgewiesen s. BVerfG v. 20.05.1996 – 1 BvR 21/96, AP Nr. 82 zu § 611 Abhängigkeit.

[30] *Joussen*, in: BeckOK-ArbR, 66. Ed. 2022, § 611a BGB Rn. 30; *Maties*, in: BeckOGK-BGB, Stand: 01.01.2023, § 611a Rn. 126; zur Kritik *Preis*, in: ErfK-ArbR, 23. Aufl. 2023, § 611a BGB Rn. 55; *ders.*, NZA 2018, 817 (821 f.); *Fischinger*, in: Staudinger-BGB, Neubearbeitung 2022, § 611a Rn. 30.

[31] BAG v. 15.02.2012 – 10 AZR 111/11, AP Nr. 122 zu § 611 Abhängigkeit Rn. 15; BAG v. 07.05.2008 – 7 ABR 17/07, AP Nr. 12 zu § 9 BetrVG 1972 Rn. 16; *Maties*, in: BeckOGK-BGB, Stand: 01.01.2023, § 611a Rn. 150; *Spinner*, in: MüKo-BGB, 9. Aufl. 2023, § 611a Rn. 11; *Söller*, NZA 2021, 997 (1002).

[32] BAG v. 01.12.2020 – 9 AZR 102/20, NZA 2021, 552 Rn. 42; BAG v. 21.05.2019 – 9 AZR 295/18, AP Nr. 131 zu § 611 Abhängigkeit Rn. 26; BAG v. 14.06.2016 – 9 AZR 305/15, AP Nr. 129 zu § 611 Abhängigkeit Rn. 27.

arbeiten verschiedener Unternehmen an die Nutzer der Plattform vermittelt. Crowdworker haben keine Pflicht zur Übernahme von Aufträgen. Die Nutzungsvereinbarung der Plattform kann allerdings vorsehen, dass ein Crowdworker nach einer vorab definierten Zeit der Inaktivität gelöscht wird. Die Vergütung für die erfolgreiche Erledigung der Aufträge wird zwar vom jeweiligen Unternehmen vorgegeben, der Crowdworker steht dabei regelmäßig gleichwohl allein in vertraglicher Beziehung zum Betreiber der Plattform.[33]

Nach überwiegend vertretener Auffassung in Rechtsprechung und Schrifttum wird weder durch die Nutzungsvereinbarung mit der Plattform noch durch die Annahme eines konkreten Auftrags ein Arbeitsverhältnis begründet.[34] Einschränkend entschied das BAG im Dezember 2020 erstmalig, dass die tatsächliche Durchführung der einzelnen Auftragsverhältnisse einer Crowdworking-Plattform unter Umständen sehr wohl ein Arbeitsverhältnis begründen könne.[35] Der Plattformbetreiber habe im konkreten Fall die Zusammenarbeit mit dem Crowdworker so gesteuert, dass dieser seine Tätigkeit nach Ort, Zeit und Inhalt nicht frei gestalten konnte. Dann sei auch unerheblich, dass der Crowdworker vertraglich nicht zur Annahme von Einzelaufträgen verpflichtet war. Entscheidend für ein Arbeitsverhältnis spreche vielmehr, dass im bezeichneten Fall die Organisationsstruktur der Plattform darauf ausgerichtet war, dass registrierte Nutzer kontinuierlich vertraglich vorgegebene Kleinstaufträge annehmen. Außerdem bestand ein Anreizsystem, viele Aufträge zu erledigen, da erst durch das Erreichen eines gewissen Levels die Möglichkeit eingeräumt wurde, mehrere Aufträge gleichzeitig auszuführen, um so einen höheren Stundenlohn zu generieren. Maßgeblich waren am Ende drei Umstände:[36] Erstens hatte der Crowdworker de facto eine persönliche Leistungsverpflichtung. Zweitens war die geschuldete Tätigkeit einfach gelagert und ihre Durchführung inhaltlich vorgeben und drittens wurde eine App bei der Auftragsvergabe und Kontrolle ihrer Durchführung genutzt, woraus sich eine fremdbestimmte Tätigkeit ergab.[37] Wird durch die einseitige Gestaltung der Plattform das Verhalten des Arbeitnehmers in ähnlicher Weise

---

[33] LAG München v. 04.12.2019 – 8 Sa 146/19, NZA 2020, 316 ff.; *Preis*, in: ErfK-ArbR, 23. Aufl. 2023, § 611a BGB Rn. 63; *Fuhlrott/Oltmanns*, NJW 2020, 958; *Pacha*, Crowdwork, S. 39 ff.

[34] LAG München v. 04.12.2019 – 8 Sa 146/19, NZA 2020, 316 Rn. 121; LAG Hessen v. 14.02.2019 – 10 Ta 350/18, NZA-RR 2019, 505 Rn. 22; *Fuhlrott/Oltmanns*, NJW 2020, 958 (961 f.); *Pacha*, Crowdwork, S. 193 f.; *Däubler/Klebe*, NZA 2015, 1032 (1034 f.).

[35] BAG v. 01.12.2020 – 9 AZR 102/20, NZA 2021, 552 Rn. 43 ff.; *Martina*, NZA 2021, 616; *Junker*, JZ 2021, 512 (522); kritisch *Thüsing/Hütter-Brungs*, NZA-RR 2021, 231 (233 f.); *Fuhlrott/Mai*, ArbRAktuell 2021, 261.

[36] Siehe auch *Martina*, NZA 2021, 616 (618).

[37] BAG v. 01.12.2020 – 9 AZR 102/20, NZA 2021, 552 Rn. 45.

gesteuert wie durch die Ausübung des Weisungsrechts und somit sichergestellt, dass der Auftragnehmer kontinuierlich Aufträge ausschließlich nach
den örtlichen, zeitlichen und inhaltlichen Vorgaben des Auftraggebers erle-
digt, kann daraus gemäß BAG auf das Vorliegen eines Arbeitsverhältnisses
geschlossen werden.

IV. Übertragung auf die Elite-Schiedsrichter

1. Forschungsstand

Aktuell werden die Elite-Schiedsrichter vom DFB nicht als Arbeitnehmer
angesehen. Welches Vertragsverhältnis stattdessen vorliegt, wird nicht näher
bezeichnet. Die wohl überwiegende Auffassung in der Literatur geht von einer entgeltlichen Geschäftsbesorgung im Sinne der §§ 675, 611 BGB aus.[38]
Auch die Rechtsprechung hat auf Ebene des LAG bereits in zwei Fällen
ehemaliger Schiedsrichter der 3. Liga deren Arbeitnehmerstellung jeweils
verneint.[39] Maßgeblich für die Gerichte waren im Wesentlichen zwei Grundsätze: Die Schiedsrichtervereinbarung sei eine Rahmenvereinbarung und begründe als solche keine Pflicht zur Arbeitsleistung und ein Vertrag ohne eine
solche Pflicht zur Arbeitsleistung könne kein Arbeitsvertrag sein. Die darüber
hinaus geschlossenen Verträge über die jeweilige Spielleitung begründen
zwar grundsätzlich eine Pflicht zur Spielleitung, dies sei aber Bestandteil der
Eigenart der Tätigkeit eines Schiedsrichters und überlasse diesem bei jeder
einzelnen Entscheidung schlussendlich dennoch einen Entscheidungsspielraum, sodass die für einen Arbeitsvertrag kennzeichnende Weisungsgebundenheit nicht vorliege.[40]

---

[38] *Fritzweiler*, in: Praxishandbuch Sportrecht, 4. Aufl. 2020, Kap. 4 Rn. 19; *Heermann*, in: Tagungsband des WFV-Sportrechtsseminars 2007, S. 45 (51); *ders.*, CaS
2005, 4 (5); *Dittrich*, Verbandshaftung bei Spielmanipulation durch Fußball-Schiedsrichter, S. 166 ff.; *Kuhn*, Der Sportschiedsrichter zwischen bürgerlichem Recht und
Verbandsrecht, S. 73 ff.; wohl auch *Walker*, in: Württembergischer Fußballverband
e. V. (Hrsg.), Integrität und Compliance im Sport, S. 147 (155 ff.); *ders.*, ZfA 2016,
567 (572 f.); dagegen *Fischinger*, in: Staudinger-BGB, Neubearbeitung 2022, § 611a
Rn. 112 (sofern man dem BAG folge); *Schneck*, RdA 2022, 85 ff.; *Köhler*, SpuRt
2016, 3 (6); *Breucker*, Der Schiedsrichter im deutschen Profifußball als Arbeitnehmer, S. 129.

[39] LAG Niedersachsen v. 12.02.2020 – 2 Sa 172/19, SpuRt 2020, 147; LAG Hessen v. 15.03.2018 – 9 Sa 1399/16, SpuRt 2018, 173 = NZA-RR 2018, 414.

[40] Näher hierzu *Breetholt*, (Fn. 4), S. 71 ff.

2. Rechtliche Würdigung

Dieser Beitrag kann die rechtliche Würdigung nicht umfassend vorneh-men.[41] Ein besonderer Fokus soll daher auf das Thema Arbeitsverpflichtung und den Umfang einer Weisungsbindung gerichtet werden.

a) Arbeitsverpflichtung

Wie bereits gezeigt, wird der Arbeitsvertrag von einer Rahmenvereinba-rung grundsätzlich danach abgegrenzt, ob eine Pflicht zur Arbeitsleistung besteht. Nimmt man den Wortlaut der Schiedsrichtervereinbarung als Aus-gangspunkt, wird bereits in der Präambel klar definiert, dass beide Parteien bezüglich der konkreten Frage, ob und welche Spiele der Schiedsrichter tat-sächlich zur Leitung übernimmt, jeweils ein freies Entscheidungsrecht bean-spruchen. Überdies wird in Ziff. 1.1 nochmals betont, dass dem Schiedsrich-ter die vollumfängliche Entscheidungsfreiheit hinsichtlich der Verwertung seiner Arbeitskraft belassen werden soll. Indes kann die Bestimmung einer Arbeitnehmereigenschaft nicht beim Wortlaut der Parteivereinbarung enden, ist das Arbeitsrecht doch zwingendes Recht und als solches nicht zur Dis-position der Parteien gestellt.[42] In den Blick zu nehmen ist daher auch die tatsächliche Durchführung der Rechtsbeziehungen zwischen Elite-Schieds-richtern und dem DFB. Im Fall eines Crowdworkers identifizierte das BAG für seine Qualifizierung als Arbeitnehmer vergleichsweise die drei Kriterien persönliche Leistungsverpflichtung, konkrete Vorgaben hinsichtlich einer einfach durchzuführenden Tätigkeit und Fremdbestimmung durch Auftrags-vergabe und Kontrolle durch die verpflichtende Nutzung einer App.

Auch Schiedsrichter sind zur persönlichen Leistungserbringung verpflich-tet, die Durchführung ihrer Tätigkeit wird ebenfalls durch viele Vorgaben konkretisiert: Es wird festgelegt, dass die Anreise an den Spielort zwingend einen Tag vor der eigentlichen Spielleitung erfolgt, die vorgeschriebene Reisekleidung ist dabei der vom DFB bereitgestellte Trainingsanzug. Die Schiedsrichter werden am Spieltag von einem in jeder Stadt bereitstehenden Fahrservice vom Hotel abgeholt und in der Bundesliga spätestens zwei Stun-den vor Spielbeginn im Stadion erwartet. Dort werden ihnen dann die Uhren, der Spielball für die Torlinientechnologie und der Empfänger für das Kommunikationssystem mit den VAR ausgehändigt. Auch Platzbegehung und Aufwärmphase folgen einem weitestgehend vorgegebenen Zeitplan.[43]

---

[41] Zur Vertiefung siehe daher *Breetholt*, (Fn. 4), S. 99 ff.

[42] *Preis*, in: ErfK-ArbR, 23. Aufl. 2023, § 611a BGB Rn. 25, 45 ff.; *Maties*, in: BeckOGK-BGB, Stand: 01.01.2023, § 611a Rn. 177.

[43] Zum Ganzen *Ittrich*, Die richtige Entscheidung, S. 115 ff.

Gleichwohl kann die Spielleitung im Profifußball nicht als einfach gelagerte Tätigkeit betrachtet werden. Die Spielleitung im modernen Fußball hat sich längst von der reinen Regeleinhaltungskontrolle hin zu einem komplexen Spielmanagement entwickelt. Der Schiedsrichter wirkt präventiv auf die Akteure ein und sollte in der Lage sein, erfolgreich zu kommunizieren, um zukünftige Regelübertretungen zu verhindern. Daneben hat er in Sekundenbruchteilen Spielszenen zu erfassen und zu bewerten.[44] Waren indes die persönliche Leistungsverpflichtung und konkrete Vorgaben bei der Durchführung einer Tätigkeit seit jeher Indizien für das BAG zur Bestimmung einer Arbeitnehmerstellung, kam es im konkreten Fall entscheidend auf ein drittes Kriterium an: Demnach ziele die Organisationsstruktur der Crowdworking-Plattform durch das Zusammenspiel von Basis-Vereinbarung, Registrierung und App-Nutzung gerade darauf ab, dass der Nutzer kontinuierlich Aufträge annehme, woraus sich die Fremdbestimmtheit der Tätigkeit und somit am Ende ein Arbeitsverhältnis ergebe. Zu diesem Punkt ist festzuhalten, dass die Organisationsstruktur des DFB in noch höherem Maße auf die kontinuierliche Annahme von Spielaufträgen durch Schiedsrichter ausgerichtet ist. Der DFB ist gemäß dem Grundlagenvertrag mit dem DFL e. V. und gemäß seiner Satzung für die Organisation des Spielbetriebs in bundesweiten Ligen verantwortlich und daher zur Bereitstellung hinreichend qualifizierter Schiedsrichter für jedes Spiel verpflichtet. Aus diesem Grund kann er die Spielaufträge nicht wie eine Crowdworking-Plattform für eine unbestimmte Anzahl potenzieller Auftragnehmer öffnen, sondern muss seine Auftragnehmer auf den Kreis der Schiedsrichter der DFB-Schiedsrichterliste begrenzen.

Gerade deshalb ist die Organisationsstruktur maßgeblich auf die zuverlässige Annahme von Spielaufträgen durch die entsprechend qualifizierten Schiedsrichter angewiesen. Würde der limitierte Kreis der 64 Elite-Schiedsrichter in der Praxis beliebig Spielaufträge annehmen oder ablehnen, könnte der DFB den ordnungsgemäßen Spielbetrieb nicht mehr gewährleisten.

Aus diesem Grund hat der DFB verschiedene Regelungen in das Verbandsrecht inkorporiert, die einen Vorrang der Spielleitung in seinen Ligen sicherstellen. Gemäß § 13 SRO DFB wird eine Berufung durch den DFB gegenüber einer Spielleitung für den Regional- oder Landesverband priorisiert: Demnach kann ein Elite-Schiedsrichter auch von einem bereits zugeteilten Spiel unterhalb der DFB-Ebene wieder abgezogen und für ein DFB-Spiel eingeteilt werden. Daneben dürfen Schiedsrichter aus dem Geltungsbereich des DFB ihre Spielleitung grundsätzlich nur in Deutschland anbieten. Eine Betätigung als Schiedsrichter im Ausland bedarf unabhängig von Qualifikation und Spielklasse gemäß § 9 SRO DFB einer Zustimmung des DFB. Dazu kommt der inzwischen auch von den Gerichten anerkannte faktische

---

[44] Im Ergebnis auch *Gräf*, NZA 2021, 911 (912).

Druck, bei zu häufigen Spielrückgaben von der Schiedsrichterliste gestrichen werden zu können. Diese Instrumente in der Organisationsstruktur des DFB stellen eine zuverlässige Annahme der Spielaufträge sicher.

Der Vergleich zu dem Crowdworking-Fall zeigt, dass das BAG ein Dienstverhältnis trotz der fehlenden Vereinbarung einer Dienstleistungspflicht als Arbeitsverhältnis qualifizieren kann, sofern andere Kriterien erfüllt sind. Von größerem Belang kann beispielsweise die Organisationsstruktur eines potenziellen Arbeitgebers sein, die auf die kontinuierliche Annahme von Aufträgen ausgerichtet ist. Gute Gründe sprechen daher für eine Qualifizierung der Schiedsrichtervereinbarung als Arbeitsverhältnis trotz fehlender Arbeitsverpflichtung.

b) Weisungsbindung

aa) Statusweisungen

Das LAG Niedersachen argumentierte, örtliche und zeitliche Vorgaben seien „Sachzwänge", da der Rahmenterminkalender schließlich ein Hin- und Rückspiel zwischen allen Mannschaften der jeweiligen Liga vorsehe. Diese seien daher nicht auf eine Weisung des DFB gegenüber den Schiedsrichtern zurückzuführen.[45]

In der Tat nimmt der DFB keinen Einfluss auf die Ligazugehörigkeit einer konkreten Mannschaft, diese wird vielmehr DFB-unabhängig über die sportliche Qualifikation eines Vereins vorgegeben. Dabei ist ein Tausch einer im Rahmenterminkalender für den jeweiligen Spieltag vorgesehenen Partie im Nachgang nur unter Angabe gewichtiger Gründe möglich. Der zeitliche Umfang einer Spielleitung selbst ist überdies bereits in den Fußballregeln festgehalten und vom DFB nicht beeinflussbar.

Zwei Aspekte sprechen indessen gegen diese Interpretation der Gerichte: Die DFL als Mitglied des DFB legt vor Beginn jeder Saison den Rahmenterminkalender fest. Der annähernde Zeitpunkt einer Spitzenpartie oder eines Abstiegsduells kann folglich von der DFL zu Beginn der Saison bereits bestimmt werden und unterliegt keinem „Sachzwang".

Zudem entscheidet auch der DFB, welcher Schiedsrichter an welchem Ort und zu welcher Zeit eingesetzt wird. Die Bundesligaschiedsrichter werden innerhalb der ersten drei Ligen eingesetzt, sodass sich pro Spieltag potenziell 28 verschiedene Einsatzorte und mittlerweile erheblich variierende Anstoßzeiten ergeben, die sich – man denke an die „englischen Wochen" – über die komplette Woche verteilen. Selbst für die Schiedsrichter der 3. Liga ergeben

---

[45] LAG Niedersachsen v. 12.02.2020 – 2 Sa 172/19, Spu*Rt 2020, 147 (151).

sich noch zehn verschiedene Spielorte und mehrere unterschiedliche Anstoß-zeiten.

Die zeitlichen und örtlichen Regelungen, die ein vom Schiedsrichter zu leitendes Fußballspiel betreffen, sind demnach folglich keineswegs sich lediglich aus dem Spielbetrieb der Fußballigen schlechterdings ergebende „Sachzwänge".

bb) Fachliche Vorgaben

Die konkrete Anwendung der Spielregeln auf dem Feld obliegt nur dem Schiedsrichter; trotz Regelschulungen verbleibt immer ein Ermessensspiel-raum. Das LAG Niedersachsen führt diese fehlende fachliche Weisungsbin-dung als tragend gegen ein Arbeitsverhältnis an.[46]

Der Verweis auf den Ermessensspielraum eines Schiedsrichters ist dem zuwider jedoch nicht geeignet, seine Arbeitnehmerstellung zu negieren. Dabei soll der Ermessensspielraum an sich nicht bestritten werden: Dass dieser trotz intensiver Schulungsmaßnahmen verbleibt, zeigt beispielsweise die noch immer unterschiedliche Auslegung der Handspielregel und die Wahl-möglichkeit zwischen einer kleinlichen oder einer großzügigen Spielleitung. Die Video-Assistenten sind ebenfalls angehalten, nicht bei jeder, sondern nur bei einer klaren und offensichtlichen Fehlentscheidung einzugreifen.

Zwei Aspekte können indes angeführt werden, die den noch vorhandenen Ermessensspielraum als Qualifikationskriterium gegen das Bestehen einer Arbeitnehmerstellung eines Schiedsrichters entkräften: Zum einen wird der verbleibende Ermessensspielraum der Schiedsrichter zunehmend geringer. Der Fußball ist im Laufe der Zeit wirtschaftlich immer bedeutender geworden, sodass bereits eine einzige Entscheidung des Schiedsrichters potenziell millionenschwere Auswirkungen auf die Finanzverhältnisse eines Fußball-clubs haben kann.[47] Aus diesem Grund verfolgt der DFB das Ziel, den Ermessensspielraum fortwährend zu verringern, indem er durch intensivierte Videoschulungen und immer konkretere Anweisungen versucht, eine einheit-liche Regelauslegung zu gewährleisten.[48] Die vollumfängliche Umsetzung dieser Anweisungen wird bei jedem Einsatz sowohl von einem Beobachter

---

[46] LAG Niedersachsen v. 12.02.2020 – 2 Sa 172/19, SpuRt 2020, 147 (150).

[47] Als Beispiel sei hier die umstrittene Freistoßentscheidung des Schiedsrichters Manuel Gräfe im Relegationsrückspiel zwischen dem Karlsruher SV und dem Hamburger SV am 01.06.2015 genannt. Der Freistoß führte zum 1:1 in der Nachspielzeit und verwehrte dem Karlsruher SV im Ergebnis den Aufstieg in die Bundesliga.

[48] Auch während der Corona-Pandemie trafen sich die Schiedsrichter einmal im Monat virtuell, um die Zweikampfbeurteilung und Disziplinarkontrolle zu vereinheit-lichen, *Altehenger*, in: DFB-Schiedsrichterzeitung 2/21, 16 (17).

im Stadion als auch von einem Coach unter Zuhilfenahme der TV-Bilder kontrolliert.[49] Eine zu erhebliche Abweichung von den konkreten Anweisungen des DFB kann sich somit kein Schiedsrichter gestatten, da er in diesem Fall das Risiko nachteiliger Beobachtungsnoten einginge und damit den Verbleib in seiner Liga gefährdet.[50]

Der zweite Gesichtspunkt, der überdies ein Indiz dafür darstellt, dass ein Ermessensspielraum eines Dienstnehmers nicht gegen seine Arbeitnehmerstellung spricht, besteht im Hinblick auf den Qualifikationsgrad einer zu verrichtenden Tätigkeit: Bei besonders qualifizierten Arbeitnehmern, die eigens wegen ihrer besonderen Expertise und spezieller Fertigkeiten angestellt wurden, ist die fachliche Weisungsbefugnis in der Regel stark eingeschränkt. Der Arbeitgeber verlässt sich auf die qualifizierten Entscheidungen seines Arbeitnehmers. Schließlich war dessen Expertise ursprünglich der dominierende Einstellungsgrund. Auch die Elite-Schiedsrichter werden wegen ihrer ausgewiesenen Fähigkeiten mit Spielleitungen betraut: Im Vorfeld hatten sie sich als einer von 64 auf der DFB-Schiedsrichterliste erwählten Schiedsrichter im ursprünglichen Mitbewerberfeld von gut 50.000 Kandidaten in Deutschland durchgesetzt. Dies gelingt nur durch herausragende Spielleitungen über mehrere Jahre mit einem durchgehend hohen Fitnesslevel und exzellenter Regelkenntnis. Vergleichbar mit anderen Dienstgebern fachlich besonders qualifizierter Dienstnehmer verlässt sich auch der DFB in erheblichem Maß auf die Entscheidungen der Schiedsrichter auf dem Platz; eine Arbeitnehmerstellung schließt dieser Aspekt demnach keinesfalls aus.

c) Gesamtwürdigung

Die Gesamtschau aus Rahmenvereinbarung und darauf beruhenden Spielleitungsvereinbarungen ergibt in der maßgeblichen tatsächlichen Durchführung eher ein Arbeitsverhältnis.

Schiedsrichter sind entgegen der Einschätzung des LAG Hessen und des LAG Niedersachsen in ihrer Entscheidung bezüglich der Annahme der Spielleitungsverträge nicht frei. Vielmehr besteht durch die einsatzunabhängige Vergütung und den jederzeitigen Druck, die Spielklasse bei zu geringer Verfügbarkeit verlassen zu müssen, eine faktische Annahmeverpflichtung.

---

[49] *Ittrich*, Die richtige Entscheidung, S. 150 ff.; zur Bedeutung der Unterwerfung unter ein Beobachtungs- und Coachingsystem für ein mögliches Arbeitsverhältnis auch *Köhler*, SpuRt 2016, 3 (6); *ders.*, Der Arbeitnehmerbegriff im Sport, S. 170 f.; *Dittrich*, Verbandshaftung bei Spielmanipulation durch Fußball-Schiedsrichter, S. 156; *Buhl*, CaS 2015, 378 (380).

[50] So hat zuletzt Robert Kampka seine Qualifikation als Bundesliga-Schiedsrichter wegen schlechter Beobachtungsergebnisse verloren, siehe https://www.dfb.de/news/de tail/badstuebner-steigt-in-die-bundesliga-auf-217291/ (zuletzt abgerufen am 22.02.2023).

Die Ausführung der übernommenen Aufträge wird konkret vorgegeben. So werden detaillierte Bestimmungen zur Anreise sowie zur Spielvor- und -nachbereitung erlassen, folglich zeitliche und örtliche Weisungen erteilt. Fachliche Weisungen determinieren einen Großteil der Spielleitung. Sofern ein Entscheidungsspielraum verbleibt, ist dieser nicht größer als bei anderen gut qualifizierten Arbeitnehmern.

Über die Erteilung zeitlicher, örtlicher und auch fachlicher Weisungen hinaus werden Elite-Schiedsrichter auch in den Betrieb DFB eingegliedert. Sie verpflichten sich, ihre Dienstleistung in einer wirtschaftlich effizienten Weise ausschließlich dem DFB anzubieten. Dieser stellt ihnen die Assistenten an die Seite und sorgt für eine ausreichende fachliche Schulung.

Das Spannungsverhältnis zwischen vertraglich angeordneter Freiheit bei der Annahme der einzelnen Aufträge und den zahlreichen Vorgaben im Hinblick auf die tatsächliche Durchführung ist gemäß § 611a Abs. 1 S. 6 BGB zugunsten letzterer aufzulösen. Die abschließende Gesamtschau unter Berücksichtigung der Merkmale aus § 611a Abs. 1 S. 1 BGB ergibt somit ein Gesamtgepräge des Rechtsverhältnisses zwischen dem DFB und den Elite-Schiedsrichtern, das dem eines Arbeitsverhältnisses nähersteht als dem eines freien Dienstvertrags.

V. Rechtsfolgen bei Annahme einer Arbeitnehmereigenschaft

Die Rechtsfolgen bei Voraussetzung einer Arbeitnehmereigenschaft von Elite-Schiedsrichtern wären vielfältig. Dieser Beitrag kann sich nur auf eine Auswahl beschränken.[51] Es soll im Folgenden maßgeblich darauf ankommen, praxisorientierte Lösungsmöglichkeiten zu finden, um allen Parteien gerecht zu werden: Zwar muss dem berechtigten Interesse des DFB an qualitativ hochwertigen Spielleitungen durch geeignete Schiedsrichter Rechnung getragen werden, andererseits gilt es indes auch, eine Grenze bei der Auslegung des geltenden Arbeitsrechts zu ziehen.

1. Befristungsrecht

Regelmodell eines Arbeitsverhältnisses in Deutschland ist der unbefristete Arbeitsvertrag.[52] Zumindest im Mannschaftssport sind dennoch befristete

---

[51] Für eine umfassendere Darstellung *Breetholt*, (Fn. 4), S. 135 ff.
[52] BAG v. 16.01.2018 – 7 AZR 312/16, AP Nr. 166 zu § 14 TzBfG Rn. 18; *Fischinger*, in: Fischinger/Reiter Arbeitsrecht des Profisports, 1. Aufl. 2021, § 10

Arbeitsverträge der Standard.[53] Gestützt wird diese Befristung zumeist auf eine Rechtfertigung wegen der Eigenart der Arbeitsleistung im Sinne des § 14 Abs. 1 S. 2 Nr. 4 TzBfG. Für Fußballspieler der Bundesliga ist deren Zulässigkeit auch höchstrichterlich bestätigt.[54] Dieser Befristungsgrund ist indes nicht auf Elite-Schiedsrichter übertragbar.

Das BAG führte für Fußballspieler aus, dass das Regel-Ausnahme-Prinzip des Befristungsrechts nur Geltung verlangen kann, wenn der Arbeitnehmer einen Beruf dauerhaft bis zum Rentenalter ausüben kann und der Arbeitsvertrag eine entsprechend langfristig verbindliche Existenzgrundlage bilden soll. Dies sei bei Fußballspielern der Bundesliga ausdrücklich nicht der Fall, da sie ihre sportlichen Höchstleistungen nicht bis ins Rentenalter, sondern nur für einen begrenzten Zeitraum erbringen könnten.[55]

Zwar schulden auch Elite-Schiedsrichter sportliche Höchstleistung: So absolvieren sie beispielsweise bei einer Spielleitung eine Strecke von 10 bis 13 km.[56] Zum Vergleich: Die durchschnittliche Laufleistung eines Spielers des laufstärksten Vereins in der Saison 2021/22 Arminia Bielefeld lag bei 10,80 km.[57] Die Anzahl der Sprints ist mit 50 ungefähr so hoch wie die eines Spielers.[58] Gleichwohl absolvieren Schiedsrichter keine Zweikämpfe oder führen Kopfbälle aus[59], wodurch sich das Verletzungsrisiko signifikant verringert. Dies erklärt auch, warum der Altersdurchschnitt der Bundesliga-Schiedsrichter in der Saison 2020/21 mit 38,33 Jahren[60] deutlich über dem

---

Rn. 2; *Boecken*, in: HK-TzBfG, 6. Aufl. 2019, § 14 Rn. 10; *Brugger*, NZA-RR 2021, 113.

53 *Fischinger*, in: Fischinger/Reiter Arbeitsrecht des Profisports, 1. Aufl. 2021, § 10 Rn. 2; *ders.*, in: 40 Jahre wfv-Sportrechtsseminare, S. 61 (62); *Brugger*, NZA-RR 2021, 113.

54 BAG v. 16.01.2018 – 7 AZR 312/16, AP Nr. 166 zu § 14 TzBfG.

55 BAG v. 16.01.2018 – 7 AZR 312/16, AP Nr. 166 zu § 14 TzBfG Rn. 18.

56 *Krustrup/Helsen/et al.*, Activity profile and physical demands of football referees and assistant referees in international games', Journal of Sports Sciences, 27 (11), p. 1167 – 1176; zu einem ähnlichen Ergebnis kamen bereits *Krustrup/Bangsbo*, Physiological demands of top-class soccer refereeing in relation to physical capacity, Journal of Sports Sciences, 19 (11), p. 881–891.

57 Bundesliga Laufleistung 2021/22, https://www.kicker.de/bundesliga/laufleistung/2021-22/34 (zuletzt abgerufen am 22.02.2023).

58 *Krustrup/Helsen/et al.*, Activity profile and physical demands of football referees and assistant referees in international games', Journal of Sports Sciences, 27 (11), p. 1167–1176.

59 „Erhöhtes Demenz-Risiko: Forderung nach Kopfball-Verbot im Fußball", kicker vom 02.08.2021, https://www.kicker.de/erhoehtes-demenz-risiko-forderung-nach-kopfball-verbot-im-fussball-867217/artikel (zuletzt abgerufen am 22.02.2023).

60 https://www.weltfussball.de/schiedsrichter/bundesliga-2020-2021/ (zuletzt abgerufen am 22.02.2023), Aarnink ist kein Bundesliga-SR und wurde daher nicht berücksichtigt.

der Bundesliga-Spieler in der gleichen Saison (25,6 Jahre)[61] lag. Der Altersdurchschnitt der Schiedsrichter in der englischen Premier League, die ohne Altersgrenze auskommt, lag in der Saison 2020/2021 sogar bei knapp 43 Jahren.[62] Dieser deutlich oberhalb von Profispielern liegende Altersdurchschnitt zeigt, dass die „begrenzte Zeit", in der sportliche Höchstleistungen erbracht werden können, deutlich länger anzusetzen ist. Demnach ist die Situation der Elite-Schiedsrichter vergleichbar mit anderen körperlich anspruchsvollen Berufen, in denen ungeachtet dessen unbefristete Arbeitsverträge abgeschlossen werden.

Auch im Sport muss das Regel-Ausnahme-Verhältnis zwischen unbefristeten und befristeten Arbeitsverhältnissen beachtet werden, sodass bei der Übertragung der Grundsätze für Bundesligaspieler auf andere Akteure Zurückhaltung geboten ist: Die Eigenart der Arbeitsleistung der Schiedsrichter ist nicht vergleichbar und nicht geeignet, eine Befristung zu stützen. Auch die übrigen Sachgründe aus § 14 Abs. 1 S. 2 TzBfG können nicht herangezogen werden. Schlussfolgernd kommt eine Sachgrundbefristung daher nicht in Betracht. Möglich bleibt somit nur die sachgrundlose Befristung nach § 14 Abs. 2 TzBfG, allerdings lediglich bis zu einer Höchstdauer von zwei Jahren. Demungeachtet kann gemäß § 14 Abs. 2 S. 3 TzBfG durch Tarifvertrag die Anzahl der Verlängerungen oder die Höchstdauer der Befristung abweichend festgelegt werden.[63]

2. Altersgrenze

a) Diskriminierungstatbestand

Die Altersgrenze für Elite-Schiedsrichter wurde im Anschluss an den Fall Gräfe in der Literatur vielfach diskutiert.[64] Ihre Arbeitnehmereigenschaft vorausgesetzt, unterfallen Elite-Schiedsrichter unzweifelhaft gemäß § 6 Abs. 1 S. 1 Nr. 1 AGG dem persönlichen Anwendungsbereich des AGG. Um unter das Benachteiligungsverbot nach § 7 Abs. 1 AGG zu fallen, müssen die Benachteiligungen wegen eines Grundes nach § 1 AGG erfolgen, folglich

---

[61] *Zeppenfeld*, Altersdurchschnitt der Spieler der 1. Fußball-Bundesliga in den Saisons 2010/2011 bis 2022/23, Statista https://de.statista.com/statistik/daten/studie/206794/umfrage/altersdurchschnitt-der-bundesliga-profis-im-deutschen-fussball/ (zuletzt abgerufen am 22.02.2023).

[62] „Bilanz aller gepfiffenen Spiele 2020/2021", auf www.transfermarkt.de (zuletzt aufgerufen am 22.02.2023 einige Altersangaben fehlen und wurden durch andere Onlinequellen ergänzt, sodass der genaue Altersdurchschnitt nicht zu bestimmen ist).

[63] Hier ist eine Maximaldauer von 6 Jahren möglich, vgl. *Breetholt*, (Fn. 4), S. 144 ff.

[64] Siehe bei Ablehnung ihrer Arbeitnehmereigenschaft auch *Breetholt*, SpoPrax 2021, 365.

kausal sein.[65] Eine Altersgrenze benachteiligt „unmittelbar" wegen des Alters, da sie direkt an das Merkmal „Alter" anknüpft.[66] Ist eine Benachteiligung aus mehreren Gründen erfolgt (sog. Motivbündel), muss der Diskriminierungsgrund nicht das ausschließliche, nicht einmal das maßgebliche Motiv gewesen sein; es genügt Mitursächlichkeit.[67] Die Schiedsrichterführung für den Elitebereich kommunizierte in Person ihres Vorsitzenden Fröhlich zuletzt in der Öffentlichkeit, dass Gräfe und zwei weiteren Bundesligaschiedsrichtern allein wegen ihres Alters und nicht etwa wegen unbefriedigender Leistungen keine neue Schiedsrichtervereinbarung für die Saison 2021/22 angeboten wurde.[68] Alle drei Schiedsrichter wurden folglich allein wegen ihres Alters im Vergleich zu ihren jüngeren ähnlich qualifizierten Schiedsrichterkollegen vergleichsweise schlechter behandelt. Die Altersgrenze benachteiligt somit unmittelbar im Sinne des § 3 Abs. 1 AGG.

Bereits die letzte Befristung auf ein Jahr vor dem Überschreiten der Altersgrenze von 47 Jahren ist eine Bestimmung, die zumindest auch deshalb getroffen wird, um die verbandsintern praktizierte Altersgrenze durchzusetzen. Wie bereits gezeigt, genügt eine solche Mitursächlichkeit, um dem Benachteiligungsverbot zu unterfallen.

b) Rechtfertigung

Entscheidend für das Vorliegen einer Diskriminierung kommt es darauf an, ob die Benachteiligung gerechtfertigt werden kann. Der DFB beruft sich diesbezüglich regelmäßig auf zwei Argumente: Die im Alter abnehmende Leistungsfähigkeit von Sportlern und die Förderung jüngerer Schiedsrichter. Diese Aspekte seien von besonderer Bedeutung für eine „effiziente Kaderplanung", die der Qualität der Spielleitungen diene.[69] In Betracht kommt

---

[65] BAG v. 23.11.2017 – 8 AZR 604/16, NZA 2018, 584 Rn. 21; BAG v. 23.08.2012 – 8 AZR 285/11, AP § 3 Nr. 9 AGG Rn. 30; *Schlachter*, in: ErfK-ArbR, 23. Aufl. 2023, § 7 AGG Rn. 3; *Benecke*, in: BeckOGK-AGG, Stand: 01.12.2022, § 7 Rn. 24; *Serr*, in: Staudinger-BGB, Neubearbeitung 2020, § 7 AGG Rn. 8.

[66] EuGH v. 13.09.2011 – C-447/09, NZA 2011, 1039.

[67] BAG v. 21.11.2017 – 9 AZR 117/17, AP Nr. 194 zu § 611 Lehrer Rn. 22; BGH v. 23.04.2012 – II ZR 163/10, AP Nr. 6 zu § 22 AGG Rn. 37; BAG v. 17.08.2010 – 9 AZR 839/08, AP Nr. 4 zu § 15 AGG Rn. 31; LG Frankfurt v. 25.01.2023 – 2-16 O 22/21, juris Rn. 103; *Schlachter*, in: ErfK-ArbR, 23. Aufl. 2023, § 7 AGG Rn. 3; *Benecke*, in: BeckOGK-AGG, Stand: 01.12.2022, § 7 Rn. 29.

[68] Interview mit Lutz Michael Fröhlich, https://www.dfb.de/news/detail/froehlich-effiziente-kaderplanung-bei-unparteiischen-226732/ (zuletzt abgerufen am 15.06.2022, mittlerweile lediglich im Cache verfügbar).

[69] Interview mit Lutz Michael Fröhlich, https://www.dfb.de/news/detail/froehlich-effiziente-kaderplanung-bei-unparteiischen-226732/ (zuletzt abgerufen am 15.06.2022, mittlerweile lediglich im Cache verfügbar).

daher eine Rechtfertigung wegen eines legitimen Ziels gemäß § 10 S. 1 und 2 AGG (Nachwuchsförderung) oder wegen entscheidender beruflicher Anforderungen gemäß § 8 Abs. 1 AGG (altersbedingte Leistungsminderung).[70] Sowohl eine Rechtfertigung nach § 10 AGG als auch nach § 8 AGG setzt die Verhältnismäßigkeit der benachteiligenden Maßnahme voraus.[71]

Die für Schiedsrichter definierte Altersgrenze ist zweifelsohne geeignet, das Ziel Nachwuchsförderung zu erreichen: An jedem Spieltag werden lediglich neun Schiedsrichter zur Leitung aller Bundesligaspiele (ohne Berücksichtigung der zahlreichen Assistenten) eingesetzt. Zwangsläufig ist daher auch der Kader der potenziellen Bundesligaschiedsrichter begrenzt. Eine Höchstaltersgrenze führt zu regelmäßigen, altersbedingten Ausscheiden der Schiedsrichter und somit zu Vakanzen in Bezug auf diese begehrten Kaderplätze.[72]

Allerdings bleibt als milderes Mittel die Anknüpfung an die Leistungsfähigkeit eines Elite-Schiedsrichters. Voraussetzung für eine Beschäftigung als Schiedsrichter ist seit jeher das Bestehen der körperlichen und theoretischen Leistungsprüfung. Dass es sich dabei nicht um eine reine Formalie handelt, wird schon dadurch deutlich, dass es gerade älteren Schiedsrichtern durchaus schwerfällt, die Leistungsprüfung zu bestehen.[73] Schon aus diesem Grund ist kaum zu erwarten, dass ältere Schiedsrichter bis zum gesetzlichen Rentenalter die Bundesligaplätze auf Kosten jüngerer Schiedsrichter besetzt halten. Ein Anknüpfen an das Bestehen der Leistungsprüfungen unabhängig vom Alter wäre nicht nur gleich effektiv und milder, sondern auch sachnäher. Ein Schiedsrichter könnte demgemäß so lange in seiner Liga verweilen, wie er nachweislich die theoretischen und körperlichen Anforderungen erfüllt. Eine pauschale Altersgrenze ist bereits aus diesem Grund nicht erforderlich.[74]

c) Rechtsfolge

Gemäß § 15 Abs. 6 AGG kann ein Verstoß gegen das Benachteiligungsverbot des § 7 Abs. 1 AGG nicht zu einem Anspruch auf Begründung eines

---

[70] Ausführlich bei *Breetholt*, (Fn. 4), S. 151 ff.; *Kainer/Halkenhäuser*, NJW 2021, 3223 (3224 ff.); *Gräf*, NZA 2021, 911 (914 ff.); *Kranz/Pröpper*, SpuRt 2021, 254 (257 f.).

[71] Für § 10 AGG ergibt sich dies aus § 10 S. 2 AGG, für § 8 AGG aus den Gesetzesmaterialien, BT-Drs. 16/1780, S. 35.

[72] Ähnlich auch *Kainer/Halkenhäuser*, NJW 2021, 3223 (3226); *Gräf*, NZA 2021, 911 (915).

[73] „Aytekin und Steinhaus: Grünes Licht für Bundesliga fehlt", tz vom 11.07.2019, https://www.tz.de/sport/fussball/aytekin-und-steinhaus-gruenes-licht-fuer-bundesliga-fehlt-zr-12809444.html (zuletzt abgerufen am 22.02.2023).

[74] Im Ergebnis auch LG Frankfurt v. 25.01.2023 – 2-16 O 22/21, juris Rn. 123; ebenso *Gräf*, NZA 2021, 911 (916); *Kranz/Pröpper*, SpuRt 2021, 254 (258).

Beschäftigungsverhältnisses führen, sodass die Naturalrestitution ausgeschlossen scheint. Das Benachteiligungsverbot aus § 7 Abs. 1 i. V. m. § 1 AGG
ist gleichwohl ein Verbotsgesetz im Sinne des § 134 BGB, sodass ein Verstoß
gegen das Benachteiligungsverbot bereits gemäß § 134 BGB zur Nichtigkeit
der Bestimmung führt.[75] Die letzte Schiedsrichtervereinbarung vor dem
Überschreiten des 47. Lebensjahres enthält eine Befristung, die zumindest
auch zur Durchsetzung der verbandsinternen Altersgrenze eingefügt wird. Da
bekanntlich eine Mitursächlichkeit genügt, ist diese Befristung gemäß
§ 7 Abs. 1 AGG i. V. m. § 134 BGB nichtig. Allerdings könnte dieses Ergebnis der Wertung des § 15 Abs. 6 AGG widersprechen. Hier ist nun zwischen
den zwei Verstößen zu unterscheiden: Wurde bereits die ursprüngliche Befristungsabrede unter Verstoß gegen das Benachteiligungsverbot abgeschlossen, gilt der Arbeitsvertrag als auf unbestimmte Zeit geschlossen.[76] War die
Befristungsabrede indes wirksam und verstößt nur die anschließende Entscheidung des Arbeitgebers, den Arbeitsvertrag nicht zu verlängern, gegen
das Benachteiligungsverbot, ist § 15 Abs. 6 AGG einschlägig und der Arbeitnehmer kann nur Schadensersatz und Entschädigung, aber keine Fortsetzung
des Arbeitsverhältnisses verlangen.[77] Zu beachten ist der wertungsmäßige
Unterschied, ob ein Arbeitgeber verpflichtet ist, einen Arbeitnehmer einzu-
stellen oder gar zu befördern oder ob er verpflichtet ist, den als Ausdruck
seiner Willensentscheidung bereits auf einer bestimmten Position eingestell-
ten Arbeitnehmer weiterhin zu beschäftigen.[78] Folglich kann ein Anspruch
auf Beschäftigung geltend gemacht werden.[79]

Daneben führt ein Verstoß gegen das Benachteiligungsverbot gemäß
§ 15 Abs. 1 AGG zum Entstehen eines verschuldensabhängigen Schadenser-
satzanspruch. Wie sich aus dem Umkehrschluss zu § 15 Abs. 2 AGG ergibt,
sind nur materielle Schäden ersatzfähig. Die Berechnung des Schadens erfolgt nach den allgemeinen Grundsätzen des § 249 BGB einschließlich der

---

[75] *Fischinger/Hengstberger*, in: Staudinger-BGB, Neubearbeitung 2021, § 134
BGB Rn. 213; *Schlachter*, in: ErfK-ArbR, 23. Aufl. 2023, § 7 AGG Rn. 6; *Benecke*,
in: BeckOGK-AGG, Stand: 01.12.2022, § 7 Rn. 33; *Serr*, in: Staudinger-BGB, Neubearbeitung 2020, § 7 AGG Rn. 12; *Bauer/Krieger/Günther*, in: AGG, 5. Aufl. 2018,
§ 7 Rn. 2.
[76] BAG v. 06.04.2011 – 7 AZR 524/09, AP Nr. 1 zu § 10 AGG Rn. 34; *Benecke*,
in: BeckOGK-AGG, Stand: 01.12.2022, § 15 Rn. 109; *Bauer/Krieger/Günther*, in:
AGG, 5. Aufl. 2018, § 15 Rn. 68; a. A. *Horcher*, RdA 2014, 93 (99).
[77] LAG Hamm v. 26.02.2009 – 17 Sa 923/08, BeckRS 2010, 72245; *Bauer/Krie-
ger/Günther*, in: AGG, 5. Aufl. 2018, § 15 Rn. 68.
[78] BAG v. 06.04.2011 – 7 AZR 524/09, AP Nr. 1 zu § 10 AGG Rn. 34.
[79] Ausführlich *Breetholt*, (Fn. 4), S. 158 ff.; a. A. *Adomeit/Mohr*, in: AGG, 2. Aufl.
2011, § 15 Rn. 151; zweifelnd auch *Stein*, in: Wendeling/Schröder AGG, 1. Aufl.
2008, § 15 Rn. 97.

Geltendmachung des entgangenen Gewinns.[80] Der Bewerber hat im Rahmen der haftungsausfüllenden Kausalität darzulegen und gegebenenfalls zu beweisen, dass er im Fall der Nichteinstellung der „bestgeeignetste" Bewerber war.[81] Hier gilt es die Besonderheiten des Schiedsrichterwesen zu berücksichtigen, wonach stets über die gesamte Schiedsrichterliste für die kommende Saison entschieden wird. Ein Bewerber muss demzufolge lediglich beweisen, dass er besser geeignet war als ein Kandidat auf der Liste[82]. Der Umfang dieses Schadensersatzes ist hoch umstritten. Zutreffend wird es auf eine Einzelfallentscheidung der Gerichte ankommen, die nach dem Grundsatz von Treu und Glauben aus § 242 BGB ein gerechtes Maß zwischen einer abschreckenden, aber noch verhältnismäßigen Sanktion finden müssen.[83] Gemäß § 15 Abs. 2 AGG besteht daneben ein verschuldensunabhängiger[84] Entschädigungsanspruch für Nichtvermögensschäden. Die Tatbestandsvoraussetzungen decken sich abgesehen von dem Verschuldenserfordernis mit denen aus § 15 Abs. 1 AGG.[85]

3. Kündigungsschutz

Auch im Profisport gilt zugunsten der Arbeitnehmer der zwingende gesetzliche Kündigungsschutz.[86] In Betracht kommt grundsätzlich eine ordentliche Kündigung, die das Arbeitsverhältnis nach Ablauf der in § 622 BGB vorgesehenen Frist beendet. Allerdings ist die ordentliche Kündigung in einem wirksam befristeten Arbeitsverhältnis gemäß § 15 Abs. 4 TzBfG ausgeschlossen, sofern die Parteien nicht Abweichendes vereinbart haben. Die Schiedsrichtervereinbarung enthält in Ziff. 5 Abs. 2 S. 3 einen ausdrücklichen Ausschluss der ordentlichen Kündbarkeit während der Vertragslaufzeit. Da diese Befristung jedoch nur wirksam für die ersten zwei Jahre – beziehungs-

---

[80] BAG v. 19.08.2010 – 8 AZR 530/09, AP Nr. 5 zu § 15 AGG Rn. 75; *Schlachter*, in: ErfK-ArbR, 23. Aufl. 2023, § 15 AGG Rn. 4; *Serr*, in: Staudinger-BGB, Neubearbeitung 2020, § 15 AGG Rn. 25.

[81] BAG v. 19.08.2010 – 8 AzR 530/09, AP Nr. 5 zu § 15 AGG Rn. 78; LG Frankfurt v. 25.01.2023 – 2-16 O 22/21, juris Rn. 138.

[82] LG Frankfurt v. 25.01.2023 – 2-16 O 22/21, juris Rn. 140.

[83] *Fischinger*, in: Staudinger-BGB, Neubearbeitung 2022, § 611a Rn. 479.

[84] BAG v. 22.01.2009 – 8 AZR 906/07, AP Nr. 1 zu § 15 AGG Rn. 66; *Schlachter*, in: ErfK-ArbR, 23. Aufl. 2023, § 15 AGG Rn. 7; *Fischinger*, in: Fischinger/Reiter Arbeitsrecht des Profisports, 1. Aufl. 2021, § 6 Rn. 30; *Serr*, in: Staudinger-BGB, Neubearbeitung 2020, § 15 AGG Rn. 39.

[85] BAG v. 16.02.2012 – 8 AZR 697/10, NZA 2012, 667 Rn. 30; *Serr*, in: Staudinger-BGB, Neubearbeitung 2020, § 15 AGG Rn. 37.

[86] BAG v. 20.02.2014 – 2 AZR 859/11, AP Nr. 28 zu § 1 KSchG 1969 Rn. 44; *Fischinger*, in: Fischinger/Reiter Arbeitsrecht des Profisports, 1. Aufl. 2021, § 10 Rn. 72; *Oetker*, in: ErfK-ArbR, 23. Aufl. 2023, § 1 KSchG Rn. 13.

weise bei Abschluss eines Tarifvertrags sechs Jahre – vereinbart werden kann, wird § 15 Abs. 4 TzBfG im Anschluss an diese Laufzeit einer ordentlichen Kündigung nicht entgegenstehen.

Abgesehen von einigen Sonderfällen, die in der Praxis zu vernachlässigen sein dürften, kann die Kündigung eines Elite-Schiedsrichters allein auf personenbedingte Gründe im Sinne des § 1 Abs. 2 KSchG gestützt werden. Die Kriterien für die körperliche Leistungsprüfung müssen an wissenschaftliche Erkenntnisse über die körperlichen Voraussetzungen an eine Spielleitung, wie beispielsweise die Forschungsarbeiten von Krustrup/Helsen et al,[87] anknüpfen und bestenfalls international vereinheitlicht werden. Ähnliches muss für die theoretischen Prüfungen gelten, die möglichst realitätsgetreu die Stresssituation in einer Spielleitung abbilden sollten. Ob die wissenschaftlichen Standards eingehalten werden, ist durch die Gerichte im Einzelfall zu prüfen. Kann ein Schiedsrichter diese dann international geltenden Kriterien nicht erfüllen, liegt vergleichbar mit der fehlenden Fahrerlaubnis ein objektiver Eignungsmangel vor, der potenziell zu einer personenbedingten Kündigung berechtigen kann. Um dem Prognose- und dem ultima-ratio-Prinzip gerecht zu werden, darf nicht schon das einmalige Nichtbestehen einer der Prüfungen zur Kündigung führen. Vielmehr ist dem Schiedsrichter eine mit zeitlichem Abstand stattfindende Wiederholungsprüfung zu gewähren.[88] Sollte er auch diese nicht bestehen können, liegt ein personenbedingter Kündigungsgrund vor, der vorbehaltlich einer Interessenabwägung zur Kündigung berechtigt.[89] Die Leistung in einer Spielleitung kann grundsätzlich nicht zur Kündigung berechtigen, da sie in deutlich geringerem Maß objektiv messbar ist als jene in einem Leistungstest. Zwar werden Schiedsrichter bei jedem Spiel von einem Schiedsrichterbeobachter im Stadion und einem Coach vor dem Fernseher bewertet,[90] gleichwohl wird sich eine gewissermaßen unvermeidliche Subjektivität nie vollständig ausschließen lassen, auch wenn der DFB sich zunehmend bemüht, dieses Beobachtungssystem zu professionalisieren. Abgesehen von klaren Regelverstößen und offensichtlichen Fehlentscheidungen, die nach Einführung des VAR seltener geworden sind, entscheiden Nuancen und die subjektiven Präferenzen eines Beobachters über die Beobachtungsnote.

---

[87] Siehe *Krustrup/Helsen/et al.*, Activity profile and physical demands of football referees and assistant referees in international games', Journal of Sports Sciences, 27 (11), p. 1167–1176.

[88] So wohl auch *Buhl*, CaS 2015, 378 (382).

[89] Zu der Interessenabwägung im Rahmen der Kündigung von Elite-Schiedsrichtern eingehend *Breetholt* (Fn. 4), S. 145 ff.

[90] *Breetholt* (Fn. 4), S. 123.

VI. Fazit

Elite-Schiedsrichter im Fußball werden nach instanzgerichtlicher Rechtsprechung nicht als Arbeitnehmer, sondern als freie Dienstnehmer klassifiziert. Maßgeblich für diese Auffassung sind im Wesentlichen zwei Grundsätze: Die Schiedsrichtervereinbarung sei eine Rahmenvereinbarung und begründe als solche keine Pflicht zur Arbeitsleistung. Ein Vertrag ohne eine Pflicht zur Arbeitsleistung könne kein Arbeitsvertrag sein. Der Vertrag über die konkrete Spielleitung begründe zwar grundsätzlich eine Pflicht zur Spielleitung, dies sei aber Bestandteil der Eigenart der Tätigkeit eines Schiedsrichters und überlasse dem Schiedsrichter bei jeder einzelnen Entscheidung schlussendlich dennoch einen Entscheidungsspielraum, sodass die für einen Arbeitsvertrag kennzeichnende Weisungsgebundenheit nicht bestehe. Das Meinungsbild in der Literatur ist uneinheitlich: Gegner einer Arbeitnehmerstellung berufen sich mehrheitlich ebenfalls auf die formal fehlende Pflicht zur Spielleitung und die Möglichkeit, durch zusätzliche Tätigkeiten Daseinsfürsorge zu betreiben. Andere Literaturstimmen weisen auf die starke Eingliederung der Elite-Schiedsrichter in den Betrieb des DFB hin. Die BAG-Entscheidung zum Crowdworking belegt, dass die formal fehlende Verpflichtung zur Dienstleistung einen eingehenden Blick auf die weiteren Umstände des Einzelfalls nicht versperren sollte. Und dort zeigt sich, dass zeitliche und örtliche Weisungen nicht nur in der Schiedsrichterordnung, sondern auch konkretisierend vor jeder Spielleitung durch die Schiedsrichterführung für den Elitebereich erteilt werden. Im Falle wiederholter Spielabsagen wird in letzter Instanz die Nichtberücksichtigung für die kommende DFB-Schiedsrichterliste angedroht, sodass von der grundsätzlich möglichen Eintragbarkeit von Freiterminen in der Praxis in nur äußerst geringfügigem Umfang Gebrauch gemacht wird. Gute Argumente sprechen daher dafür, die Elite-Schiedsrichter als Arbeitnehmer des DFB zu qualifizieren. Eine Sachgrundbefristung käme für Elite-Schiedsrichter dann nicht in Betracht. Die Eigenart der Arbeitsleistung der Elite-Schiedsrichter ist nicht vergleichbar mit der eines Bundesliga-Fußballers und nicht geeignet, eine Befristung zu stützen. Es bliebe die Möglichkeit zur sachgrundlosen Befristung nach § 14 Abs. 2 TzBfG, vorbehaltlich eines Tarifvertrags jedoch nur bis zu einer Dauer von zwei Jahren.

Sie würden dann als Arbeitnehmer auch dem persönlichen Anwendungsbereich des AGG unterfallen. Ein Verstoß gegen das Benachteiligungsverbot aus § 7 Abs. 1 i.V.m. § 1 AGG liegt bereits in der Vereinbarung der letzten Befristung vor Erreichen der Altersgrenze und zusätzlich in der Entscheidung über die Nichtverlängerung für die Folgesaison. Für eine Rechtfertigung dieser Ungleichbehandlung fehlt es an einer Unzumutbarkeit der Prüfung im Einzelfall. Vielmehr werden ohnehin jährliche Leistungstests durchgeführt. Überdies sind sowohl auf Ebene der UEFA als auch in anderen nationalen

Verbänden Elite-Schiedsrichter tätig, die das Alter von 47 Jahren (teils deutlich) überschritten haben.

Dennoch wäre der DFB nicht bis zum Renteneintritt an die Schiedsrichter gebunden. Es verbleibt (wie im Arbeitsverhältnis üblich) die Möglichkeit der Kündigung. Wichtigster Kündigungsgrund für Elite-Schiedsrichter ist die personenbedingte Kündigung. Vorausgesetzt, die jährlichen Leistungstests werden anhand wissenschaftlicher Erkenntnisse durchgeführt, kann deren wiederholtes Nichtbestehen eine personenbedingte Kündigung rechtfertigen, sofern mit einem Bestehen auch in der Zukunft nicht zu rechnen ist.

Kollektives Arbeitsrecht im Profisport?
Chancen und Risiken

Von *Philipp S. Fischinger*

A. Einleitung

Das kollektive Arbeitsrecht spielt im deutschen Profisport bislang so gut wie keine Rolle. Zwar existiert z. B. im Fußball mit der „Vereinigung der Vertragsfußballspieler (VDV)" eine Gewerkschaft, die wichtigste Aufgabe von Gewerkschaften – den Abschluss von Tarifverträgen – konnte diese bis dato aber nicht erfüllen. Auch Betriebsräte, die sich für Spieler zuständig halten, sucht man noch (?) vergebens. Darüber, worauf diese – vornehm ausgedrückt – Zurückhaltung beruht, kann hier nur spekuliert werden: Auf Spielerseite mag Unkenntnis über die Möglichkeiten und Vorzüge kollektiver Interessenwahrnehmung ebenso eine Rolle spielen, wie der vielen von ihnen aufgrund ihres Werdegangs wohl lang eingeübte Individualismus oder, deutlicher formuliert, Egoismus. Auf Seiten der Clubs hingegen dürften erhebliche Ressentiments und der Wunsch, am scheinbar Bewährten, Althergebrachten festzuhalten und die „Macht" nicht mit Arbeitnehmervertretern teilen zu müssen, maßgeblich sein.

Die während der Corona-Krise erfolgten Gründungen des – wenn auch wohl nur kurzzeitig wirklich aktiven – Bündnisses der Profifußballspieler[1] sowie der Spielergewerkschaft SVE im Eishockey[2] zeigen aber, dass auf Spielerseite durchaus ein gewisses Bedürfnis und Interesse an einer Kollektivierung zur gemeinsamen Wahrnehmung der eigenen Interessen besteht. Im Folgenden sollen daher die möglichen Vor- und Nachteile erörtert und evaluiert werden, die mit der Einführung von Tarifverträgen und der Wahl von

---

[1] Vgl. dazu Kicker v. 18.6.2020, S. 2 ff.; Kicker v. 22.6.2020, S. 44 sowie Interview mit *Fischinger*, Kicker v. 22.6.2020, S. 45.

[2] https://www.kicker.de/sve_eishockey_spieler_gruenden_gewerkschaft-782375/artikel (abgerufen am 24.7.2022).

Betriebsräten im Profisport einhergehen würden. Das Recht der Unternehmensmitbestimmung bleibt hingegen ausgespart, liegt dessen Grundvoraussetzung – Beschäftigung von in der Regel mehr als 500 Arbeitnehmern – bei Profivereinen und -clubs doch kaum einmal vor.[3]

B. Tarifvertragsrecht

I. Grundlagen

Die erste große „Schiene" des kollektiven Arbeitsrechts ist das Tarifvertragsrecht. Tarifverträge weisen die Besonderheit auf, nicht nur – wie jeder andere Vertrag auch – die Rechte und Pflichten der vertragsschließenden Parteien festzulegen, sondern auch Rechtsnormen zu enthalten, die Inhalt, Abschluss und Beendigung von Arbeitsverhältnissen sowie betriebliche und betriebsverfassungsrechtliche Fragen ordnen können, § 1 I TVG. Diese Rechtsnormen wirken – staatlichen Normen vergleichbar – unmittelbar und zwingend (§ 4 I TVG), so dass von ihnen grundsätzlich nur zu Gunsten, nicht aber zu Lasten des Arbeitnehmers abgewichen werden kann (§ 4 III TVG). Das gilt allerdings nur, wenn beide Parteien des jeweiligen Arbeitsvertrages tarifgebunden sind, der Arbeitnehmer also Mitglied der tarifschließenden Gewerkschaft und der Arbeitgeber Mitglied des tarifschließenden Arbeitgeberverbands ist oder den Tarifvertrag selbst geschlossen hat (§ 3 I TVG). Bevor daher im Profisport potentiell interessante Inhalte von Tarifverträgen erörtert werden können (dazu B. III.), ist zunächst zu klären, wer überhaupt als Tarifvertragspartei in Betracht käme und wer an mögliche Tarifverträge gebunden wäre (B. II.).

II. Mögliche Tarifvertragsparteien

1. Auf Arbeitgeberseite

a) Clubs

Auf Seiten der Arbeitgeber wären zunächst und stets die einzelnen Clubs[4] mögliche Tarifpartner. Allerdings kann ein Club natürlich nur für seine(n) Betrieb(e) einen Tarifvertrag schließen (sog. Firmen- oder Haustarifvertrag). Das hätte zwar den Vorteil, dass ein jeweils auf die Bedingungen des betref-

---

[3] Zu den Folgen, wenn sich dies einmal anders verhält, vgl. *Fischinger*, in: Fischinger/Reiter, Das Arbeitsrecht des Profisports, § 15, Rn. 179 ff.

[4] Zur Terminologie vgl. *Fischinger*, in: Fischinger/Reiter, Das Arbeitsrecht des Profisports, § 3, Rn. 38 ff.

fenden Clubs maßgerecht zugeschnittener Tarifvertrag vereinbart werden könnte. Nachteil wäre aber, dass es innerhalb derselben Liga zu einer erheblichen Rechtszersplitterung kommen könnte und dürfte. Denn während wohl manche Clubs Tarifverträgen zustimmen würden, würden sich andere diesen per se verschließen. Selbst wenn alle Clubs jeweils Haustarifverträge schlössen, bestünde die „Gefahr", dass diese unterschiedliche Inhalte und Konditionen enthielten.

b) Verband

Wollte man dies vermeiden, bliebe nur der Abschluss eines nach Möglichkeit für alle Clubs einer Liga gleichermaßen geltenden Verbandstarifvertrags. Abschließen könnte einen solchen nur eine Arbeitgebervereinigung i. S. v. § 3 I TVG. Aufgrund der von Art. 9 III GG verfassungsrechtlich geschützten negativen Koalitionsfreiheit muss es sich bei dieser aber um einen freiwilligen Zusammenschluss handeln und auch die Mitgliedschaft in ihr muss freiwillig sein.[5] Die Freiwilligkeit ist dabei nicht rein formalrechtlich zu verstehen. An ihr gebricht es vielmehr auch dann, wenn ein derartiger (wirtschaftlicher) Druck ausgeübt wird, dass faktisch ein Zwang zum Beitritt und Verbleib besteht.[6] Deshalb wird im Ergebnis die Freiwilligkeit hinsichtlich der die Sportligen organisierenden Verbände (wie z. B. der DFL e. V.) abzulehnen sein. Denn am jeweiligen Spielbetrieb können nur Clubs teilnehmen, die über eine entsprechende Verbandslizenz verfügen (vgl. z. B. § 1 III DFL-Lizenzvertrag). Mit Erwerb dieser Lizenz wird der Club dann aber automatisch auch Mitglied des Verbandes (vgl. § 8 Nr. 1 DFL-Satzung, § 2 DFL-Lizenzvertrag) mit der Folge, dass er sich nach § 3 I TVG nicht der Bindung an die von dem Verband geschlossenen Tarifverträge entziehen kann. Weil sich ein Club mit Blick auf Fans und Mitglieder und aus ökonomischen Gründen einer Teilnahme am Ligenbetrieb schwerlich verschließen kann, ist die Mitgliedschaft im Verband als nicht freiwillig einzustufen. Entsprechend ist z. B. die DFL e. V. gegenwärtig nicht tariffähig.[7]

Folge ist, dass jedenfalls nach aktuellem Stand keine Flächentarifverträge im Profisport für z. B. die Fußball-Bundesliga möglich sind. Abhilfemöglichkeiten für diesen Missstand eröffnete die Einführung einer sog. „OT-Mit-

---

5 Wiedemann/*Oetker*, TVG, § 2, Rn. 371; BeckOK-ArbR/*Waas*, § 2 TVG, Rn. 4; ErfK/*Franzen*, § 2 TVG, Rn. 1a.

6 Wiedemann/*Oetker*, TVG, § 2, Rn. 371.

7 Anders wohl in Österreich für die Österreichische Fußball-Bundesliga (ÖFBL), vgl. *Stelzer*, in: König/Mitterecker, Praxishandbuch des österreichischen Sportrechts, 2022, S. 66 m. w. N.

gliedschaft"[8] bei der DFL e. V. oder die Gründung eines eigenständigen Arbeitgeberverbandes der im Profifußball vertretenen Clubs. Allerdings: Selbst dann ließe sich nicht sicherstellen, dass alle Clubs an den Flächentarifvertrag gebunden wären, würde dieser doch nur für die „MT-Mitglieder" bzw. die Mitglieder des eigenständigen Arbeitgeberverbandes Geltung beanspruchen. Gegen dieses „Problem" ist jedoch in einer durch die negative Koalitionsfreiheit geprägten Rechtsordnung kein Kraut gewachsen.

2. Auf Arbeitnehmerseite

a) Taugliche Arbeitnehmervereinigungen

Nach § 3 I TVG sind auf Arbeitnehmerseite allein „Gewerkschaften" tariffähig. Um als Gewerkschaft angesehen werden zu können, muss eine Vereinigung mehrere Voraussetzungen kumulativ erfüllen: Sie muss auf einem freiwilligen, privatrechtlichen, auf Dauer angelegten Zusammenschluss beruhen.[9] Des Weiteren muss sie gegnerfrei und -unabhängig sein, d. h. es dürfen in ihr nur Arbeitnehmer, nicht aber auch Arbeitgeber organisiert sein und sie muss institutionell und finanziell von der Arbeitgeberseite unabhängig sein.[10] Ferner muss der Abschluss von Tarifverträgen laut Satzung zu ihren Aufgaben zählen (sog. Tarifwilligkeit)[11] und ihre Organisation muss demokratischen Grundsätzen genügen.[12] Schließlich muss sie sozial mächtig, d. h. so stark sein, dass sie gegenüber der Arbeitgeberseite hinreichend durchsetzungsfähig ist. Maßstab hierfür ist in erster Linie die Zahl ihrer Mitglieder und deren Stellung im Betrieb sowie, hilfsweise, ob es der Vereinigung in der Vergangenheit gelungen ist, erfolgreich Tarifabschlüsse durchzusetzen.[13]

---

8 Vgl. dazu BAG 23.2.2005 – 1 ABR 36/05, NZA 2006, 1225; 4.6.2008 – 4 AZR 419/07, NZA 2008, 1366; 22.4.2009 – 4 AZR 111/08, NZA 2010, 105; 21.1.2015 – 4 AZR 797/13, NZA 2015, 1521; gebilligt durch BVerfG 1.12.2010 – 1 BvR 2593/09, NZA 2011, 60.

9 BeckOK-ArbR/*Waas*, § 2 TVG, Rn. 7 f.

10 BVerfG 18.11.1954 – 1 BvR 629/52, AP Nr. 1 zu Art. 9 GG; 20.10.1981 – 1 BvR 404/78, BVerfGE 58, 223; BAG 14.12.2004 – 1 ABR 51/03, NZA 2005, 697; BeckOK-ArbR/*Waas*, § 2 TVG, Rn. 10.

11 BVerfG 20.10.1981 – 1 BvR 404/78, AP Nr. 31 zu § 2 TVG; BAG 10.9.1985 – 1 ABR 32/83, AP Nr. 34 zu § 2 TVG; 25.11.1986 – 1 ABR 22/85, AP Nr. 36 zu § 2 TVG.

12 ErfK/*Franzen*, § 2 TVG, Rn. 15.

13 BAG 6.6.2000 – 1 ABR 10/99, AP Nr. 55 zu § 2 TVG; 28.3.2006 – 1 ABR 58/04, AP Nr. 4 zu § 2 TVG Tariffähigkeit; 5.10.2010 – 1 ABR 88/09, NZA 2011, 300; vgl. *Richardi*, NZA 2004, 1025.

Gemessen daran ist im Profifußball die VDV inzwischen als Gewerkschaft einzustufen: Es handelt sich um einen freiwilligen, privatrechtlichen, gegnerfreien und -unabhängigen Zusammenschluss, der nach seiner Satzung (§ 2 IV lit. a]) tarifwillig ist. Auch die soziale Mächtigkeit ist angesichts eines Organisationsgrades von mehr als 50 % und ca. 1.300 Mitgliedern zu bejahen.[14]

In anderen Sportarten dagegen bestehen zumindest starke Zweifel daran, ob die dortigen Arbeitnehmervereinigungen die Gewerkschaftsvoraussetzungen erfüllen. Denn sowohl die „Spieler Initiative" (SP.IN) im Basketball als auch die „Gemeinschaftliche Organisation für alle Lizenzhandballer in Deutschland (GOAL Deutschland)" räumen in ihrer Satzung auch passiven Mitgliedern Stimm- und Wahlrechte ein (vgl. §§ 5, 7, 15 I GOAL-Satzung; §§ 4 Nr. 4, 6 Nr. 1 SP.IN-Satzung), was dazu führt, dass es an der Gegnerfreiheit gebricht, sollten den Vereinigungen auch Mitglieder angehören, die bei den Proficlubs des Basket- bzw. Handballs Arbeitgeberfunktionen ausführen.[15] Unabhängig davon wird die soziale Mächtigkeit beider Vereinigungen bezweifelt.[16]

b) Tarifbindung auf Arbeitnehmerseite

Selbst wenn – wie im Fußball – eine tariffähige Arbeitnehmervereinigung existiert, ist nicht zu übersehen, dass (auch) auf Spielerseite keine einheitliche, flächendeckende Tarifbindung sichergestellt werden kann. Denn auch die Spieler können sich selbstverständlich in Ausübung ihrer negativen Koalitionsfreiheit dafür entscheiden, der Spielergewerkschaft fernzubleiben oder wieder aus ihr auszutreten.[17] Für solche Außenseiter lässt sich somit keine normative Tarifbindung i.S.v. § 4 I TVG erreichen. Möglich wäre nur eine schuldrechtliche Bindung per Aufnahme einer sog. Bezugnahmeklausel in den Arbeitsvertrag, d.h. einer Klausel, nach der die Tarifbestimmungen im Arbeitsverhältnis unabhängig von einer Mitgliedschaft des Spielers in der tarifschließenden Gewerkschaft gelten sollen.

---

[14] Näher *Fischinger*, in: Fischinger/Reiter, Das Arbeitsrecht des Profisports, § 15, Rn. 16.

[15] Zutreffend *Stark*, Potentielle Tarifvertragsparteien im deutschen Profisport, 2020, S. 52 f.

[16] *Henneberg*, Gehaltsobergrenzen im Sport, 2018, S. 159, 161; *Fiedler*, Sportsponsoring und Arbeitsrecht, 2017, S. 210.

[17] Letzterenfalls wären dann allerdings die Nachbindung des § 3 III TVG und die Nachwirkung (§ 4 V TVG) zu beachten, so dass sich der austretende Spieler nicht einseitig der Normwirkung entziehen könnte.

III. Mögliche Tarifinhalte

Damit stellt sich die Frage, welche Regelungen in einem Tarifvertrag für den Profisport überhaupt getroffen werden könnten.

1. Mindestarbeitsbedingungen

Als zuvörderst dem Arbeitnehmerschutz dienendes Instrument ist klassischer Inhalt von Tarifverträgen naturgemäß die Festlegung von Mindestarbeitsbedingungen. Nun dürften zwar Aspekte wie Mindestlohn und -urlaub im Profifußball der Männer ebenso wenig praktisch relevant sein wie beim Handball und Basketball. Anders verhält es sich aber schon beim Frauenfußball sowie den vielen Sportarten, die nicht im Zentrum der (medialen) Aufmerksamkeit stehen. Überdies könnten selbst im Profimännerfußball tarifliche Regelungen z.B. in Bezug auf Regelungen zur Länge der Entgeltfortzahlung im Krankheitsfall relevant werden. Der gesetzliche Anspruch ist hier auf sechs Wochen pro krankheitsbedingter Arbeitsunfähigkeit beschränkt (§ 3 I 1 EFZG). Angesichts der oft langwierigen verletzungsbedingten Ausfälle im Profisport drohen einem Spieler – so er nicht eine für sich günstigere arbeitsvertragliche Regelung ausgehandelt oder eine private Krankenversicherung, die solche Situationen abdeckt, abgeschlossen hat – somit empfindliche Lohneinbußen. Durch Tarifvertrag könnte dagegen vorgesehen werden, dass z.B. nach Ablauf der ersten sechs Wochen bis zur Höchstdauer von sechs Monaten ein bestimmter Prozentsatz des (Grund-)Gehalts fortgezahlt wird.

2. Tarifdispositives Recht

Tarifdispositives Recht meint Gesetzesbestimmungen, bei denen von den gesetzlichen Regelungen durch Tarifvertrag nicht nur zugunsten, sondern auch zulasten der Arbeitnehmer abgewichen werden darf (v.a. §§ 13 I, II BUrlG, 4 IV 1 EFZG, 14 II 3 TzBfG, 7 ArbZG). Entsprechende tarifliche Regelungen gelten wegen § 4 I TVG zwar zunächst nur für diejenigen Arbeitnehmer, die Mitglied der tarifschließenden Gewerkschaft sind. Jedoch ermöglicht das Gesetz im Geltungsbereich des Tarifvertrags auch die Erstreckung auf Außenseiterarbeitnehmer, indem es die Arbeitsvertragsparteien dazu ermächtigt, die Anwendung der von dem zwingenden Gesetzesrecht abweichenden tarifvertraglichen Bestimmungen zu vereinbaren (vgl. z.B. §§ 622 IV 2 BGB, 14 II 4 TzBfG, 4 IV 2 EFZG). Von den im Folgenden zu erörternden Möglichkeiten tarifdispositiven Rechts kann ein Club somit unabhängig von der Mitgliedschaft des Spielers in der Gewerkschaft Gebrauch machen.

Diese Möglichkeiten sind insbesondere für die Clubs von Vorteil. Schon das zeigt, dass die Einführung von Tarifverträgen im Profisport keineswegs nur einseitig die Interessen der Spieler befördern würde, sondern durchaus auch für die Clubs interessante, bislang nicht genutzte Möglichkeiten böte. Zu nennen sind insbesondere:

a) Urlaubsentgelt

Nach § 11 I BUrlG bemisst sich das Urlaubsentgelt nach der sog. Referenzmethode, d.h. nach dem durchschnittlichen Arbeitsverdienst, den der Arbeitnehmer in den letzten 13 Wochen vor Urlaubsbeginn erhalten hat. Neben dem Grundgehalt sind hier im Profisport auch Einsatz- und Spielprämien sowie (anteilig) einsatzabhängige Jahresprämien, die in den letzten 13 Wochen vor Beginn des Urlaubs ausgezahlt wurden, zu berücksichtigen.[18] Aus Sicht der Clubs ist das vor allem insoweit nachteilig, als die korrekte Ermittlung des Urlaubsentgelts ggf. recht komplizierte, zeitaufwendige Berechnungen erfordert.

Im Tarifvertrag kann nach § 13 I 1 BUrlG nun aber auch zuungunsten der Spieler von § 11 I BUrlG abgewichen und beispielsweise vorgesehen werden, dass als Urlaubsentgelt nur das Grundgehalt gezahlt wird.[19] Das spart den Clubs Verwaltungsaufwand und ggf. auch Gehaltskosten.

b) Entgeltfortzahlung im Krankheitsfall

Ist ein Spieler arbeitsunfähig erkrankt (v.a. wegen einer Verletzung), so hat er für die ersten sechs Wochen einen Anspruch auf Entgeltfortzahlung, welcher sich gemäß § 4 I EFZG nach dem sog. Lohnausfallprinzip berechnet. Ihm ist deshalb dasjenige zu zahlen, was er erhalten würde, wenn er in dieser Zeit arbeiten würde. Das umfasst im Profisport nicht nur die Grundvergütung, sondern auch Einsatz-, Tor- und Punktprämien, wenn bei hypothetischer Betrachtung davon auszugehen ist, dass der Spieler – wäre er nicht arbeitsunfähig erkrankt – am jeweiligen Spiel teilgenommen und Tore geschossen hätte und/oder die entsprechenden Punkte errungen worden wären.[20] Das ist für die Clubs in doppelter Hinsicht misslich: Erstens besteht wegen

---

18 BAG 23.4.1996 – 9 AZR 856/94, NJW 1997, 276.

19 *Klose/Zimmermann*, FS Fenn, S. 137, 169; *Jungheim*, CaS 2010, 247, 259.

20 BAG 6.12.1995 – 5 AZR 237/94, NZA 1996, 640, 641; LAG Baden-Württemberg 21.10.1993 – 13 Sa 3/93, BeckRS 1993, 30927596; *Fischinger*, SpuRt 2020, 158.

dieser hypothetischen Betrachtung ein nicht unerhebliches Maß an Rechtsunsicherheit, jedenfalls mit Blick auf Einsatz- und Torprämien.[21] Zweitens und vor allem aber bedeutet dies, dass die Clubs doppelte und ggf. sogar mehrfache Kosten haben. Denn die Einsatz-, Punkt- und Torprämien müssen nicht nur (selbstverständlich) für den tatsächlich zum Einsatz gekommenen Spieler entsprechend der mit ihm getroffenen Vereinbarung gezahlt werden, sondern ggf. auch für den oder die arbeitsunfähig erkrankten Spieler. Besonders dann, wenn der Club eher geringe Grundgehälter, aber vergleichsweise hohe Prämien zahlt, kann das nicht unerhebliche Mehrkosten bedeuten.

Ein Tarifvertrag könnte insoweit Vereinfachungen vorsehen und die Kostenbelastung für die Clubs reduzieren. Nach § 4 IV 1 EFZG kann nämlich eine abweichende Bemessungsgrundlage vereinbart werden. Das erlaubt z. B. einen Übergang zum Referenzprinzip entsprechend § 11 I BUrlG[22] oder, aus Vereinfachungsgründen wohl vorzugswürdiger, die Festlegung eines täglichen Durchschnittslohns als Berechnungsgrundlage.[23]

c) Regulierung des Urlaubsverhaltens der Spieler

Arbeitsverträge mit Spielern enthalten oft weitreichende Vorgaben, wie diese ihre Urlaubszeit zu nutzen haben. Beispielsweise ist der Spieler nach F.2.2. DFL-Musterarbeitsvertrag verpflichtet, den Urlaub „zum Zwecke der Entspannung, Erholung sowie der aktiven Regeneration zu nutzen". Eine solche Abrede ist richtigerweise als unwirksam anzusehen. Als AGB scheitert sie schon an ihrer Intransparenz (§ 307 I 2 BGB), aber auch im Übrigen ist sie unwirksam, weicht sie doch entgegen § 13 I 3 BUrlG von § 8 BUrlG, der alleine dem Urlaubszweck widersprechende *Erwerbs*tätigkeiten verbietet, ab.[24]

In einem Tarifvertrag hingegen kann gemäß § 13 I 1 BUrlG unter anderem auch von § 8 BUrlG abgewichen werden. Entsprechend können strengere Vorgaben für das Fit halten der Spieler während des Erholungsurlaubs gemacht werden, als dies in Arbeitsverträgen (wirksam) möglich wäre.

---

[21] In Bezug auf die Punktprämien stellt das BAG hingegen auf die tatsächlich von der Mannschaft erzielten Ergebnisse während der Phase der krankheitsbedingten Arbeitsunfähigkeit des Spielers ab (BAG 6.12.1995 – 5 AZR 237/94, NZA 1996, 640, 641).

[22] Vgl. z. B. BAG 1.9.2010 – 5 AZR 557/09, NZA 2010, 1360.

[23] BAG 8.3.1989 – 5 AZR 116/88, NZA 1989, 688, 689; *Knorr*, NZA 2018, 1449, 1451.

[24] *Fischinger*, in: Fischinger/Reiter, Das Arbeitsrecht des Profisports, § 8, Rn. 75.

3. Vertragsstrafen und Betriebsbußen

Ein weiterer Vorteil von Tarifverträgen v. a. für die Clubs wäre, dass Vertragsstrafenabreden unabhängig von den engen Grenzen der §§ 305 ff. BGB geregelt werden könnten. Gleiches gilt für Betriebsbußen.

4. Befristungen

§ 14 II 3, 4 TzBfG erlaubt es, per Tarifvertrag die Anzahl und Höchstdauer sachgrundloser Befristungen über die Zweijahresgrenze des § 14 II 1 TzBfG hinaus auszudehnen.[25] Das spielt für Spielerarbeitsverträge zwar praktisch keine Rolle, nachdem das BAG insoweit grundsätzlich (?)[26] eine Sachgrundbefristung aufgrund der Eigenart der Eigenleistung anerkannt hat;[27] Gleiches gilt nach h. M. aufgrund des sog. Verschleißarguments im Grundsatz für die Befristung der Arbeitsverträge von Cheftrainern.[28] Schon bei Assistenztrainern lässt sich diese Argumentation aber – wie Hofer überzeugend herausgearbeitet hat – nur in Einzelfällen fruchtbar machen[29] und bei Sportdirektoren versagt sie vollständig. Jedenfalls in Bezug auf diese wäre eine tarifliche Regelung daher sinnvoll und von Vorteil für die Clubs. Voraussetzung wäre aber, dass sich der persönliche Geltungsbereich des entsprechenden Tarifvertrags auch auf diese Arbeitnehmer bezieht, was wiederum bedingte, dass die tarifschließende Gewerkschaft nach ihrer Satzung auch insoweit tarifzuständig wäre.[30]

---

25 Allerdings sind auch dann sachgrundlose Befristungen nicht unbeschränkt zulässig, das BAG zieht hier vielmehr eine Höchstgrenze von sechs Jahren Befristungsdauer und höchstens neunmaliger Befristungsverlängerung innerhalb dieser Gesamtdauer (BAG 26.10.2016 – 7 AZR 140/15, AP Nr. 147 zu § 14 TzBfG).

26 Vgl. dazu, dass nach dem BAG-Urteil fraglich ist, ob das Gericht den Beteiligten wirklich völlig freie Hand geben wollte, *Fischinger*, in: Fischinger/Reiter, Das Arbeitsrecht des Profisports, § 10, Rn. 10.

27 BAG 16.1.2018 – 7 AZR 312/16, NJW 2018, 1992.

28 BAG 19.6.1986 – 2 AZR 570/85, BeckRS 1986, 30717242; 29.10.1998 – 7 AZR 436/97, NZA 1999, 646, 647; 15.4.1999 – 7 AZR 437/97, NZA 2000, 102, 103; LAG Rheinland-Pfalz 8.4.2008 – 3 Sa 758/07, BeckRS 2008, 54356; ArbG Dortmund 15.3.2001 – 6 Ca 4716/00, SpuRt 2003, 125; ArbG Hamburg 22.9.2015 – 21 Ca 200/15, LAGE § 14 TzBfG Nr. 102; *Fischinger*, Befristung von Arbeitsverträgen in der Fußball-Bundesliga, in: Württembergischer Fußballverband (Hrsg.): 40 Jahre wfv-Sportrechtsseminare: Nationales und internationales Sportrecht im Überblick, 2016, S. 61, 65 ff.; a.A. *Horst/Persch*, RdA 2006, 166, 168; *Beckmann/Beckmann*, SpuRt 2011, 236, 239; *Fröhlich/Fröhlich*, CaS 2015, 145, 146.

29 *Hofer*, Die Assistenztrainer im Lizenzfußball, § 4 A (erscheint demnächst).

30 Zur Tarifzuständigkeit als Wirksamkeitsvoraussetzung für einen Tarifvertrag vgl. BAG 27.11.1964 – 1 ABR 13/63, AP Nr. 1 zu § 2 TVG Tarifzuständigkeit;

IV. Exkurs: Kein europäischer Tarifvertrag

Tarifverträge im deutschen Verständnis könnten nach heutigem Stand stets nur auf maximal nationaler Ebene geschlossen werden. Ein europa- oder gar weltweit geltender Tarifvertrag mit normativer, § 4 I TVG entsprechender Geltung wäre dagegen nicht möglich.[31] Es fehlt insoweit schon an den notwendigen unionsrechtlichen Rechtsgrundlagen für einen „europäischen Tarifvertrag" mit normativen Wirkungen.[32] Entsprechend könnten z.B. die UEFA und die FIFPro Division Europe – ein Zusammenschluss nationaler Sportgewerkschaften – nur einen „normalen" schuldrechtlichen Vertrag („Agreement") schließen, der sodann in den einzelnen Nationalverbänden auf der Grundlage des jeweiligen nationalen Rechts umgesetzt werden müsste. Damit ginge die Gefahr einher, dass dieses Agreement in einigen Ländern überhaupt nicht oder inhaltlich stark abweichend umgesetzt würde. Entsprechend wäre ein solches Agreement z.B. nicht geeignet, eine europaweite, verbindliche Gehaltsobergrenze für Spielergehälter festzulegen.[33]

V. Würdigung: Tarifvertrag und Profisport?

Zusammenfassend lässt sich festhalten, dass die Einführung von Tarifverträgen im Profisport zwar mit potentiellen Schwierigkeiten und Nachteilen verbunden wäre, aber auch nicht unerhebliche Vorteile bieten würde.

Nachteilig wäre sicherlich, dass sich angesichts der negativen Koalitionsfreiheit nicht sicherstellen ließe, dass jeder Club und jeder Spieler an den im Übrigen branchenweit geltenden Tarifvertrag gebunden wäre. Ferner geht mit dem Tarifvertragssystem unbestreitbar immer auch die Gefahr von Arbeitskämpfen einher. Nüchtern betrachtet erscheint diese aber überschaubar. Anders als in anderen Ländern wären Streiks zur Durchsetzung (vermeintlich) bereits bestehender Ansprüche stets unzulässig, so dass ein im internationalen Vergleich wichtiger Streikgrund wegfiele. Ein Streik würde angesichts der erheblichen Leistungsorientierung des Profisports und der Notwendigkeit regelmäßigen hochqualitativen Trainings zudem in erheblicher Weise den Interessen der Spieler selbst zuwiderlaufen, so dass die Streikbereitschaft schon deshalb recht gering sein dürfte. Hinzu kommt, dass das Streikgeld, welches die Gewerkschaft als Kompensation für den mit einem Streik ein-

---

24.7.1990 – 1 ABR 46/89, AP Nr. 7 zu § 2 TVG Tarifzuständigkeit; ErfK/*Franzen*, § 2 TVG, Rn. 33, 38.

[31] *Fischinger/Kainer*, SpoPrax 2021, 6, 8 f.

[32] PraxisHdB-SportR/*Summerer*, 4. Aufl. 2020, 1. Kapitel, Rn. 226; *Walker*, SpuRt 2015, 187.

[33] S. *Fischinger/Kainer*, SpoPrax 2021, 6, 8 f.

hergehenden Verlust des Lohnanspruchs[34] zahlen könnte, regelmäßig so gering sein dürfte, dass ein Streik mit empfindlichen, von den Spielern nicht lange hingenommenen Lohneinbußen einhergehen dürfte, was den Anreiz zu – gar: längeren – Streiks weiter verringern dürfte. Schließlich könnte das Arbeitskampfrisiko durch Schlichtungsregelungen und die tarifliche Vereinbarung einer absoluten Friedenspflicht weiter verringert werden.

Diesen (begrenzten) Nachteilen stehen eine Reihe potentieller Vorteile von Tarifverträgen im Profisport gegenüber – wohlgemerkt nicht nur für die Spieler, sondern vielleicht sogar noch mehr für die Clubs. Letztere könnten über das tarifdispositive Recht z. T. rechtssicher einfachere und kostensparendere Regelungen erreichen, als es durch Arbeitsvertrag möglich wäre; zudem könnten mittels des Tarifvertrags die Fesseln überwunden werden, die die strenge AGB-Kontrolle arbeitsvertraglichen Absprachen anlegt. Die potentiellen Vorteile würden daher die möglichen Nachteile nach Einschätzung des Verfassers deutlich überwiegen. Oder um es anders zu formulieren: „Das Instrument des Tarifvertrages eröffnet Möglichkeiten, die von den Beteiligten bislang noch nicht erkannt wurden"[35].

VI. Von Österreich lernen!

Die obigen Thesen lassen sich durch einen Blick über den Tellerrand bestätigen.[36] So wurde in Österreich zwischen der Österreichischen Fußball-Bundesliga und der Spielergewerkschaft ÖGB ein Tarifvertrag – dort „Kollektivvertrag" genannt – geschlossen, der seit der Spielzeit 2008/2009 in Kraft ist[37] und umfangreiche Regelungen über Zustandekommen, Inhalt und Beendigung von Spielerarbeitsverträgen enthält (im Folgenden: TV-Ö).[38] Wie in Deutschland wirken diese zwingend, so dass eine Abweichung von ihnen im Arbeitsvertrag nur zugunsten der Arbeitnehmer möglich ist (§ 3 ArbVG, § 5 TV-Ö).

Analysiert man die Bestimmungen des TV-Ö, so zeigt sich, dass diese keineswegs allein den Interessen der Spieler dienen. Vielmehr werden ebenso

---

34 Staudinger/*Fischinger*, § 611a, Rn. 1385 m. w. N.

35 *Wüterich/Breucker*, in: Stopper/Lentze, Kapitel 9, Rn. 4.

36 Vgl. dazu auch *Jungheim*, CaS 2010, 247, 258; *Mittag*, in: Impulse, 2/2018, S. 36 ff.

37 Vgl. *Holzer/Reissner*, Einführung in das österreichische Sportrecht, 3. Aufl. 2014, S. 53; *Stelzer*, in: König/Mitterecker, Praxishandbuch des österreichischen Sportrechts, 2022, S. 66.

38 Abzurufen unter https://www.vdf.at/PDFs/Kollektivvertrag.pdf (abgerufen am 24.7.2022); s. auch *Stelzer*, in: König/Mitterecker, Praxishandbuch des österreichischen Sportrechts, 2022, S. 66 ff.; *Reisinger*, CaS 2011, 168.

wichtige Anliegen der Clubs geregelt. Zu nennen ist z.B. § 6 II TV-Ö, der die für Clubs so wichtige Möglichkeit der Aneinanderreihung zeitlich befristeter Arbeitsverträge (Kettenbefristungen) für zulässig erklärt. Oder auch § 6 IV TV-Ö, der detailliert regelt, unter welchen Voraussetzungen einseitige Verlängerungsoptionen zulässig sind – in Deutschland herrscht hier dagegen erhebliche Rechtsunsicherheit.[39] Auch die Normierung von außerordentlichen Kündigungsgründen in § 7 I TV-Ö trägt zur Rechtssicherheit für beide Vertragsparteien bei. Und: Die Tarifvertragsparteien haben die Gelegenheit genutzt, um – aus ihrer Sicht – passende Regelungen für die Entgeltfortzahlung im Krankheitsfall zu treffen (§ 13 II i.V.m. Anlage 1 TV-Ö). Dass sich angesichts dieser weitgehend ihre Interessen widerspiegelnden Vorschriften dann auch Regelungen finden, die v.a. für die Spieler von Vorteil sind – z.B. § 13 IV TV-Ö über den Anspruch auf bezahlte Freistellung bei z.B. Eheschließung oder dem Tod Angehöriger –, dürfte für die Clubs verschmerzbar sein.

Das Beispiel Österreich zeigt: Tarifverträge sind kein Tabubruch, sondern können vielmehr ein sinnvolles, den Interessen beider Arbeitsvertragsparteien Rechnung tragendes Instrument zur Gestaltung der Arbeitsverhältnisse auch im Profifußball sein. Stelzer spricht insoweit von einem

> „kleine[n] Meilenstein […, der …] sowohl für den jeweiligen Bundesliga-Klub als Arbeitgeber als auch für den jeweiligen Profisportler als Arbeitnehmer eine wesentliche Rechtssicherheit bei der Anwendung von arbeitsrechtlichen Bestimmungen [schafft].“[40]

Das hat sich gerade in der Corona-Krise bewahrheitet, in der sich im österreichischen Fußball – anders als in anderen österreichischen Sportarten und dem deutschen Sport – kaum arbeitsrechtliche Probleme ergeben haben. Vom österreichischen Fußball lernen bedeutet deshalb zwar regelmäßig nicht auf dem Platz, aber jedenfalls im vorliegenden Kontext Siegen lernen!

C. Betriebsverfassungsrecht

I. Grundlagen

Nach § 1 I 1 BetrVG kann in Betrieben mit regelmäßig mindestens fünf ständig wahlberechtigten (§ 7 BetrVG) Arbeitnehmern (§ 5 BetrVG) ein Betriebsrat gewählt werden. Diese Voraussetzungen sind im professionellen Mannschaftssport sowohl bei den Vereinen wie den Verbänden erfüllt.[41]

---

[39] S. näher *Fischinger*, FS Moll, S. 117 ff. m.w.N.

[40] *Stelzer*, in: König/Mitterecker, Praxishandbuch des österreichischen Sportrechts, 2022, S. 71.

[41] Fraglich kann allerdings ggf. sein, in welcher „Einheit" ein Betriebsrat gewählt werden kann (vgl. dazu näher *Fischinger*, in: Fischinger/Reiter, Das Arbeitsrecht des

Dennoch existieren zumindest im Fußball nur bei den wenigsten Clubs[42] überhaupt Betriebsräte und selbst dort, wo es sich anders verhält, scheinen diese sich mehr oder minder stillschweigend nicht auch für die Spieler zuständig zu halten.[43] Eine kollektive Interessenwahrnehmung der Profisportler findet somit auch auf dieser Ebene bislang faktisch nicht statt. Das dürfte maßgeblich darauf zurückzuführen sein, dass – schenkt man entsprechenden Medienberichten Glauben[44] – insbesondere in den Clubs erhebliche Vorbehalte gegen die Etablierung von Betriebsräten bestehen und entsprechende Tendenzen aktiv bekämpft werden (was, nur am Rande, nach § 20 I 1 BetrVG unzulässig und nach § 119 I Nr. 1 BetrVG sogar strafbar ist).

Zuständig ist der Betriebsrat nur für Arbeitnehmer, die keine leitenden Angestellten sind (vgl. § 5 III BetrVG). Entsprechend könnte er zwar Maßnahmen in Bezug auf Spieler und Assistenztrainer, nicht aber Cheftrainer und Sportdirektoren treffen.[45] Die Amtszeit des Betriebsrats beträgt vier Jahre (§ 21 BetrVG). Die Betriebsratsmitglieder dürfen wegen ihrer Tätigkeit nicht bevorzugt oder benachteiligt werden, § 78 S. 2 BetrVG. Ggf. sind Betriebsratsmitglieder ganz oder z. T. für die Betriebsratstätigkeit bezahlt freizustellen, §§ 38, 37 IV BetrVG. Ein Betriebsratsmitglied kann nach §§ 15 I KSchG, 103 BetrVG nur außerordentlich und mit Zustimmung des Betriebsrats gekündigt werden.

Anders als das durch das Konfliktmodell geprägte Tarifrecht zeichnet sich die Betriebsverfassung durch das Gebot vertrauensvoller Zusammenarbeit zwischen Betriebsrat und Arbeitgeber aus (§ 2 I BetrVG). Ausfluss dessen ist eine absolute Friedenspflicht, so dass Arbeitskampfmaßnahmen zwischen den Betriebspartnern apodiktisch verboten sind (§ 74 II 1 Hs. 1 BetrVG). Kommt zwischen Betriebsrat und Arbeitgeber keine Einigung zustande, kann in den vom Gesetz vorgesehenen Fällen entweder das Arbeitsgericht (z. B. bei § 103 II BetrVG) oder die sog. Einigungsstelle (z. B. bei § 112 IV BetrVG) angerufen werden.

Profisports, § 15, Rn. 81 ff.). – So für Österreich auch *Holzer/Reissner*, Einführung in das österreichische Sportrecht, 3. Aufl. 2014, S. 49.

42 FC Schalke 04, VfB Stuttgart, FC St. Pauli, VfL Wolfsburg, Borussia Dortmund und Hamburger SV, vgl. https://publik.verdi.de/ausgabe-202201/raus-aus-dem-ab seits/, (abgerufen am 24.7.2022).

43 Ebenso in Österreich, vgl. *Stelzer*, in: König/Mitterecker, Praxishandbuch des österreichischen Sportrechts, 2022, S. 65.

44 Vgl. z. B. https://www.youtube.com/watch?v=4UoIZQm9f2U (abgerufen am 24.7.2022).

45 Vgl. dazu, dass Cheftrainer und Sportdirektor, nicht aber Spieler leitende Angestellte i. S. v. § 5 III BetrVG sind, *Fischinger*, in: Fischinger/Reiter, Das Arbeitsrecht des Profisports, § 3, Rn. 19, 28, 36.

Im Folgenden werden die Beteiligungs- und Mitbestimmungsrechte des Betriebsrats des BetrVG daraufhin erörtert, ob sie im Profisport relevant werden könnten und, wenn ja, ob sie eher als vor- oder nachteilig einzustufen wären. Vorab sei darauf hingewiesen, dass § 3 BetrVG es erlauben würde, durch betriebsverfassungsrechtliche Normen in einem Tarifvertrag andere als die gesetzlich vorgesehenen Betriebsratsstrukturen zu schaffen und/oder die Rechte des Betriebsrats zu modifizieren. Das würde es erlauben, eine eventuell als nicht für den Profisport passend empfundene gesetzliche Ausgangslage den Eigenheiten und Erfordernissen der Branche anzupassen.

II. Mitbestimmung in personellen Angelegenheiten

1. Personalplanung

Gemäß § 92 I BetrVG muss der Arbeitgeber den Betriebsrat über die Personalplanung – d.h. v.a. den gegenwärtigen und künftigen Personalbedarf sowie über die sich daraus ergebenden personellen Maßnahmen – unterrichten und sich darüber mit ihm beraten. Der Betriebsrat hat dabei ein Vorschlagsrecht, § 92 II BetrVG.

Das Beteiligungsrecht des Betriebsrats nach § 92 BetrVG wird im Profisport z.T. als problematisch angesehen, weil v.a. bei Transfers Vertraulichkeit eine große Rolle spiele, die durch die Einbeziehung der Betriebsratsmitglieder gefährdet werden könnte.[46] Dem ist entgegenzuhalten, dass Betriebsratsmitglieder nach § 79 I 1 BetrVG zur Verschwiegenheit verpflichtet sind und sie bei einem Verstoß nicht nur aus dem Betriebsrat ausgeschlossen werden können (§ 23 I BetrVG) und ggf. ihr Arbeitsverhältnis gekündigt werden kann, sondern sie sich schadensersatzpflichtig (§§ 823 II BGB, 79 I BetrVG) und sogar strafbar (§ 120 I Nr. 1 BetrVG) machen können.[47] Die Gefahr, dass ein Betriebsratsmitglied Transferstrategien/-geheimnisse aufdeckt, erscheint daher überschaubar. Im Übrigen ist das Beteiligungsrecht des § 92 BetrVG auch deshalb *praktisch* wenig problematisch, als der Club es ohne gravierende Konsequenzen verletzen könnte. Die arbeitsrechtliche Wirksamkeit der geplanten personellen Maßnahme bleibt davon nämlich unberührt. Stattdessen droht eine mit maximal € 10.000 bewehrte Ordnungswidrigkeit (§ 121 BetrVG), was angesichts der im Profisport üblichen Summen verkraftbar sein dürfte.

---

[46] *Rüth*, SpuRt 2005, 177, 179.
[47] Näher ErfK/*Kania*, BetrVG, § 79, Rn. 19 ff.

2. Zustimmungsverweigerungsrecht bei Einstellung und Versetzung

Auf den ersten Blick problematisch erscheint hingegen das potentielle Zustimmungsverweigerungsrecht des Betriebsrats aus § 99 BetrVG bei Einstellungen und Versetzungen.

Das wäre insbesondere der Fall, wenn der Betriebsrat die Zustimmung zur Rekrutierung eines neuen Spielers mit dem Argument verweigern könnte, dadurch drohten bisher bereits beschäftigte Spieler ihre Stammplätze zu verlieren, sodass sie „sonstige Nachteile" i.S.v. § 99 II Nr. 3 BetrVG erlitten. Denn dann könnte der Betriebsrat in der Tat die Transfer- und Personalstrategie des Clubs torpedieren oder zumindest massiv beeinträchtigen. Bei Lichte besehen existiert diese Gefahr aber letztlich gar nicht, weil nach § 99 II Nr. 3 BetrVG ein Zustimmungsverweigerungsrecht nicht besteht, wenn die sonstigen Nachteile durch betriebliche Gründe gerechtfertigt sind.[48] Damit scheidet ein Zustimmungsverweigerungsrecht nach § 99 II Nr. 3 BetrVG bei der Verpflichtung neuer Spieler im Profisport aus, hat der Club doch ein legitimes Interesse daran, stets eine möglichst starke Mannschaft aufs Feld schicken zu können, was angesichts der Gefahr verletzungsbedingter Ausfälle und der Notwendigkeit, mit unterschiedlichen Taktiken operieren zu können, einen entsprechend breiten Mannschaftskader erfordert. Deshalb kann der Betriebsrat der Einstellung eines neuen Spielers nicht entgegenhalten, ein bisher bereits beschäftigter Spieler dadurch drohte seinen Stammplatz zu verlieren.

Mit der gleichen Begründung scheidet regelmäßig ein Zustimmungsverweigerungsrecht aus § 99 II Nr. 4 BetrVG aus, wenn ein Spieler in die 2. Mannschaft abgeordnet wird. Das ist zwar arbeitsrechtlich als Versetzung i.S.v. §§ 95 III, 99 I BetrVG einzustufen[49] und würde für den Spieler auch zu Nachteilen i.S.v. § 99 II Nr. 4 BetrVG führen. Jedoch wird die Abordnung i.d.R. aus in der Person des Betroffenen liegenden Gründen (z.B. mangelndes Leistungsniveau für die erste Mannschaft) oder betrieblichen Gründen (z.B. Personalbedarf bei der zweiten Mannschaft wegen Verletzungen) gerechtfertigt sein, so dass ein Zustimmungsverweigerungsrecht des Betriebsrats wiederum ausscheidet.

Ebenfalls kein Zustimmungsverweigerungsrecht zur Einstellung eines neuen Spielers resultierte daraus, dass der Betriebsrat einzelne Klauseln in dessen Arbeitsvertrag für unzulässig hält, gibt ihm § 99 II Nr. 1 BetrVG doch kein Recht zur Arbeitsvertragskontrolle.[50]

---

48 So auch *Merkel*, Der Sport im kollektiven Arbeitsrecht, 2003, S. 225 f.; so i.Erg. auch *Fikentscher*, Mitbestimmung im Sport, 2002, S. 250.

49 *Fischinger*, in: Fischinger/Reiter, Das Arbeitsrecht des Profisports, § 15, Rn. 118.

50 *Richardi*/Bayreuther, Kollektives Arbeitsrecht, § 33, Rn. 17.

Dagegen kann der Betriebsrat seine Zustimmung zur Verpflichtung eines neuen Spielers durchaus verweigern, wenn dessen Beschäftigung gegen ausländerrechtliche Vorschriften oder Beschäftigungsverbote nach dem MuSchG verstoßen würde (§ 99 II Nr. 1 BetrVG) oder wenn mit dessen Beschäftigung potentiell eine Gefährdung des Betriebsfriedens verbunden wäre, z. B. weil dieser Spieler in der Vergangenheit rassistisch oder homophob auffiel (§ 99 II Nr. 6 BetrVG). Weil in all diesen Konstellationen ein „vernünftig" geführter Club aber ohnehin von einer Verpflichtung des Spielers absehen würde, stellt ein mögliches Zustimmungsverweigerungsrecht des Betriebsrats keine Einschränkung einer als schutzwürdig verstandenen Unternehmerfreiheit dar (und wäre überdies rechtspolitisch zum Kampf gegen Rassismus usw. auch zu begrüßen).

3. Beteiligungsrechte bei Kündigungen

Kündigungen von Spielerarbeitsverträgen sind äußerst selten, verliert der Club dann doch im Gefolge der *Bosman*-Entscheidung des EuGH[51] die Möglichkeit, für seine Zustimmung zu einem Transfer eine „Ablösesumme" zu erhalten. Sollten sie ausnahmsweise doch einmal vorkommen, so wäre der Betriebsrat zuvor nach § 102 BetrVG anzuhören. Ein inhaltliches Mitspracherecht hätte er aber grundsätzlich nicht, es sei denn, der Spieler wäre ausnahmsweise Mitglied des Betriebsrats (dann: Zustimmungserfordernis, § 103 BetrVG). Entsprechend schränkt § 102 BetrVG die Unternehmerfreiheit des Clubs so gut wie nicht ein.

III. Mitbestimmung in sozialen Angelegenheiten

1. Grundlagen

Nach § 87 I BetrVG hat der Betriebsrat in den dort abschließend genannten Fällen ein echtes Mitbestimmungsrecht. Das bedeutet, dass der Arbeitgeber die betreffenden Maßnahmen nur durchführen darf, wenn der Betriebsrat vorher zugestimmt hat. Anders als im Falle des § 99 II BetrVG ist der Betriebsrat auch nicht an einen abschließenden Katalog von Zustimmungsverweigerungsgründen gebunden, sondern kann – sofern er die gesetzlichen Wertungen u. a. der §§ 2 I, 75 BetrVG beachtet – seine Zustimmung aus jedem beliebigen Grund verweigern. Zudem kann der Arbeitgeber die Zustimmung auch nicht durch die Einigungsstelle ersetzen lassen. Verletzt der Arbeitgeber das Mitbestimmungsrecht, so ist die mitbestimmungspflichtige Maßnahme unwirksam. Im Folgenden werden einige im Profisport potentiell

---

[51] EuGH 15.12.1995 – Rs. C-415/93, NZA 1996, 191.

relevanten Regelungsgegenstände erörtert, bei denen u.U. eine Mitbestimmung des Betriebsrats nach § 87 I BetrVG bestehen könnte.

2. Ordnung des Betriebs und
Verhalten der Arbeitnehmer, § 87 I Nr. 1 BetrVG

Nach § 87 I Nr. 1 BetrVG hat der Betriebsrat bei Fragen der Ordnung des Betriebs und des Verhaltens der Arbeitnehmer im Betrieb mitzubestimmen. Erfasst ist dabei nur das mitbestimmungspflichtige Ordnungsverhalten, nicht aber das mitbestimmungsfreie Arbeitsverhalten.[52] Deshalb könnte der Betriebsrat zwar über die Nutzungsbedingungen von Parkflächen auf dem Betriebsgelände,[53] die Benutzungsordnung für Wasch- und Umkleideräume,[54] ein Nutzungsverbot für Smartphones im Betrieb während der Pausen[55] oder die Statuierung von Alkohol-[56] und Rauchverboten[57] im Betrieb mitbestimmen. Kein Mitbestimmungsrecht hätte er hingegen hinsichtlich der Arbeitspflicht der Spieler. Entsprechend könnte er nicht über Trainingsinhalte und -gestaltung, Spieltaktik oder die Mannschaftsaufstellung mitbestimmen. Auch in Bezug auf die Gestaltung von Vertragsstrafen in den Arbeitsverträgen hat der Betriebsrat kein Mitbestimmungsrecht. Anders verhält es sich allerdings für Betriebsbußen, wie sie im Profisport v.a. in Form von sog. Strafenkatalogen für z.B. Zuspätkommen anzutreffen sind.[58]

3. Regelung der Arbeitszeit, § 87 I Nr. 2 BetrVG

Gemäß § 87 I Nr. 2 BetrVG kann der Betriebsrat zwar nicht über die Dauer der Arbeitszeit,[59] jedoch hinsichtlich des Beginns und Endes der täglichen Arbeitszeit samt Pausen und der Verteilung der Arbeitszeit auf die einzelnen Wochentage mitbestimmen. Relevant wird das aber letztlich nur in Bezug auf solche Arbeitszeiten, über die der Club selbst entscheiden kann

---

[52] BAG 18.4.2000 – 1 ABR 22/99, NZA 2000, 1176, 1177.

[53] BAG 7.2.2012 – 1 ABR 63/10, NZA 2012, 685, 686; Richardi/*Richardi*, BetrVG, § 87, Rn. 187; *Fitting*, BetrVG, § 87, Rn. 71.

[54] *Fitting*, BetrVG, § 87, Rn. 71; Richardi/*Richardi*, BetrVG, § 87, Rn. 187.

[55] *Fitting*, BetrVG, § 87, Rn. 71.

[56] BAG 23.9.1986 – 1 AZR 83/85, NZA 1987, 250, 251; LAG Schleswig-Holstein 20.11.2007 – 5 TabV 23/07, NZA-RR 2008, 184, 185.

[57] BAG 19.1.1999 – 1 AZR 499/98, NZA 1999, 546, 548; Richardi/*Richardi*, BetrVG, § 87, Rn. 192.

[58] Näher *Fischinger*, in: Fischinger/Reiter, Das Arbeitsrecht des Profisports, § 15, Rn. 144 ff. m.w.N.

[59] BAG 13.10.1987 – 1 ABR 10/86, AP Nr. 24 zu § 87 BetrVG Arbeitszeit; ErfK/*Kania*, § 87 BetrVG, Rn. 25a.

(z. B. Training, Fanclubtermine). Dagegen kann der Betriebsrat über § 87 I Nr. 2 BetrVG selbstverständlich nicht verhindern, dass die Mannschaft an den dem Club vom zuständigen Verband vorgegebenen Wettkampfterminen teilnimmt.[60]

4. Einführung von Kurzarbeit, § 87 I Nr. 3 Alt. 1 BetrVG

Wie die Corona-Krise gezeigt hat, kann auch im Profisport die Notwendigkeit bestehen, Kurzarbeit (Null) einzuführen. Da dies individualarbeitsrechtlich u. U. nur mit Zustimmung jedes einzelnen betroffenen Spielers möglich ist, kann die Chance, Kurzarbeit gemäß § 87 I Nr. 3 Alt. 1 BetrVG durch Betriebsvereinbarung mit unmittelbarer und zwingender Wirkung für alle vom Betriebsrat repräsentierten Arbeitnehmer (§ 77 IV 1 BetrVG) einzuführen, für die Clubs eine erhebliche Erleichterung bedeuten.

5. Technische Überwachungsmaßnahmen, § 87 I Nr. 6 BetrVG

Darüber hinaus hat der Betriebsrat auch bei der Einführung und Anwendung technischer Einrichtungen, die dazu bestimmt sind, das Verhalten oder die Leistung der Arbeitnehmer zu überwachen, ein Mitbestimmungsrecht (§ 87 I Nr. 6 BetrVG). Das könnte gerade im Profisport eine erhebliche Rolle spielen, insbesondere bei der technischen Überwachung der Körperfunktionen und -daten der Spieler.

6. Lohngestaltung, § 87 I Nr. 10, 11 BetrVG

Ein Mitbestimmungsrecht könnte schließlich auch bei der Lohngestaltung bestehen. Dabei räumt § 87 I Nr. 10 BetrVG dem Betriebsrat nur eine Mitsprache über die Verteilung des vom Arbeitgeber zur Verfügung gestellten Rahmens, über dessen Umfang der Arbeitgeber jedoch frei entscheidet, ein.[61] Bei leistungsbezogenen Entgelten besteht allerdings auch ein abstrakt-generelles Mitbestimmungsrecht bzgl. der Lohnhöhe, § 87 I Nr. 11 BetrVG.[62] Zu solchen leistungsbezogenen Entgelten[63] zählen die im Profisport verbreiteten Erfolgsprämien (z. B. Einsatz-, Siegpunkt- oder Torprämien).[64] Der Betriebs-

---

[60] Näher *Fischinger*, in: Fischinger/Reiter, Das Arbeitsrecht des Profisports, § 15, Rn. 151.

[61] BeckOK-ArbR/*Werner*, § 87 BetrVG, Rn. 164.

[62] BAG 29.3.1977 – 1 ABR 123/74, AP Nr. 1 zu § 87 BetrVG 1972 Provision.

[63] Zum Begriff s. näher ErfK/*Kania*, § 87 BetrVG, Rn. 126; Richardi/*Richardi*, BetrVG, § 87, Rn. 913 ff. m. w. N.

[64] Vgl. *Merkel*, Der Sport im kollektiven Arbeitsrecht, 2003, S. 217 ff.

rat hätte demnach z.B. mitzubestimmen, in welchem Anteil Grund- und Prämienlohn zueinander stehen, nach welchem Maßstab sich die erfolgsbezogene Vergütung bemessen soll, wie hoch der Prämiensatz ist und wie diese innerhalb der Mannschaft zu verteilen sind.[65]

IV. Mitbestimmung in wirtschaftlichen Angelegenheiten

1. Grundlagen

Nach den §§ 106 ff. BetrVG hat der Betriebsrat schließlich (eingeschränkte) Mitbestimmungsrechte in wirtschaftlichen Angelegenheiten. Beschäftigt das Unternehmen in der Regel mehr als 100 Arbeitnehmer, so muss ein sog. Wirtschaftsausschuss gebildet werden, § 106 I 1 BetrVG. Dieser hat allerdings allein Informations- und Beratungsrechte und bedeutet daher nur eine sehr geringe Einschränkung der Unternehmerfreiheit des Clubs.

2. Insbesondere: Mitbestimmung bei Betriebsänderungen, §§ 111 ff. BetrVG

Potentiell bedeutsamer sind die Rechte des Betriebsrats im Falle einer sog. Betriebsänderung, §§ 111 ff. BetrVG. Die Grundvoraussetzung einer Beschäftigung von in der Regel mehr als 20 wahlberechtigten Arbeitnehmern im Unternehmen ist im Profimannschaftssport regelmäßig erfüllt.

a) Voraussetzungen

Weitere Voraussetzung ist, dass der Club eine Betriebsänderung plant. Im Profisport kommt insoweit zunächst eine grundlegende Änderung der Betriebsorganisation (§ 111 S. 3 Nr. 4 Alt. 1 BetrVG) in Betracht, z.B. bei Schaffung flacherer Hierarchien durch die Abschaffung des Sportdirektors unterhalb der Vorstandsebene.[66] Allerdings greifen die Beteiligungsrechte des Betriebsrats nur, wenn es sich um eine grundlegende Änderung handelt, die zu wesentlichen Nachteilen für die Belegschaft (bzw. erhebliche Teile derselben) führen kann.[67] Selbst wenn diese Voraussetzungen vorliegen, dürften den Spielern nur in seltenen Fällen wirtschaftliche Nachteile erwachsen, so dass weder ein Interessenausgleich noch ein Sozialplan erforderlich ist und

---

65 *Fikentscher*, Mitbestimmung im Sport, 2002, S. 259; a.A. *Imping*, Die arbeitsrechtliche Stellung des Fußballspielers zwischen Verein und Verbänden, 1995, S. 296.

66 Vgl. BAG 26.10.2004 – 1 AZR 493/03, NZA 2005, 237, 238.

67 ErfK/*Kania*, § 111 BetrVG, Rn. 9; Richardi/*Annuß*, BetrVG, § 111, Rn. 118.

sich die Beteiligungsrechte des Betriebsrats auf das Unterrichtungs- und Beratungsrecht des § 111 S. 1 BetrVG beschränken. Gleiches dürfte bei Änderungen der Betriebsanlagen (§ 111 S. 3 Nr. 4 Alt. 3 BetrVG) gelten. Zwar ist das im Profisport z. B. denkbar, wenn das Vereins- und Trainingsgelände grundlegend neugestaltet wird. Allerdings dürften den Spielern eben auch hier nur sehr selten wirtschaftliche Nachteile entstehen. Anders kann es sich aber auch im Profisport bei der Einschränkung/Stilllegung des gesamten Betriebs oder wesentlicher Betriebsteile (§ 111 S. 3 Nr. 1 BetrVG) verhalten. Das kommt insbesondere bei der Einstellung des Geschäftsbetriebs oder der Abmeldung der Mannschaft vom Spielbetrieb in Betracht, wenn in der Folge den Spielern gekündigt werden soll.[68] In einem solchen Fall werden alle Beteiligungsrechte des Betriebsrats nach den §§ 111 ff. BetrVG relevant.

b) Rechtsfolgen

Liegen diese Voraussetzungen vor, so hat der Betriebsrat ein *Unterrichtungs- und Beratungsrecht*, § 111 S. 1 BetrVG.

In der Folge kann ein sog. *Interessenausgleich* geschlossen werden, d. h. eine Einigung zwischen Club und Betriebsrat über das Ob, Wann und Wie der geplanten Betriebsänderung.[69] Damit soll bereits nach Möglichkeit verhindert werden, dass die Arbeitnehmer überhaupt Nachteile erleiden. Erzwingbar ist ein solcher Interessenausgleich aber zum Schutz der Unternehmerfreiheit des Clubs nicht. Versucht der Club aber nicht einmal eine Einigung über einen Interessenausgleich oder weicht er ohne zwingenden Grund von einem freiwillig geschlossenen Interessenausgleich ab, schuldet er nach § 113 BetrVG den sog. Nachteilsausgleich.

Anders als einen Interessenausgleich kann der Betriebsrat einen sog. Sozialplan erzwingen (vgl. § 112 IV, V BetrVG, Ausnahme: § 112a BetrVG). Dieser dient dem Ausgleich oder der Milderung der den Spielern durch die Betriebsänderung entstehenden wirtschaftlichen Nachteile, § 112 I 2 BetrVG. In einem Sozialplan werden daher typischerweise Abfindungsansprüche der von der Betriebsänderung betroffenen Arbeitnehmer vorgesehen. Da der Sozialplan die Wirkung einer Betriebsvereinbarung hat (§ 112 I 3 BetrVG), gilt er unmittelbar und zwingend (§ 77 IV 1 BetrVG). Entsprechend kann von ihm nicht zu Lasten der Spieler durch arbeitsvertragliche Absprache abgewichen werden.

---

[68] *Fischinger*, in: Fischinger/Reiter, Das Arbeitsrecht des Profisports, § 15, Rn. 167.

[69] BAG 27.10.1987 – 1 ABR 9/86, AP Nr. 41 zu § 112 BetrVG 1972; 17.9.1991 – 1 ABR 23/91, AP Nr. 59 zu § 112 BetrVG 1972; ErfK/*Kania*, §§ 112, 112a BetrVG, Rn. 1.

V. Alternative Spielerrat?

Statt über Betriebsräte findet im deutschen Profisport – wenn überhaupt – eine Form kollektiver Interessenvertretung bislang nur über sog. Spieler- oder Mannschaftsräte statt, die z.B. Prämien und deren Verteilung aushandeln oder mit den Trainerteams über Spieltaktik und -aufstellung beraten. Juristisch handelt es sich bei ihnen um informelle Gremien sui generis, denen insbesondere nicht die Rechtsstellung eines Betriebsrats zukommt. Schon deshalb können sie nach hier vertretener Ansicht keinesfalls adäquate oder gar gleichwertige Alternativen zu einem echten Betriebsrat darstellen. Hinzu kommt, dass ihr (Fort-)Bestand scheinbar oft vom „Goodwill" des Clubs und des Trainers abhängt, wie exemplarisch die Auflösung des Mannschaftsrats der deutschen Fußball-Männernationalmannschaft im Jahr 2019 zeigte.[70]

VI. Würdigung: Betriebsverfassung und Profisport?

Ob die Etablierung von Betriebsräten im Profisport wünschenswert wäre, ist in der rechtswissenschaftlichen Literatur umstritten. Kritiker lehnen dies ab, weil sich die Konzeption des BetrVG mit den im Profisport herrschenden Entscheidungsstrukturen kaum vereinbaren ließen und die Aufgaben des Betriebsrats von Spieler- bzw. Mannschaftsräten übernommen würden.[71] Dass Letzteres nicht überzeugt, wurde schon dargelegt (s. C.V.).

Aber auch im Übrigen wäre nach hier vertretener Ansicht die Wahl von – auch für die Sportler zuständigen – Betriebsräten im Profisport bei Abwägung aller Vor- und Nachteile insgesamt zu begrüßen. Dabei soll nicht verkannt werden, dass manch „klassische" Betriebsratsstruktur im Profisport nicht in Reinform „passen" würde (z.B. eine teilweise oder vollständige Freistellung eines in den Betriebsrat gewählten Spielers nach § 38 BetrVG). In der Gesamtschau überwiegen aber die Vorteile der Wahl von Betriebsräten. Das gilt naturgemäß vor allem aus Sicht der Spieler. Aber auch für die Clubs könnten Betriebsräte als Verhandlungspartner Vorteile bieten. Im Einzelnen:

– Der *Schutz gewählter Betriebsratsmitglieder* würde die gegenwärtige Struktur des Profisports nicht erschüttern. Problematisch könnte hier alleine § 38 BetrVG sein, über den ein Spieler ggf. eine vollständige Freistellung von der Arbeitspflicht erreichen könnte – nur: welcher Spieler würde das wollen, könnte er dann doch nicht mehr am Trainings- und Spielbe-

---

[70] Vgl. dazu https://www.spiegel.de/sport/fussball/dfb-joachim-loew-schafft-mannschaftsrat-bei-nationalmannschaft-ab-a-1291799.html (abgerufen am 24.7.2020).

[71] PraxisHdB-SportR/*Fritzweiler*, 3. Aufl. 2014, 3. Kapitel, Rn. 23.

trieb teilnehmen und würde damit seine Karrierechancen selbst zunichtemachen? Auch § 103 BetrVG, nach dem die Kündigung eines Betriebsratsmitglieds der Zustimmung des Betriebsrats bedürfte, wäre selbst dann kein erhebliches Problem, wenn doch einmal ein Spieler Mitglied des Betriebsrats wäre, kommen Kündigungen im Profisport doch nur sehr selten vor.

— Nicht zu befürchten wären *Arbeitskämpfe* des Betriebsrats, sind diese doch wegen der absoluten Friedenspflicht des § 74 II 1 Hs. 1 BetrVG stets unzulässig.

— Die Unterrichtungs- und Beratungsrechte des Betriebsrats bei *Personalplanung* (§ 92 BetrVG, s. C.II.1.) und bei *Einstellungen* sowie *Versetzungen* (§ 99 BetrVG, s. C.II.2.) sind weitgehend unproblematisch. Anders scheint es sich zwar auf den ersten Blick mit den Zustimmungsverweigerungsrechten nach § 99 II Nr. 3, 4 BetrVG bei Einstellungen oder Versetzungen zu verhalten, allerdings können entsprechende Bedenken ausgeräumt werden (s. C.II.2.). Dagegen steht dem Betriebsrat durchaus ein Zustimmungsverweigerungsrecht zu, wenn von dem neu zu verpflichtenden Spieler eine Gefährdung des Betriebsfriedens ausgehen kann (§ 99 II Nr. 6 BetrVG). Insoweit „droht" dem Club also tatsächlich, dass seine Personalstrategie durch den Betriebsrat torpediert werden kann. Aber: Das wäre in der Sache und rechtspolitisch zu begrüßen, würde dadurch doch z. B. die Verpflichtung eines zwar spielerisch starken, aber bekanntermaßen rassistischen Spielers verhindert.

— Die Möglichkeit, dass der Betriebsrat über § 87 I Nr. 1 BetrVG ein Mitbestimmungsrecht bei der Aufstellung und Gestaltung von *Betriebsbußenkatalogen* hätte (s. C.III.2.), würde zwar die bisherigen Freiheiten der Clubs in der Tat ebenfalls beschneiden. Dennoch wäre dieses Beteiligungsrecht des Betriebsrats zu begrüßen, würde es den Spielern doch ein Mitspracherecht in Bereichen eröffnen, die geeignet sind, auch ihre Privatsphäre nicht unerheblich einzuschränken. Überdies dürfte eine Mitbestimmung des Betriebsrats dazu führen, dass die Festlegung der Höhe der jeweiligen Bußgeldzahlung willkürfreier geschieht als dies bislang in der Praxis der Fall ist.

— Das Mitbestimmungsrecht im Hinblick auf die *Arbeitszeit* (§ 87 I Nr. 2 BetrVG, s. C.III.3.) ist weitgehend unproblematisch, vor allem, da der Betriebsrat dadurch nicht die Teilnahme der Spieler an offiziellen Wettkämpfen verhindern könnte.

— Die Chance, über § 87 I Nr. 3 Alt. 1 BetrVG alleine im Einvernehmen mit dem Betriebsrat und ohne Zustimmung jedes einzelnen Spielers *Kurzarbeit* einzuführen (C.III.4.), kann für den Club in Krisenzeiten von großem Vorteil sein.

– Das Recht des Betriebsrats, in Bezug auf die *Einführung technischer Überwachungseinrichtungen* mitzubestimmen (§ 87 I Nr. 6 BetrVG, s. C.III.5.), dürfte für die Sportpraxis wohl unproblematisch sein, da die Spieler regelmäßig selbst zur Vermeidung von Verletzungen und zur Steigerung ihrer Leistungsfähigkeit ein großes Interesse an der Erhebung und Auswertung ihrer Leistungsdaten haben. Daher dürfte sich ein Betriebsrat entsprechender Pläne des Clubs regelmäßig nicht verschließen.

– Soweit schließlich im „Endspiel" um die Arbeitsplätze bei z. B. insolvenzbedingter Liquidierung des Clubs die Möglichkeit einer wirtschaftlichen Abfederung der sich daraus ergebenden Härten für die Spieler über *Interessenausgleich* und v. a. *Sozialplan* besteht, ist das uneingeschränkt zu begrüßen. Denn wie andere Arbeitnehmer, haben auch Profisportler ein elementares und legitimes Interesse daran, ihren Arbeitsplatz zu erhalten bzw. zumindest dann, wenn das nicht mehr möglich ist, einen gewissen finanziellen Ausgleich zu erhalten (s. C.III.6.).

Zu betonen ist auch nochmals, dass über § 3 BetrVG die Chance bestünde, mittels Tarifvertrags die Vorgaben des BetrVG teilweise zu modifizieren, um so ein den Desideraten und Besonderheiten der Sportrechtsbranche noch besser gerecht werdendes System zu entwickeln.

D. Fazit und Ausblick

Insgesamt zeigt sich: Die Etablierung rechtlich fundierter Systeme kollektiver Arbeitnehmervertretungen würde im Profisport sicher nicht das Ende des Abendlandes bedeuten. Natürlich müssten v. a. die berühmt-berüchtigten „alten weißen Männer" in den Clubetagen in mancher Hinsicht Machteinbußen hinnehmen und Mitspracherechte der Arbeitnehmerseite in bislang ungewohntem Maße dulden. Dass dies zum Schaden der Clubs oder des Sports wäre, ist jedoch zu bezweifeln. Denn durch die Etablierung von Betriebsräten und eine echte Mitsprache von Gewerkschaften in Form von Tarifverträgen würde nicht nur eine der modernen Arbeitswelt entsprechende Partizipation mündiger Spieler erreicht, sondern zugleich die Chance erhöht, Fehlentwicklungen und Missstände in den Clubs frühzeitiger zu erkennen und abzustellen. Frei nach Willy Brandt ist dem Sport daher zuzurufen: „Mehr Mitbestimmung wagen!".

Kartellrechtliche Haftungsrisiken von Ligateilnehmern bezüglich des Verhaltens von Ligaverbänden und Ligabetriebsgesellschaften

Verschärfung der Sanktionsgefahr durch § 81b GWB?

Von *Daniel Könen*

I. Einleitung

Mit den Entscheidungen des EuG in der Rechtssache *ISU*[1] sowie des OLG Frankfurt a.M. vom 30.11.2021[2] wächst die Rechtssicherheit über die Zulässigkeit koordinierten Verbandsverhaltens durch sportliche Regelwerke mit Auswirkungen auf Sportmärkte.[3] Verbandsbestimmungen z.B. über Sanktionen, das Ein-Platz-Prinzip, Spielervermittler oder einen *„Salary Cap"* können anhand dieses konkretisierten Maßstabes beurteilt werden. Sofern eine Tatbestandsrestriktion unter Berücksichtigung der *Meca-Medina*-Kriterien[4] ausscheidet, weil eine „Sportnotwendigkeit"[5] nicht gegeben ist, kommt allenfalls eine Freistellung nach Art. 101 Abs. 3 AEUV in Betracht, was allerdings den Nachweis von Effizienzen für Verbraucher voraussetzt.[6]

Mit der Konkretisierung der tatbestandsimmanenten Verhältnismäßigkeitsprüfung geht einher, dass der Anwendungsbereich des Kartellrechts auch in positiver Hinsicht Konturen erhält.[7] Dieser „sportkartellrechtliche" Befund wird begleitet von Entwicklungen in der Europäischen Rechtsprechung über

---

[1] EuG, Urt. v. 16.12.2020 – T-93/18, ECLI:EU:T:2020:610 – ISU; vgl. *Heermann*, Verbandsautonomie im Sport, 2022, S. 308 ff.

[2] OLG Frankfurt a.M., Urt. v. 30.11.2021 – 11 U 172/19 (Kart), NZKart 2022, 31 – Fußballspieler-Vermittlung; kritisch, *Ackermann*, WuW 2022, 122 (124); vgl. OLG Frankfurt a.M., Urt. v. 2.2.2016 – 11 U 70/15 (Kart), WuW 2016, 190.

[3] Zur Bestimmung der relevanten Märkte, *Heermann*, Verbandsautonomie im Sport, 2022, S. 317 ff., 447 ff., 849 ff., 881 ff.

[4] EuGH, Urt. v 18.7.2006 – C-519/04 P, ECLI:EU:C:2006:492 – Meca Medina; vgl. *Heermann*, Verbandsautonomie im Sport, 2022, S. 293 ff., 349 ff.; *Heermann*, NZKart 2022, 432; Kommission v. 8.12.2017 – AT.40208, C(2017) 8240 final, Rn. 210 ff.; BKartA v. 25.2.2019 – B 2-26/17, WuW 2019, 277, Rn. 91 ff.; *Heermann*, WuW 2022, 308 ff.; einschränkend, *Ackermann*, WuW 2022, 122 (123 ff.); *Bien/Becker*, ZWeR 2021, 565 (568).

[5] *Hannamann*, Kartellverbot und Verhaltenskoordinationen im Sport, 2001, S. 371 unter Verweis auf den Immanenz- sowie Arbeitsgemeinschaftsgedanken; vgl. *Ackermann*, WuW 2022, 122 (126); *Bien/Becker*, ZWeR 2021, 565 (568); weitergehend, *Heermann*, WuW 2022, 308 (311 f.).

[6] Vgl. *Hannamann*, Kartellverbot und Verhaltenskoordinationen im Sport, 2001, S. 340; *Heermann*, Verbandsautonomie im Sport, 2022, S. 464 ff.; *Heermann*, WuW 2022, 308 (310 f.); *Podszun*, NZKart 2021, 138.

[7] Sofern in diesem Beitrag teilweise der Begriff des Kartellrechts verwendet wird, sind damit die primärrechtlichen Wettbewerbsregeln der Art. 101 ff. AEUV sowie Recht gegen Wettbewerbsverfälschungen nach dem GWB in Bezug genommen.

die Reichweite wettbewerbsrechtlicher Einstandspflicht im Konzern – in den Rechtssachen *Goldman Sachs*[8] und *Sumal*[9] – sowie in der mitgliedstaatlichen Gesetzgebung zur Ahndung von Wirtschaftsverbänden sowie der Einstandspflicht deren Mitglieder in den §§ 81c Abs. 4 und 81b GWB.

Der Beitrag untersucht, inwiefern mit diesen Entwicklungen eine gesteigerte Sanktionsgefahr der Ligateilnehmer für wettbewerbswidriges Verhalten der umsatzstärksten Ligaverbände (DFL e. V., HBL e. V. und BBL e. V.) bzw. der Ligabetriebsgesellschaften (DFL GmbH, HBL GmbH, BBL GmbH und DEL GmbH & Co. KG) verbunden ist.

II. Kartellrecht im Sport

Auch bei den größten Sportrechtsromantikern hat sich die Erkenntnis durchgesetzt, dass der Sport – erst recht der Profisport – in Anbetracht der auf die Handlungsfreiheit der Wirtschaftsakteure gerichteten primärrechtlichen Regelungssystematik kein kartellrechtsfreier Raum sein kann. Für eine sportrechtliche Bereichsausnahme bietet das Primärrecht schlicht keinen Anhaltspunkt.[10] Sofern eine wirtschaftliche Betätigung der Akteure gegeben ist, ist bei grenzüberschreitendem Bezug der Anwendungsbereich der Art. 101, 102 AEUV (Kartell- bzw. Missbrauchsverbot) eröffnet. Auch wenn es an einem grenzüberschreitenden Bezug fehlt, ist § 1 GWB – jedenfalls vor dem Hintergrund des Regelungsziels der „ECN+"-Richtlinie[11] – primärrechtskonform i.S.d. Art. 101 AEUV auszulegen. Die mitgliedstaatlichen Bestimmungen über marktmächtige Unternehmen sehen sogar ein noch strengeres Regelungsregime vor.[12] Hinsichtlich einer wirtschaftlichen Betätigung kommt sodann eine tatbestandsimmanente Verhältnismäßigkeitsprüfung über die Frage in Betracht, ob eine Regelung notwendig ist, um z.B. den Bestand und die Funktionsfähigkeit eines Sportwettbewerbs zu gewährleisten.[13] Erkennt man auf der einen Seite diese an den Immanenz- bzw. Arbeits-

---

[8] EuGH, Urt. v. 27.1.2021 – C-595/18 P, ECLI:EU:C:2021:73 – Goldman Sachs; vgl. *Fischer/Zickgraf*, ZHR 186 (2022), 125 (128 ff., 158 ff.).

[9] EuGH, Urt. v. 8.10.2021 – C-882/19, ECLI:EU:C:2021:800 – Sumal; *Fischer/Zickgraf*, ZHR 186 (2022), 125 (158 ff.).

[10] *Könen*, Der „Sportartikel" und die EU-Wettbewerbsregeln, S. 4 f. (https://www.europa-uni.de/de/forschung/institut/institut_fireu/newsletter/fireu-Newsletter43.pdf), sämtliche Internetquellen abgerufen am 23.02.2023; *Ackermann*, WuW 2022, 122; *Bien/Becker*, ZWeR 2021, 565; *Heermann*, WuW 2022, 308; *Podszun*, NZKart 2021, 138.

[11] RL (EU) 2019/1.

[12] Vgl. *Könen*, ZHR 182 (2018), 684 (687 ff.); einschränkend, *Heermann*, Verbandsautonomie im Sport, 2022, S. 328 „entspricht weitgehend".

[13] Mit unterschiedlichen Ansätzen, *Ackermann*, WuW 2022, 122 (Begrenzung auf rein sportliche Regelungen); *Bien/Becker*, ZWeR 2021, 565 (praktische Konkordanz

gemeinschaftsgedanken anknüpfende Tatbestandsreduktion an, ist auf der anderen Seite zu berücksichtigen, dass der zwischen den Ligabetriebsgesellschaften und den Ligateilnehmern bestehende Restwettbewerb besonders schützenswert ist.[14]

III. Wirtschaftliche Betätigung der Ligabetriebsgesellschaften

Der unternehmensbezogene Anwendungsbereich der kartellrechtlichen Bestimmungen ist grundsätzlich nur eröffnet, sofern die wirtschaftliche Betätigung betroffen ist.[15] Wirtschaftlicher Wettbewerb besteht vor allem auf den mit der Vermarktung des Sports zusammenhängenden Märkten.[16] Bei der Organisation sowie der Vermarktung des Ligabetriebs der umsatzstärksten deutschen Profisportarten in der Rechtsform der GmbH (DFL, HBL und BBL) bzw. GmbH & Co. KG (DEL) liegt eine wirtschaftliche Betätigung ganz regelmäßig vor.[17] Ist insoweit eine hinreichende wirtschaftliche Betätigung durch das Anbieten oder Nachfragen von Gütern auf einem Markt gegeben,[18] ist ein koordiniertes Verhalten mit anderen – autonom agierenden – Wirtschaftsakteuren, z.B. hinsichtlich des Sponsorings, anhand der wettbewerbsrechtlichen Verbotstatbestände zu beurteilen, wie sie im Rahmen einer tatbestandsimmanenten Verhältnismäßigkeitsprüfung ihre Konkretisierung durch die Rechtsprechung erfahren haben und im Übrigen einer Freistellung nach Art. 101 Abs. 3 AEUV bzw. den Freistellungsverordnungen zugänglich sind.[19] In Anbetracht des hiesigen Untersuchungsgegenstandes –

---

mit Verbandsautonomie); *Heermann*, WuW 2022, 308 (sportbezogene Wettbewerbsbeschränkungen, die mit der Organisation und dem ordnungsgemäßen Ablauf eines sportlichen Wettkampfs untrennbar verbunden sind und gerade dazu dienen, einen fairen Wettstreit zwischen den Sportlern zu gewährleisten); *Podszun*, NZKart 2021, 138 (Regelungswerke zur Aufrechterhaltung eines fairen Ablaufs des sportlichen Wettkampfs).

[14] Vgl. *Hannamann*, Kartellverbot und Verhaltenskoordinationen im Sport, 2001, S. 340; *Heermann*, Verbandsautonomie im Sport, 2022, S. 354.

[15] *Kersting/Otto*, in: FS Wiedemann, 2020, 235, 238; *Fischer/Zickgraf*, ZHR 186 (2022), 125 (128 ff., 133 ff.); *Könen/Dogs*, ZWeR 2017, 409 (411 ff.); FK-KartellR/ *Könen*, 90. Lfg. April 2018, FKVO Art. 2 Rn. 259 ff.

[16] Zur Abgrenzung der relevanten Märkte, *Heermann*, Verbandsautonomie im Sport, 2022, S. 317 ff., 447 ff., 849 ff., 881 ff.

[17] *Heermann*, Verbandsautonomie im Sport, 2022, S. 330 ff.

[18] Zur Beurteilung von Verbandsbestimmungen, die sich lediglich indirekt auf eine wirtschaftliche Tätigkeit des Sportverbandes auswirken und diese mittelbar beeinflussen, *Heermann*, Verbandsautonomie im Sport, 2022, S. 330 ff, 336.

[19] *Heermann*, Verbandsautonomie im Sport, 2022, S. 293 ff., 349 ff., 464 ff.; str. sind noch die konkreten Konturen des sog. Meca-Medina-Tests, vgl. *Ackermann*,

der Einstandspflicht für ein kartellrechtlich relevantes Verhalten – wird auf die noch ausstehende weitere Konkretisierung des *Meca-Medina*-Tests nicht weiter eingegangen.

IV. Differenzierung der Beteiligungsstrukturen bei der Vermarktung der Ligabetriebe

Bei den vier hier zu beurteilenden Profiligen ist eine vergleichbare, aber gleichwohl teilweise zu differenzierende Betrachtung vorzunehmen. Die Organisation und Vermarktung des Ligabetriebs erfolgt in allen vier Sportarten durch eine als GmbH bzw. GmbH & Co. KG verfasste Betriebsgesellschaft;[20] im Übrigen unterscheiden sich die Beteiligungsstrukturen. Auf etwaige mitgliedschaftliche Beteiligungen in den (Landes-)Sportverbänden sowie die mit den Bundessportverbänden (wie DEB, DBB, DHB und DFB) bestehenden Grundlagen- bzw. Kooperationsverträge wird im Rahmen dieser Untersuchung nicht vertieft eingegangen, da die daraus resultierenden Rechtsbeziehungen für die hier zu beurteilenden Verhaltensweisen nicht maßgeblich sind.

Um das kartellrechtlich relevante Verhältnis zwischen den Ligateilnehmern und den Ligaverbänden bzw. Ligabetriebsgesellschaften untersuchen zu können, sind zunächst die jeweiligen Beteiligungsstrukturen zu betrachten und mit Blick auf die gesellschaftsrechtlichen sowie kartellrechtlich relevanten Einflussnahmemöglichkeiten einzuordnen. An die Identifikation der kartellrechtlich maßgeblichen Beteiligungsstrukturen der Profiligen schließt sich die Untersuchung an, inwiefern die Ligateilnehmer für ein kartellrechtlich relevantes Verhalten des Ligaverbandes oder der aus Ligaverband und Ligabetriebsgesellschaft bestehenden wirtschaftlichen Einheit nach den neuen Bestimmungen der §§ 81b, 81c Abs. 4 GWB belangt werden können.

1. Eishockey (DEL)

Während die am Ligabetrieb der DEL beteiligten Gesellschaften zunächst unmittelbar an der Deutsche Eishockey Liga Betriebsgesellschaft mbH beteiligt waren, sind sie seit 2014 – unabhängig von ihrer Rechtsform – Gesell-

---

WuW 2022, 122; *Bien/Becker*, ZWeR 2021, 565; *Heermann*, WuW 2022, 308; *Podszun*, NZKart 2021, 138.

[20] Vgl. zur DEL: https://www.penny-del.org/delintern; zur BBL: https://www.easy-credit-bbl.de/bbl/uber-uns; zur DFL: https://www.dfl.de/de/ueber-uns/deutsche-fussball-liga-gmbh/struktur-der-dfl-deutsche-fussball-liga-gmbh/ sowie https://www.dfl.de/de/ueber-uns/statuten/; zur HBL: https://www.liquimoly-hbl.de/de/die-hbl/organisation/organisationsstruktur/.

schafter der Deutsche Eishockey Liga GmbH & Co. KG,[21] dessen persönlich haftender Gesellschafter die Deutsche Eishockey Liga Verwaltungs GmbH ist, die aber zu 100% von der KG als Einheitsgesellschaft beherrscht wird.[22] In gesellschaftsrechtlicher Hinsicht bedeutet dies, dass die Gesellschafter sich einerseits gemeinschaftlich eine Satzung gegeben – oder diese jedenfalls mit ihrem Beitritt anerkannt – und sich diesbezüglich grundsätzlich einer Mehrheitsherrschaft unterworfen haben, dass sie aufgrund satzungsmäßiger Befugnisse auch als Kommanditisten im Rahmen der Gesellschafterversammlung als oberstes Willensbildungsorgan der GmbH & Co. KG auftreten können und dass sie in ihrer Gesamtheit dem Geschäftsführer der GmbH Weisungen erteilen können. Umgekehrt folgt aus dieser Beteiligungsstruktur, dass ein einzelner Gesellschafter – ungeachtet personeller Verflechtungen in Aufsichtsrat, Rechts- und Wirtschaftskommission, Medien- und Marketingkommission sowie Sportkommission[23] – keinen bestimmenden Einfluss auf die Betriebsgesellschaft ausüben kann.

2. Basketball (BBL)

Demgegenüber ist die BBL GmbH in der Weise als Ligabetriebsgesellschaft konzipiert, dass dieser ein Beteiligungsverein – die AG BBL e.V. – vorgeschaltet ist.[24] Im Basketballsport ist die organisationsrechtliche Verflechtung mit dem Bundessportverband am stärksten ausgeprägt, indem dem DBB noch 26% der Geschäftsanteile an der BBL GmbH zustehen; die übrigen 74% werden vom Ligaverband gehalten. Diesem wiederum gehören die Ligateilnehmer als Vereinsmitglieder an. Insgesamt sind starke personelle Verflechtungen gegeben. In gesellschaftsrechtlicher Hinsicht folgt aus der 74%igen Beteiligung, dass dem Ligaverband – bei einem vollständigen Abstimmungsverhalten – zwar eine dem Mehrheitsprinzip des § 47 GmbHG genügende Stimmmehrheit gegeben ist, Beschlüsse, die den qualifizierten Mehrheitserfordernissen für Satzungsänderungen, Auflösung, Strukturänderungen sowie Gesellschafterausschlüsse entsprechen müssen, können aber nur unter Zusammenwirkung mit dem DBB erfolgen. Dieser verfügt insoweit über eine Sperrminorität. Sowohl die Mehrheitsbeteiligung als auch die Gelegenheit, ein Veto einlegen zu können, vermitteln rechtlich die Möglichkeit der Einflussnahme auf das Marktverhalten der Ligabetriebsgesellschaft. Ver-

---

[21] Zuvor als Deutsche Eishockey Liga Betriebsgesellschaft mbH, Formwechsel in GmbH & Co. KG am 9.1.2014.

[22] Vgl. Amtsgericht Neuss, Aktenzeichen: HRB 17793, Bekanntmachung v. 12.8.2014.

[23] Vgl. https://www.penny-del.org/delintern#ligabuero.

[24] https://www.easycredit-bbl.de/bbl/uber-uns.

stärkt wird dieser Effekt durch die personelle Verflechtung der maßgeblichen Akteure.[25]

3. Fußball (DFL)

Die Organisationsstruktur der Ligen des Profifußballs ähnelt derjenigen der BBL mit dem Unterschied, dass der Ligaverband alleiniger Anteilseigner an der DFL GmbH ist.[26] Daraus folgt, dass der DFB jedenfalls keine gesellschaftsrechtlichen Einwirkungsmöglichkeiten auf den Ligabetrieb hat. Der Ligaverband verfügt demgegenüber über jegliche Einwirkungsmöglichkeit auf die DFL GmbH. Mit der 100%-Beteiligung des Ligaverbandes geht aus wettbewerbsrechtlicher Sicht einher, dass auf dieses Verhältnis die sog. AKZO-Vermutung Anwendung findet.[27] Dies bedeutet, dass aus unionsrechtlicher Sicht die tatsächliche Ausübung eines bestimmenden Einflusses auf die DFL GmbH vermutet wird. Inwiefern sich diese Strukturen mit einer derzeit diskutierten Minderheitsbeteiligung von Investoren im Rahmen der Vermarktung von (internationalen) Medienrechten ändern,[28] hängt davon ab, an welcher Stelle der Konzernstrukturen die Beteiligung gewährt werden sollte. So würde nur die unmittelbare Beteiligung an der DFL GmbH die Vermutung tatsächlicher Einflussnahme auf diese beseitigen. Im Raum steht derzeit die Beteiligung an einer noch zu gründenden Tochtergesellschaft.[29] Unabhängig von der konkreten gesellschaftsrechtlichen Umsetzung würde der Einstieg von Investoren aber, auch wenn es sich nur um eine Minderheitsbeteiligung an einer Tochtergesellschaft handelt, dazu führen, dass der AKZO-Vermutung hinsichtlich der Einflussnahme auf die Vermarktung – jedenfalls hinsichtlich des operativen Geschäfts durch die unterste Beteiligungsebene – die Grundlage entzogen wäre.

---

25 Vgl. *Fischer/Zickgraf*, ZHR 186 (2022), 125 (135).

26 Vgl. https://www.dfl.de/de/ueber-uns/deutsche-fussball-liga-gmbh/struktur-der-dfl-deutsche-fussball-liga-gmbh/ sowie https://www.dfl.de/de/ueber-uns/statuten/.

27 Vgl. EuGH, Urt. v. 24.4.2017 – C-516/15 P, ECLI:EU:C:2017:314 Rn. 48 ff. – AKZO Nobel (Alleinbeteiligung); EuGH, Urt. v. 27.1.2021 – C-595/18 P, ECLI:EU:C:2021:73 – Goldman Sachs (Alleinstimmrechte).

28 Vgl. https://www.zeit.de/news/2022-09/20/hopfen-zu-medienrechte-teilverkauf-vereine-mitnehmen.

29 https://www.dfl.de/de/aktuelles/ag-zukunftsszenarien-verstaendigt-sich-auf-leit planken-zur-strategischen-weiterentwicklung/; https://www.kicker.de/weg-fuer-bundes liga-investoren-frei-mit-zentralen-leitplanken-935987/artikel.

4. Handball (HBL)

Der Betrieb der Handball-Bundesliga ist wiederum demjenigen der Fußball-Bundesligen vergleichbar. So verfügt der Handball-Bundesliga e. V. (Ligaverband) über 100 % der Geschäftsanteile an der Handball-Bundesliga GmbH.[30] Auch die mitgliedschaftlichen Verbindungen der Ligateilnehmer mit dem Ligaverband sowie den Landessportverbänden entsprechen denjenigen im Fußball. Im Unterschied zur DFL ist der HBL Ligaverband aber auch Mitglied im Bundessportverband DHB. Vor dem Hintergrund der wettbewerbsrechtlichen Verbotstatbestände können daher in diesem Verhältnis die gleichen Erwägungen angestellt werden, wie zu den Beteiligungsverbindungen der Ligateilnehmer zur Ligaorganisation.

V. Kartellrechtlich relevante Beteiligungsverhältnisse der Ligateilnehmer

Gemeinsam ist den behandelten Profisportligen, dass die Ligateilnehmer Mitglieder eines Verbandes in der Rechtsform des e. V. bzw. einer GmbH & Co. KG sind, ohne individuell einen herrschenden Einfluss auf diese ausüben zu können. Diese jeweilige Vereinigung übernimmt Organisation und Vermarktung der Ligen jedenfalls mittelbar über eine von dieser beherrschten Gesellschaft. Vor dem Hintergrund der EuGH-Entscheidung in der Rs. *Sumal* sowie der Neuerungen durch die 10. GWB-Novelle ist fraglich, inwiefern damit gesteigerte Sanktionsgefahren der Ligagesellschaften bzw. der Ligateilnehmer verbunden sind.

1. Ligagesellschaften als wirtschaftliche Einheit

Die Beurteilung wettbewerbswidriger Verhaltensweisen knüpft an die Eigenschaft als Unternehmen an. Sofern es um die Vermarktung des Ligabetriebs geht, ist die gesamte Ligabetriebsorganisation als Unternehmen im kartellrechtlichen Sinne zu qualifizieren, wobei es unerheblich ist, ob diese als Rechtsträger selbst wirtschaftlich tätig ist – wie im Falle der DEL GmbH & Co. KG – oder die wirtschaftliche Tätigkeit der Betriebsgesellschaften – BBL GmbH, DFL GmbH sowie HBL GmbH – den Einflussnehmenden Ligaverbänden nach kartellrechtlichen Maßstäben als eigene „zugerechnet" wird.[31] Die im Primärrecht angelegte funktionale Betrachtungsweise führt dazu, dass das Vorliegen eines Unternehmens im Sinne des Kartellrechts

---

[30] https://www.liquimoly-hbl.de/de/die-hbl/organisation/organisationsstruktur/.

[31] Vgl. *Heermann*, Verbandsautonomie im Sport, 2022, S. 330 ff.

unabhängig von den konkreten nach mitgliedstaatlichem Recht gewählten Organisationsformen zu beurteilen ist. Ein Unternehmen ist nach der ständigen Definition des EuGH jede eine wirtschaftliche Tätigkeit ausübende Einheit, unabhängig von ihrer Rechtsform und der Art ihrer Finanzierung.[32] Die insoweit begriffsbestimmende „Zurechnungs"-Figur der sog. wirtschaftlichen Einheit beruht auf einer ständigen Rechtsfortbildung des EuGH, wie sie mit der Entscheidung in der Rs. *Sumal*,[33] zuletzt erheblich ausgeweitet wurde. Danach ist eine dem Unternehmensbegriff entsprechende wirtschaftliche Einheit gegeben, wenn die Teilhaber tatsächlichen Einfluss auf die Markttätigkeit einer Organisationseinheit ausüben.[34] Spiegelbildlich ist eine wirtschaftliche Einheit aus Sicht einer Tochtergesellschaft – bezogen auf die wirtschaftliche Tätigkeit der Mutter – gegeben, wenn diese einem solchen tatsächlichen Einfluss unterworfen ist und ein konkreter Zusammenhang zwischen der wirtschaftlichen Tätigkeit der Tochtergesellschaft und dem Gegenstand der Zuwiderhandlung, für welche die Muttergesellschaft haftbar gemacht werden kann, besteht.[35] Hervorzuheben ist in diesem Zusammenhang, dass aus der unionsrechtlich maßgeblichen Sicht, die wirtschaftliche Einheit selbst Verbots- und Sanktionsadressat ist.[36] Sofern im Rahmen dieser Untersuchung von einer „Zurechnung" die Rede ist, soll damit lediglich bildhaft angedeutet werden, wie die gesellschaftsrechtlichen Strukturen mitgliedstaatlicher Rechtsformen gegebenenfalls überwunden werden, um das unionsrechtlich angezeigte Auslegungsergebnis erzielen zu können. Insoweit kommt eine unterschiedliche Zusammenfassung von Rechtssubjekten in Betracht, weil die wirtschaftliche Einheit im Sinne der Unionsrechtsprechung nicht nur funktional, sondern auch relativ-tätigkeitsbezogen zu ermitteln ist.[37]

Sofern die Ligabetriebsgesellschaften vor diesem Hintergrund eine wirtschaftliche Tätigkeit ausüben, sind daher ggf. nicht nur diese isoliert als Unternehmen im kartellrechtlichen Sinne zu qualifizieren, sondern auch die in wirtschaftlicher Einheit diese beherrschenden Organisationseinheiten.

---

[32] Grundlegend, EuGH, Urt. v. 23.4.1991 – C-41/90, ECLI:EU:C:1991:161 Rn. 21 – Höfner.

[33] EuGH, Urt. v. 8.10.2021 – C-882/19, ECLI:EU:C:2021:800 Rn. 51 – Sumal; vgl. *Fischer/Zickgraf*, ZHR 186 (2022), 125 (158 ff.).

[34] Vgl. zuvor EuGH, Urt. v. 24.4.2017 – C-516/15 P, ECLI:EU:C:2017:314 Rn. 48 ff. – AKZO Nobel; EuGH, Urt. v. 14.3.2019 – C-724/17, ECLI:EU:C:2019:204 Rn. 36 ff., 43 ff. – Skanska.

[35] Vgl. *Kersting/Otto*, NZKart 2021, 325 (326); *Klumpe*, NJW 2021, 3583 (3589).

[36] *Fischer/Zickgraf*, ZHR 186 (2022), 125 (131); *Könen/Dogs*, ZWeR 2017, 409 (411 ff., 415); *Kersting*, Der Konzern 2011, 445 (446).

[37] *Kersting/Otto*, in: FS Wiedemann, 2020, 235 (238); *Fischer/Zickgraf*, ZHR 186 (2022), 125 (128 ff., 133 ff.); *Könen/Dogs*, ZWeR 2017, 409 (411 ff.); FK-KartellR/ *Könen*, 90. Lfg. April 2018, FKVO Art. 2 Rn. 259 ff.

Nach der jüngsten Rechtsprechung des EuGH ist die „Zurechnung" in der wirtschaftlichen Einheit nicht auf eine Richtung von unten nach oben beschränkt, sodass die Betriebsgesellschaft auch für ein tatbestandliches Verhalten des Ligaverbandes bußgeldrechtlich in Anspruch genommen werden kann, da diese dessen Einfluss unterworfen ist. Maßgeblich ist ein marktbezogener Zusammenhang des Kartellverstoßes mit der Tätigkeit der Betriebsgesellschaft.[38] Folge ist, dass Ligaverbände und Betriebs-GmbHs für einen von dem jeweiligen anderen Rechtsträger begangenen Kartellverstoß bußgeldrechtlich belangt werden können. Untrennbares Element dieses kartellrechtlichen Sanktionsrisikos ist die Geltung des sog. Konzernprivilegs im Verhältnis der Ligaverbände zu den Betriebsgesellschaften.[39]

2. Autonomie von Ligateilnehmern und Ligagesellschaftern

Aus der Regelungsweise der wettbewerbsrechtlichen Verbotstatbestände folgt, dass die Ligaverbände bzw. die DEL GmbH & Co. KG gemeinsam mit den Betriebsgesellschaften – bei tatsächlicher Ausübung bestimmenden Einflusses – einheitlich als Unternehmen qualifiziert werden können.[40] Richtet man hingegen den Blick auf die Ligaverbände – bzw. die DEL GmbH & Co. KG – und das Verhältnis zu deren Mitgliedern, scheidet – mangels der Möglichkeit bestimmender Einflussnahme der Mitglieder – in diesem Verhältnis die Annahme eines einheitlichen Unternehmens aus; die bloße Unterwerfung unter die vereinsrechtliche Verbandsgewalt bzw. die mitgliedschaftliche Mehrheitsherrschaft reichen auch in umgekehrter Richtung nicht aus, eine Einflussnahme der Ligaverbände auf die Teilnehmer annehmen zu können.

Gleichwohl kann sich ein Kartellverstoß im Rechtsträger eines Ligaverbandes bzw. einer Betriebsgesellschaft durch ein gemeinschaftliches Beschlussverhalten von Vertretungspersonen der Ligateilnehmer realisieren, indem diese im Kollektivorgan der Mitglieder- bzw. Gesellschafterversammlung eine Wettbewerbsverfälschung bezwecken, für die sodann die Betriebsgesellschaft belangt werden kann. Daher könnte sich in umgekehrter Richtung die Frage stellen, inwiefern die Ligateilnehmer auch für ein Verhalten des Ligaverbandes bzw. der Betriebsgesellschaft in Anspruch genommen werden können. Die „Zurechnungs"-Figur der wirtschaftlichen Einheit trägt in die-

---

[38] Siehe dazu oben III.

[39] Vgl. EuGH, Urt. v. 24.10.1996 – C-73/95 P, Slg. 1996, I-5457 Rn. 17 f. – Viho; *Thomas*, ZweR 2005, 236 (239); *Könen/Dogs*, ZWeR 2017, 409 (410 ff., 414 ff., 418 f.); FK-KartellR/*Könen*, 90. Lfg. April 2018, FKVO Art. 2 Rn. 260 ff.

[40] Vgl. EuGH, Urt. v. 24.4.2017 – C-516/15 P, ECLI:EU:C:2017:314 Rn. 48 ff. – AKZO Nobel; EuGH, Urt. v. 14.3.2019 – C-724/17, ECLI:EU:C:2019:204 Rn. 36 ff., 43 ff. – Skanska.

sem Verhältnis mangels bestimmender Einflussnahmemöglichkeit als Legitimationsgrundlage nicht.[41] Demensprechend können die Ligateilnehmer allerdings auch nicht von einem kartellrechtlich relevanten Konzernprivileg profitieren, da sowohl die Vereinigung als auch die Mitglieder ihr Marktverhalten autonom bestimmen können, wenn es etwa um individuelle Vermarktungs- oder Sponsoringentscheidungen geht.[42]

Ferner können die Mitglieder selbst – bei regelmäßig vorliegender wirtschaftlicher Tätigkeit – als Unternehmen qualifiziert werden. Sofern diese im Verbandsforum einen wettbewerbswidrigen Beschluss treffen, kommt eine rechtliche Qualifikation des Verbandes als Unternehmensvereinigung im Sinne von Art. 101 AEUV in Betracht. Vor dem Hintergrund, dass das Vorliegen eines Unternehmens im Sinne des Kartellrechts relativ-tätigkeitsbezogen zu beurteilen ist, stellt sich die Frage, inwiefern der Ligaverband mit Blick auf die wirtschaftliche Einheit aus Ligaverband und Ligabetriebsgesellschaft als Unternehmen eingeordnet werden und gleichzeitig mit Blick auf die wirtschaftliche Tätigkeit der Mitglieder als Unternehmensvereinigung verstanden werden kann.[43]

3. Kartellrechtliche Behandlung von Ligagesellschaften als Wirtschaftsverbände

Während eine Einstandspflicht der Mitglieder vor dem Hintergrund der wirtschaftlichen Einheit des Ligabetriebs mangels individueller Einflussnahmemöglichkeit ausscheidet, kann sich für die Ligateilnehmer vor dem Hintergrund des Tatbestandes „Beschlüsse einer Unternehmensvereinigung" ein Haftungsrisiko ergeben. Insbesondere hinsichtlich solcher Maßnahmen, bei denen der Ligaverband bzw. die DFL GmbH & Co. KG nicht wirtschaftlich tätig sind; so sind etwa die Ligaverbände bzw. die DFL GmbH & Co. KG bei dem Erlass neuer Satzungsbestimmungen[44] nicht notwendig als Unternehmen zu qualifizieren. Fehlt es an einer tätigkeitsbezogen zu ermittelnden, wirtschaftlichen Aktivität der Ligagesellschaft kann diese gleichwohl als Unternehmensvereinigung qualifiziert werden, weil die Ligateilnehmer, jedenfalls sofern es um Koordinierungen auf deren Märkten mit Bezug zu einer wirtschaftlichen Betätigung wie Gehälter, Spielervermittlung, Vermarktung oder

---

[41] Siehe dazu oben III.

[42] Vgl. EuGH, Urt. v. 24.10.1996 – C-73/95 P, Slg. 1996, I-5457 Rn. 17 f. – Viho; *Thomas*, ZWeR 2005, 236 (239); *Könen/Dogs*, ZWeR 2017, 409 (410 ff., 414 ff., 418 f.); FK-KartellR/*Könen*, 90. Lfg. April 2018, FKVO Art. 2 Rn. 260 ff.

[43] Siehe dazu unten VII.3.

[44] Siehe aber zu ggf. zu berücksichtigenden wirtschaftlichen Auswirkungen, *Heermann*, Verbandsautonomie im Sport, 2022, S. 330 ff.

Sponsoring geht, als Unternehmen zu qualifizieren sein können. In Anbetracht des funktional zu bestimmenden Unternehmensbegriffs ist die zu beurteilende Rechtsform als e. V. oder GmbH & Co. KG unerheblich. Kartellrechtlich relevante Verhaltensweisen einer Unternehmensvereinigung sind
deren Beschlüsse. Bei Beschlüssen einer Unternehmensvereinigung handelt
es sich grundsätzlich nur um das Instrument kollektiver Willensbildung im
konstituierenden Organ der Mitgliederversammlung bzw. der Gesellschafterversammlung. Warum das unternehmensbezogene Kartellrecht auch das Organverhalten nicht wirtschaftlich tätiger Organisationen dem Kartellverbot
unterwirft, wird erst deutlich, wenn man berücksichtigt, dass das Verbandsforum einerseits für eine unzulässige Verhaltenskoordination der wirtschaftlich agierenden Mitgliedsunternehmen instrumentalisiert werden kann und
eine Koordinierung andererseits im Wege von – regelmäßig verbandsrechtlichen – Mehrheitsentscheidungen zustande kommt. Diesbezüglich ist der
Nachweis der unmittelbaren Verhaltensabstimmung der einzelnen Unternehmen mangels Dokumentation des konkreten, positiven Abstimmungsverhaltens regelmäßig kaum zu führen. Vor diesem Hintergrund kommt der Erfassung wettbewerbswidriger Beschlüsse von Unternehmensvereinigungen eine
Umgehungsschutzfunktion zu.[45] Dadurch, dass die Vereinigung selbst zum
Verbotsadressaten gemacht wird – in Konstellationen, in denen Mitgliedsunternehmen Kollektivübereinkünfte im Verbandsorgan treffen, von deren wettbewerbswidrigen Wirkungen sie sodann auf ihren Märkten profitieren – wird
das einen Kartellverstoß bezweckende oder bewirkende Organverhalten als
Eigenverhalten der Unternehmensvereinigung zum maßgeblichen Anknüpfungspunkt. Diesbezüglicher Sanktionsadressat ist sodann aber grundsätzlich
die Unternehmensvereinigung selbst – im Falle der Ligavermarkung also die
Ligaverbände bzw. die DFL GmbH & Co. KG.

4. Anforderungen an das Beschlussmerkmal

Vor dem Hintergrund der Umgehungsschutzfunktion ist das Tatbestands-
merkmal des Beschlusses weit auszulegen. Erfasst werden jedenfalls solche
Gremienentscheidungen der Vereinigung, die in der Mitglieder- bzw. Gesell-
schafterversammlung getroffen werden. Dies bedeutet, dass auch der einer
Satzungsänderung zugrunde liegende Beschluss – und damit die geänderte
Satzungsbestimmung selbst – tatbestandlich erfasst wird. Problematisch ist
hingegen die rechtliche Behandlung der ursprünglichen Satzung, weil es den
Ligaverband zum Zeitpunkt der Vereinbarung der Satzung als solchen noch

---

45 Bunte/*Hengst*, 14. Aufl. 2022, AEUV Art. 101 Rn. 76, 110 ff.; FK-KartellR/
Roth/Ackermann, 101. Lfg. März 2022, AEUV Art. 101 Abs. 1 Rn. 133, 140, 145;
Immenga/Mestmäcker/*Zimmer*, 6. Aufl. 2019, AEUV Art. 101 Abs. 1 Rn. 80, 82.

nicht gegeben hat. Vielmehr sind es zu diesem ⸺
lediglich die Ligateilnehmer, die sich eine Satz
gung wird erst durch diesen konstituierenden .
Funktion als Umgehungsschutztatbestand vermag ⸺
folge nicht umzukehren. Geht es hingegen um die ⸺
ten Satzungsbestimmung der Gründungssatzung, mu⸺
dass es zum Zeitpunkt des Satzungserlasses den Liga
GmbH & Co. KG zwar noch nicht als Rechtsform ge⸺
sind die künftigen Mitgliedsunternehmen bereits nach
lichen Gesellschaftsrecht als „sozietätsmäßig" oder „gesa
fasster Vor-Verein oder Vor-Gesellschaft zu behandeln. ⸺
Anbetracht des gemeinsamen, verbandskonstituierenden Z⸺
Verbandssatzung geben zu wollen bei einem gemeinsam
Rechtsverkehr bereits über eine Rechtssubjektivität nach deut⸺
schaftsrecht.[46] Erst recht ist diese verfestigte Organisationsstruk⸺
tionaler unionsrechtlicher Betrachtung dann als Unternehmensver⸺
Sinne des Kartellverbots zu qualifizieren. Ein Beschluss einer
mensvereinigung kann schließlich gegeben sein, wenn die Mitgl⸺
nehmen im Organ der Mitgliederversammlung, aber auch in kleinerε
pierungen oder Arbeitsgruppen, eine Übereinkunft über eine konkreι
sung an die Geschäftsführung der Betriebs-GmbH treffen. Ausreichenι
auch Satzungsbestimmungen, die in bestimmten Situationen ein konk⸺
Vorstandsverhalten vorsehen; wird den Geschäftsleitern hingegen ein Ern⸺
sen zugestanden, ist damit der „Zurechnungs"-Zusammenhang ggf. durι
brochen.

5. Zwischenergebnis

Der bisherige Untersuchungsbefund zeigt, dass zwar im Verhältnis der
Ligateilnehmer zur „Liga" eine kartellrechtliche „Zurechnung" dergestalt erfolgt, dass die kollektive Willensübereinkunft der Mitgliedsunternehmen den
Ligaverband unmittelbar zum kartellrechtlichen Verbots- und Sanktionsadressaten machen kann. In umgekehrter Richtung findet eine Verhaltens-
oder Sanktionszurechnung vom Verband an die Mitglieder – jedenfalls vor
dem Hintergrund der Unternehmenseigenschaft – nicht statt. Fraglich ist, ob
mit den neuen Bestimmungen der §§ 81b, 81c Abs. 4 GWB diesbezüglich
eine Neubewertung einhergeht.

---

[46] Vgl. *Könen*, Gesellschafter-Exithaftung im Personenverband, 2021, S. 41 ff.

Daniel Könen

Verschärfung der Sanktionsgefahr durch § 81b GWB?

ährend unter anderen Wirtschaftsverbänden in den vergangenen Jahren
Sorge gestiegen ist, Verbandsarbeit gerate zunehmend in den Fokus des
deskartellamtes,[47] konzentriert sich die sportrechtliche Diskussion bis-
g auf die Möglichkeit tatbestandsimmanenter Verhältnismäßigkeit. Wird
er anhand des konkretisierten Maßstabes eine Satzungsbestimmung als
artellrechtswidrig qualifiziert, stellt sich die Frage, inwiefern nicht nur ge-
enüber der „Liga", sondern auch gegenüber den Ligateilnehmern als Mitgliedsunternehmen ein Bußgeld droht. Mit der 10. GWB-Novelle – dem
GWB-Digitalisierungsgesetz[48] – scheint sich die beschriebene Sorge der
Wirtschaftsverbände zu verdichten, indem die §§ 81b, 81c Abs. 4 GWB die
sanktionsrechtlichen Befugnisse des Bundeskartellamtes erweitern.[49] Bis zu
dieser Neuerung orientierte sich eine kartellrechtliche Geldbuße bislang anhand des Jahresumsatzes der Unternehmensvereinigung und war auf 10%
gedeckelt. Die Sanktionierung von Kartellverstößen in Verbänden drohte in
zweierlei Hinsicht an der tatsächlichen Beeinträchtigung des Wettbewerbs
vorbeizuzielen. Zum einen bildet eine sich am Umsatz des Verbandes orientierte Geldbuße nicht denjenigen kartellbedingten Vorteil ab, den wirtschaf-
tende Mitglieder über eine Verhaltensabstimmung im Verbandsforum erzielen. Zum anderen sind beitragsfinanzierte Verbände regelmäßig wirtschaftlich
nicht in der Lage, ein Bußgeld zu zahlen, welches sich der Höhe nach am
kartellbedingten Mehrerlös seiner Mitglieder orientiert.[50] Hinsichtlich der
Bezugsgröße Vorjahresumsatz dürfte bei den Ligabetriebsgesellschaften regelmäßig kein Sanktionsdefizit aufkommen. Auch mit Blick auf die Kapital-
ausstattung der Ligaverbände bzw. der DEL GmbH & Co. KG – insbesondere
des DFL e.V., der 6,25% der erzielten Einnahmen aus dem Vertrieb der
Medien- und Lizenzrechte an den Bundesligen von den Ligateilnehmern erhält – unterscheidet sich die wirtschaftliche Lage von sonstigen Wirtschaftsverbänden. Allerdings fließen die Erlöse aus der Vermarkung an die Ligateilnehmer, sodass ein Bedürfnis aufkommen könnte, zur Kompensation von
Wettbewerbsverfälschungen auch auf die Vermögen der Ligateilnehmer zugreifen zu können.

---

[47] Vgl. Bundesverband der Deutschen Industrie e.V., Verbände im Visier des Bundeskartellamtes (https://bdi.eu/artikel/news/verbaende-im-visier-des-bundeskartell-
amts); *Kahlenberg/Rahlmeyer/Giese*, BB 2021, 579 (586 ff.).

[48] BGBl. 2021 I Nr. 1 v. 18.1.2021.

[49] Bundesverband der Deutschen Industrie e.V., Leitfaden Kartellrecht, S. 39
(https://bdi.eu/media/themenfelder/wettbewerb/publikationen/201510_Leitfaden-Kar
tellrecht.pdf).

[50] Vgl. *Steinberg/Wirtz*, WuW 2020, 8 (11); *Meyer-Lindemann*, WuW 2020, 16
(17); *Mäger/Budde*, DB 2020, 378 (380).

Gegenstand der Neuregelungen ist einerseits, dass sich eine Geldbuße gemäß § 30 Abs. 1 OWiG gegenüber dem Rechtsträger einer Unternehmensvereinigung nun nach § 81c Abs. 4 GWB in Höhe von 10% des Gesamtumsatzes derjenigen Mitglieder bestimmt, die auf dem von der Ordnungswidrigkeit betroffenen Markt tätig waren. Andererseits ist in § 81b GWB vorgesehen, dass die Vereinigung im Falle ihrer Zahlungsunfähigkeit – innerhalb einer durch die Kartellbehörde gesetzten Frist – die Zahlung von ihren Mitgliedern verlangt (Abs. 1). Im Anschluss kann die Kartellbehörde in einem gestuften Verfahren die unmittelbare Zahlung von den Mitgliedern fordern: Zunächst von jedem Mitglied, dessen Vertreter den Entscheidungsgremien des Verbandes zum Zeitpunkt der Begehung der Ordnungswidrigkeit angehört haben (Abs. 2) und sodann von jedem Mitglied, das auf dem von der Ordnungswidrigkeit betroffenen Markt tätig war (Abs. 3). Es folgen Exkulpationsmöglichkeiten (Abs. 4) und Haftungsbegrenzungen sowie -ausschlüsse (Abs. 5). Die Bestimmungen sind nahezu wortlautgleich aus der „ECN+"-Richtlinie übernommen,[51] ohne dass nationale Besonderheiten wie mitgliedschaftliche Beziehungen oder das gesellschaftsrechtliche Haftungstrennungsprinzip Berücksichtigung erfahren haben. Sie decken sich im Wesentlichen mit Art. 23 Abs. 4 VO 1/2003.[52]

Mit Blick auf die Kartellverstöße in den Ligagesellschaften ist einerseits fraglich, wann deren Zahlungsunfähigkeit anzunehmen ist. Andererseits ist zu untersuchen, unter welchen Voraussetzungen eine Inanspruchnahme der Ligateilnehmer in Betracht kommt und inwiefern diesen verfahrensrechtliche Garantien zu gewähren sind, wenn etwa eine gegen den Ligaverband festgesetzte Geldbuße bestandskräftig ist. Die Richtlinie verlangt schlicht, dass die Zahlung der Geldbuße im Fall der Zahlungsunfähigkeit der Unternehmensvereinigung durch deren Mitglieder sichergestellt wird.[53]

1. Zahlungsunfähigkeit der Ligaverbände bzw. der DEL GmbH & Co. KG

Hinsichtlich der Verpflichtung der Vereinigung, von ihren Mitgliedern Beiträge zur Zahlung der Geldbuße zu verlangen, stellt sich einerseits die

---

[51] Vgl. Art. 14 Abs. 4, Art. 15 Abs. 2 RL (EU) 2019/1 „zur Stärkung der Wettbewerbsbehörden der Mitgliedstaaten im Hinblick auf eine wirksamere Durchsetzung der Wettbewerbsvorschriften und zur Gewährleistung des reibungslosen Funktionierens des Binnenmarkts".

[52] VO (EG) 1/2003 „zur Durchführung der in den Artikeln 81 und 82 des Vertrags niedergelegten Wettbewerbsregeln". Zur praktischen Relevanz und Unklarheit bei der Rechtsanwendung, Bunte/*Sura*, 14. Aufl. 2022, VO 1/2003 Art. 23 Rn. 21.

[53] BT-Drs. 19/23492 Begr. RegE GWB, S. 149; Art. 14 Abs. 3 und 4 der RL (EU) 2019/1.

Frage, ob die Regelung einen Innenanspruch des Verbandes zur Zahlung von Beiträgen voraussetzt, einen solchen begründet oder schlicht an eine Aufforderung zur freiwilligen Zahlung anknüpft. Ferner ist fraglich, wie der aus der Richtlinie übernommene Begriff der Zahlungsunfähigkeit auszulegen ist.

Insoweit kommen ein insolvenzrechtliches Verständnis nach der Insolvenzordnung (InsO), welches die Zahlungsunfähigkeit an die Eröffnungsentscheidung des Insolvenzgerichts über das Vorliegen eines Insolvenzgrundes der §§ 17–19 InsO bindet,[54] die Annahme einer eigenen Feststellungskompetenz der Kartellbehörde nach insolvenzrechtlichen Maßstäben[55] oder eine autonome, sich am Effektivitätsgrundsatz[56] orientierende Auslegung des Unionsrechts in Betracht, die eine Zahlungsunfähigkeit bereits an die schlichte Weigerung des Bußgeldadressaten knüpft.[57] Gegen ein gänzlich autonomes Auslegungsverständnis der Zahlungsunfähigkeit spricht, dass es vor dem Vorliegen materieller Insolvenzreife noch keinen Grund gibt, auf die Vermögen der Mitglieder zuzugreifen. Erst mit dieser ist ein Bedürfnis gegeben, dass an die Stelle des vollstreckungsrechtlichen Prioritätsgrundsatzes der insolvenzrechtliche Grundsatz der Gläubigergleichbehandlung tritt, sodass die Kartellbehörde Gefahr läuft, mit ihrer Bußgeldforderung auf eine Quote verwiesen zu werden. Eine unmittelbare Einstandspflicht hätte vielmehr eine rechtlich nicht legitimierte schlechtere Risikoanalyse im Rahmen der Kreditvergabe an die Mitglieder zur Folge. Dementsprechend kommt es grundsätzlich auf ein insolvenzrechtliches Verständnis der Zahlungsunfähigkeit an. In Anbetracht der Tatsachen, dass sich ein Eröffnungsverfahren aber verzögern kann, was dem Effektivitätsgrundsatz zuwiderliefe, und dass ein verfahrenszweckwidriger[58] – weil nicht der gleichmäßigen Gläubigerbefriedigung i. S. v. § 1 InsO dienender – Insolvenzantrag durch die Kartellbehörde einen nicht hinzunehmenden Formalismus darstellen würde, ist dieser eine eigene Beurteilungskompetenz nach insolvenzrechtlichen Kriterien zuzuerkennen. Damit verbunden ist eine Fristbestimmung nach eigenem Ermessen.[59] Ist ein Insolvenzverfahren bereits eröffnet, kann sich die Kartellbehörde auf die Entscheidung des Insolvenzgerichts berufen.

---

[54] MüKoWettbR/*Engelsing/Schneider*, 3. Aufl. 2020, VO 1/2003 Rn. 74; Dalheimer/Feddersen/Miersch/*Feddersen*, 2005, EGV nach Art. 83 Art. 23 Rn. 73 ff.; Bunte/*Sura*, 14. Aufl. 2022, VO 1/2003 Art. 23 Rn. 25; Berg/Mäsch/*van der Hout/Wiemer*, 4. Aufl. 2022, VO 1/2003 Art. 23 Rn. 124.

[55] BeckOK KartellR/*Heinichen*, 4. Ed. Stand: 1.4.2022, GWB § 81b Rn. 5.

[56] Vgl. MüKoWettbR/*Engelsing/Schneider*, 3. Aufl. 2020, VO 1/2003 Rn. 74; NK-EuWettbR/*Kienapfel*, 2. Aufl. 2014, VO 1/2003 Rn. 150.

[57] Bunte/*Raum*, 14. Aufl. 2022, GWB § 81b Rn. 2.

[58] A.A. Berg/Mäsch/*van der Hout/Wiemer*, 4. Aufl. 2022, VO 1/2003 Art. 23 Rn. 124.

[59] Bunte/*Raum*, 14. Aufl. 2022, GWB § 81b Rn. 2.

Vor dem Hintergrund dieser Interessenlage und mangels eines eigenen gesetzlichen bzw. satzungsmäßigen Forderungsrechts des Verbandes, ist § 81b Abs. 1 GWB dahingehend auszulegen, dass der zahlungsunfähige Verband lediglich verpflichtet ist, die Mitglieder zur Zahlung hinreichender Beiträge unmittelbar an die Kartellbehörde aufzufordern.[60] Folge einer solchen Leistung durch Dritte i.S.v. § 267 BGB ist, dass diese ihrerseits einen Aufwendungsersatzanspruch gegen das Verbandsvermögen erhalten (§ 670 BGB, § 110 HGB), diese Forderung aber zu einem später eröffneten Insolvenzverfahren anzumelden haben.[61]

2. Einstandspflicht der Ligateilnehmer

Verweigern die Mitglieder die Zahlung an die Kartellbehörde oder in das Verbandsvermögen, greift tatbestandlich die Möglichkeit der Kartellbehörde, die Zahlung des ausstehenden Betrages direkt von den Mitgliedern zu verlangen. In welcher Art und Weise diese Einstandspflicht geltend gemacht werden kann, hängt unter anderem davon ab, wie man diese dogmatisch einordnet.

Teilweise wird angenommen, die Einstandspflicht stelle eine ordnungswidrigkeitenrechtliche Zurechnungsnorm dar; die gesetzlichen Exkulpationsmöglichkeiten verdeutlichten, dass die Mitglieder nur bei vorwerfbarem eigenen Verhalten in Verantwortung genommen werden könnten.[62] Folge sei die Anwendung strafrechtlicher Garantien, insbesondere des Prinzips schuldangemessenen Ahndens sowie der Grundsätze „in dubio pro reo" und rechtlichen Gehörs.[63] Die Ausfallverantwortlichkeit müsse daher dahingehend ausgelegt werden, dass jedes Mitglied nur für den Betrag in Anspruch genommen werden könne, der eine angemessene sanktionsrechtliche Antwort auf einen tatsächlich begangenen und individuell nachgewiesenen Kartellverstoß darstelle.[64]

---

[60] Dalheimer/Feddersen/Miersch/*Feddersen*, 2005, EGV nach Art. 83 Art. 23 Rn. 77.

[61] Zur Nichtanwendung im eröffneten Verfahren, *Könen*, Gesellschafter-Exithaftung im Personenverband, 2021, S. 450 ff.; mangels Gefährdung des Sanktionszwecks bedarf es keiner Höchstpersönlichkeit, vgl. BeckOK BGB/*Lorenz*, 61. Ed. Stand: 1.11.2022, § 267 Rn. 4; Gesamtschuldnerschaft str., Bunte/*Sura*, 14. Aufl. 2022, VO 1/2003 Art. 23 Rn. 21; Berg/Mäsch/*van der Hout/Wiemer*, 4. Aufl. 2022, VO 1/2003 Art. 23 Rn. 125; a.A. Bunte/*Raum*, 14. Aufl. 2022, GWB § 81b Rn. 10.

[62] Immenga/Mestmäcker/*Biermann*, 6. Aufl. 2019, VO 1/2003 Art. 23 Rn. 313.

[63] Immenga/Mestmäcker/*Biermann*, 6. Aufl. 2019, VO 1/2003 Art. 23 Rn. 313.

[64] Immenga/Mestmäcker/*Biermann*, 6. Aufl. 2019, VO 1/2003 Art. 23 Rn. 314 f.; *Kiel*, Kartellrechtscompliance, 2016, S. 81; *Kling/Thomas*, KartellR § 9 Rn. 105; wohl a.A. Bien/Käseberg et al./*Breuer/Friedrich*, Kap. 3 Rn. 162; BeckOK KartellR/*Heini-*

Demgegenüber wird die Einstandspflicht teils als „verwaltungsrechtliche Haftungsregelung" qualifiziert.[65] Diese Einordnung habe zur Folge, dass die strafrechtlichen Garantien zwar nicht unmittelbar zu beachten seien, weil die Ausfallhaftung die Mitglieder nicht zum eigentlichen Sanktionsadressaten mache. Gleichwohl stelle die bußgeldrechtliche Einstandspflicht keinen rein vermögensrechtlichen Anspruch dar.[66] In der Einstandspflicht verberge sich vor allem eine Verantwortungszurechnung der Vereinigung an ihre Mitglieder.[67] Auch nach diesem Ansatz erfordert eine Durchgriffshaftung eine persönliche Verantwortlichkeit.[68]

Schließlich wird § 81b GWB nach einer im Vordringen befindlichen Meinung als „wertneutrale vermögensrechtliche Haftung für einen Zahlungsausfall bei der bußgeldrechtlich verantwortlichen Unternehmensvereinigung" verstanden.[69] Dieses Verständnis beruht neben Effektivitätsgesichtspunkten darauf, dass die Norm von einem Zahlungsverlangen spreche, was von einer Bußgeldfestsetzung zu unterscheiden sei. Es können nach dieser Auffassung im Rahmen des Rechtsschutzes nur Einwendungen hinsichtlich des Verhaltens der Unternehmensvereinigung sowie hinsichtlich der Tatbestandsmerkmale des § 81b GWB geltend gemacht werden.

Unabhängig von der rechtlichen Einordnung wird verlangt, dass die Einstandspflicht eine gesonderte Entscheidung gegenüber den Mitgliedern erfordere und diesen hinsichtlich der Tatbestandsmerkmale des § 81b GWB rechtliches Gehör gewährt werde.[70]

---

chen, 4. Ed. Stand: 1.4.2022, § 81b Rn. 1.1; *Bechtold/Bosch*, 10. Aufl. 2020, GWB § 81b Rn. 3 ff.; *Bechtold/Bosch/Brinker*, 3. Aufl. 2014, VO 1/2003 Art. 23 Rn. 89; BeckOK KartellR/*Riesenkampff/Steinbarth*, 4. Ed. Stand: 1.4.2022, VO 1/2003 Art. 23 Rn. 27.

[65] FK-KartellR/*Kindhäuser/Meyer*, 77. Lfg. Oktober 2012, VO 1/2003 Art. 23 Rn. 174.

[66] FK-KartellR/*Kindhäuser/Meyer*, 77. Lfg. Oktober 2012, VO 1/2003 Art. 23 Rn. 174 mit Verweis auf *Dannecker*, in: FS Immenga, 2004, S. 61 (73).

[67] FK-KartellR/*Kindhäuser/Meyer*, 77. Lfg. Oktober 2012, VO 1/2003 Art. 23 Rn. 174.

[68] Zur verfahrensvereinfachenden Funktion, LMRKM/*Nowak*, 4. Aufl. 2020, VO 1/2003 Art. 23 Rn. 21.

[69] BeckOK KartellR/*Heinichen*, 4. Ed. Stand: 1.4.2022, § 81b Rn. 1.1; „Haftung für eine fremde Geldbuße", Bien/Käseberg et al./*Breuer/Friedrich*, 2021, Kap. 3 Rn. 160; Bunte/*Raum*, 14. Aufl. 2022, GWB § 81b Rn. 2 ff.

[70] Bunte/*Sura*, 14. Aufl. 2022, VO 1/2003 Art. 23 Rn. 16; kritisch MüKoWettbR/ *Engelsing/Schneider*, 3. Aufl. 2020, VO 1/2003 Rn. 77.

3. Verantwortlichkeit der Ligateilnehmer

Hinsichtlich der Frage, welche Voraussetzungen für die Inanspruchnahme der Verbandsmitglieder gegeben sein müssen, ist einerseits zu berücksichtigen, dass § 81b GWB nicht geeignet ist, den materiell-rechtlichen Verbotstatbestand zu verschärfen, andererseits ist die Umgehungsschutzfunktion zu beachten.[71] Das unternehmensbezogene Kartellrecht sieht sich einem Funktionsverlust ausgesetzt, wenn eine Vereinigung nicht wirtschaftlich tätig ist und über geringe Umsätze verfügt, gleichzeitig aber als Plattform für unzulässige Verhaltensabstimmungen von Wirtschaftsakteuren benutzt wird, die von dem Kartellverstoß profitieren. Erfolgt eine Verhaltensabstimmung im Wege von Gremienentscheidungen, kann der Nachweis einer positiven Mitwirkung einzelner Mitglieder mangels Dokumentation des konkreten positiven Abstimmungsverhaltens kaum geführt werden.[72] Eine tatsächliche Kollektivübereinkunft ist aber bereits geeignet, den Wettbewerb zu verfälschen. Aus diesem Grund richtet sich das Kartellverbot bereits an die Vereinigung, auch wenn die Wettbewerbsverfälschung auf den Märkten der Mitglieder bezweckt oder bewirkt wird. Der beschriebene Funktionsverlust wird dadurch aufgefangen, dass die kartellrechtswidrige Gremienentscheidung als Eigenverhalten des Verbotsadressaten behandelt wird. Die Vereinigung ist insoweit selbst verantwortlich. Vor dem Hintergrund, dass die Adressatenstellung funktional – unabhängig von mitgliedstaatlicher Rechtsfähigkeit – zu beurteilen ist, kann der beschriebene Funktionsverlust auf materiell-rechtlicher Ebene verlässlich aufgefangen werden.

Zu einem strukturellen Ahndungsdefizit kommt es aber auf der Durchsetzungsebene, wenn die Vereinigung nicht rechtsfähig ist, über kein der Wettbewerbsverfälschung entsprechendes abschöpfungsfähiges Vermögen verfügt oder das Abstimmungsverhalten einzelner Mitglieder im Rahmen von Gremienentscheidungen hinter dem verbandsrechtlichen Willensbildungsinstrument des Beschlusses verschleiert wird.[73] Insofern könnte es der Effektivi-

---

[71] Bunte/*Hengst*, 14. Aufl. 2022, AEUV Art. 101 Rn. 76, 110 ff.; FK-KartellR/*Roth/Ackermann*, 101. Lfg. März 2022, AEUV Art. 101 Abs. 1 Rn. 133, 140, 145; Immenga/Mestmäcker/*Zimmer*, 6. Aufl. 2019, AEUV Art. 101 Abs. 1 Rn. 80, 82; vgl. zur Adressierung faktischer Monopolverbände durch Art. 101 AEUV, EuG ECLI: EU:T:2020:610 = NZKart 2021, 111 – ISU; *Könen*, Der „Sportartikel" und die EU-Wettbewerbsregeln, S. 4 f. (https://www.europa-uni.de/de/forschung/institut/institut_fireu/newsletter/fireu-Newsletter43.pdf).

[72] Wohl weitergehend auf die Unterwerfung unter die verbandsrechtliche Mehrheitsherrschaft abstellend, FK-KartellR/*Roth/Ackermann*, 101. Lfg. März 2022, AEUV Art. 101 Abs. 1 Rn. 134.

[73] Vgl. EuGH ECLI:EU:C:1980:248 = BeckRs 2004, 72290 Rn. 90 f., 156 – Van Landewyck; Kölner Komm KartellR/*Füller*, 2016, AEUV Art. 101 Rn. 139; FK-Kar-

tätsgrundsatz erfordern, die Kollektivverantwortlichkeit der Mitglieder genügen zu lassen.

Der wirksame Schutz unverfälschten Wettbewerbs gebietet es, dass auf der Durchsetzungsebene effektive Mechanismen greifen, die das materielle Kartellverbot gewährleisten und ein strukturelles Ahndungsdefizit kompensieren. Grundsätzlich können diese aber nicht so weit gehen, dass an einem Kartellverstoß unbeteiligte Unternehmen als Sanktionsadressaten in Anspruch genommen werden. Hintergrund ist der Umstand, dass eine Kartellgeldbuße zwar keinen Strafcharakter hat, aber sowohl einen präventiven als auch einen repressiven Sanktionszweck verfolgt und die Beitreibung von Geldbußen insgesamt Ahndungsqualität besitzt.[74] Bußgelder gehören zum Strafrecht im weiteren Sinne.[75] Daraus folgt, dass bei der Geltendmachung der Bußgeldhaftung strafrechtliche Garantien zu beachten sind.[76] Aus dem Schuldprinzip wird insoweit der Grundsatz persönlicher Verantwortlichkeit abgeleitet; mit diesem korrespondiert der Grundsatz individueller Sanktionsfestsetzung.[77] Dieser ist in erster Linie auf den Akteur anzuwenden, welcher Adressat der Wettbewerbsregeln ist; im Falle einer wirtschaftlichen Einheit – wie zwischen Ligaverband und Ligabetriebsgesellschaft – ist es die Gesamtheit der diese bildenden Rechtsträger, die persönlich verantwortlich einzustehen hat.[78] Bei wirtschaftlicher Betätigung kann dieses Prinzip – wie oben dargelegt – in beiden Richtungen zum Tragen kommen.[79]

Anders als bei dieser „Zurechnungs"-Figur der wirtschaftlichen Einheit übt die Vereinigung aber gerade keinen bestimmenden Einfluss aus, dem die Mitglieder unterworfen sein könnten.[80] Daraus folgt, dass die Mitglieder eines Verbandes, falls sie für einen Kartellverstoß der Vereinigung einzustehen haben sollen, ihrerseits persönlich verantwortlich sein müssen. Die bußgeldrechtliche Ausfallhaftung muss daher mit einer Ausfallverantwortlichkeit

---

tellR/*Roth/Ackermann*, 101. Lfg. März 2022, AEUV Art. 101 Abs. 1 Rn. 148; Immenga/Mestmäcker/*Zimmer*, 6. Aufl. 2019, AEUV Art. 101 Abs. 1 Rn. 80, 82, 84.

[74] Immenga/Mestmäcker/*Biermann*, 6. Aufl. 2019, VO 1/2003 Vor Art. 23 Rn. 23; FK-KartellR/*Kindhäuser/Meyer*, 77. Lfg. Oktober 2012, VO 1/2003 Art. 23 Rn. 3, 7; Bunte/*Raum*, 14. Aufl. 2022, GWB § 81b Rn. 9.

[75] FK-KartellR/*Kindhäuser/Meyer*, 77. Lfg. Oktober 2012, VO 1/2003 Art. 23 Rn. 7, Art. 101 AEUV Bußgeldrechtliche Folgen Rn. 15 ff.

[76] Immenga/Mestmäcker/*Biermann*, 6. Aufl. 2019, VO 1/2003 Vor Art. 23 Rn. 38 ff.

[77] EuGH ECLI:EU:C:2005:454 = BeckRS 2005, 153462 Rn. 82; EuG ECLI:EU:T:2011:70 = BeckRS 2011, 144941 Rn. 122; Immenga/Mestmäcker/*Biermann*, 6. Aufl. 2019, VO 1/2003 Vor Art. 23 Rn. 61.

[78] Generalanwalt *Mengozzi*, ECLI:EU:C:2013:578 Rn. 77, 82.

[79] Vgl. EuGH, Urt. v. 8.10.2021 – C-882/19, ECLI:EU:C:2021:800 Rn. 45 ff., 51 f. – Sumal; dazu oben V.

[80] Siehe dazu oben IV., V.2.

korrespondieren.[81] Dadurch kommt es zu einem Wertungskonflikt mit der beschriebenen Funktion als Instrument des Umgehungsschutzes. Zur Auflösung der Wertungskollision zwischen wirksamem Wettbewerbsschutz und den Verteidigungsinteressen der Mitglieder ist es in Anbetracht des Verhältnismäßigkeitsgrundsatzes angezeigt, jedenfalls dann eine individuelle Verantwortlichkeit zu verlangen, wenn auch unter Beachtung dieses Erfordernisses der drohende Funktionsverlust vermieden werden kann, indem dem Regelungsziel des Umgehungsschutzes nicht auf materiell-rechtlicher Ebene Rechnung getragen wird, sondern im Rahmen der Nachweisanforderungen.

4. Tatsächliche Vermutung und gesetzliche Substantiierungslast

Dem strukturellen Ahndungsdefizit könnte unter Wahrung der Verhältnismäßigkeit vorzugswürdig im Rahmen der Nachweisanforderungen auf verfahrensrechtlicher Ebene begegnet werden. Auf diese Weise könnte einerseits dem Merkmal bußgeldrechtlicher Verantwortlichkeit hinreichende Beachtung geschenkt werden, andererseits bliebe der primärrechtlich angelegte Umgehungsschutz gewahrt. So ermöglicht die Würdigung des systematischen Zusammenspiels der Tatbestandsmerkmale der Abs. 2 und 3 sowie der Exkulpationsmöglichkeiten dahingehend eine Auslegung, dass in diesem – bei Vorliegen der tatbestandlichen Voraussetzungen der Angehörigkeit im Entscheidungsgremium bzw. der Tätigkeit auf kartellbetroffenem Markt – eine tatsächliche Vermutung hinreichender Mitwirkung am kartellrechtswidrigen Beschluss angelegt ist. Eine solche Vermutung ist geeignet, das Ahndungsdefizit des Kartellverstoßes zu kompensieren. Diese Auslegung deckt sich mit der jüngeren Rechtsprechung des EuGH zur wettbewerbsrechtlichen Einstandspflicht von Konzerntöchtern, nach der von einer Tätigkeit auf kartellbetroffenen Märkten auf das Vorliegen einer wirtschaftlichen Einheit geschlossen wird.[82] Während im Bußgeldverfahren grundsätzlich der Amtsermittlungsgrundsatz der Kartellbehörde gilt, folgt aus dem strukturellen Ahndungsdefizit der Kartellbehörde bei Beschlüssen von Unternehmensvereinigungen zwar keine echte Umkehr der Beweislast, allerdings sind die betroffenen Mitglieder im Wege einer gesetzlichen Substantiierungslast angehalten, gegen die von § 81b Abs. 2 und 3 GWB ausgehenden tatsächlichen Vermutungswirkungen begründete Zweifel vorzubringen.[83]

---

[81] Immenga/Mestmäcker/*Biermann*, 6. Aufl. 2019, VO 1/2003 Art. 23 Rn. 313, 303, 305.

[82] Vgl. EuGH, Urt. v. 8.10.2021 – C-882/19, ECLI:EU:C:2021:800 Rn. 52 – Sumal: „konkrete[r] Zusammenhang zwischen der wirtschaftlichen Tätigkeit […] und dem Gegenstand der Zuwiderhandlung"; Generalanwalt *Pitruzzella*, NZKart 2021, 322 Rn. 31 ff., 48 ff.; dazu oben V.1.

[83] Vgl. Bunte/*Raum*, 14. Aufl. 2022, GWB § 81b Rn. 5.

VII. Konsequenzen für die Verfolgung von Kartellverstößen der Ligaverbände und Ligabetriebsgesellschaften

Aus diesem Auslegungsansatz tatsächlicher Vermutungen, verbunden mit gesetzlicher Substantiierungslast ergibt sich folgende Wirkungsweise.

1. Mitwirkung im Entscheidungsgremium

Aus § 81b Abs. 2 GWB folgt auf der ersten Stufe die tatsächliche Vermutung einer hinreichenden wettbewerbswidrigen Mitwirkung derjenigen Mitglieder, deren „Vertreter den Entscheidungsgremien der Unternehmensvereinigung zum Zeitpunkt der Ordnungswidrigkeit angehört haben". Um auf eine wettbewerbswidrige Mitwirkung schließen zu können, genügt zwar noch nicht die schlichte Mitgliedschaft, ausreichend ist aber die Anwesenheit in einem Gremium – „zum Zeitpunkt der Begehung".[84] Insoweit genügt eine zeitliche Überschneidung.[85] Aus der funktionalen Regelungswirkung des Kartellverbots folgt, dass es auf eine wirksame Vertretung nicht ankommt. Gremien können auch Unterausschüsse, regionale Untergliederungen oder Arbeitsgruppen sein.[86]

2. Markttätigkeit der Mitglieder

Aus § 81b Abs. 3 GWB ergibt sich auf der zweiten Stufe Entsprechendes, wenn Mitglieder „auf dem von der Ordnungswidrigkeit betroffenen Markt tätig war[en]." Problematisch ist, dass damit eine sehr weitreichende Vermutungswirkung verbunden ist. So sind bei einem branchenbezogenen Wirtschaftsverband mutmaßlich alle Mitglieder auf demselben sachlich relevanten Markt tätig, lediglich in räumlicher Hinsicht kommen je nach Branche getrennte Märkte in Betracht. Häufig dürfte ein wettbewerbswidriger Beschluss die räumlich getrennten Märkte verklammern. Das enge Tätigkeitsspektrum im Bereich des Profisports führt zu einer noch engeren Verbindung potenziell verklammerter Märkte, sodass eine hinreichende Markttätigkeit der Ligateilnehmer ganz regelmäßig anzunehmen sein dürfte. Problematisch erscheint ferner, dass aus einer neutralen Markttätigkeit – jedenfalls mittelbar – auf

---

[84] Grabitz/Hilf/*Feddersen*, 26. Lfg. März 2005, VO 1/2003 Art. 23 Rn. 79, 101; vgl. Immenga/Mestmäcker/*Biermann*, 6. Aufl. 2019, VO 1/2003 Art. 23 Rn. 320; Berg/Mäsch/*van der Hout/Wiemer*, 4. Aufl. 2022, VO 1/2003 Art. 23 Rn. 124; a.A. *Theurer*, Geldbußen im EU-WettbewerbsR, 2009, S. 269.

[85] *Klees*, Kartellverfahrensrecht, 2005 § 10 Rn. 134.

[86] Bunte/*Raum*, 14. Aufl. 2022, GWB § 81b Rn. 3.

eine bußgeldrechtliche Verantwortlichkeit geschlossen werden soll. Handelt es sich allerdings bei dem wettbewerbswidrigen Beschluss um einen, der eine Wettbewerbsverfälschung lediglich bezweckt, ist diese weitreichende Vermutungswirkung unerlässlich, weil sich anderenfalls das Nachweisdefizit der Kartellbehörde nicht kompensieren ließe, sodass in diesen Konstellationen der Haftungsbefreiung nach Abs. 4 eine besondere Rolle zukommt.

3. Einstandspflicht der Ligateilnehmer für Kartellverstöße der Ligabetriebsgesellschaft

Fraglich ist, ob angesichts der besonderen Beteiligungsstrukturen des Ligabetriebes auch eine Inanspruchnahme der Ligateilnehmer in Betracht kommt, wenn es nicht um einen Verstoß des Ligaverbandes, sondern um die Beurteilung eines Kartellverstoßes der Ligabetriebsgesellschaft geht. Vor dem Hintergrund der relativ-tätigkeitsveranlassten Beurteilung des Vorliegens einer wirtschaftlichen Einheit[87] ist insoweit ein genauer Blick auf das zu beurteilende Verhalten sowie die relevante Markttätigkeit zu legen. Sofern die Ligateilnehmer im Rahmen eines Mehrheitsbeschlusses ein gebundenes Verhalten der Betriebsgesellschaften auf den Weg bringen – etwa aufgrund konkreter, an den Vorstand gerichteter Vorgaben in einem Beschluss oder einer Satzungsbestimmung – und der Vorstand der Betriebsgesellschaft diese Vorgaben auf einem Markt umsetzt,[88] auf dem die Ligateilnehmer ihrerseits tätig sind, bedarf es eines gesonderten, wettbewerbswidrigen Verhaltens der Mitglieder nicht mehr.

In dieser Konstellation liegt einerseits ein Kartellverstoß der wirtschaftlichen Einheit vor, andererseits ein wettbewerbsverfälschender Beschluss der diesen bezweckenden Vereinigung. Bei genauerer Betrachtung existieren dann aber zunächst zwei unabhängig voneinander zu beurteilende Verstöße. Den der wirtschaftlichen Einheit, für den der Verband haftet, und ein diesem vorgelagerter Verstoß des Verbandes als Vereinigung. Gleichwohl könnten in Anbetracht dieses inhaltlichen Zusammenhangs die Mitgliedsunternehmen für den Verstoß der wirtschaftlichen Einheit in Anspruch zu nehmen sein, wenn man die beiden markt- und tätigkeitsbezogen zu beurteilenden Kartellverstöße als einheitlichen Vorgang betrachtet. Eine wertungsmäßig vergleichbare Verklammerung wird in der kartellrechtlichen Entscheidungspraxis im Rahmen der Vermutungs-Figur der „einheitlichen und fortgesetzten Zuwider-

---

[87] Vgl. *Könen/Dogs*, ZWeR 2017, 409 ff.; FK-KartellR/*Könen*, 90. Lfg. April 2018, FKVO Art. 2 Rn. 259.

[88] Zu den relevanten Märkten im Sport, *Heermann*, Verbandsautonomie im Sport, 2022, S. 317 ff., 447 ff., 849 ff., 881 ff.

handlung" vorgenommen.[89] Ein insoweit erforderlicher Gesamtplan sowie die Vorhersehbarkeit der Umsetzung dürften in den hier beschriebenen Konstellationen, wenn es z.B. um Vermarktungsentscheidungen geht, gegeben sein.

Es stellt sich allerdings die zusätzliche Frage, ob ein Marktakteur im Rahmen dieser zeitlichen Verklammerung des Kartellverstoßes gleichzeitig als Vereinigung und Unternehmen behandelt werden kann. Dagegen spricht, dass die Vereinigung gar nicht mehr als solche behandelt werden kann, weil es eine wirtschaftliche Tätigkeit gibt, die dieser „zugerechnet" wird. Allerdings käme es dann bezogen auf die vorgelagerte Gremienentscheidung zu einem problematischen Durchsetzungsdefizit, wie es durch das Tatbestandsmerkmal „Beschlüsse von Unternehmensvereinigungen" gerade kompensiert sein soll. Vielmehr verdeutlicht die relativ-tätigkeitsbezogen zu beurteilende Adressatenstellung, dass je nach zu beurteilender Einheit eine abweichende Doppelqualifikation in Betracht kommt.[90] Die Verklammerung eines zeitlich gestreckten Kartellverstoßes, kann nicht zu einer Entlastung der daran beteiligten Unternehmen führen. Nach den hier angestellten Überlegungen ist daher eine Inanspruchnahme der Ligateilnehmer für die Verhaltensweisen des Ligaverbandes im Rahmen von § 81b GWB möglich, unabhängig davon, ob diesem eine wirtschaftliche Betätigung der Betriebsgesellschaft „zugerechnet" wird. Erforderlich ist aber, dass bereits der Beschluss der Vereinigung eine Wettbewerbsverfälschung bezweckt und die sich daran anschließende Umsetzung durch die Betriebsgesellschaft auf einem Markt erfolgt, auf dem die Ligateilnehmer tätig sind. An diesen Erfordernissen fehlt es, wenn die Geschäftsleiter der Betriebsgesellschaft eigenverantwortlich Wettbewerbsverstöße begehen, weil es dann am materiell-rechtlich relevanten Beschlussmerkmal fehlt; dies gilt unabhängig von der Tatsache, dass dieses Verhalten auch zu einer Sanktionierung des Ligaverbandes führen kann. In Anbetracht dieser weitreichenden Sanktionsgefahren stellt sich die Frage, welche Möglichkeiten für die Ligateilnehmer bestehen, einer Inanspruchnahme zu entgegen.

4. Aktive Distanzierung und Darlegungslast

§ 81b Abs. 4 GWB ermöglicht eine Befreiung von der Vermutungswirkung der Abs. 2 und 3. Eine Haftungsbefreiung nach Abs. 4 scheidet aus, wenn ein

---

[89] Vgl. Generalanwalt *Pitruzella*, Schlussanträge v. 3.6.2021 – C-697/19 P bis C-700/19 P, NZKart 2021, 423 Rn. 57 ff., Optische Laufwerke-Kartell.

[90] Vgl. FK-KartellR/*Roth/Ackermann*, 101. Lfg. März 2022, AEUV Art. 101 Abs. 1 Rn. 132 ff.; zur Doppelqualifikation von Tätigkeiten der öffentlichen Hand, *Könen*, ZHR 182 (2018), 684 (690 f.).

Mitglied den wettbewerbswidrigen Beschluss umgesetzt hat und daher nicht mehr autonom am Markt agiert.[91] Im Übrigen ist die Vermutungswirkung der Abs. 2 und 3 widerlegt, wenn einem Mitglied ein substantiierter Vortrag dahingehend gelingt, dass es „entweder von der Existenz [des] Beschlusses keine Kenntnis hatt[e] oder sich vor Einleitung des Verfahrens der Kartellbehörde aktiv davon distanziert ha[t]". Der Kartellbehörde bleibt es offen, den Nachweis der Verhaltensabstimmung im Wege eines positiven Abstimmungsverhaltens bei Fassung des wettbewerbswidrigen Beschlusses zu führen.

Fraglich ist, wie das Merkmal der „aktiven Distanzierung"[92] zu konkretisieren ist. Ungeachtet unterschiedlicher Wirkungen kann insoweit auf die in der Rechtsprechung[93] entwickelte Figur der „offenen Distanzierung"[94] zurückgegriffen werden.[95] Beide Instrumente dienen der Beurteilung, inwiefern die Koordinierungserwartung von Wirtschaftsakteuren verlässlich beseitigt werden kann.[96] Unerlässlich ist die Mitteilung, dass man sich nicht der Koordinierung entsprechend verhalten werde,[97] sodass Wettbewerber aufgrund der Distanzierung nicht von einer Anpassung des Wettbewerbsverhaltens an den Beschluss ausgehen dürfen.[98] Bei Mitgliedern, die selbst in dem relevanten Entscheidungsgremium vertreten sind, soll es für eine aktive Distanzierung jedenfalls genügen, dass der Vertreter eindeutig und nachweis-

---

[91] de Bronett, 2. Aufl. 2012, VO 1/2003 Art. 23 Rn. 43; MüKoWettbR/*Engelsing/ Schneider*, 3. Aufl. 2020, VO 1/2003 Rn. 80; Grabitz/Hilf/*Feddersen*, 26. Lfg. März 2005, VO 1/2003 Art. 23 Rn. 95.

[92] de Bronett, 2. Aufl. 2012, VO 1/2003 Art. 23 Rn. 35; *Harrer*, Beendigung der Zuwiderhandlung gegen das Kartellverbot des Art. 101 Abs. 1 AEUV, 2019, 191.

[93] EuGH ECLI:EU:C:2000:631 = BeckRS 2004, 76055 Rn. 50 – Sarrió; EuG ECLI:EU:T:2011:108 = BeckRS 2011, 80298 Rn. 76 – Comap; OLG Düsseldorf, NZKart 2013, 122 – Silostellgebühren I.

[94] FK-KartellR/*Roth/Ackermann*, 101. Lfg. März 2022, AEUV Art. 101 Abs. 1 Rn. 149; *Harrer*, Beendigung der Zuwiderhandlung gegen das Kartellverbot des Art. 101 Abs. 1 AEUV, 2019, S. 191 f.; *Sieben*, Die offene Distanzierung von einem Kartell, 2022, S. 27 ff., 75.

[95] *Jüchser*, Beteiligung am Kartell, 2014, S. 74; Grabitz/Hilf/*Feddersen*, 26. Lfg. März 2005, VO 1/2003 Art. 23 Rn. 99 f.; Berg/Mäsch/*van der Hout/Wiemer*, 4. Aufl. 2022, VO 1/2003 Art. 23 Rn. 126; wohl auch, *de Bronett*, 2. Aufl. 2012, VO 1/2003 Art. 23 Rn. 37; a.A. *Sieben*, Die offene Distanzierung von einem Kartell, 2022, S. 130 f. mit abweichendem Verständnis zur Regelungsreichweite des Art. 23 Abs. 4 VO 1/2003.

[96] *Harrer*, Beendigung der Zuwiderhandlung gegen das Kartellverbot des Art. 101 Abs. 1 AEUV, 2019, 192.

[97] Vgl. Berg/Mäsch/*van der Hout/Wiemer*, 4. Aufl. 2022, VO 1/2003 Art. 23 Rn. 126; Bunte/*Sura*, 14. Aufl. 2022, VO 1/2003 Art. 23 Rn. Rn. 20; *Sieben*, Die offene Distanzierung von einem Kartell, 2022, S. 130 f.

[98] de Bronett, 2. Aufl. 2012, VO 1/2003 Art. 23 Rn. 37; *Harrer*, Beendigung der Zuwiderhandlung gegen das Kartellverbot des Art. 101 Abs. 1 AEUV, 2019, S. 192.

lich gegen den Beschluss gestimmt oder die Sitzung verlassen und erklärt hat, dass das vertretene Unternehmen sich an einer Umsetzung des Beschlusses nicht beteiligen werde.[99] Maßnahmen, die das Innenverhältnis der Vereinigung überschreiten, insbesondere eine Aufdeckung der Koordinierung gegenüber einer Kartellbehörde, sind hingegen für das Vorliegen einer aktiven Distanzierung nicht erforderlich; diese finden im Rahmen von § 81k GWB über den vollständigen Bußgelderlass eines Kronzeugen Berücksichtigung.[100]

Anders als Art. 23 VO 1/2003[101] genügt es im Rahmen von § 81b Abs. 4 GWB, dass das jeweilige Unternehmen die Voraussetzungen „darlegt". Die Regierungsbegründung geht hingegen von einer *besonderen* Darlegungslast der jeweiligen Unternehmen aus, ohne dies näher zu konkretisieren.[102] Im Interesse einer hinreichenden Waffengleichheit von Angriffs- und Verteidigungsmitteln ist es zunächst angezeigt, dass § 81b Abs. 4 GWB hinsichtlich seiner Wirkungsweise entsprechend derjenigen der Abs. 2 und 3 auszulegen ist. Dies bedeutet, dass mit dem erfüllten Tatbestand eine tatsächliche Vermutung dafür spricht, dass eine hinreichende wettbewerbswidrige Mitwirkung nicht gegeben ist. Verbunden mit dem zu beachtenden Amtsermittlungsgrundsatz[103] können sich die Mitglieder ihrerseits auf die Vermutungswirkung des Abs. 4 berufen, wenn sie substantiiert Tatsachen darlegen, die die Unkenntnis von dem Beschluss hinreichend wahrscheinlich erscheinen lassen und damit die Vermutung der Mitwirkung an dem wettbewerbswidrigen Beschluss mit positivem Abstimmungsverhalten kraft Gesetzes leerlaufen lassen. Entsprechendes gilt für ein Unternehmen, welches eine aktive Distanzierung substantiiert darlegt. Der Kartellbehörde obliegt es aber nur, den Tatbestand des § 81b Abs. 4 GWB zu prüfen, wenn die Mitglieder sich aktiv darauf berufen, weil sie sich sonst die Vermutungswirkung der Abs. 2 und 3 zu eigen machen kann.

---

99 *Klees*, Kartellverfahrensrecht, 2005, § 10 Rn. 136; Bunte/*Sura*, 14. Aufl. 2022, VO 1/2003 Art. 23 Rn. 20.

100 *Klees*, Kartellverfahrensrecht, 2005, § 10 Rn. 136; *Sieben*, Die offene Distanzierung von einem Kartell, 2022, S. 133 ff.

101 Vgl. Art. 23 Abs. 4 VO 1/2003: „[…] Unternehmen […] die nachweisen […]".

102 RegE GWB, S. 148; *Meyer-Lindemann*, WuW 2020, 16 (17): sehr hohe Darlegungslast.

103 RegE GWB, S. 148.

VIII. Weiche Faktoren für eine Verschärfung des Verfolgungsanreizes

Es kommen folglich drei Auslegungsvarianten der Einstandspflicht nach § 81b GWB in Betracht: Entweder man verlangt den vollwertigen Nachweis wettbewerbsrechtlicher Verantwortlichkeit der Mitglieder in Gestalt eines positiven Abstimmungsverhaltens. Dagegen sprechen das strukturelle Ahndungsdefizit der Kartellbehörde sowie der primärrechtlich angelegte Umgehungsschutz. Oder man verzichtet auf jeglichen materiell-rechtlichen Bezug, weil man § 81b GWB als vermögensrechtliche Haftungsnorm qualifiziert. Hiergegen spricht, dass die mitunter ganz erheblichen Bußgelder zur Beachtung strenger Verfahrensrechte zwingen. Vermittelnd kommt die dogmatische Einordnung der Tatbestände des § 81b GWB als tatsächliche Vermutungsregelungen hinsichtlich der materiell-rechtlich relevanten Mitwirkung verbunden mit einer gesetzlichen Substantiierungslast in Betracht, mit denen das strukturelle Ahndungsdefizit der Kartellbehörde in Anbetracht eines primärrechtlichen Umgehungsschutztatbestandes kompensiert werden soll.

Auch wenn die Kommission in der Vergangenheit von Ihrer Ermächtigungsnorm kaum Gebrauch gemacht hat, verdeutlichen die verschiedenen Auslegungsmöglichkeiten, dass mit der Neuregelung im GWB für die nationalen Kartellbehörden ein zusätzlicher Anreiz geschaffen ist, Kartellbußgelder gegenüber den Verbandsmitgliedern zu verfolgen. Neuere Kommentarliteratur schafft diesbezüglich zusätzlichen Nährboden. Dies bedeutet nicht, dass nun jegliche Verbandsarbeit oder Satzungsbestimmung einer kritischeren Beobachtung unterliegt. Gerät aber im Rahmen der sachlichen Prioritätenbildung eine Branche oder ein Verband in den behördlichen Fokus, besteht die Möglichkeit, dass das Amt ein strategisches Austesten der Neuregelung wagt. Folge des § 81b GWB könnte es vor diesem Hintergrund sein, dass das Bundeskartellamt in einem geeigneten Fall einfach mal ausprobiert, wie weit die damit verbundenen Sanktionsmöglichkeiten reichen.[104] Ein solches Vorgehen hängt allerdings von vielen unsicheren Faktoren ab: einerseits von der allgemeinen Stimmung bei den Kartellspruchkörpern, andererseits von der strategischen Ausrichtung innerhalb der Behörde – namentlich durch die Grundsatz- und Prozessabteilungen des Amtes.

IX. Auswege aus einem Verbands-Kartell

Abschließend stellt sich die Frage, welche Möglichkeiten ein Mitglied außerhalb der Abs. 2 bis 4 hat, sich aus einem „Verbands-Kartell" zu lösen

---

[104] So bereits zu § 130 OWiG bei Konzernsachverhalten, *Ost/Kallfaß/Roesen*, NZKart 2016, 447 (453) Fn. 62 f.

und einer bußgeldrechtlichen Einstandspflicht zu entgehen. Nach Abs. 6 Nr. 1 scheidet eine Inanspruchnahme aus, wenn unmittelbar gegen das Mitglied bereits eine Geldbuße festgesetzt wurde. Damit ist jedenfalls eine doppelte Inanspruchnahme nicht zu befürchten. Ferner scheidet eine Inanspruchnahme gemäß Nr. 2 aus, wenn nach § 81k GWB ein Erlass der Geldbuße gewährt wurde. Ausgenommen sind dabei aber nur solche Unternehmen, deren Kooperationsbeitrag es der Kartellbehörde ermöglicht hat, einen Durchsuchungsbeschluss zu erwirken oder erstmalig den Tatnachweis zu ermöglichen, und die nicht zugleich durch Kartellzwang die Wettbewerbsverfälschung in besonderer Weise gefördert haben. Vor dem Hintergrund, dass die bestehenden Strukturen gemeinsamer Organisation von Sportveranstaltungen in die sich konkretisierende „(sport-)kartellrechtliche" Dogmatik nun hineinwachsen müssen und für den Fall, dass einzelne Akteure noch einen kartellrechtlichen Freifahrtschein des Sports annehmen, ist daher die einzig verlässliche Möglichkeit, einer Inanspruchnahme zu entgehen, die unverzügliche aktive Distanzierung. Auf eine solche kann im Wege der Kartellrechts-Compliance der Ligateilnehmer sowie durch die Ligaverbände selbst am wirksamsten hingewirkt werden.

X. Thesen

1. Der unternehmensbezogene Anwendungsbereich der kartellrechtlichen Verbotstatbestände ist für die Ligabetriebsgesellschaften in Anbetracht ihrer überwiegend wirtschaftlichen Tätigkeit regelmäßig eröffnet. Sofern die Betriebsgesellschaften zu 100% von den Ligaverbänden gehalten werden, folgt daraus die Vermutung, dass sie gemeinsam eine wirtschaftliche Einheit im Sinne des Unternehmensbegriffes bilden. Lediglich bei einer gemeinsamen Beherrschung durch Ligaverband und Bundessportverband, muss eine Einflussnahme positiv festgestellt werden.

2. In Anbetracht der Tatsache, dass die einzelnen Ligateilnehmer keine Einflussnahmemöglichkeiten auf die Ligaverbände bzw. Ligabetriebsgesellschaften haben, kommt die diesbezügliche Beurteilung nach wettbewerbsrechtlichen Kriterien nur unter Anknüpfung an den Auffangtatbestand des Beschlusses einer Unternehmensvereinigung in Betracht. Mit der in § 81b GWB angeordneten Einstandspflicht der Mitglieder einer Unternehmensvereinigung geht eine Effektivierung der Sanktionsbefugnisse bei gleichbleibendem materiell-rechtlichen Beurteilungsmaßstab einher.

3. Zur Vermeidung eines strukturellen Ahndungsdefizits regelt § 81b GWB tatsächliche Vermutungen für das Vorliegen wettbewerbswidriger Mitwirkung, verbunden mit einer gesetzlichen Substantiierungslast.

4. Bei Zugrundelegung der Vermutungs-Figur der „einheitlichen und fortgesetzten Zuwiderhandlung" kommt bei Vorliegen der Voraussetzungen des
§ 81b GWB eine Inanspruchnahme der Ligateilnehmer – als Mitglieder einer
Unternehmensvereinigung – für Kartellverstöße der Ligabetriebsgesellschaften in Betracht, unabhängig von der Tatsache, dass diese selbst als Unternehmen des Wettbewerbsrechts zu qualifizieren sind.

5. Einer Inanspruchnahme kann verlässlich nur durch eine unverzügliche
aktive Distanzierung in der Gremiensitzung sowie im Vorfeld – im Rahmen
von Vermeidungs-Compliance – entgangen werden.

Rechtsschutz der Athletinnen und Athleten bei der Suspendierung nationaler Sportverbände durch deren internationale Sportverbände

Von *Klaus Vieweg*

I. Einleitung

Die Regelwerke der internationalen Sportverbände sehen zumeist den auf Dauer gerichteten Ausschluss und die mit dem Ruhen der Mitgliedschaftsrechte verbundene vorläufige Suspendierung vor.[1] Beide setzen gravierende Verstöße gegen die Verbandsstatuten voraus und haben insbes. den Effekt, dass nationale Sportverbände und damit deren Athletinnen und Athleten nicht an internationalen Sportwettkämpfen wie Weltmeisterschaften oder Olympischen Spielen teilnehmen dürfen. Diese Problematik ist einer breiten Öffentlichkeit deutlich geworden, als es wegen des mutmaßlichen Staatsdopings vor den Olympischen Spielen in Rio 2016 und den Olympischen Winterspielen 2018 in PyeongChang um die Frage der Suspendierung des russischen Nationalen Olympischen Komitees (NOC) durch das Internationale Olympische Komitee (IOC) ging.[2] Das Paralympische Komitee (IPC) hatte im Au-

---

[1] Z.B. Rule 27-9 und Rule 59 Olympic Charter, abrufbar unter olympiccharter 200300e.pdf (joc.or.jp); Art. 14 (1) und Art. 15 (1) FIFA-Statuten, abrufbar unter https://img.fifa.com/image/upload/tqmcozqecczqbzngb3rw.pdf.

[2] Pressemitteilung des IOC vom 5.12.2017: „IOC suspendiert russisches NOK und bereitet einen Weg für einzelne saubere Athleten, in PyengChang 2018 unter Olympischer Flagge anzutreten." Abrufbar unter https://www.zeit.de/sport/2017-12/ioc-russi sche-sportler-bei-olympia-2018-nur-unter-neutraler-flagge.

gust 2016 das russische Paralympische Komitee suspendiert und damit russische Athletinnen und Athleten von den Paralympics in Rio ausgeschlossen. Diese Entscheidung wurde vom Court of Arbitration for Sport (CAS) bestätigt.[3]

Aktuell stellen sich dieselben Fragen wegen der kriegerischen Auseinandersetzung zwischen Russland und der Ukraine. So hat das Internationale Paralympische Komitee (IPC) auf seiner Generalversammlung am 16. November 2022 das russische und das weißrussische Paralympische Komitee suspendiert.[4] Das IOC hat seine Position erst Ende Januar 2023 formuliert.[5]

In einer früheren Untersuchung[6] habe ich auf Grundlage der Regelungen des IOC und der FIFA sowie mit Blick auf deren praktische Handhabung folgende Fallgruppen identifiziert, die Ausschlüsse oder Suspendierungen nationaler Sportverbände bzw. NOCs durch den Fußballweltverband (FIFA) bzw. das IOC betreffen:

– Menschenrechtsverstöße, insbes. Apartheid in Südafrika als Rassendiskriminierung sowie die Diskriminierung von Frauen;

– staatliche/politische Einmischung in die Sportverbandsautonomie;

– Verstoß gegen das Territorialitätsprinzip;

– staatlich organisiertes Doping;

– Korruption;

– Parallelfälle (wegen Funktionsgleichheit): Aufnahmeverweigerung.

Grundlage für Ausschluss- bzw. Suspendierungsentscheidung des IOC sind z. B. Verstöße gegen die Regeln 4 und 6 der „Fundamental Principles of Olympism" der Olympic Charter des IOC. Sie lauten:

> „4. The practice of sport is a human right. Every individual must have the possibility of practising sport, without discrimination of any kind and in the Olympic

---

[3] Media Release des CAS vom 23.8.2016, abrufbar unter https://www.jenswein reich.de/2016/08/23/cas-bestaetigt-die-suspendierung-russlands-fuer-die-paralympics/.

[4] Frankfurter Allgemeine Zeitung vom 18.11.2022, S. 31.

[5] Das IOC hatte zunächst lediglich die Empfehlung ausgesprochen, keine Wettkämpfe in Russland und Belarus auszutragen. Frankfurter Allgemeine Zeitung vom 21.5.2022, S. 36. Die Erklärung der IOC-Exekutive vom 25.1.2023 ist in deutscher Übersetzung veröffentlicht in DOSB-Presse v. 31.1.2023, S. 19 ff. Inhaltlich kann der Beitrag nicht mehr auf sie eingehen.

[6] *K. Vieweg*, Ausschluss und Suspendierung nationaler durch internationale Sportverbände, in: K. Vieweg (Hrsg.), Erlanger Sportrechtstagungen 2018 und 2019, Berlin 2020, S. 85 (88 ff.). Diese Untersuchung wurde aufgegriffen in *ders.*, Ausschluss und Suspendierung im internationalen Sportverbandswesen, in: B. Dauner-Lieb u. a. (Hrsg.), Festschrift für Barbara Grunewald, Köln 2021, S. 1225 ff. und wird hier aktualisiert.

spirit, which requires mutual understanding with a spirit of friendship, solidarity and fair play.

6. The enjoyment of the rights and freedoms set forth in this Olympic Charter shall be secured without discrimination of any kind, such as race, colour, sex, sexual orientation, language, religion, political or other opinion, national or social origin, property, birth or other status."

Die vom IOC von den der Olympischen Bewegung angehörigen Sportorganisationen geforderte politische Neutralität ist in Regel 5 der Fundamental Principles of Olympism" wie folgt beschrieben:

„5. Recognising that sport occurs within the framework of society, sports organisations within the Olympic Movement shall apply political neutrality. They have the rights and obligations of autonomy, which include freely establishing and controlling the rules of sport, determining the structure and governance of their organisations, enjoying the right of elections free from any outside influence and the responsibility for ensuring that principles of good governance be applied."

Mit Blick auf die kriegerische Auseinandersetzung zwischen Russland und der Ukraine rückt die Fallgruppe der Menschenrechtsverstöße in den Focus. Die Suspendierung des russischen und des weißrussischen Paralympischen Komitees wird – wohl mit Blick auf § 9.2.2 i. V.m. § 4.4.3 und 4.4.5 IPC-Satzung – wie folgt begründet:

„The decision by IPC members to suspend NPC Russia and NPC Belarus stems from their inability to comply with their membership obligations under the IPC Constitution. This includes the obligations to ‚ensure that, in Para sport within the Paralympic Movement, the spirit of fair play prevails, the safety and health of the athletes are protected, and fundamental ethical principles are upheld' and ‚not to do anything (by act or omission) that is contrary to the purpose or objects of the IPC and/or that risks bringing the IPC, the Paralympic Movement, or Para sport into disrepute'."[7]

Die faktischen, insbes. wirtschaftlichen Auswirkungen solcher Ausschlüsse und Suspendierungen betreffen wegen der strukturellen verbandsinternen Verbindungen und wegen der zahlreichen Wirtschaftspartner der nationalen Sportverbände sowie deren Athletinnen und Athleten eine Vielzahl möglicher Konfliktparteien und damit mögliche Rechtsstreitigkeiten.

---

[7] Pressemitteilung des IPC, abrufbar unter NPC Russia and NPC Belarus suspended at IPC Extraordinary General Assembly (paralympic.org).

Einen Eindruck vermittelt die folgende Grafik:

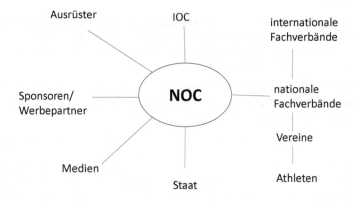

Als Anspruchsziele der direkt betroffenen nationalen Sportverbände (z. B. Deutscher Olympischer Sportbund DOSB, Deutscher Leichtathletik Verband DLV) kommen in Betracht:

– die Aufhebung der Ausschluss- bzw. Suspendierungsentscheidung bzw. die Aufnahme als Mitglied oder die Anerkennung als Nationales Olympisches Komitee (NOC);

– Schadensersatz.

Anspruchsziele mittelbar betroffener Athletinnen und Athleten können sein:

– die Zulassung als Teilnehmerin bzw. Teilnehmer zu einem vom internationalen Sportverband veranstalteten Wettbewerb (evtl. mit Inzidenterprüfung: Aufhebung der Ausschluss- bzw. Suspendierungsentscheidung);

– Schadensersatz.

II. Rechtsschutz

Die internationalen Sportverbände sehen bei Ausschlüssen und Suspendierungen regelmäßig verbandsinterne Rechtsschutzverfahren und gegebenenfalls Schiedsgerichtsverfahren vor dem Internationalen Sportschiedsgerichtshof (Court of Arbitration for Sport – CAS) in Lausanne vor. Für Aufnahmestreitigkeiten fehlen entsprechende Regelungen.

Während verbandsinterner Rechtsschutz durch sog. Verbands(schieds)gerichte staatlich-gerichtlichen Rechtsschutz nicht sperren kann, ist dies durch „echte" Schiedsgerichte möglich. Die lebhafte Diskussion, ob es sich beim

CAS um ein Schiedsgericht handelt, das den staatlich-gerichtlichen Rechtsschutz gleichwertig ersetzt,[8] insbes. ob der Justizgewährungsanspruch hinreichend berücksichtigt wurde[9] und ob die erforderlichen Schiedsvereinbarungen angesichts des faktisch bestehenden Schiedszwangs als freiwillig bewertet werden können,[10] kann hier nicht aufgegriffen werden. In den Blick genommen werden sollen vielmehr die jedenfalls gegebenen Konstellationen, in denen deutsche Zivilgerichte oder europäische Gerichte zuständig sind. Hier stellen sich die geradezu klassischen Fragen nach der Anerkennung der Autonomie der Vereine und Verbände[11] sowie – im praktischen Ergebnis wichtiger – nach der Präzisierung der Autonomiegrenzen insbes. durch eine staatlich-gerichtliche Kontrolle.

1. Verbandsautonomie internationaler Sportverbände

Ausschlüsse und Suspendierungen nationaler Sportverbände durch „deren" internationalen Sportverbände finden ihre Grundlage in entsprechenden Regelungen der internationalen Sportverbände. Diese verbandsinterne Normsetzung sowie deren damit in funktionellem Zusammenhang stehende Anwendung und Durchsetzung sind Ausprägungen der von den internationalen Sportverbänden in Anspruch genommenen Verbandsautonomie.

Da Art. 9 GG als Deutschengrundrecht formuliert ist, scheidet er als Grundlage der Verbandsautonomie internationaler Sportverbände aus. Haben diese die Rechtsform des deutschen eingetragenen Vereins gewählt oder ergibt sich aus dem Forumsrecht ein deutsches Organisationsstatut, kommen Art. 2 Abs. 1 GG und auf einfachgesetzlicher Ebene die §§ 21 ff. BGB, insbes. § 25 BGB, als Grundlage der Verbandsautonomie in Betracht.[12]

Als zentrale Grundlage der Verbandsautonomie der – rechtsfähigen oder nichtrechtsfähigen – ausländischen internationalen Sportverbände erweist

---

8 Der BGH, SpuRt 2016, 163 ff. mit Anm. *H. Prütting*, SpuRt 2016, 143, hat dies im Pechstein-Fall bejaht. Kritisch statt Vieler *T. Summerer*, Die Zukunft der Schiedsgerichtsbarkeit im Sport, in: K. Vieweg (Hrsg.), Erlanger Sportrechtstagungen 2018 und 2019, S. 117 (120 ff.).

9 BVerfG, Beschl. vom 3.6.2022 (1 BvR 2103/16), Rn. 44 ff. (Pechstein): Verstoß gegen den Grundsatz der Öffentlichkeit.

10 Offengelassen von BVerfG, Beschl. vom 3.6.2022 (1 BvR 2103/16), Rn. 53 (Pechstein).

11 Statt Vieler: *U. Steiner*, in: K. Vieweg (Hrsg.), Erlanger Sportrechtstagungen 2018 und 2019, S. 103 ff.; *K. Vieweg*, Normsetzung und -anwendung deutscher und internationaler Verbände, Berlin 1990, S.143 ff; *P. Heermann*, Verbandsautonomie im Sport, Baden-Baden 2022, passim.

12 *K. Vieweg*, Normsetzung (Fn. 11), S. 155 f.

sich Art. 6 EGBGB i. V. m. der jeweiligen ausländischen Rechtsordnung[13], die auch darüber entscheidet, ob und mit welcher Wirkung die in Art. 11 EMRK garantierte Vereinigungsfreiheit Grundlage der Verbandsautonomie dieser internationalen Sportverbände ist.

Da die Mehrzahl der internationalen Sportverbände in westeuropäischen Staaten gegründet worden ist, kommt zudem der Rechtsprechung des EuGH besondere Bedeutung zu. In seiner Rechsprechung hat er verschiedentlich die Vereinigungsfreiheit als Gemeinschaftsgrundrecht anerkannt.[14] Dabei hat der EuGH zum einen auf den bereits erwähnten Art. 11 EMRK zurückgegriffen, der im Rahmen der Vereinigungsfreiheit den Zusammenschluss und die Tätigkeit zum Zwecke der Vereinigung schützt.[15] Weiterhin hat der EuGH die Vereinigungsfreiheit auf die gemeinsamen Verfassungsüberlieferungen der Mitgliedstaaten gestützt.[16]

Die deutschen Mitgliedsverbände internationaler Sportverbände können sich hingegen auf Art. 9 Abs. 1 GG berufen, wenn es insbes. darum geht, die Autonomiebereiche der nationalen und internationalen Sportverbände voneinander anzugrenzen und damit die Reichweite der Verbandsautonomie der internationalen Sportverbände zu bestimmen.[17]

2. Gerichtliche Nachprüfung von Suspendierungsentscheidungen

Zur Notwendigkeit, Maßstab und Umfang der gerichtlichen Nachprüfung zu präzisieren, kommt es in Konstellationen, in denen die internationale Zuständigkeit deutscher Gerichte zu bejahen ist und das angerufene deutsche

---

[13] Eine Auflistung der einschlägigen nationalen Verfassungsnormen findet sich in *K. Vieweg/A. Röthel*, ZHR 166 (2002*)*, 6 (14, Fn. 45).

[14] Vgl. zum Stand der EuGH-Rechtsprechung im Hinblick auf die Vereinigungsfreiheit *Kingreen*, in: Calliess/Ruffert, Kommentar zum EUV/AUEV, 6. Aufl. 2022, Art. 6 EUV Rn. 4 ff.; *Ruffert*, ebenda, Art. 12 EU-GRCharta Rn. 10 ff.; *Augsberg*, in: von der Groeben/Schwarze/Hantje, Kommentar zum Europäischen Unionsrecht, 7. Aufl. 2015, Art. 12 GRCh Rn. 2; vgl. zur Herleitung der Verbandsautonomie nach dem Recht der Europäischen Gemeinschaften *I. Hannamann*, Kartellverbot und Verhaltenskoordination im Sport, Berlin 2001, S. 77 ff.; *K. Vieweg/A. Röthel*, ZHR 166 (2002), 6 (13 f.); *Ruffert*, in: Calliess/Ruffert, Kommentar zum EUV/AUEV, 5. Aufl. 2016, Art. 12 GRCh Rn. 10.

[15] *Frowein/Peukert*, Europäische Menschenrechtskonvention, Kommentar, 2. Aufl. 1996, Art. 11 Rz. 6 ff.; *Arndt/Engels/von Oettingen*, in: Karpenstein/Mayer, Konvention zum Schutz der Menschenrechte und Grundfreiheiten: EMRK, 3. Auflage 2022, Art. 11 Rz. 31.

[16] EuGH, Rs. C-415/93, Slg. 1995 I-4921 ff. = NJW 1996, 505 ff. (Bosman). Eine Auflistung der einschlägigen Verfassungsnormen findet sich in *K. Vieweg/A. Röthel* ZHR 166 (2002*)*, 6 (14, Fn. 45).

[17] *K. Vieweg*, Normsetzung (Fn. 11), S. 153.

Gericht die Frage nach dem anwendbaren Recht und dem Umfang der gerichtlichen Nachprüfung der Ausschluss- bzw. Suspendierungsentscheidung zu beurteilen hat.

a) Internationale Zuständigkeit

Hat ein internationaler Sportverband seinen Sitz in Deutschland, kann das deutsche Gericht seine internationale Zuständigkeit unproblematisch bejahen. So war es im Fall des OLG Düsseldorf[18], das über die Zulassung russischer Athletinnen und Athleten zu den Paralympischen Spielen in Rio 2016 zu entscheiden hatte. Das Paralympische Komitee (IPC) hat seinen Sitz in Bonn und hatte das russische NOC wegen des mutmaßlichen Staatsdopings suspendiert.

Unabhängig vom Sitz ist für derartige Streitfälle maßgeblich, dass der besondere Gerichtsstand für Deliktsklagen nach Art. 7 Nr. 2 EuGVVO/Art. 5 Nr. 3 LugÜ auch Kartelldelikte erfasst. Für Kartelldelikte ergibt sich ein inländischer Erfolgsort, wenn sich die Handlung unmittelbar auf den deutschen Markt bezieht. Eine internationale deutsche Zuständigkeit (zugleich örtliche Zuständigkeit gem. § 32 ZPO) ist z. B. bei einer gegen einen inländischen Sportler, Verein oder Verband gerichteten Sperre bzw. einer Suspendierung zu bejahen. Auch für ausländische Sportler, Vereine oder Verbände können deutsche Gerichte zuständig sein, wenn diese auf dem deutschen Markt tätig sind und die Sperre bzw. Suspendierung sich auch auf den deutschen Markt auswirkt. Zweifelhaft ist dies allerdings, falls es sich um einen Sekundärmarkt handelt.

Auch in einer weiteren – geradezu typischen – Konstellation ist die internationale Zuständigkeit deutscher Gerichte gegeben. So war es in dem vom Bundesgerichtshof[19] entschiedenen Fall Pechstein, in dem die Athletin zugleich den internationalen und den nationalen Sportverband verklagte, die für sie „zuständig" waren. Die Zuständigkeit deutscher Gerichte ergibt sich in dieser Konstellation aus Art. 8 Nr. 1 EuGVVO i. V. m. Art. 60 LugÜ, da die Klage gegen einen Beklagten (internationaler Sportverband) gerichtet ist, der seinen Sitz in einem anderen Vertragsstaat (Schweiz) hat, dieser zusammen mit einem im Gerichtsstaat (Deutschland) ansässigen Beklagten (nationaler Sportverband) verklagt wird und zwischen den Klagen eine so enge Beziehung besteht, dass eine gemeinsame Verhandlung und Entscheidung geboten ist, um sich widersprechende Entscheidungen zu vermeiden.

---

[18] OLG Düsseldorf, Beschl. vom 13.9.2016 – VI-W (Kart) 13/16, SpuRt 2017, 69.
[19] BGH, SpuRt 2016, 163 ff., Rn. 16 ff. m. w. N.

b) Anwendbares Recht

Die Anwendbarkeit deutschen Rechts ist unproblematisch gegeben, wenn sie – wie in § 13.1 IPC-Satzung – ausdrücklich vorgesehen ist.

Nach der zentralen Entscheidung des II. Zivilsenats des Bundesgerichtshofs im sog. Reiterfall[20] erfolgt die weitreichende gerichtliche Nachprüfung der Entscheidungen sozialmächtiger Verbände einheitlich gemäß § 242 BGB, unabhängig davon, ob es sich um eine Verbandsregelung oder eine vertragliche Vereinbarung (z. B. einen Lizenzvertrag) handelt.

Soweit die Regelung eines einer ausländischen Rechtsordnung unterworfenen internationalen Sportverbandes maßgeblich ist, ist entsprechend Art. 6 EGBGB heranzuziehen.[21]

Berücksichtigt man zudem die im kommerzialisierten Sport regelmäßig bestehende Machtkonstellation, ist die Anlehnung an die kartellrechtlichen Vorschriften naheliegend,[22] wenn nicht sogar bereits ihre Anwendung wegen des kartellrechtlichen Auswirkungsprinzips zwingend ist.

Kommen kartellrechtliche Vorschriften zur Anwendung – insbes. §§ 19 und 20 GWB – so ist eine weitreichende Prüfungskompetenz gegeben.[23] Die Anwendung der §§ 19 f. GWB mündet letztlich in einer Interessenabwägung,[24] die auch verfassungsrechtlich nach dem Grundsatz der praktischen Konkordanz[25] und dem Verhältnismäßigkeitsprinzip geschuldet ist.

Angesichts der professionellen und wirtschaftlichen Relevanz von (grenz-überschreitenden) Suspendierungsentscheidungen und der Zuständigkeit europäischer Gerichte – insbes. des EuGH und des EGMR – ist ebenfalls europäisches Recht in Betracht zu ziehen.

---

[20] BGHZ 128, 93 ff.= SpuRt 1995, 43 ff.; dazu *K. Vieweg*, SpuRt 1995, 97 ff.; generell *V. Röhricht*, Chancen und Grenzen von Sportgerichtsverfahren nach deutschem Recht, in: V. Röhricht (Hrsg.), Sportgerichtsbarkeit, Stuttgart u. a. 1997, S. 19 ff.

[21] *K. Vieweg*, Normsetzung (Fn. 11), S. 309 ff. und 333.

[22] Diesen Ansatz hatte schon der Bundesgerichtshof im Aufnahmestreitverfahren RKB Solidarität gegen den Deutschen Sportbund (DSB) gewählt. BGHZ 63, 282 ff.; dazu *K. Vieweg*, Normsetzung (Fn. 11), S. 216 f.

[23] Zutreffend OLG Düsseldorf, SpuRt 2017, 69 (71) und SpuRt 2022, 110 (113) m. w. N.; vgl. aktuell BGH, SpuRt 2023, 50 ff. mit Anm. *P. Heermann*, ebenda, S. 52 f.

[24] *S. Egger/K. Vieweg*, Kartellrecht, in: K. Vieweg/M. Fischer (Hrsg.), Wirtschaftsrecht, 2. Aufl., Baden-Baden 2023, Rn. 162 f.

[25] *K. Hesse*, Grundzüge des Verfassungsrechts der Bundesrepublik Deutschland, 16. Aufl., Heidelberg 1988, Rn. 72 u. 317 f.; BVerfGE 41, 29 (51); 77, 240 (255); 81, 298 (308).

Zwischen der auch vom EuGH anerkannten Verbandsautonomie[26] und den drittwirkenden Grundfreiheiten bestehen Kollisionslagen. Eine solche zeigte sich besonders deutlich im Fall Bosman[27]. Diese Kollisionslagen können dadurch aufgelöst werden, dass der Verbandsautonomie auf gemeinschaftsrechtlicher Ebene durch die Grundfreiheiten Grenzen gezogen werde, die ihrerseits die als immanente Schranken wirkenden Gemeinschaftsgrundrechte – also auch die Verbandsautonomie – beachten müssen.[28] Des Weiteren kommt auch hier dem Verhältnismäßigkeitsprinzip als (Abwägungs-) Maßstab von Verbandsautonomie und drittwirkenden Grundfreiheiten eine entscheidende Rolle zu.[29]

Nimmt man das Kartellrecht in den Blick, so zeigt das EuGH-Urteil in der Rechtssache Meca-Medina und Majcen[30], dass die gerichtliche Nachprüfung im Wesentlichen auch insofern letztlich auf Verhältnismäßigkeitsüberlegungen hinausläuft. Im Fall Meca-Medina und Majcen hat der EuGH ausdrücklich und dezidiert zu der Frage Stellung bezogen, ob und inwieweit Artt. 81 f. EG (jetzt Artt. 101 f. AEUV) auf Verbandsregelungen Anwendung finden. In der Sache ging es um die Feststellung der Unvereinbarkeit von Regelungen des Internationalen Schwimmverbandes (FINA) und des IOC bezüglich Dopingkontrollpraktiken mit den gemeinschaftsrechtlichen Wettbewerbsregelungen. Wörtlich führt der EuGH aus:

> „In light of all of these considerations, it is apparent that the mere fact that a rule is purely sporting in nature does not have the effect of removing from the scope of the Treaty the person engaging in the activity governed by that rule or the body which has laid it down. (Rz. 27)

> If the sporting activity in question falls within the scope of the Treaty, the conditions for engaging in it are then subject to all the obligations which result from the various provisions of the Treaty. It follows that the rules which govern that activity must satisfy the requirements of those provisions, which, in particular, seek to ensure freedom of movement for workers, freedom of establishment, freedom to provide services, or competition (Rz. 28).

> Likewise, where engagement in the activity must be assessed in the light of the Treaty provisions relating to competition, it will be necessary to determine, given

---

[26] S.o. Fn. 14.

[27] EuGH, Urt. v. 15.12.1995, Rs. C-415/93, Slg. 1995 I-4921 ff. = NJW 1996, 505 ff.; dazu *K. Vieweg/A. Röthel*, ZHR 166 (2002), 6 ff.

[28] *K. Vieweg/A. Röthel*, ZHR 166 (2002), 6 (14 ff.).

[29] *K. Vieweg*, Zur Europäisierung des Vereins- und Verbandsrechts, in: I. Saenger/ W. Bayer/E. Koch/T. Körber (Hrsg.), Gründen und Stiften, Festschrift zum 70. Geburtstag des Jenaer Gründungsdekans und Stiftungsrechtlers Olaf Werner, Baden-Baden 2009, S. 275 (283).

[30] EuGH, Rs. C-519/04 P, Slg. 2006, I-6991 ff.; dazu im Einzelnen *T. Mürtz*, Meca-Medina-Test des EuGH (in diesem Band).

the specific requirements of Articles 81 EC and 82 EC, whether the rules which govern that activity emanate from an undertaking, whether the latter restricts competition or abuses its dominant position, and whether that restriction or that abuse affects trade between Member States." (Rz. 30).

Im Hinblick auf die Rechtfertigung einer Beeinträchtigung führt der EuGH Folgendes aus:

„For the purposes of application of that provision to a particular case, account must first of all be taken of the overall context in which the decision of the association of undertakings was taken or produces its effects and, more specifically, of its objectives. It has then to be considered whether the consequential effects restrictive of competition are inherent in the pursuit of those objectives (Wouters and Others, paragraph 97) and are proportionate to them." (Rn. 42).

Methodisch gibt der EuGH damit folgende Prüfungsschritte vor:

(1) Ist die sportliche Tätigkeit so weit professionalisiert und kommerzialisiert, dass sie in den Geltungsbereich des AEUV fällt?

(2) Falls ja: Unterliegen die Bedingungen der Ausübung der sportlichen Tätigkeit dem AEUV (insbesondere Grundfreiheiten, Diskriminierungsverbot, Verbot der Wettbewerbsbeschränkung und des Missbrauchs einer marktbeherrschenden Stellung)?

(3) Falls ja: Beurteilung im Einzelfall, ob die Voraussetzungen der Artt. 101 f. AEUV (Unternehmen, Wettbewerbsbeschränkung oder Missbrauch marktbeherrschender Stellung, Beeinträchtigung des Handels zwischen den Mitgliedstaaten) vorliegen.

In diesem Rahmen ist weiter dreistufig zu prüfen, ob außerwettbewerbliche Faktoren die Wettbewerbsbeschränkung bzw. den Missbrauch einer marktbeherrschenden Stellung rechtfertigen (sog. Meca-Medina-Test).

(a) Legitime Zielsetzung der der Entscheidung zugrundeliegenden Regelung;

(b) Zusammenhang zwischen der legitimen Zielsetzung und der beschränkenden Maßnahme;

(c) Verhältnismäßigkeit.

Auf eine knappe Formel gebracht, hat der EuGH im Fall Meca-Medina und Majcen eine sehr weitgehende Kontrolle auch der auf den ersten Blick rein sportspezifischen (Doping-)Regelungen anerkannt. Die Entscheidung erfolgt im Einzelfall. Kontrollmaßstab ist letztlich das Verhältnismäßigkeitsprinzip, das zu einer Abwägung der widerstreitenden Interessen im Einzelfall führt. Insofern zeigt sich eine Parallele zum deutschen Recht, wo die Inhaltskontrolle von Verbandsnormen nach § 242 BGB – dem Grundsatz von Treu und Glauben – erfolgt. Konsequenz ist damit eine nicht unerhebliche Rechtsunsicherheit. Über vielen Regelungen der Verbände hängt ein Damokles-

Schwert. Die Verbände sind im eigenen Interesse, widersprechende Gerichts-
entscheidungen zu vermeiden, zur kritischen Überprüfung ihrer Regelungen
aufgerufen, wenn sie ihre „Chance zur Selbstregulierung"[31] verantwortungs-
bewusst wahrnehmen wollen.

Im Ergebnis kommt es nach diesen Rechtsgrundlagen auf eine – im Einzelfall vorzunehmende – Abwägung der Interessen der Beteiligten an. Bei
der Berücksichtigung der Interessen des behindernden Normsetzers sind
grundsätzlich alle Belange in die Bewertung einzubeziehen, die nicht auf
einen gesetzeswidrigen Zweck gerichtet sind oder sonst gegen gesetzliche
Vorschriften oder Zielsetzungen verstoßen. Das Interesse des behinderten
Unternehmens – auch eines Athleten im kommerzialisierten Sport – geht
dahin, sich möglichst frei von machtbedingten Beeinträchtigungen wettbe-
werblich zu betätigen. Damit soll ein fairer Interessenausgleich erreicht
werden, wie er bei kollidierenden Grundrechten nach dem Prinzip der praktischen Konkordanz – konkreter: dem Verhältnismäßigkeitsprinzip – im Einzelfall zu ermitteln ist.

Was sind nun die Kriterien eines fairen Interessenausgleichs? Mit Blick
auf die Problematik konkurrierender Sponsoringinteressen habe ich diese in
einer früheren Untersuchung[32] zusammengestellt: Insbesondere ging es mir
darum, dass nicht einseitig vollendete Tatsachen geschaffen werden, sondern
frühzeitig eine Abstimmung erfolgt.

Die Interessenlage ist bei den hier dargestellten Fallgruppen zwar durchaus
unterschiedlich. Generell ist aber in die Abwägung einzubeziehen die wech-
selseitige Förderpflicht[33], die z. B. eine rechtzeitige Information durch klare
und hinreichend detaillierte Regelungen einschließt. Weiterhin ist aus dem
globalen sportrechtlichen Prinzip der Fairness[34] eine Pflicht zur Gleichbehandlung[35] gleicher Sachverhalte abzuleiten. Ebenso sind die Möglichkeiten,
die die eigenen Verbandsregelungen eröffnen, in vollem Umfang auszuschöpfen, wenn damit den Interessen der Gegenseite entsprochen werden kann.

---

[31] *K. Vieweg*, Normsetzung (Fn. 11), S. 258.

[32] *K. Vieweg* , Sponsoring und internationale Sportverbände, in: K. Vieweg (Hrsg.),
Sponsoring im Sport, Stuttgart u. a. 1996, S. 53 (83 ff.).

[33] *K. Vieweg*, Normsetzung (Fn. 11), S. 244 ff.

[34] *K. Vieweg/P. Staschik*, Lex Sportiva und das Fairness-Prinzip, SpuRt 2013,
227 ff.

[35] *K. Vieweg/A. Müller*, Gleichbehandlung im Sport, in: G. Manssen/M. Jach-
mann/C. Gröpl (Hrsg.), Nach geltendem Verfassungsrecht, Festschrift für Udo Steiner
zum 70. Geburtstag, Stuttgart u. a. 2009, S. 888 ff.; *K. Vieweg/S. Lettmaier*, Anti-
discrimination law and policy; in: J.A.R. Nafziger/S. F. Ross (eds.), Handbook on
International Sports Law, Cheltenham, Northampton 2011, S. 258 ff.

Der kartellrechtliche Ansatz – ebenso der des EuGH – macht deutlich, dass Differenzierungen nötig und möglich sind. So sind insbesondere die Interessen der nationalen Sportverbände von ihrer Art und ihrem Gewicht nicht immer identisch mit denen ihrer Athletinnen und Athleten. Politisch motivierte und von einem nationalen Sportverband akzeptierte Entscheidungen, die Menschenrechtsverstöße oder sog. Staatsdoping betreffen, mögen Suspendierungen des betreffenden nationalen Sportverbandes rechtfertigen. Athletinnen und Athleten, die die Regeln nachweislich beachten, haben dagegen ein – auch wirtschaftliches – Interesse, an den vom internationalen Sportverband veranstalteten Wettbewerben teilnehmen zu dürfen.

Die internationalen Sportverbände sind deshalb gehalten, ihre regulatorischen Möglichkeiten in vollem Umfang auszuschöpfen, wenn sie damit den zu berücksichtigenden Interessen der Athletinnen und Athleten entsprechen können. Instruktiv ist der Beispielsfall der individuellen Zulassung von Athletinnen und Athleten, deren NOCs vom IOC suspendiert waren, als Teilnehmer an den Olympischen Spielen in Rio 2016 und den Olympischen Winterspielen in PyeongChang 2018. Das IOC musste sich insofern an seinen statuarischen Prinzipien festhalten lassen. Dort heißt es in Rule 3 Olympic Principles[36]:

„The Olympic Movement … reaches its peak with the bringing together of the world's athletes at the great sports festival, the Olympic Games."

Auch die Zulassung brasilianischer Athleten zu den Winterspielen 2018[37] war deshalb ungeachtet der Suspendierung des brasilianischen NOC die richtige Entscheidung.

Umgekehrt berechtigen gravierende Regelverstöße einzelner Athleten nicht zum Ausschluss oder zur Suspendierung eines nationalen Sportverbandes, es sei denn, dass dieser nachweislich den betreffenden Sport in seinem Territorium nicht kontrollieren kann.

Mit der kriegerischen Auseinandersetzung zwischen Russland und der Ukraine ist auch die völkerrechtliche Rechtslage zu berücksichtigen. Diese hatte zwar auch bereits bisher verschiedentlich bei Ausschluss- und Suspendierungsentscheidungen eine Bedeutung. Beispielhaft seien die Apartheid-Politik Südafrikas[38] und die Frage der völkerrechtlichen Anerkennung des Kosovo[39] in Erinnerung gerufen. Neu ist die Frage, welchen Einfluss die

---

[36] Abrufbar unter https://stillmed.olympic.org/media/Document%20Library/OlympicOrg/General/EN-Olympic-Charter.pdf.

[37] Frankfurter Allgemeine Zeitung vom 7.10.2017, S. 34.

[38] Dazu im Einzelnen *K. Vieweg*, (Fn.6), S. 85 (88 f.).

[39] Aufnahmebeschluss des UEFA-Kongresses; siehe *T. Neumann* (Deutschlandfunk), abrufbar unter: https://www.deutschlandfunk.de/fussball-kosovos-uefa-beitritt-sorgt-fuer-diskussionen-100.html.

völkerrechtliche Beurteilung einer kriegerischen Auseinandersetzung hat. Auf diese Frage sind – soweit ersichtlich erstmalig – B. Schiffbauer mit einem Vortrag auf einem Symposiums des Hamburger Max-Planck-Instituts für ausländisches und internationales Privatrecht[40] und St. Breitenmoser in einem Editorial[41] eingegangen.

Nach diesen Stellungnahmen stellt ein Angriffskrieg die qualifizierte Verletzung des Gewaltverbots (Art. 2 Ziff. 4 UN-Charta) – einer völkerrechtlichen Norm des ius cogens – dar. Diese Verletzung löst eine Reaktionspflicht der gesamten Völkerrechtsgemeinschaft (erga omnes) mit dem Ziel aus, die Friedensordnung, also den status quo ante, wiederherzustellen. Ebenso werden im Ukrainekrieg die in der Genfer Konvention von 1949 verbrieften Grundsätze des humanitären Völkerrechts vielfach verletzt.[42]

Da die internationalen Sportverbände keine Völkerrechtssubjekte sind,[43] stellt sich die Frage der Zuordnung staatlichen Verhaltens auf Privatrechtssubjekte – Sportverbände, Athleten, Funktionäre, Sponsoren. Die hergebrachten Zurechnungsmodelle betreffen laut B. Schiffbauer die Zurechnung privaten Verhaltens in den Verantwortungsbereich des jeweiligen Staates. Die Zurechnung könne aber auch in umgekehrter Richtung erfolgen. Grundlage könnten die Artt. 4 ff. Draft Articles on State Responsibility (DASR) aus dem Jahre 2001 sein, die mittlerweile als Völkergewohnheitsrecht anerkannt werden. Zudem könnte auf die vom International Court for the former Yugoslavia (ICTY) entwickelten Kriterien der „effective control" und der „overall control" zurückgegriffen werden und ein Bezug zu den von ihm beschriebenen Abstufungen der Staat-Verbands-Beziehungen gesetzt werden.

Diese Abstufungen in der Staat-Verbands-Beziehung – von öffentlichrechtlicher Verflechtung der Sportorganisation im Staat bis hin zur faktischen Repräsentation des Staates durch den Sportverband z. B. mit Staatssymbolen wie der Nationalflagge – seien mit Blick auf die Zurechnungsproblematik völkerrechtlich unterschiedlich zu behandeln, indem die Kriterien der „effective control" bzw. der „overall control" Anwendung finden könnten. Die Güterabwägung ergebe aber in allen Fällen, dass die privaten Belange sowohl der betroffenen Wirtschaftsunternehmen als auch der sanktionierten Verbände und der individuellen Sportler zurückzutreten haben. Betroffene Verbände und Sportler träfe insofern eine Duldungspflicht.[44]

---

[40] Vgl. hierzu den Tagungsbericht von *M. Biallach*, Krieg, Sport, Recht: Sanktionen zwischen Verantwortung und Wirkung, Sp*u*Rt 2022, 346 ff.

[41] *St. Breitenmoser*, Völkerrechtskonforme Sanktionen gegen den russischen Sport, causa sport 2022, 1 ff.

[42] *St. Breitenmoser*, ebenda, 1.

[43] Ein völkerrechtlicher Status wird nur verschiedentlich für das IOC diskutiert.

[44] *B. Schiffbauer*, l.c. *M. Biallach*, Sp*u*Rt 2022, 346 (348).

Diesem Ansatz einer stufenförmigen Zuordnung ist vom Grundsatz her zuzustimmen, da er dem Verhältnismäßigkeitsprinzip entspricht. Mit der niedrigsten Stufe – der faktischen Repräsentation des Staates – ist aber kein Endpunkt der Praxis erreicht, wenn man auch die Athletinnen und Athleten in den Blick nimmt. Ausgeblendet sind insbesondere Fälle doppelter Staatsangehörigkeit, des Exils bzw. der langfristigen Verlegung des Aufenthalts ins Ausland sowie der Distanzierung zur Kriegsführung durch Worte und Aktionen. Auch vermag der von B. Schiffbauer herangezogene Vergleich mit den gegenüber Russland verhängten Sanktionen und deren Wirkung auch gegenüber Staatsangehörigen, die dem Krieg kritisch gegenüberstehen, nicht zu überzeugen. Bei diesen Sanktionen sind negative Konsequenzen auch für die Bevölkerung nicht zu vermeiden. Vielmehr sollen sie dazu führen, dass der in der Bevölkerung aufgebaute Druck sich gegen die Staatsführung entlädt. Für die Teilnahme der Athletinnen und Athleten, die ihrerseits kaum einen relevanten Widerstand gegenüber ihrem Staat leisten können, gibt es aber Alternativen. Der internationale Sportverband kann die Teilnahmevoraussetzungen modifizieren, indem er insbesondere die Anmeldung über den nationalen Sportverband durch den direkten Antrag der Athleten oder durch deren Einladung ersetzt, sich um die Teilnahme zu bewerben, und zugleich dafür sorgt, dass keine nationalen Symbole des ausgeschlossenen bzw. suspendierten Verbandes (Nationalflagge oder -farben) präsentiert werden. Ein solches Vorgehen wäre ein milderes Mittel und entspräche dem Verhältnismäßigkeitsprinzip. Durch eine derartige Konkretisierung der Voraussetzungen einer Direktbewerbung oder einer Einladung könnte der internationale Sportverband zu einer Interessenabwägung kommen, die verhältnismäßig ist, seiner Förderpflicht[45] gegenüber „seinen" Sportlern als mittelbaren Mitgliedern nachkommen und dem sportrechtlichen Fairnessgrundsatz entsprechen. Vor allem könnte er den Verzicht auf die Präsentation von Staatssymbolen und gegebenenfalls sogar ein Bekenntnis zum Frieden und die Ablehnung jeglicher kriegerischer Handlungen verlangen.

Für die aktuelle Problematik der Reaktion auf den russischen Angriffskrieg gegen die Ukraine (und die Unterstützung durch Weißrussland) ergibt sich für das IOC, das IPC und auch für die internationalen Sportverbände ein Entscheidungsdilemma, das auch in deren Statuten angelegt ist. Einerseits ist es ihre satzungsmäßige Aufgabe, den Sport zu fördern, für den sie Verantwortung tragen wollen. Das bedeutet z.B., die Organisation von Veranstaltungen auf internationaler Ebene mit der Teilnahme der besten Athletinnen und Athleten zu gewährleisten. Andererseits soll der Sport als friedlicher, fairer Wettkampf einen Beitrag zur Verständigung und zum Friedern leis-

---

[45] Zur Förderpflicht der Sportverbände *K. Vieweg*, Normsetzung (Fn. 11), S. 244 ff.

ten.[46] Auch wenn es sich bei den internationalen Sportverbänden nicht um Völkerrechtssubjekte handelt, kann die Reaktionspflicht der Völkerrechtsgemeinschaft auf einen Angriffskrieg ihnen aus Gründen der Solidarität als Orientierung dienen.

Dieses Dilemma spiegelt sich wider in der verbands- und kartellrechtlichen Rechtslage[47] einerseits und der völkerrechtlichen Beurteilung andererseits. Beide Beurteilungsansätze stellen letztendlich auf den Grundsatz der Verhältnismäßigkeit ab. Unabhängig von etwaig unterschiedlichen Bemessungskriterien gebietet das Verhältnismäßigkeitsprinzip, nach Fallgruppen zu differenzieren und Entscheidungsvarianten zu bilden, die die Auswahl des mildesten Mittels erlauben.

Die Fallgruppenbildung orientiert sich am besten an den Sportbeteiligten: NOCs, POCs, nationale Sport(fach)verbände, Vereine, Athletinnen/Athleten, Sponsoren, Medien, Sportartikelhersteller/Ausrüster. Entscheidungsvarianten für das IOC, das IPC und die internationalen Sportverbände sind Ausschluss, Suspendierung, Teilnahmemöglichkeit (auch an Qualifikationswettbewerben) unter Bedingungen (Verzicht auf Nationalitätskennzeichen, Nachweis der Distanzierung zum Krieg durch Wort und/oder Aktion, etc.) oder auf Einladung ad personam („wildcard").

Als „Lackmustest" könnte sich die Klage eines russischen Athleten gegen das IPC auf Teilnahme an den Paralympics in Paris 2024 und etwaigen Qualifikationswettbewerben erweisen. Die Zuständigkeit des LG Bonn bzw. des OLG Düsseldorf wäre wegen des Sitzes des IPC ebenso unproblematisch wie die satzungsmäßig vorgesehene Anwendung deutschen Rechts. Die mit der Suspendierung des russischen NPC ausgeschlossene Nominierung durch das russische NPC und damit die Teilnahmemöglichkeit wäre staatlich-gerichtlich letztlich auf Angemessenheit zu prüfen. Als Interesse des IPC wären insbes. zu berücksichtigen: der Beitrag zum Frieden durch eindeutige und wirkungsvolle Sanktion (ggf. unter Inkaufnahme eigener wirtschaftlicher Nachteile), die Vermeidung von Werbeeffekten für den russischen Staat durch erfolgreiche Sportler als Sympathieträger, die Rücksichtnahme auf die Teilnehmer anderer Nationen und etwaige Boykottankündigungen[48]. Als individuelles Interesse des Athleten wäre u. a. zu berücksichtigen: die evtl. einmalige Teil-

---

[46] Z. B. Nr. 2 Fundamental Principles Olimpic Charter; Rule 2.4; § 2,2,4 IPC-Satzung; Art. 5 FIFA-Statuten.

[47] Bei seinem Vortrag auf dem Symposium des Hamburger Max-Planck-Instituts für ausländisches und internationales Privatrecht kam J. Orth zu dem Ergebnis, der Ausschluss aller russischen Athleten sei rechtmäßig und geboten. Auf kartellrechtliche Vorgaben ging er nicht ein. Der Bericht von *M. Biallach*, SpuRt 2022, 346 ff. gibt den Vortrag nur unvollständig wieder.

[48] IOC-Präsident *T. Bach*, zitiert in Frankfurter Allgemeine Zeitung vom 21.5.2022, S. 36.

nahmemöglichkeit aufgrund des Vierjahresturnus, die wirtschaftliche Bedeutung, etwaige persönliche Freundschaften zu den am konkreten Wettbewerb beteiligten Sportlern, nachgewiesene Distanz zum russischen Staat und dessen Sportförderung.

III. Zusammenfassung

Mit dem von Weißrussland unterstützten Angriffskrieg Russlands gegen die Ukraine und die Entscheidung des Internationalen Paralympischen Komitees (IPC), die NPCs Russlands und Weißrusslands zu suspendieren, hat die „klassische" Suspendierungs-Problematik eine neue völkerrechtliche Beurteilungskomponente erhalten. Der Angriffskrieg stellt eine qualifizierte Verletzung des Gewaltverbots (Art. 2 Ziff. 4 UN-Charta) dar, die eine Reaktionspflicht der gesamten Völkerrechtsgemeinschaft mit dem Ziel auslöst, die Friedensordnung wiederherzustellen. Auch wenn die internationalen Sportverbände keine Völkerrechtssubjekte sind, kann ihnen die völkerrechtliche Reaktionspflicht aus Gründen der Solidarität als Orientierung dienen und Sanktionen wie die Suspendierung nationaler Sportverbände rechtfertigen. Bei der rechtlichen Beurteilung der Suspendierung müsste ein deutsches Gericht bei Anwendung deutschen Rechts nach Fallgruppen danach differenzieren, ob der nationale Sportverband selbst oder von der Suspendierung mittelbar Betroffene – National- oder Vereinsmannschaften, Athleten, Sponsoren, etc. – auf Teilnahme oder Schadensersatz klagen. Für die internationalen Sportverbände besteht – in ihren Statuten angelegt – hinsichtlich der Athletinnen und Athleten ein Entscheidungsdilemma. Einerseits sollen sie den Sport insbesondere dadurch fördern, dass sie die Teilnehme der besten Athletinnen und Athleten auf internationaler Ebene ermöglichen. Andererseits sollen sie einen Beitrag zur Verständigung und zum Frieden leisten. Dieses Dilemma ist sowohl nach vereinsrechtlicher als auch nach kartellrechtlicher und völkerrechtlicher Rechtlage bei einer gerichtlichen Klärung in Deutschland letztlich unter Anwendung des Verhältnismäßigkeitsprinzips zu lösen. Die gerichtliche Prüfung darf nicht pauschal erfolgen. Sie muss den konkreten Einzelfall im Auge haben und die Interessen des internationalen Sportverbandes mit denen des betroffenen Athleten bzw. der betroffenen Athletin abwägen, der bzw. die aufgrund der Suspendierung von ihrem nationalen Sportverband nicht für internationale Wettkämpfe nominiert werden kann. Ergebnis dieser Abwägung kann sein, dass eine internationale Sportorganisation – wie das IPC – einem russischen Athleten die individuelle Teilnahme an den Paralympics 2024 in Paris und zuvor an etwaigen Qualifikationswettbewerben unter bestimmten Voraussetzungen – wie dem Verzicht auf nationale Symbole und die Distanzierung vom Angriffskrieg – durch statuarische Anpassung der Teilnahmemodalitäten ermöglichen muss.

Herausgeber und Autoren

Caroline Bechtel, Dr., Institut für Sportrecht, Deutsche Sporthochschule Köln

Gerrit Breetholt, Dr., Referendar am Hanseatischen Oberlandesgericht Hamburg

Philipp S. Fischinger, Prof. Dr., LL.M. (Harvard), Lehrstuhl für Bürgerliches Recht, Arbeitsrecht, Sportrecht sowie Handelsrecht, Universität Mannheim

Peter W. Heermann, Prof. Dr., LL.M. (Univ. of Wisc.), Inhaber des Lehrstuhls für Bürgerliches Recht, Handels- und Wirtschaftsrecht, Rechtsvergleichung und Sportrecht an der Universität Bayreuth sowie wissenschaftlicher Leiter des Weiterbildungsstudiengangs LL.M. Sportrecht (Universität Bayreuth)

Daniel Könen, Priv.-Doz. Dr., LL.M., Universität zu Köln

Jacob Kornbeck, Dr., Verwaltungsrat (Policy Officer) in der Europäischen Kommission und ehemaliges Mitglied (2001–14) des dortigen Sportreferats

Tassilo Mürtz, Dr., Rechtsreferendar

Lukas Reiter, Dr., Rechtsanwaltsanwärter in Wien

Klaus Vieweg, Prof. Dr., Forschungsstelle für Deutsches und Internationales Sportrecht, Friedrich-Alexander-Universität Erlangen-Nürnberg

Rafaela Carotenuto

Die Vereinslizenzierung am Beispiel der Handball-Bundesliga

In dieser Arbeit wird das Verfahren der Vereinslizenzierung im deutschen Handball zum ersten Mal einer juristischen Überprüfung unterzogen. Dabei werden vor allem die Verbandsregelungen des Handball-Bundesliga e.V. beleuchtet. Die gewonnenen Erkenntnisse können weitestgehend auf den professionellen Frauenhandball und andere Mannschaftssportarten – insbesondere den Fußballsport – übertragen werden. Zunächst werden die Grundlagen der Verbandsstruktur, der Vereinslizenz und der bestehenden Rechtsbeziehungen beleuchtet. Der Aufbau des Hauptteils orientiert sich an dem praktischen Verlauf einer Handballsaison: Von der ersten Kontaktaufnahme, über den Vertragsschluss mit den entstehenden Rechten und Pflichten der Beteiligten, bis zum Saisonende und dem damit verbundenen Ausscheiden aus dem Ligaverband. Dabei werden einzelne medienrelevante Lizenzerteilungsvoraussetzungen auf ihre Vereinbarkeit mit übergeordnetem staatlichen Recht überprüft. Einer der Schwerpunkte ist der Insolvenzfall eines Ligaclubs. Den Abschluss bilden Haftungsfragen und Rechtschutzmöglichkeiten.

Beiträge zum Sportrecht, Band 63
284 Seiten, 2023
ISBN 978-3-428-18738-6, € 89,90
Titel auch als E-Book erhältlich.

www.duncker-humblot.de